KB122289

社會常規

사회상규

하 태 영

法 文 社

서 문

1. 이 책은 형법판례연구시리즈 1번이다. 형법 제20조 사회상규를 다루었다. 전체 115개 판례를 선정하였고, 사회상규에 위배되지 않는 판결과 사회상규에 위배되는 판결로 구분하였다. 대상판례들을 다시 세분하여 정리하고 읽기 쉽게 다듬었다.

2. 社會相規는 약간 고전적 냄새가 난다. 형법 조문에 있는 법률용어다. 법문으로 적합하지 않다는 지적도 있다. 그러나 1953년 형법 제정이후 지금까지 생활세계에서 여전히 살아있다. 범죄체계상 위법성조각사유다. 위법성조각사유 경합에서 최후에 검토하는 조문이다. 형법 각칙 다양한 분야에서 우리나라 법질서 전체 정신·사회윤리·사회통념을 시대마다 다시 묻고 답하고 있다. 우리 사회 가치를 판단하는 중요한 나침반 역할을 한다.

3. 이 책은 사회상규 이론과 판례를 통합한 판례연구서다. 교과서에 실린 사회상규 내용과 형법학자들이 발표한 사회상규 논문을 요약 정리하였다. 실무가와 학생들에게 도움이 될 것이다. 많은 학자들은 사회상규 관련 대법원 판결에서 논증순서와 논증방법에 아쉬움을 가졌다. 순서대로 논증을 해 주기를 기대한 것이다. 그러나 대법원 판례들은 사회상규 다섯 가지 요건 정당성·상당성·균형성·긴급성·보충성을 순서대로 엄격하게 논증하지 않았다. 그래서 일부학자는 긴급성과 보충성 등 일부 요건은 불필요하다는 주장도 한다. 이 책은 119개의 사건들을 동일한 논증순서와 동일한 논증방식으로 정밀하게 검토하였다. 사회상규 판단방법에서 통일성을 유지하였다. 법학전문대학원 수업교재로 사용되기를 기대한다.

4. 이 책은 일반인에게 법률시사교양서가 될 수 있을 것이다. 한국 현대사를 관통하는 사건들이 많기 때문이다. 대표적으로 ① 최신부(미문화원 방

화) 사건, ② 박종철 고문치사 사건, ③ 12·12 반란 사건, ④ 5·18 내란 사건, ⑤ '삼보일배' 행진 사건, ⑥ 얼차려 상사 사건, ⑦ 중국민항기 납치 망명 사건, ⑧ 무면허의료행위 사건, ⑨ 상가 단전조치 사건, ⑩ 남편 강제입원 사건, ⑪ 형제복지원 사건, ⑫ 초원복집 도청 사건, ⑬ 김구 선생 암살범 응징 사건, ⑭ 부적격후보 낙선운동 사건, ⑮ 안기부 X파일 보도 사건, ⑯ 안기부 X파일 국회의원 홈페이지 게재 사건 등이다. 사실관계·재판진행·판결요지·판례평석을 읽어보면, 법학공부와 역사공부를 함께 할 수 있을 것이다. 공소장과 판결문 문장도 볼 수 있을 것이다. 일반시민들도 읽기 쉽게 문장을 단문으로 다듬었다.

5. 형법판례연구서시리즈 출간을 도와주신 법문사 배효선 사장님, 장지훈 부장님, 노윤정 차장님께 깊이 감사드린다. 어려운 출판계 상황에서 학자들을 항상 격려해 주셨다. 이 책도 이분들의 따뜻한 배려로 나온 것이다.

6. 『나그네 길이다. 따뜻한 마음으로 생활해라. 겸허해라. 아침 이슬이다.』 부모님께서 항상 해 주셨던 말이다. 『작은 탑돌이 가족』에게 항상 감사드린다. 건강하게 재미있게 인생을 경영할 수 있기를 기도한다.

7. 동아대학교 법학전문대학원 교수님들께 감사드린다. 좋은 직장 분위기를 만들어 주시는 분들이다. 그동안 따뜻하게 지도해 주신 많은 은사님께 깊이 감사드린다. 항상 배려해 주시고 격려해 주신 분들이다. 국제신문 정옥재 기자님과 법률저널 이성진 기자님께 깊이 감사드린다.

8. 이 책을 동아대학교 법학전문대학원 조무제 석좌교수님께 바친다. 대법관님께서는 언제나 나를 따뜻하게 격려해 주셨다. 판례들을 읽고 정리하면서 소송기록에 묻혀 지내셨던 서초동 작은 공간을 생각했다. 지금도 비슷한 삶이다. 항상 건강하시길 기도드린다.

2018년 8월 15일
동아대학교 법학전문대학원
하태영 올림

차 례

형법 제20조 사회상규

- 대법원 판례분석 -

제1장 서 론

대한민국 형법은 일본, 독일 그리고 스위스 형법과는 달리 아주 특이한 조문을 갖고 있다. 형법 제20조 정당행위(正當行爲)이다.

■ **大韓民國 刑法 第20條(正當行爲)[1]**

法令에 依한 行爲 또는 業務로 因한 行爲 其他 社會常規에 違背되지 아니 하는 行爲는 罰하지 아니한다.

■ **日本 刑法 第三十五条(正当行為)[2]**

法令又は正当な業務による行為は、罰しない。
형법 제35조(정당행위)
법령 또는 정당한 업무로 한 행위는 벌하지 않는다.

■ **독일 형법**

우리나라 형법 제20조와 같은 포괄적 위법성조각사유를 인정하고 있지 않다.

■ **스위스 형법 제14조**(적법한 행위들과 책임. 법적으로 허용되는 행위)

Schweizerisches Strafgesetzbuch Art. 14(Rechtmässige Handlungen und

---

1) 형사정책연구원, 형법, 형사법령제정자료집(1), 형사정책연구원, 1990, 23면(형법개정초안) 형법 제20조는 법령에 의한 행위 또는 업무로 인한 행위 기타 사회상규에 위배되지 아니 하는 행위는 벌하지 아니한다. 제정입법자들은 왜 『~에 의한 행위, ~로 인한 행위, 기 타, ~위배되지 아니하는 행위는 벌하지 아니한다』라는 일본식 문체와 이중 부정문을 법 문에 담았는지 궁금하다. 한국어 조사를 잘 표현하지 못한 제정입법자들의 번역이 우리나 라 법전문체를 망쳐 놓았다고 생각한다. 단기 4286년 4월 17일(금) 오전 10시 제56차 회 의 속기록을 보면, 형법 제20조 사회상규 심의과정에서 사법법제위원장대리(엄상섭) 형법 제20조를 낭독한다. 의장대리(조봉암)가 『여기에 의의 없습니까?』(「없오」하는 이 있음). 그러면 다음…. 이렇게 탄생한 것이다(형사정책연구원, 형법, 형사법령제정자료집(1), 형사 정책연구원, 1990, 206면 인용).
2) 刑法 (明治四十年四月二十四日法律第四十五号) 最終改正：平成二八年六月三日法律第 五四号. 일본 형법 법률 명치40＜1907＞년 제45호, 2017.6.23. 최종개정.

Schuld. Gesetzlich erlaubte Handlung)[3]
Wer handelt, wie es das Gesetz gebietet oder erlaubt, verhält sich
rechtmässig, auch wenn die Tat nach diesem oder einem andern
Gesetz mit Strafe bedroht ist.
행위가 비록 이 법 또는 다른 법률에 의해 형벌로서 처해지도록 되어 있음
에도 불구하고, 법률이 요구 또는 허용하는 바대로 행위를 한 사람은 적법
하게 행위를 한 것이다.

형법 제20조 정당행위는 초법규적 위법성조각사유를 일반적 위법성조
각사유로 명문화 한 것이다.[4] 이 조문에서 구체적 내용은 세 가지이다. 법
령(法令)·업무(業務)·사회상규(社會常規)에 위배되지 아니하는 행위이다.
법령으로 포섭이 되거나 또는 업무로 포섭이 된다면, 그것으로 위법성이
조각된다. 세 번째 요건인 사회상규는 두 요건에 모두 해당하지 않는 경
우, 최종적으로 사례들을 규율하는 임무를 수행한다.[5] 이 책은 형법 제20

---

3) Schweizerisches Strafgesetzbuch vom 21. Dezember 1937(Stand am 1. Mai 2013).
4) 신동운, 新판례백선 형법총론, 경세원, 2009, 369면: "사회상규라는 일반조항을 통하여 위
법성조각사유를 보다 확장하려는 입법자의 구상에서 비롯하는 것이라고 생각한다". 임웅,
형법총론, 제4정판, 법문사, 2012, 205면 각주 41 참조: 임웅 교수는 "형법에 이러한 포괄
적 성격을 가진 일반조항을 두고 있지 아니한 국가(예: 독일, 일본 등)에서는 '초법규적'
위법성조각사유로 논의될 내용을 실정적·법규적 위법성조각사유로 인정한 점에서 큰 의
의가 있다. 예컨대 우리 형법 제20조에 비견되는 일본 형법 제35조는 "법령 또는 정당한
업무로 인하여 행한 행위는 이를 벌하지 아니한다"라고 규정할 뿐이다. 우리 형법 제20조
는 포괄적 위법성조각사유를 '유형화'한 것으로 '법령에 의한 행위'와 '업무로 인한 행위'도
"사회상규에 위반되지 아니한 행위의 '예시'에 불과하다"고 설명한다.
5) 대법원 1983.3.8. 선고 82도3248 판결【국가보안법위반·현주건조물방화치상·현주건조물
방화예비·계엄법위반·집회및시위에관한법률위반·특수공무집행방해·범인은닉·범인도
피】【피고인】 김현○외 15인【상고인】 피고인들【변호인】 변호사 이돈명 외 4인【원심
판결】 대구고등법원 1982.12.13. 선고 82노1399 판결【주문】 상고를 모두 기각한다. [판
결문] 소위 위법성조각사유로서의 정당행위 즉 법령에 근거하여 행하여진 권리행위로서의
행위와 직접적으로 법령상 근거는 없다고 하더라도 사회통념상 정당하다고 인정되는 행위
를 업무로서 행하는 행위 및 법령에 근거하거나 정당한 업무로 하는 행위에 속하지는 않
으나 사회상규에 반하지 않는 행위 등은 일반적으로 정당한 행위는 적법하다는 원칙에 따
라 그 위법성이 조각되는 것이다. 그러므로 어떠한 경우에 어떠한 행위가 정당한 행위로
서 위법성이 조각되는 것인가는 그 구체적 행위에 따라 합목적적, 합리적으로 가려져야
할 것이며 또 행위의 적법여부는 국가 생활질서를 벗어나서 이를 가릴 수는 없는 것이다.
따라서 위법성조각사유로서 정당행위를 인정하려면 첫째, 건전한 사회통념에 비추어 그
행위의 동기나 목적이 정당하여야 한다는 정당성 둘째, 그 행위의 수단이나 방법이 상당
하여야 하는 상당성 셋째, 그 행위에 의하여 보호하려는 이익과 그 행위에 의하여 침해되
는 법익이 서로 균형을 이루어야 한다는 법익균형성 넷째, 그 행위 당시의 정황에 비추어
그 행위가 긴급을 요하고 부득이 한 것이어야 한다는 긴급성 및 다섯째로 그 행위 이외에

조 정당행위 중에서 불특정개념을 사용한 일반조항인 사회상규를 집중적
으로 다루려고 한다.

사회상규란 국가질서 존엄성을 기초로 한 국민일반 건전한 도덕감·법
질서 전체 정신·그 배후에 있는 사회윤리·사회통념에 비추어 용인되는
것을 말한다.[6]

대법원 판례도 일관되게 "형법 제20조의 '사회상규에 위배되지 아니하
는 행위'라 함은 법질서 전체의 정신이나 그 배후에 놓여 있는 사회윤리
내지 사회통념에 비추어 용인될 수 있는 행위를 말한다. 어떠한 행위가
사회상규에 위배되지 아니하는 정당한 행위로서 위법성이 조각되는 것인
지는 구체적인 사정 아래서 합목적적·합리적으로 고찰하여 개별적으로
판단하여야 할 것이다"라고 판시한 바 있다.[7]

그러나 형법 제20조 정당행위 사회상규 성립요건에 관한 위 법리는 행
위반가치 측면과 결과반가치 측면을 모두 포함하고 있다. 구체적 개별 사

다른 수단이나 방법이 없거나 또는 현저하게 곤란하여야 한다는 보충성이 있어야 한다고
풀이할 것이다. 신동운, 新판례백선 형법총론, 경세원, 2009, 366－370면(369면); 배종대,
형법총론, 제13판, 홍문사, 2017, 220면.

6) 읽어 볼만한 논문으로 진계호, 형법 제20조의 정당행위에 관한 이론과 판례, 비교법학 제6
집, 전주대학교 사회과학종합연구소 비교법학연구소, 2006, 11－50면.

7) 대표적으로 대법원 1983.3.8. 선고 82도3248 판결【국가보안법위반·현주건조물방화치
상·현주건조물방화예비·계엄법위반·집회및시위에관한법률위반·특수공무집행방해·범
인은닉·범인도피】(최○○신부사건); 대법원 1984.5.22. 선고 84도39 판결【항공기운항
안전법위반·총포도검화약류단속법위반·출입국관리법위반·항공법위반】(중국민항기 납
치망명 사건); 대법원 1986.9.23. 선고 86도1547 판결【국가보안법위반, 집회및시위에관한
법률위반】(이적표현물 소지혐의 사건) 어떠한 행위가 정당행위로서 위법성이 조각되는
것인가는 구체적인 경우에 따라서 합목적적, 합리적으로 가려져야 할 것이며 또 행위의
적법여부는 국가질서를 벗어나서 이를 가릴 수 없는 것이고, 정당행위를 인정하려면 행위
의 동기·목적의 정당성, 행위의 수단·방법의 상당성, 보호법익과 침해법익과의 법익균
형성, 긴급성, 그 행위외의 다른 수단방법이 없다는 보충성 등의 요건이 갖추어져야 한다;
대법원 1994.4.15. 선고 93도2899 판결【업무방해】(상가 단전 사건); 대법원 2003.9.26.
선고 2003도3000 판결【폭력행위등처벌에관한법률위반】[1] 형법 제20조 소정의 '사회상
규에 위배되지 아니하는 행위'라 함은 법질서 전체의 정신이나 그 배후에 놓여 있는 사회
윤리 내지 사회통념에 비추어 용인될 수 있는 행위를 말하고, 어떠한 행위가 사회상규에
위배되지 아니하는 정당한 행위로서 위법성이 조각되는 것인지는 구체적인 사정 아래서
합목적적, 합리적으로 고찰하여 개별적으로 판단되어야 하므로, 이와 같은 정당행위를 인
정하려면 첫째 그 행위의 동기나 목적의 정당성, 둘째 행위의 수단이나 방법의 상당성, 셋
째 보호이익과 침해이익과의 법익균형성, 넷째 긴급성, 다섯째 그 행위 외에 다른 수단이
나 방법이 없다는 보충성 등의 요건을 갖추어야 한다. [2] 간통 현장을 직접 목격하고 그
사진을 촬영하기 위하여 상간자의 주거에 침입한 행위가 정당행위에 해당하지 않는다고
한 사례(간통현장에서 증거수집의 목적으로 방실에 침입한 사건).

안에서 탄력적으로 적용함으로써 구체적 타당성을 실현할 수 있다. 장점이다. 그러나 사회상규 내용은 추상성이 있다. 따라서 행위자에게 어떠한 경우 적법하고, 또 위법한지 판단에서 구체적인 기준을 제시하지는 못한다. 단점이다.[8]

나는 이 책에서 형법 제20조 사회상규 발전사와 사회상규 판단기준을 검토하고, 사회상규 판단방법에 대한 대법원 판례들을 평석하고자 한다. 결론에서 대법원 판례가 제시한 판단기준을 토대로 형법 제20조 입법 개정안을 제안하고자 한다.

나의 생각이다. 가능한 형법 총칙도 죄형법정주의정신과 명확성원칙에 충실할 필요가 있다. 특히 사회상규는 적법행위와 위법행위의 경계선이 되는 중요한 지점이다. 따라서 누구나 쉽게 이해할 수 있는 객관적 판단기준이 명문화되어야 한다. 그래야 법조문이 생명력을 갖는다. 나의 입법 제안이 형법 개정에 참고가 되었으면 한다.

---

8) 대법원 2011.3.17. 선고 2006도8839 전원합의체 판결 【통신비밀보호법위반】 (불법 감청·녹음 사건).

제 2 장   형법 제20조 사회상규 발전사

형법 제20조 사회상규 발전사를 개관하고자 한다. 사회상규 입법 성립 경위, 법해석 발전과정, 사회상규와 사회적 상당성 차이점과 그 구별 실익이다. 이를 통해 형법 제20조 사회상규가 위법성조각사유로서 독자적 지위를 갖고 있는지 검토하려고 한다. 형법 제20조 사회상규 발전에 관해서는 신동운 교수님 · 임웅 교수님 · 배종대 교수님 · 허일태 교수님 · 김성돈 교수님 연구를 많이 참고하였다.

1. 입법 성립 경위

사회상규 역사는 오래 되었다. 신동운 교수님은 우리 형법 제20조 사회상규에 대해 "우리 입법자는 다양한 법생활의 현실을 최대한 반영하여 구체적 행위의 위법성을 조각할 수 있도록 하기 위하여 포괄적이고 일반적인 위법성조각사유를 형법에 도입한 것"이라고 해석하고 있다.[1]

위법성조각사유를 최대한 확장함으로써 형사처벌 위험으로부터 국민을 가능한 한 넓게 보호하기 위하여 사회상규라는 불특정개념을 사용한 것이다.[2]

---

1) 신동운, 新판례백선 형법총론, 경세원, 2009, 375면: "법의 계수사적 관점에서 볼 때 우리 형법과 같은 계열에 서 있는 독일 형법이나 일본 형법은 우리나라의 '사회상규에 위배되지 아니하는 행위'와 같은 포괄적 위법성조각사유를 인정하고 있지 않다. 그 이유는 정형성이 보장되지 아니한 위법성조각사유를 인정할 경우 그로 인하여 발생하게 될 법원의 자의적인 법운용을 염려하였기 때문이다."; 임웅, 형법총론, 제9정판, 법문사, 2017, 232 – 239면.

2) 임웅, 형법총론, 제9정판, 법문사, 2017, 232 – 239면; 허일태, 刑法 第20條의 "社會常規에 위배되지 아니하는 행위"의 재조명, 비교형사법연구 제4권 제1호, 한국비교형사법학회, 2002, 1 – 28면; 다른 관점에서 김성돈, 한국 형법의 사회상규조항의 계보와 그 입법적 의의, 형사법연구 제24권 제4호(통권53호), 한국형사법학회, 2012, 3 – 46면; 김성돈, 한국 형법의 사회상규조항의 기능과 형법학의 과제, 성균관법학 제24권 제4호, 성균관대학교 비교법연구소, 2012, 247 – 286면.

신동운 교수님은 사회상규 성립 경위를 다음과 같이 설명하고 있다. "사회상규 개념은 김병로 선생이 1915년 발표한 「범죄구성의 요건되는 위법성 논함」에 등장하고 있다."[3] "김병로 선생은 형법총칙 기초(起草)에 임하면서 일본 개정형법 총칙조문[4]의 표현을 참고하면서도 이에 구애되지 않고 독자적이고 주체적으로 총칙조문을 성안하였다"고 설명한다.[5]

생각건대 김병로 선생이 제안한 '사회상규' 개념은 '역사적으로 생성된 사회생활질서'이다. 이 개념은 이후 1953년에 제정된 대한민국 형법전에 실정법으로 자리 잡게 되었다. 이후 65년 동안 변함이 없이[6] 그대로 대한민국 형법전에서 숨을 쉬고 있다.

2. 해석 발전 과정

형법 제20조 '사회상규' 개념은 지난 65년 동안 판례로 정착되어 왔다. 대법원은 1956년 "사회상규를 국가질서 존중성 인식을 기초로 한 국민일반 건전한 도의감을 지칭한다"고 판시하였다.[7] 이후 대법원은 1983년 광주 홍삼 사건과 1985년 성남 낙태 사건에서 독일 형법 사회상당성이론과 유사한 기준을 제시하였다.[8] 아마도 독일 형법학 영향을 받은 것으로 보인다.

그러나 1983년 미문화원방화사건 최○식 신부 사건, 1984년 중국민항기 납치망명 사건에서 사회상규 판단과 관련하여 모범(模範)적인 문장이 등장한 이후, 2000년 수지침 사건에서 "법질서 전체 정신이나 그 배후에

---

3) 신동운, 형법 제20조 사회상규 규정의 성립경위, 법학 제47권 제2호(제139호), 서울대학교 법학연구소, 2006, 189 - 219면; 신동운, 新판례백선 형법총론, 경세원, 2009, 383면: 김병로 선생은 1915년 논문에서 "공공질서와 선량한 풍속에 위반하지 아니하는 상규적 행위"라는 표현을 사용하였다.

4) 일본은 1974년 5월 개정형법초안을 완성하였다. 형법 제13조(정당행위) 법령에 의한 행위, 정당한 업무로 인한 행위, 기타 법률상 허용된 행위는 벌하지 아니한다.

5) 신동운, 新판례백선 형법총론, 경세원, 2009, 384면.

6) 사회상규의 전개과정에 관해서는 허일태, 刑法 第20條의 "社會常規에 위배되지 아니하는 행위"의 재조명, 비교형사법연구 제4권 제1호, 한국비교형사법학회, 2002, 1 - 28면(7 - 10면); 형사법개정자료집(Ⅷ), 형법개정요강 소위원회심의결과, 형사법개정특별심의위원회, 1989, 42면; 형사법개정자료집(ⅩⅡ), 형법개정공청회자료집, 법무부, 1992, 17면.

7) 대법원 1956.4.6. 선고 4289형상42 판결.

8) 신동운, 新판례백선 형법총론, 경세원, 2009, 385면; 천진호, 사회적 상당성 이론에 대한 재고, 법학논고 제13집, 경북대학교 출판부, 1997, 115 - 151면(145면).

놓여 있는 사회윤리(社會倫理)·사회통념(社會通念)"이라는 기준을 명확하게 설시하고 있다.

첫째, 사회상규 개념은 다른 위법성조각사유를 검토해 보고, 이를 통해서 해결되지 않을 경우 마지막으로 검토하는 보충적 규정으로 자리 잡았다.[9] 둘째, 사회상규에 위반되지 않는 행위는 개별적·구체적으로 판단되어야 한다. 셋째, 사회상규는 다섯 가지 요건들을 모두 충족해야 한다.[10] ① 행위 동기와 행위 목적 정당성, ② 행위 수단과 행위 방법 상당성, ③ 보호이익과 침해이익 법익균형성, ④ 긴급성, ⑤ 다른 수단과 다른 방법이 없다는 보충성이다.

이로써 형법 제20조 정당행위는 범죄체계도에서 위법성조각사유로 확실한 위치를 잡았고, 구체적 판단기준과 함께 정착되었다.

---

9) 1983년의 대법원 판례를 보면 위법성조각사유의 검토 순서에 관해서 약간 혼선이 있다. 대법원 1983.2.8. 선고 82도357 판결은 형법 제20조 사회상규를 '가장 기본적인 위법성 판단의 기준으로 삼아' 이를 명문화한 것으로 해석하고 있다. 이러한 해석은 동의하기가 어렵고, 학자들의 비판을 받고 있다. 대법원 1983.2.8. 선고 82도357 판결【업무상횡령·허위공문서작성·허위공문서작성행사】형법 제20조가 사회상규에 위배되지 아니하는 행위는 처벌하지 아니한다고 규정한 것은 사회상규 개념을 가장 기본적인 위법성 판단의 기준으로 삼아 이를 명문화한 것으로서, 그에 따르면 행위가 법규정의 문언상 일응 범죄구성요건에 해당된다고 보이는 경우에도 그것이 극히 정상적인 생활형태의 하나로서 역사적으로 생성된 사회생활질서의 범위 안에 있는 것이라고 생각되는 경우에 한하여 그 위법성이 조각되어 처벌할 수 없게 되는 것이며, 어떤 법규성이 처벌대상으로 하는 행위가 사회발전에 따라 전혀 위법하지 않다고 인식되고 그 처벌이 무가치할 뿐 아니라 사회정의에 배반된다고 생각될 정도에 이를 경우나, 자유민주주의 사회의 목적 가치에 비추어 이를 실현하기 위해 사회적 상당성이 있는 수단으로 행하여졌다는 평가가 가능한 경우에 한하여 이를 사회상규에 위배되지 아니한다고 할 것이다. 그러나 위법성조각사유의 검토 순서에 비판으로 천진호, 사회적 상당성 이론에 대한 재고, 법학논고 제13집, 경북대학교 출판부, 1997, 115－151면(148면): "일반적 위법성조각사유의 검토로서 사회상규에 위배되는지를 판단하기에 앞서 다른 구체적·독자적인 위법성조각사유에 대한 해당여부를 먼저 검토해야 하며 그 가운데 어느 정당화사유만 해당하면 이미 위법성은 조각되기 때문에 다시 사회상규에 위배되는지 여부를 검토할 필요가 없다."

10) 이에 대한 반대의견으로 양화식, "형법 제20조의 '사회상규에 위배되지 아니하는 행위'에 대한 고찰,"『형사법연구』제19호(2003년 여름호), 195면; 조국, '삼성 X파일'보도 및 공개사건 판결 비판, 형사법연구 제24권 제1호(2012. 봄)(통권50호), 한국형사법학회, 2012, 271－295면(279면). "그런데 정당행위의 일반적 위법성조각사유로서의 성격을 고려할 때, 이 다섯 가지 요건이 모두 갖추어야 비로소 정당행위가 인정되는 것은 아니다. 만약 그렇게 이해한다면, 정당행위는 다른 개별적 위법성조각사유보다 더 성립요건이 엄격한 것이 되고, 이 경우 개별적 위법성조각사유가 성립하지 않는 경우에 정당행위 규정이 적용되는 것이 아니라 반대순서의 적용을 해야 하는 결과를 초래한다." 그러나 개별 위법성조각사유는 모두 사회상규에서 나와 특정상황에서 더 구체화된 것이다. 그래서 사회상규를 적용할 때 몇 가지 요건만 충족한다고, 위법성을 조각할 수는 없다. 최소원칙이 다섯 가지 요건인 것이다.

그럼에도 위의 기준을 벗어난 하급심 판결과 대법원 판결들이 종종 나타나고 있으며, 때로는 사회상규에 대한 구체적인 논증이 없이 막연히 '사회통념상 용인될 수 없어'라는 표현을 사용하는 판례가 있어 비판을 받고 있다.[11] 요건에 따라 구체적 논증을 해야 형법 제20조 '사회상규'가 더 발전할 수 있음에도 말이다.

3. 형법 제20조 사회상규와 사회적 상당성 범죄체계론 논쟁

형법 제20조 사회상규와 사회적 상당성은 구별된다.[12] 여기서는 사회적 상당성과 사회상규 개념, 그 역사적 뿌리, 오늘날 의미를 규명하고자 한다.

(1) 사회적 상당성

사회적 상당성은 사회적 행위자유 범위에 포함된 행위를 의미한다. 사회생활질서를 현저히 침해하는 행위만 구성요건에 해당할 수 있다. 따라서 사회적으로 상당한 행위는 객관적 구성요건을 충족하지 않는 구성요건 조각사유가 된다.[13] 사회적 상당성 개념은 독일에서 구성요건배제사유로 전개된 것이다. 한스 벨첼(Hans Welzel, 25. März 1904 in Artern; † 5. Mai 1977 in Andernach)은 "역사적으로 생성된 사회질서 안에 있는 행위"라고 표현한다.[14]

---

11) 사회상규의 판단에 비판을 받고 있는 판례로는 대법원 1971.6.22. 선고 71도827 판결【사문서위조】; 대법원 1983.11.22. 선고 83도2224 판결【특정범죄가중처벌등에관한법률위반】; 대법원 1986.6.10. 선고 85도2133 판결【업무상과실치상】; 대법원 2009.12.24. 선고 2007도6243 판결【전자기록등내용탐지】
12) 김일수·서보학, 형법총론, 제11판, 박영사, 2006, 378면; 이재상, 형법총론, 제7판, 박영사, 2011, 285면; 읽을 볼만한 문헌으로 천진호, 사회적 상당성 이론에 대한 재고, 법학논고 제13집, 경북대학교 출판부, 1997, 115−151면(144면).
13) 신동운, 新판례백선 형법총론, 경세원, 2009, 375면: "원래 한스 벨첼이 주장한 사회상당성 이론은 구성요건의 적용범위를 축소하기 위해 제안된 이론이다. 즉 어느 행위가 구성요건에 해당한다고 보이는 경우에도 그 행위가 사회상당성이 인정되는 것이라면 구성요건 해당성 자체를 부인하자는 이론이다"; 허일태, 刑法 第20條의 "社會常規에 위배되지 아니하는 행위"의 재조명, 비교형사법연구 제4권 제1호, 한국비교형사법학회, 2002, 1−28면(24−25면).
14) 배종대, 형법총론, 제13판, 홍문사, 2017, 221−222면; Welzel, Hans, Lehrbuch des deutschen Strafrechts, (ab 1940; letzte, 11. Auflage 1969), S. 55.

(2) 사회상규

반면 형법 제20조 사회상규는 실질적 위법성을 판단해야 하는 위법성 조각사유이다. 불확정개념이기 때문에 법개념으로 적합하지 않다는 주장이 있다. 그러나 어느 정도 불명확성은 법률의 해석학적 문제에 속한다고 한다.[15]

대법원 판례는 오랫동안 사회상규와 사회적 상당성을 구별하지 않고 혼용하여 인용하였다. 대표적 판례가 1971년 증여탈세목적 사문서 위조사건이다.[16] 대법원은 이 판결에서 **"사회상규에 위배되지 아니하는 행위는** 초법규적인 법익형량 원칙과 목적과 수단 정당성에 관한 원칙 또는 **사회적 상당성 원리 등에 의하여 도출된 개념이다"**라고 설명하였다.

사회상규를 사회적 상당성에서 도출된 개념으로 파악한 점은 아마도 독일의 사회적 상당성(Soeziale Adäquanz und Unrechtslehre) 개념을 차용한 것이 아닌가 생각한다.

대법원 1986년 판결인 '2차 소파수술' 사건은 사회적 상당성을 인정하여 구성요건에서 조각하였다. 두 번째 소파수술은 상해가 아니고, 의사의 통상적인 진료행위라고 인정한 것이다.[17] 그러나 설시한 논거들은 사회상규 판단기준들을 차용하고 있다.

생각건대 신체침습행위는 개인 사회생활을 현저히 침해하는 행위이다. 따라서 사회적으로 상당한 행위가 아니다. 범죄구성요건에 해당한다. 다만 실질적 범죄성립을 인정하려면, 신체침습행위가 사회상규에 위배되어야 한다. 이 경우 형법 제20조 사회상규를 적용하면 될 것이다. 구체적으

---

15) 배종대, 형법총론, 제13판, 홍문사, 2017, 222－223면.
16) 대법원 1971.6.22. 선고 71도827 판결【사문서위조】형법 제20조 소정의 사회상규에 위배되지 아니하는 행위는 초법규적인 법익교량의 원칙이나 목적과 수단의 정당성에 관한 원칙 또는 사회적 상당성의 원리 등에 의하여 도출된 개념이었다. 위 각 원칙에나 원리에 비추어 감안하여 볼지라도 위 판시와 같은 피고인이 그의 실질적 소유에 속하는 부동산들의 명의수탁인인 그의 사위에게 부과된 증여세를 면탈시키기 위하여 그 수탁인 명의의 전술과 같은 권리 의무에 관한 문서를 위조하여 이를 행사한 행위들까지를 그 개념에 해당되는 것이었다고 인정하기는 어렵다. 원결결의 그 행위들에 대한 위와 같은 단정은 위 개념에 관한 법리의 오해를 면치 못할 것이었고, 그 위법은 원판결을 파기할 사유가 된다고 할 것이다.
17) 대법원 1986.6.10. 선고 85도2133 판결【업무상과실치상】

로 요건들을 검토해 보아야 한다. 그래서 사회상규가 더 명확하게 규범화되어야 한다.

(3) 사회적 상당성과 사회상규 범죄체계론 구별

대법원은 2000년 '수지침 사건' 판결에서 형법 제20조 사회상규와 사회적 상당성을 명확하게 구별하고 있다.

대법원은 '수지침 시술행위'는 의료법 제25조 무면허의료행위 금지규정에 위반된다고 판시하였다. 즉 구성요건에 해당되지만, 형법 제20조 '사회상규에 위배되지 아니한 행위'로 위법성이 조각된다고 판결하였다.[18]

만약 수지침 행위를 사회적 상당성이라는 개념으로 해결하려면, 이 행위를 구성요건에서 조각해야 한다. 무면허 의료행위가 아니라는 의미다.

그러나 수지침 행위는 사회생활질서를 현저히 침해하는 무면허 의료행위이다. 무자격자 의료행위이기 때문이다. 다만 당시 수지침 시술행위를 하였던 여러 가지 사정을 구체적 개별적으로 살펴볼 때, 수지침 시술행위는 사회상규에 위배되지 않는다는 것이다. 대법민국 법질서에 비추어 볼때, 불법행위가 아니라는 것이다. 범죄체계도에서 분명한 차이가 있다.

이처럼 실질적 위법성은 형법 제20조 정당행위 중 사회상규 판단기준에서 더 세분화되고 구체화되는 것이다. 그래서 배종대 교수님 지적처럼 독자적 의미가 있는 것이다.[19]

(4) 사회적 상당성과 사회상규 범죄체계론 구별 실익

범죄체계상 형법 제20조 사회상규를 판단하기 전에 먼저 구성요건해당성을 검토해야 한다. 피의자·피고인 행위가 사회생활질서를 현저히 침해하는 경우, 범죄구성요건에 해당한다.

그 다음 현저한 사회질서 침해행위가 사회윤리적 질서(社會通念, 사회의

---

18) 대법원 2000.4.25. 선고 98도2389 판결 【의료법위반】 [1] 형법 제20조 소정의 '사회상규에 위배되지 아니하는 행위'의 의미 및 정당행위의 성립 요건 [2] 수지침 시술행위가 의료법에서 금지하고 있는 무면허 의료행위에 해당하는지 여부(적극) 및 수지침 시술행위가 형법 제20조 소정의 정당행위에 해당하기 위한 요건.
19) 배종대, 형법총론, 제13판, 홍문사, 2017, 220면: "사회상규는 어디까지나 독립된 정당행위의 요건이다."

보편적 윤리에 따라 이해될 수 있는 행위)에 위배되지 않아야 한다. 범죄체
계상 위법성조각사유에서 검토한다.[20]

　따라서 사회상규 판단기준은 '사회적 상당성'(현저한 사회질서 침해행위,
무면허의료행위)처럼 구성요건에서 논할 문제가 아니다. '구체성과 합리성'
(사회윤리적질서 위배, 무면허 의료행위라도 특정의료행위인 경우 사회보편윤리
에 따라 이해될 수 있는 행위인지 여부) 관점에서 다시 정밀하게 검토되어야
하는 것이다. 이렇게 될 때 불법구성요건이 위법성조각사유로 조각되는
것이다. 엄격한 기준과 논증을 통해 검토되어야 한다.

　사회적 상당성과 사회상규 구별 실익은 체계적 해석방법과 세밀한 논
증에 있는 것이다. 문제는 사회상규 판단기준이다.

(5) 소 론

　독일 형법 해석방법론을 차용할 합리적 이유가 없다. 우리나라 형법조
문과 범죄체계도에 근거하여 해석방법론을 찾으면 된다.[21] 독일 형법학자
한스 벨첼(Hans Welzel, 1904년 3월 25일~1977년 5월 5일)은 사회적 상당
성이론을 제안하였다. "정상적이고 역사적으로 형성된 사회공동생활질서에
속하는 행위는 '사회적으로 상당한 행위'이다. 이 행위는 '구성요건'에 해
당할 수 없다." 사회적 상당성은 구성요건해당성을 배제하는 사유이다. 그
러나 '사회상규'는 구성요건해당성이 충족될 경우, 위법성조각사유에서 검
토하는 '위법성조각 일반원리'가 되는 것이다.

　우리나라 형법 제20조는 '사회상규'를 명문으로 규정하고 있다.[22] "～
벌하지 아니한다"라는 말은 위법성이 조각된다는 말이다. 물론 우리 형법

---

20) 신동운, 新판례백선 형법총론, 경세원, 2009, 375면: "사회상당성이론을 우리 대법원은 위
　　법성조각사유의 일반조항이라고 할 수 있는 형법 제20조의 사회상규를 설명하는 논거로
　　차용하고 있다. 그렇지만 여기서 주의해야 할 것은 우리 대법원이 사회상당성이론만 가지
　　고 사회상규의 내용을 채우고 있지는 않다는 사실이다. 대법원은 사회상규의 개념을 법질
　　서 전체의 입장에서 어느 행위가 위법한가 아닌가를 평가하는 실질적 위법성의 관점을 구
　　체화한 것으로 새기고 있다고 생각한다."
21) 사회적 상당성 개념의 불필요성에 관한 설명으로 배종대, 형법총론, 제13판, 홍문사,
　　2017, 222면을 참조 바람.
22) 같은 생각으로 천진호, 사회적 상당성 이론에 대한 재고, 법학논고 제13집, 경북대학교 출
　　판부, 1997, 115－151면(151면); 허일태, 刑法 第20條의 "社會常規에 위배되지 아니하는
　　행위"의 재조명, 비교형사법연구 제4권 제1호, 한국비교형사법학회, 2002, 1－28면(6면).

제20조를 과도하게 평가하거나 '의미 있는 세계적 입법'으로 포장할 이유도 없다.

중요한 것은 사회상규가 위법성조각사유로서 구체적 내용을 가지고, 체계적 법해석에 실질적으로 기여할 수 있는가 여부이다.

형법총론이 범죄체계를 이상(理想)으로 삼는 한, 법익침해 정도가 현저한 것(법규위반행위·행위자 자격·행위자 신분·행위양태)은 구성요건해당성이 있다고 결정하고, 형법 제20조 사회상규에서 정밀하게 검토하는 것이 더 합리적 해석이다. 이것이 체계론적 해석이다.

이를 보다 정확히 이해하기 위해, 수지침 사건을 다시 보자. 이 사건에서 의료법 무면허행위를 생각하면 된다. 무면허의료행위는 의료법에서 엄격하게 금지하는 무자격자 의료행위이다. '사회적 상당성'이라는 이름으로 무면허의료행위를 구성요건에서 조각시킬 수 없다. 명백하게 구성요건에 해당한다. 문제는 수지침이 사회상규에 위배되는가 여부이다. 위법성조각사유가 된다.

그렇다면 사회적 상당성과 사회상규 구별은 체계적 해석론에서 상당한 실익이 있다. 수지침 시술행위가 무자격자 무면허의료행위지만, 이 행위는 대한민국 법질서와 사회윤리에 따라 용인된다. 즉 사회통념에 따라 수용할 수 있다는 것이다. 그럼에도 법질서·사회윤리·사회통념은 여전히 추상적이다.

《사회적 상당성과 사회상규 논쟁》은 어느 정도 마감할 때가 되었다. 사회적 상당성은 사회상규 요건 중 단지 하나의 요건에 불과하다. 행위수단과 행위방법의 상당성이다. 그러나 사회상규는 그 외 다른 요건을 충족해야 구성요건해당행위를 위법성에서 조각시킬 수 있다.

제 3 장   형법 제20조 사회상규 판단기준

　다산[丁若鏞, 1762년 8월 5일(음력 6월 16일)~1836년 4월 7일(음력 2월 22일)] 선생이 살아 계셨다면, 사회상규를 어떻게 해석하였을까? 아마도 "사회상규란 인간관계의 원활한 화해를 위한 사회적 결속의 원리이다." 라고 말하지 않았을까 생각한다.

　다산은 1816년 5월 3일 아들 학연에게 보낸 글에서 이런 말을 한다. "천하에 두 가지 기준이 있다. 하나는 옳고(正) 그름(否)이다. 또 다른 하나는 이롭고(利) 해로움(害)이다. 옳음을 고수하고, 이익을 얻는 것이 가장 높은 단계다."

　다산의 기준을 사회상규 판단기준으로 가져오면, 옳다는 것은 정당성·상당성·긴급성·보충성이다. 행위목적·행위동기·행위수단·행위방법·행위선택·행위시점을 말한다. 객관적 표지인 행위와 주관적 표지인 행위자의 내면세계에서 모두 옳음과 이익이 증명되어야 사회상규의 큰 기준이 충족되는 것이다. 옳고 그름을 판단할 때는 비례하여 판단할 수밖에 없다. 이를 학자들은 비례성 원칙이라고 한다. 그 다음이 얻는 이익과 침해 이익을 저울에 달아 볼 수밖에 없다. 이익균형성이다. 이를 학자들은 이익형량 원칙이라고 말한다.

　다산이 제시한 '천하(天下)의 두 가지 기준'은 사회상규 판단에 유용하게 적용될 수 있다. 천하란 오늘날 국법질서를 말할 수 있다. 자연법시대에서 실정법시대로 넘어오면서 국민일반의 건전한 도의감이 바로 국법질서에 구현되어 있다. 200년 전 실학사상집대성자가 제시한 '사리판단을 위한 두 기준: 옳음과 이익'은 시사하는 바가 있다.

　배종대 교수님은 사회상규 판단기준으로 법학방법론을 제시하고 있다. 형법의 규범원칙이다. 열거하면 다음과 같다.

"① 이익형량원칙(Güterabwägungsprinzip)은 가해자이익(위법성 판단여부)과 피해자이익(법익침해)을 저울질하여 판단한다. ② 비례성 원칙(Verhältnismäßigkeitsprinzip)은 행위목적과 행위수단 정당성·비례성에는 긴급성·보충성이 포함된다. ③ 사회적 상당성 그리고 ④ 위법성조각의 일반원리를 사회상규의 판단기준으로 삼는 경우도 있다.[1] 판례도 이상과 같은 규범적 원칙을 판단기준으로 삼고 있다."[2]

다산의 생각과 다른 점이 없다. 다산이 말하는 옳음(正)은 비례하여 판단할 수밖에 없다. 행위목적·행위동기·행위수단·행위방법·행위시점·행위대체가 올바름 판단에서 핵심요소다. 다산의 생각이다. 이러한 기준들을 갖고 구체적 사안에서 종합적으로 총체적 판단을 하라는 것이다. 그것이 천리에 맞으면 옳은 것이다. 천리(天理)란 법질서 전체 정신·사회윤리·사회통념이 아니겠는가. 여기에 부합하면 옳음은 것이다. 위배되면 잘못된 것이다. 오늘날 학자들은 비례성원칙은 모든 법질서에 타당한 헌법원칙이라고 한다. 다산이 주장한 천하를 판단하는 첫 번째 원칙과 같다. 그 다음 다산이 말하는 이익(利)은 행위를 통해 얻는 것과 행위를 통해 침해하는 것과 저울질 하는 것이다. 이익형량원칙은 법학방법론에서 일반원칙이다. '사회상규 위배여부 판단방법'은 동양고전에서 명확한 시사점을 얻을 수 있을 것이다.

우리나라 대법원은 사회상규를 다음과 같이 판시하고 있다.

'사회상규'란 국가법질서 존엄성을 기초로 한다. 국민일반 건전한 도의감이다.[3] '사회상규에 위배되지 않는 행위'란 구성요건에 해당하는 행위를 전제로 한다. 그러나 법질서 전체 정신과 그 배후 지배적인 사회윤리로 용인될 수 있는 행위다. 사회통념상 정당화 된다. 그래서 형법상 범죄가 되지 않는다.[4]

---

1) 김일수·서보학, 형법총론, 제12판, 박영사, 2014, 351-355면.
2) 배종대, 형법총론, 제13판, 홍문사, 2017, 224면.
3) 대법원 1983.11.22 선고 83도2224 판결.
4) 대법원 2001.2.23. 선고 2000도4415 판결.

다산이 대법원 판결문을 읽었다면, 아마도 이렇게 평가했을 것이다. 『사회상규란 인간관계의 원활한 화해를 위한 사회적 결속의 원리이다. 옳음(正)과 이익(利)을 갖고 판단하라. 하나는 천(天)에 대한 판단이고, 다른 하나는 이(利)에 대한 판단이다. 헌법원리이고, 일반원칙이라고 표현해도 좋다. 사회상규가 더 구체화되어 법문으로 규정되지 않는다면, 천리가 모두 통해야 위법에서 벗어나는 것이다. 정당성·상당성·긴급성·보충성·법익균형성을 모두 갖추어야 위법성이 조각되는 것이다.』

대한민국 형법학계는 형법 제20조 사회상규 판단기준에 대해 이미 상당한 분석을 해 놓았다.[5] 대법원은 형법 제20조 사회상규 판단기준을 1983년 천주교 사제 최○○신부 사건[6]과 1984년 중국민항기 납치망명 사건[7]에서 명확하게 밝히고 있다.

대법원은 "정당성·상당성·균형성·긴급성·보충성 다섯 가지 요건들을 모두 갖추었는가를 합목적적·합리적으로 판단하여 결정해야 한다"고 판시하였다.[8] 다산이 밝힌 옳고·그름의 판단기준과 이익·손해의 판단기준들이 다섯 가지 요건들을 세분화한 것과 같다.

1983년 천주교 사제 최○○신부 사건과 1984년 중국민항기 납치망명 사건에서 명확하게 제시한 대법원 판례 이후 형법 제20조 사회상규 판단기준은 정착되었다. 그리고 이들 판례에서 삼단계 범죄체계론으로 위법성 조각사유에 해당한다고 명확하게 밝히고 있다.

---

5) 형법 제20조 사회상규에 관한 주요문헌은 참고문헌에 별도로 정리하였다. 읽어 볼만한 논문으로 박광민, 정당화사유의 일반원리에 관한 연구, 성균관대학교 박사학위논문, 1990. (제3장 정당화사유의 일반원리에 관한 이론적 고찰, 제3절 형법 제20조의 해석 IV. 사회상규의 해석); 이상용, 형법 제20조 사회상규 관련 판결사안의 유형화의 시도: 2002년부터 2007년 6월까지의 판결을 대상으로, 형사정책연구 제18권 제3호(제71호), 한국형사정책연구원, 2007, 131–164면; 배종대, 형법총론, 제13판, 홍문사, 2017, 228–231면(사회상규에 관한 판례가 정리되어 있다).

6) 대법원 1983.3.8. 선고 82도3248 판결【국가보안법위반·현주건조물방화치상·현주건조물방화예비·계엄법위반·집회및시위에관한법률위반·특수공무집행방해·범인은닉·범인도피】대법원은 형법 제20조가 형법 제21조·제22조·제23조·제24조에서 규정하고 있는 다른 위법성조각사유에 대하여 보충적 지위에 있다고 판시하였다.

7) 대법원 1984.5.22. 선고 84도39 판결【항공기운항안전법위반·총포도검화약류단속법위반·출입국관리법위반·항공법위반】

8) 대법원 1983.3.8. 선고 82도3248 판결(최○○신부사건); 대법원 1984.5.22. 선고 84도39 판결(중국민항기 납치망명 사건); 대법원 1994.4.15. 선고 93도2899 판결(상가 단전 사건).

형법 제20조 사회상규도 다른 위법성조각사유와 마찬가지로 객관적 표지와 주관적 표지를 모두 갖추어야 한다. 객관적·주관적 요건을 모두 충족해야 피고인이 범한 구성요건행위에서 불법평가를 실질적으로 다시 할 수 있는 것이다. 모두 충족해야 객관적 구성요건해당성과 주관적 구성요건해당성을 조각할 수 있다.

사회상규에서 주관적 요건이 결여되면, 위법성이 조각되지 않는다. 객관적 정당화상황이 조각된다고 하더라도, 여전히 불법에 해당한다. 이때 객관적 불법이 조각된 경우 불법평가는 유죄이지만, 단지 그 행위는 양형에서 고려된다. 다른 위법성조각사유와 마찬가지다.

불능미수범설은 오늘날 합일태적 범죄체계론과 부합하지 않는다. 대상착오·수단착오가 없다. 구성요건해당성은 존재한다. 따라서 불능미수설과 무죄설은 범죄체계도상 타당한 해결방안이 아니다. 주관적 요건이 결여되면, 유죄설이 타당하다. 불법평가는 이미 지적한 것처럼 양형문제로 넘겨도 된다.

형법 제20조 사회상규에 해당되는 행위는 정당성·상당성·균형성·긴급성·보충성을 다섯 가지 요건을 모두 갖춘 행위여야 한다. 이 경우 실질적 불법을 조각하여 형법 제20조 정당행위 중 사회상규에 위배되지 않는 행위가 된다. 여기서는 대법원이 1983년 제시한 사회상규 판단기준들을 자세히 살펴보고자 한다.[9]

1. 정당성

가. 형법 제20조 사회상규 첫 번째 판단기준은 정당성(正當性, 天理)이다. 우주의 정신이다. 자연법으로 하늘(天·理)의 뜻이다. **정(正, 옳음)을 분설하면, 하늘(一)에 머물러(止) 있다는 의미다. 즉 하늘(天)의 뜻이란 실정법 관점에서 보면 대한민국 법질서이다.** 최고 규범 헌법·민법·형법·행정법·의료법·공직선거법 등 대한민국에서 시행되고 있는 모든 법률·시행령·시행규칙 법리(法理)가 여기에 해당한다. 법규범마다 위계질서가 있으며, 적용순서가 있다. 법익으로 규범화되어 있다. 이러한 법질서 전체

9) 이재상, 형법총론, 제7판, 박영사, 2011, 285－288면.

정신(法理)을 판단기준으로 놓고, 어떤 행위자가 저지른 범죄구성요건행위에 대해 불법을 실질적으로 검증하는 것이다. 행위동기·행위목적을 검토하여 대한민국 전체 법정신에 비추어 위법성 실질을 최종적으로 판단한다. 생명·자유·인권·민주·환경 등을 들 수 있다. 『**대한민국 전체 법질서와 법정신에 비추어 옳은가.**』 이것이 정당성(正當性)이다.

나. 먼저 피의자·피고인 행위를 구성요건에서 검토한다. 그 다음 단계로 위법성조각사유를 검토한다. 최후에 검토하는 것이 사회상규다. 행위동기와 행위목적이 정당해야 한다. 대한민국 법질서·법정신·사회윤리·사회통념으로 수용할 수 있어야 한다.

다. 법원·검찰·경찰·변호인은 형법 제20조 사회상규를 검토할 때, 정당성을 제1순위로 검토한다. 그 다음이 제2순위 상당성이다.

라. 생명보호가 민족정기수호보다 더 높은 천리의 가치다. 적법절차준수가 불법행위보다 더 높은 국법의 가치다. 생명신체·신체보호·인권보호가 불법행위보다 더 높은 헌법 가치다. 이것이 대한민국 법정신이다.

마. 형법 제20조 사회상규는 반드시 정당성을 충족해야 한다.

바. 다산이 말한 '옳다(正)'는 행위목적과 행위동기가 옳다는 말이다. 이것이 정당성이다.

2. 상당성

가. 형법 제20조 사회상규 두 번째 판단기준은 상당성(相當性, 善行)이다. **상(相)이란 서로라는 의미로, 각자 입장(木)에서 본다(目)는 뜻이다. 대한민국 법질서·법정신이 허용하는 행위수단과 행위방법을 말한다.** 최소행위이여야 한다. 착한 행위여야 한다. 이러한 법질서정신을 판단기준으로 놓고, 어떤 행위자가 저지른 범죄구성요건행위에 대해 불법을 실질적으로 검토하는 것이다. 행위수단·행위방법을 검증하여 대한민국 법정신에 비추어 위법성 실질을 최종적으로 판단한다. 『**행위수단과 행위방법이 옳은가**』. 이것이 상당성(相當性)이다.

나. 대한민국 법질서·법정신·사회윤리·사회통념으로 받아들일 수 있어야 한다.

다. 법원·검찰·경찰·변호인은 형법 제20조 사회상규를 검토할 때, 상당성을 제2순위로 검증한다. 그 다음이 제3순위 긴급성이다.

라. 소극적 저항행위·이미 생활세계에서 보편화된 행위·징계 범위 안에 있는 행위·교육목적행위는 상당성이 있다.

마. 그러나 환자 동의절차를 거치지 않은 강제입원행위·받아들이기 어려운 협박행위·과도한 유형력 행사·과도한 소음야기 집회시위행위는 상당성이 결여된 것이다. 의료행위라도 위험성이 높은 의료방법을 사용하는 경우 상당성이 결여된다.

바. 형법 제20조 사회상규는 반드시 상당성을 충족해야 한다. 대부분 판례들은 '상당성' 판단에서 결론이 난다. 그러나 일부 학자들은 "판례는 사회상규 기능을 확대하여 상당성과 같은 엄격한 요건을 요구하는 것으로 해석한다"고 비판한다. 이렇게 되면 "정당행위 적용범위는 그 만큼 좁아진다"고 주장한다.[10] 그러나 위법성이 조각되려면, 상당성 요건은 필수충족 요건이다. "정당방위와 긴급피난의 상당성과 같아야 할 이유가 없다"고 주장하지만, 이들 위법성조각사유 간에 차등을 둘 합리적 이유가 없다고 생각한다. 행위수단과 행위방법이 옳지 않는 행위자의 구성요건행위를 사회상규에 위배되지 않는다고 무죄로 판단할 수는 없기 때문이다.

사. 다산이 말한 '옳다(正)'는 행위수단과 행위방법이 옳다는 말이다. 오늘날 형법학자들이 말하는 상당성이다.

3. 균형성

가. 세 번째 요건은 행위의 보호이익과 침해이익의 법익균형성(法益均衡性)이다. 행위자 이익과 피해자 침해이익 사이 법익균형이 법질서 정신과 사회윤리에 비추어 용인될 수 있어야 한다. 결과반가치를 판단하는 중요한 기준이다. 헌법에 보장된 기본권인 생명·신체·자유·재산권 등 법익 우선 순으로 판단한다. 인간생명이 다른 법익에 가장 우선 한다. 자유의 가치가 사회질서의 가치에 우선한다.

나. 대한민국 법질서·법정신·사회윤리·사회통념으로 받아들일 수

10) 배종대, 형법총론, 제13판, 홍문사, 2017, 220면.

있어야 한다.

다. 법원·검찰·경찰·변호인은 형법 제20조 사회상규를 검토할 때, 균형성을 제3순위로 검증한다. 그 다음이 제4순위 긴급성이다. 더 정확히 말하면 법익균형성은 맨 마지막에 검토하는 것이 타당하다고 생각한다.

라. 이익형량원칙은 법학방법론의 일반원칙이다.

마. 형법 제20조 사회상규는 반드시 법익균형성을 충족해야 한다.

바. 다산이 말한 '이익(利益)'은 법익균형성을 갖추었다는 말이다. 오늘날 형법학자들이 말하는 이익형량이다.

4. 긴급성

네 번째 요건은 행위의 긴급성(緊急性)이다. '이 시점(時點)에서 하지 않으면 안 될 정도의 특수한 상황'이 있어야 한다.

나. 대한민국 법질서·법정신·사회윤리·사회통념으로 받아들일 수 있어야 한다.

다. 법원·검찰·경찰·변호인은 형법 제20조 사회상규를 검토할 때, 긴급성을 제4순위로 검증한다. 그 다음이 제5순위가 보충성이다.

라. 행위는 긴급성이 있다. 행위를 할 수 밖에 없는 최후시점이다.

마. 사회상규에 위배되는 판례들을 보면, 대부분 긴급성이 결여된 것이다. 꾸물거리는 임차인에 대한 단전조치 사건도 긴급성이 결여된 사례이다.

바. 형법 제20조 사회상규는 반드시 긴급성을 충족해야 한다. "사회상규 불인정의 근거로 긴급성을 요구하고 있다."는 비판이 있다. "엄격한 기준을 충족하기에 거의 불가능하다."는 비판도 있다. "최근 판례는 긴급성을 요건으로 하지 않는다."는 판례도 있다고 한다. 그러나 사안을 자세하게 분석해 보면, 긴급성이 명확하기 때문에 판례가 언급을 하지 않았다고 생각한다. 사회상규 판단에서 엄격한 기준은 필요하다. 모두 논증을 통해 철저히 밝힐 필요가 있다. 이것이 불법의 실질을 명확히 판단하는 방법이다.

사. 다산이 말한 '옳다(正)'는 긴급성을 갖추었다는 말이다.

5. 보충성

가. 다섯 번째 요건은 보충성(補充性)이다. 다른 수단과 다른 방법이 없어야 한다.

나. 보충성도 법질서의 정신과 사회윤리에 비추어 용인될 수 있는 행위여야 한다. 불가피한 마지막 최소 수단과 최소 방법을 사용해야 한다.

다. 상당성 요건과 유사하다. 최후수단성이다. 순서(順序)·양(量)·질(質)에서 차이가 있다.

라. 먼저 자기결정권을 행사하도록 배려한 행위와 법령에 의한 적법절차를 거친 후에 한 행위이다. 성남 낙태사건을 생각하면 될 것이다.

마. 형법 제20조 사회상규는 반드시 보충성을 충족해야 한다. "사회상규 불인정의 근거로 보충성을 요구하고 있다."는 비판이 있다. "엄격한 기준을 충족하기에 거의 불가능하다."는 비판도 있다. "최근 판례는 보충성을 요건으로 하지 않는다."는 판례도 있다고 한다. 그러나 사안을 자세하게 분석해 보면, 보충성이 명확하기 때문에 판례가 언급을 하지 않았다고 생각한다. 엄격한 기준은 필요하고, 논증도 철저히 할 필요가 있다. 이것이 불법의 실질을 명확히 밝히는 길이다.

바. 다산이 말한 '옳다(正)'는 보충성이 갖추었다는 말이다.

6. 소 결

정당성·상당성·균형성·긴급성·보충성은 서로 연결되어 있다. 무자격자 의료행위는 정당성·상당성·균형성·긴급성·보충성이 모두 결여되어 있다. 무자격자 의료행위가 치료목적이라고 하더라도, 이는 주관적인 주장이다. 객관적으로 보면 국법질서를 위반하여 행하는 무면허의료행위이고, 의료행위수단과 의료행위방법도 불법이며, 법익균형성도 없으며, 긴급성과 보충성이 모두 결여되어 있다. 비록 의료인 자격 소지자라도 그 범위를 벗어나 의료행위를 하는 경우도 마찬가지다. 더 구체적인 사례들은 판례들을 통해 살펴보고자 한다.

제4장 형법 제20조 사회상규와 대법원 판례 평석

제4장은 이 책의 핵심이다. 형법 제20조 사회상규와 대법원 판례를 평석하였다. 먼저 사회상규에 위배되지 않아 대법원에서 무죄가 선고된 판례(**위법성조각으로 무죄가 선고된 판례**)와 사회상규에 위배되어 대법원에서 유죄가 선고된 판례(**위법성으로 유죄가 선고된 판례**)로 구분하였다. 각 판결마다 대법원이 제시한 사회상규 다섯 가지 요건 정당성·상당성·균형성·긴급성·보충성을 검토하였다.

나는 이 책에서 가능한 많은 판례들을 소개하고자 고심했다. 그러나 여러 가지 한계가 있었다. 사실관계가 명확하지 않거나 또는 하급심 정보가 없었다. 그래서 최근 대법원 판례와 형법 교과서에 소개된 대법원 판례, 변호사시험·사법시험·국가고시에 출제된 대법원 판례 그리고 법학자·실무가 평석이 있는 대법원 판례들을 중심으로 총 119개를 선별하였다.

통계표를 만들어 분석한 논문도 있었다.[1] 그러나 이 책은 한개 사건을 체계적으로 볼 수 있도록 전통 방식을 사용하였다. 서술방법은 사실관계·적용법조·제1심과 제2심 판결·대법원 판결요지를 씨줄로 삼고, 논증비판·판례평석을 날줄로 삼았다. 자세한 사실관계 없이 형법 제20조 사회상규 위배여부를 판단하는 것은 어렵다고 생각한다. 생활세계에서 발생하는 이해충돌을 해결하는 것이 사회상규 판단방법이다. 구체적 사실은 아주 중요하다고 생각한다. 그래서 하급심 판결에 각별한 노력을 기울였다.

---

1) (연도순) 서보학, 단전·단수조치와 업무방해죄의 성립 여부, 인권과 정의 제358호, 대한변호사협회, 2006, 53-70면; 이상용, 형법 제20조 사회상규 관련 판결사안의 유형화의 시도: 2002년부터 2007년 6월까지의 판결을 대상으로, 형사정책연구 제18권 제3호(제71호), 한국형사정책연구원, 2007, 131-164면; 김성천, 무면허 의료행위에 있어서 사회상규에 위배되지 아니하는 행위의 판단기준, 법학논문집 제33집 제2호, 중앙대학교 법학연구소, 2009, 139-164면; 박기석, 정당행위 중 사회상규의 기능과 성립범위, 한양법학, 제24권 제2집, 한양법학회, 2013, 149-166면. 그 외 참고문헌에서 소개한 논문들을 읽어 보시길 바란다.

법조실무가와 로스쿨 학생들에게 작은 도움이 되었으면 한다. 인용하기 편하게 간략하게 핵심을 서술하였다. 사실인정·법적용·인용문구에 참고가 되기를 바란다. 공소사실과 판결요지는 가능한 한 짧게 끊어서 가독성을 높였다.

판례제목은 선행연구자들이 정리해 놓은 것을 참조하였다.[2] 혼돈을 줄이기 위해서이다. 최근 판례들은 새로이 사건이름을 직접 붙였다.

1. 사회상규에 위배되는 않는 판례 평석(무죄판결)

사회상규에 위배되지 않는 대표 판례(무죄가 선고된 판례)들을 모아 체계적으로 분류하였다. 전체 51개 판례를 크게 다섯 분야로 나누었다. ① 소극적 저항행위[3]에 대한 사회상규 위배여부 판단방법, ② 객관적으로 징계범위를 벗어나지 않으면서 주관적 교육목적으로 행한 징계권 없는 사람 징계행위[4]에 대한 사회상규 위배여부 판단방법, ③ 자기·타인 권리를 실행하기 위한 행위에 대한 사회상규 위배여부 판단방법. 예를 들면 피해자에게 치료비를 요구하고 의무를 이행하지 않으면 고소하겠다고 하거나,[5] 구속시키겠다고 하는 경우[6]이다. ④ 역사적으로 생성된 사회질서에 대한 사회상규 위배여부 판단방법, ⑤ 의료행위에 대한 사회상규 위배여부 판단방법 등이다. 대법원이 제시한 사회상규 위배여부 판단기준을 가지고 이들 판례들을 자세히 분석하였다. 사회상규 위배여부 판단에서 제시된 논증순서·논증방법·논증변천·판결선고를 평석하였다. 여기에 소개하는 판례들은 모두 위법성이 조각되어 무죄가 선고된 판례들이다.

---

2) 판례제목은 신동운, 新판례백선 형법총론, 경세원, 2009, 195 – 225면; 송희식, 형법판례정문【총론편】, 동아대학교 출판부, 2012, 51 – 72면을 참고하였다. 이상용, 형법 제20조 사회상규 관련 판결사안의 유형화의 시도: 2002년부터 2007년 6월까지의 판결을 대상으로, 형사정책연구 제18권 제3호(제71호), 한국형사정책연구원, 2007, 131 – 164면.
3) 대법원 1982.2.23. 선고 81도2958 판결. "강제연행을 모면하기 위하여 팔꿈치를 뿌리치면서 가슴을 잡고 벽에 밀어붙인 행위는 소극적인 저항으로 사회상규에 위반되지 아니한다."
4) 이 책 60면 참조("담배 한 개 다오" 사건).
5) 대법원 1971.11.9. 선고 71도1629 판결.
6) 대법원 1977.6.7. 선고 77도1107 판결.

(1) 소극적 · 본능적 저항행위와 사회상규 판단방법

먼저 소극적 저항행위와 소극적 방어행위 개념을 구분해야 한다.[7] 소극적 저항행위는 무의식 반사행위로써 본능 행위에 가깝다.[8] 이것은 형법 제20조 사회상규에서 검토해야 한다. 그러나 소극적 방어행위는 인간 의식이 깃든 경미한 반격행위이다. 이는 형법 제21조 제1항 정당행위에서 검토해야 한다. 예를 들면 싸움이 될 것이다.

정당방위는 상당성(相當性)이 문제가 된다. 상당성은 필요성과 사회윤리적 제한을 요건으로 검토되어야 한다. 그러나 많은 판례[9]와 문헌은 아

7) 신동운, 新판례백선 형법총론, 경세원, 2009, 400면: 이 책에서는 소극적 저항행위와 소극적 방어행위를 혼용하고 있다. 소극적 방어행위는 부당한 침해에 대한 방어행위이기 때문에 형법 제21조 정당방위의 문제이며, 소극적 방어행위이라는 표현은 상당성의 판단에서 유용할 뿐이다. 그러나 소극적 저항행위는 적법행위 또는 불법행위를 불문하는 것으로 현 상황의 무의식적 모면 또는 저지가 핵심이다. 만약 두 영역에 모두 걸쳐 있다면 형법 제21조 정당방위를 먼저 검토하는 것이 타당하다. 형법 제20조 정당행위는 위법성조각사유의 보충적 규정이기 때문이다.

8) 대법원 1982.2.23. 선고 81도2958 판결【폭행치상(예비적: 폭행)】강제연행을 모면하기 위하여 팔꿈치로 뿌리치면서 가슴을 잡고 벽에 밀어 부친 행위는 소극적인 저항으로 사회상규에 위반되지 아니한다.; 대법원 1996.5.28. 선고 96도979 판결【상해】피해자가 양손으로 피고인의 넥타이를 잡고 늘어져 후경부피하출혈상을 입을 정도로 목이 졸리게 된 피고인이 피해자를 떼어놓기 위하여 왼손으로 자신의 목 부근 넥타이를 잡은 상태에서 오른손으로 피해자의 손을 잡아 비틀면서 서로 밀고 당기고 하였다면, 피고인의 그와 같은 행위는 목이 졸린 상태에서 벗어나기 위한 소극적인 저항행위에 불과하여 형법 제20조 소정의 정당행위에 해당하여 죄가 되지 아니한다.

9) 대법원 1987.10.26. 선고 87도464 판결【폭력치사】피고인이 자기의 앞가슴을 잡고 있는 피해자의 손을 떼어 내기 위하여 피해자의 손을 뿌리친 것에 불과하다면 그와 같은 행위는 피해자의 불법적인 공격으로부터 벗어나기 위한 본능적 소극적 방어행위에 지나지 아니하여 사회통념상 허용될 상당성이 있는 위법성이 결여된 행위라고 볼 여지가 있다 할 것이고 위 행위가 사회상규에 위배되지 않는 행위로서 위법성이 결여된 행위로 인정된다면 그 행위의 결과로 피해자가 사망하게 되었다 하더라도 폭행치사죄로 처벌할 수는 없다.; 대법원 1991.1.15. 선고 89도2239 판결【폭행치사】피해자가 술에 취한 상태에서 별다른 이유 없이 함께 술을 마시던 피고인의 뒤통수를 때리므로 피고인도 순간적으로 이에 대항하여 손으로 피해자의 얼굴을 1회 때리고 피해자가 주먹으로 피고인의 눈을 강하게 때리므로 더 이상 때리는 것을 제지하려고 피해자를 붙잡은 정도의 행위의 결과로 인하여 피해자가 원발성쇼크로 사망하였다 하더라도 피고인의 위 폭행행위는 소극적 방어행위에 지나지 않아 사회통념상 허용될 수 있는 상당성이 있어 위법성이 없다.; 대법원 1992.3.10. 선고 92도37 판결【폭행치사】피해자(남, 57세)가 술에 만취하여 아무런 연고도 없는 가정주부인 피고인의 집에 들어가 유리창을 깨고 아무데나 소변을 보는 등 행패를 부리고 나가자, 피고인이 유리창 값을 받으러 피해자를 뒤따라가며 그 어깨를 붙잡았으나, 상스러운 욕설을 계속하므로 더 이상 참지 못하고 잡고 있던 손으로 피해자의 어깨 부분을 밀치자 술에 취하여 비틀거리던 피해자가 몸을 제대로 가누지 못하고 앞으로 넘어져 시멘트 바닥에 이마를 부딪쳐 1차성 쇼크로 사망한 경우, 피고인의 위와 같은 행위는

직도 소극적 저항행위와 소극적 방어행위를 구분하지 않고 혼용하고 있다. 이것은 타당하다고 볼 수 없다. 형법 검토 조문이 다르기 때문에 엄격히 구분해야 한다. 사회상규를 인정한 소극적 저항행위들은 다음과 같다.

① 주취자에게 잡힌 팔을 뿌리치다 사망에 이르게 한 사건

사실관계 피해자는 술에 취해서 피고인에게 시비를 하려 하였다. 피고인은 피해자를 피하여 자신이 경영하는 사진관 문밖으로 나오려고 하였다. 그 순간, 피해자가 뒤따라 나오며 피고인 오른팔을 잡았다. 피고인은 좌측복도로 돌아서며 뿌리치자 술에 취한 피해자가 넘어져 사망하였다.

재판진행 검사는 피고인을 형법 제262조 폭행치사죄로 기소하였다. 제1심 법원과 제2심 법원은 피고인에게 형법 제20조 사회상규를 적용하여 무죄를 선고하였다. 검사가 상고하였다.

판결요지 대법원은 검사 상고를 기각하였다.[10]
가. 원심은 피고인이 위 망인을 넘어뜨리려고 한 것이 아니라 잡힌 자기 팔을 놓치게 하기 위하여 뿌리친 사실을 인정한다.
나. 이는 기록에 나타난 동기나 상황으로 봐서 공격한 것이 아니고 <u>불법적으로 붙잡힌 피고인이 팔을 빼기 위한 본능적으로 한 방어적 행위로서 사회상규에 어긋나는 행위라 볼 수 없다.</u>
다. 그러므로 이로 인하여 피해자가 사망하였다고 하더라도 피고인에게 폭행치사죄의 책임을 지울 수 없다.

피해자의 부당한 행패를 저지하기 위한 <u>본능적인 소극적 방어행위</u>에 지나지 아니하여 사회통념상 용인될 수 있는 정도의 상당성이 있어 형법 제20조에 정한 정당행위에 해당한다. 그러나 생각건대 '본능적인 소극적 방어행위'보다는 '본능적인 소극적 저항행위'라는 표현이 정확하다. 무의식적 반사행위이기 때문이다.; 대법원 1992.3.27. 선고 91도2831 판결 【상해, 절도】 남자인 피해자가 비좁은 여자 화장실 내에 주저앉아 있는 피고인으로부터 무리하게 쇼핑백을 빼앗으려고 다가오는 것을 저지하기 위하여 피해자의 어깨를 순간적으로 밀친 것은 피해자의 불법적인 공격으로부터 벗어나기 위한 <u>본능적인 소극적 방어행위</u>에 지나지 아니하므로 이는 사회통념상 허용될 수 있는 행위로서 그 위법성을 인정할 수 없다고 본 사례.
10) 대법원 1980.9.24. 선고 80도1898 판결 【폭행치사】

라. 이를 인정하여 피고인에게 무죄를 선고하였다.

마. 기록과 원판결에 의하면 위와 같은 사실인정과 법률판단은 타당하다고 인정하므로 논지는 결국 이유 없다. 그러므로 상고를 기각하기로 한다.

판결평석   대법원 판결에서 결론은 타당하다. 그러나 논증순서와 논증방법에서 정밀함이 아쉽다. 행위수단과 행위방법 상당성만 판단하고 있기 때문이다.

이 사건은 사회상규 다섯 가지 요건 중 정당성·상당성·균형성·긴급성·보충성을 모두 충족한다. 형법 제20조 정당행위에 해당한다.

대법원 판결을 다음 순서로 더 명확하게 논증할 수 있다. ① 행위목적과 행위동기 정당성(불법 시비 저지 +), ② 행위수단과 행위방법 상당성(소극적 저항, 잡힌 자기 팔을 놓치게 하기 위하여 뿌리침 +), ③ 보호이익과 침해이익 법익균형성(신체건전성 대 신체건전성, 동일법익 +), ④ 긴급성(현장성 +, 이 시점에서 하지 않으면 안 될 정도 특수상황), ⑤ 다른 수단이나 방법이 없는 보충성(선택 여지 없음 +)이다.

술이 취해서 시비하려는 피해자를 피해서 피고인이 문밖으로 나오려는 순간, 피해자가 뒤따라 나오며 피고인 오른팔을 잡자, 피고인이 잡힌 팔을 빼기 위하여 뿌리친 행위는 정당성·상당성·균형성·긴급성·보충성을 모두 충족한다. 형법 제20조 사회상규에 위배되지 않는다. 위법성이 조각되어 무죄다. 불법으로 붙잡힌 팔을 급히 빼기 위한 소극적 저항행위는 인간 본능에 속하는 것이다. 법질서 전체 정신·사회윤리·사회통념 관점에서 보면, 옳은 행위이며, 이익이 되는 행위이다.

② 강제연행 사건

사실관계   3인이 합세하여 피고인을 강제로 영등포경찰서에 연행하려 하였다. 이 과정에서 이를 모면하려고 피고인이 팔꿈치로 이들을 뿌리치면서 그의 가슴을 잡고 벽에 밀어붙였다.

재판진행 검사는 피고인을 형법 제260조 제1항 폭행죄로 기소하였
다. 형법 제20조 사회상규가 쟁점이 되었다. 제1심 법원과 제2심 피
고인에게 법원은 형법 제20조 사회상규를 적용하여 무죄를 선고하였
다. 검사가 상고하였다.

판결요지 대법원은 검사 상고를 기각하였다.[11]
강제연행을 모면하기 의하여 팔꿈치로 뿌리치면서 가슴을 잡고 벽에 밀어
붙인 행위는 소극적인 저항으로 사회상규에 위반되지 아니한다.

판결평석 대법원 판결은 결론·논증순서·논증방법에서 타당하다.
이 사건은 사회상규 다섯 가지 요건 중 정당성·상당성·균형성·긴
급성·보충성을 모두 충족한다. 형법 제20조 정당행위에 해당한다.
대법원 판결을 다음 순서로 더 명확하게 논증할 수 있다. ① 행위목
적과 행위동기 정당성(불법강제연행 모면 +), ② 행위수단과 행위방
법 상당성(소극적 저항 +), ③ 보호이익과 침해이익 법익균형성(신체
활동 자유 대 국가 기능, 불법 공무 +), ④ 긴급성(현장성·최후 수단
성, 이 시점에서 하지 않으면 안 될 정도 특수상황 +), ⑤ 다른 수단과
다른 방법이 없는 보충성(선택 여지 없음 +)이다.
강제연행과정에서 발생하는 소극적 저항행위는 정당성·상당성·균
형성·긴급성·보충성을 모두 충족한다. 형법 제20조 사회상규에 위
배되지 않는다. 위법성이 조각되어 무죄다. 불법으로 붙잡힌 팔을 급
히 빼기 위한 소극적 저항행위는 인간 본능에 속하는 것이다. 법질서
전체 정신·사회윤리·사회통념 관점에서 보면, 옳은 행위이며, 이익
이 되는 행위이다. 이 판례 이후 상대방 불법 공격으로부터 자신을
보호하기 위하여 소극적으로 저항한 경우[12] 형법 제20조 사회상규를
적용하여 무죄가 선고되고 있다.

---

11) 대법원 1982.2.23. 선고 81도2958 판결 【폭행치상(예비적: 폭행)】
12) 대법원 1984.9.11. 선고 84도1440 판결; 대법원 1985.10.8. 선고 85도1915 판결; 대법원
1986.6.10. 선고 86도400 판결; 대법원 1987.4.14. 선고 87도339 판결; 대법원 1992.3.10.
선고 92도37 판결; 대법원 1999.10.12. 선고 99도3377 판결.

③ 런닝샤쓰 사건

사실관계 피해자는 1983. 8. 15. 19:00경 피고인 집 안방에 피고인이 있는 것을 목격하였다. 채권 금140만원을 돌려달라고 고함치고 욕설하면서 안방을 뛰어 들어왔다. 피고인이 가만히 있는데도 피고인 런닝샤쓰를 잡아당기며 찢기까지 하였다. 피고인이 피해자를 방밖으로 밀어내고 그 방문을 닫았다.

재판진행 검사는 피고인을 폭력행위 등 처벌에 관한 법률위반죄로 기소하였다. 제1심 법원과 제2심 법원은 피고인에게 형법 제20조 사회상규를 인정하여 무죄를 선고하였다. 검사가 상고하였다.

판결요지 대법원은 검사 상고를 기각했다.[13)
이러한 상황하에서 그를 뿌리치기 위하여 방밖으로 밀어낸 소위는 사회통념상 용인되는 행위로서 위법성이 없다.

판결평석 대법원 판결은 결론에서 타당하다. 그러나 논증순서와 논증방법에서 정밀함이 아쉽다. 구체적 판단 근거가 없다.
이 사건은 사회상규 다섯 가지 요건 중 정당성·상당성·균형성·긴급성·보충성을 모두 충족한다. 형법 제20조 정당행위에 해당한다.
대법원 판결을 다음 순서로 더 명확하게 논증할 수 있다. ① 행위목적과 행위동기 정당성(피고인이 가만히 있는데도 피고인의 런닝샤쓰를 잡아당기며 찢는 불법 행패 저지 +), ② 행위수단과 행위방법 상당성(소극적 저항, 피고인이 피해자를 방밖으로 밀어내고 그 방문을 닫은 행위 +), ③ 보호이익과 침해이익 법익균형성(주거침입과 모욕, 신체기능침해 +), ④ 긴급성(현장성·최후 시점, 이 시점에서 하지 않으면 안 될 정도 특수상황), ⑤ 다른 수단과 다른 방법이 없는 보충성(선택 여지없음 +)이다.

---

13) 대법원 1985.11.12. 선고 85도1978 판결【폭력행위등처벌에관한법률위반】; 대법원 1995. 8.22. 선고 95도936 판결; 박삼봉, 재판을 통하여 본 정당행위·정당방위, 재판자료 제49집 형사법에 관한 제문제(상), 대법원 법원행정처, 1990, 303-328면.

피해자가 채권변제를 요구하면서 고함치고 욕설하며 안방에까지 뛰어들어와 피고인이 가만히 있는데도 피고인의 런닝샤쓰를 잡아당기며 찢기까지 하는 등의 상황하에서 그를 뿌리치기 위하여 방밖으로 밀어낸 행위는 정당성·상당성·균형성·긴급성·보충성을 모두 충족한다. 형법 제20조 사회상규에 위배되지 않는다. 위법성이 조각되어 무죄다. 불법을 뿌리치는 소극적 저항행위는 인간 본능에 속하는 것이다. 법질서 전체 정신·사회윤리·사회통념 관점에서 보면, 옳은 행위이며, 이익이 되는 행위이다.

④ 회사동료 손 뿌리쳐 사망에 이르게 한 사건

사실관계 피고인이 회사 동료들과 함께 술을 마시다가 먼저 귀가하려고 밖으로 나와 걸어가던 중 같이 술을 마시던 피해자 이○운이 뒤따라 나와 피고인에게 먼저 간다는 이유로 욕설을 하면서 앞가슴을 잡고 귀가하지 못하도록 제지하였다. 피고인은 왼손으로 피고인을 잡고 있던 피해자 오른손을 확 뿌리치면서 피해자 얼굴을 1회 구타하는 바람에 피해자가 중심을 잃고 넘어지면서 그곳 도로연석선에 머리가 부딪혀 중능뇌좌상, 뇌경막하출혈 등으로 사망하였다.

재판진행 검사는 피고인을 형법 제262조 폭행치사죄로 기소하였다. 제1심 법원과 제2심 법원은 피고인에게 유죄를 선고하였다. 피고인이 상고하였다.

판결요지 대법원은 원심판결을 파기하고, 사건을 대구고등법원에 환송하였다.[14]

가. 피고인은 이에 대하여 피고인은 피고인의 앞가슴을 잡고 있는 피해자의 손을 떼어내기 위하여 피고인의 왼손으로 앞가슴을 잡고 있는 피해자의 오른손을 뿌리치다가 피고인의 손등부분이 피해자의 얼굴에 잘못 맞은 것이지 의도적으로 피해자의 얼굴을 구타하여 넘어뜨린 것은 아니라고 변소하고 있다.

---

14) 대법원 1987.10.26. 선고 87도464 판결 【폭력치사】

나. 피고인의 변소내용과 같이 피고인이 피고인의 앞가슴을 잡고 있는 피해자의 손을 떼어내기 위하여 피해자의 손을 뿌리친 것에 불과하다면 그와 같은 행위는 피해자의 불법적인 공격으로부터 벗어나기 위한 본능적인 소극적 방어행위에 지나지 아니하여 사회통념상 허용될 상당성이 있는 위법성이 결여된 행위라고 볼 여지가 있다 할 것이다.

다. 위 행위가 사회상규에 위배되지 않는 행위로서 위법성이 결여된 행위로 인정된다면 그 행위의 결과로 피해자가 사망하게 되었다 하더라도 피고인을 폭행치사죄로 처벌할 수는 없다고 해석된다.

라. 그러므로 원심으로서는 피고인의 변소내용이 진실된 것인지의 여부를 가려 이를 배척할 수 있는 경우가 아니라면 피고인을 처벌할 수 없다.

마. 그럼에도 불구하고 기록상 피고인의 변소내용을 배척할만한 뚜렷한 증거가 나타나 있지 아니한 이 사건에서 이에 이르지 아니한 채 피고인을 유죄로 단정 폭행치사죄로 의율하였음에는 심리미진과 채증법칙위배로 인한 사실오인이나 정당행위와 폭행치사죄에 관한 법리를 오해한 위법이 있다.

바. 이 점을 지적하는 상고논지는 이유 있다. 그러므로 원심판결을 파기하고, 사건을 다시 심리판단케 하기 위하여 원심법원에 환송하기로 하여 관여법관의 일치된 의견으로 주문과 같이 판결한다.

판결평석 대법원 판결은 결론·논증순서·논증방법에서 타당하다. 다만 아쉬운 점은 법익균형성·긴급성·보충성을 판단하지 않은 점이다. 이 사건은 사회상규 다섯 가지 요건 중 정당성·상당성·균형성·긴급성·보충성을 모두 충족한다. 형법 제20조 정당행위에 해당한다. 대법원 판결을 다음 순서로 더 명확하게 논증할 수 있다. ① 행위목적과 행위동기 정당성(불법 행패 저지 +), ② 행위수단과 행위방법 상당성(소극적 저항, 피고인 왼손으로 피고인을 잡고 있던 피해자의 오른손을 확 뿌리친 행위 +), ③ 보호이익과 침해이익 법익균형성(신체안전성과 신체기능침해 +), ④ 긴급성(현장성·최후 시점, 이 시점에서 하지 않으면 안 될 정도 특수상황), ⑤ 다른 수단과 다른 방법이 없는 보충성(선택여지 없음, 다른 수단이나 방법이 없음 +)이다.

피고인이 자기 앞가슴을 잡고 있는 피해자 손을 떼어 내기 위하여 피해자 손을 뿌리친 행위는 정당성·상당성·균형성·긴급성·보충성을 모두 충족한다. 형법 제20조 사회상규에 위배되지 않는다. 위법성이 조각되어 무죄다. 불법적인 공격으로부터 벗어나기 위한 소극적 저항은 인간 본능에 속한다. 비록 그 행위 결과로 피해자가 사망하게 되었다 하더라도 폭행치사죄로 처벌할 수는 없다. 법질서 전체 정신·사회윤리·사회통념 관점에서 보면, 옳은 행위이며, 이익이 되는 행위이다.

⑤ 다방내실침입 주취행패자 뺨때린 사건

사실관계 피고인이 이 사건 발생일 00:20경 다방영업을 마칠 무렵 피해자가 술에 취한 채 다방에 들어와 차를 팔라며 나가지 않았다. 피고인이 옥상에 있는 내실에 올라가 처와 잠을 자려고 하는데, 이유 없이 내실문을 발로 차고 들어와 욕설을 하였다. 피고인은 피해자와 서로 멱살을 잡고 밖으로 나가자, 피해자는 계속 욕설을 하며 주먹으로 피고인의 얼굴을 2회 가량 때려 피고인을 넘어뜨리는 등 폭행을 하였다. 피고인도 화가 나서 피해자의 뺨을 2회 때리게 되었다.

재판진행 검사는 피고인을 폭력행위 등 처벌에 관한 법률 위반죄로 기소하였다. 제1심 법원과 제2심 법원은 피고인에게 형법 제20조 사회상규를 인정하여 무죄를 선고하였다. 검사는 상고하였다.

판결요지 대법원은 검사 상고를 기각하였다.[15)]
가. 원심은 피고인의 위 폭행행위는 사회통념상 용인되는 행위로서 위법성이 없다고 판단하고 있다.
나. 기록에 비추어 볼 때 원심의 위 사실인정과 피고인이 위와 같이 뺨을 2회 때린 행위가 사회상규에 위반되지 아니하는 행위로서 위법성이 없다고 한 원심의 판단은 옳다.
다. 원심판결에 채증법칙 위반이나 형법상의 정당행위에 관한 법리를 오해한 위법이 있다고 할 수 없다.

---

15) 대법원 1989.5.23. 선고 88도1376 판결 【폭력행위등처벌에관한법률위반】

라. 논지는 이유 없다. 그러므로 상고를 기각한다.

판결평석 대법원 판결은 결론에서 타당하다. 그러나 논증순서와 논증 방법에서 정밀함이 아쉽다. 구체적 판단 근거가 없다.

이 사건은 사회상규 다섯 가지 요건 중 정당성·상당성·균형성·긴 급성·보충성을 모두 충족한다. 형법 제20조 정당행위에 해당한다.

대법원 판결을 다음 순서로 더 명확하게 논증할 수 있다. ① 행위목 적과 행위동기 정당성(주취자의 부당한 행패 저지 +), ② 행위수단과 행위방법 상당성(본능적 소극적 저항행위. 얼굴을 2회 가량 때려 화가 나 서 불법 가해자 뺨을 2회 때림 +), ③ 보호이익과 침해이익 법익균형 성(신체건전성과 신체건전성 법익균형 +), ④ 긴급성(현장성·최후 시 점, 이 시점에서 하지 않으면 안 될 정도 특수상황, 법적 절차를 기다리기 어려운 상황), ⑤ 다른 수단과 다른 방법이 없는 보충성(선택 여지 없 음, 부당한 행패를 저지하기 위한 본능적인 반응 +)이다.

술에 취해 행패를 부리는 사람 뺨을 2회 때린 행위는 정당성·상당 성·균형성·긴급성·보충성을 모두 충족한다. 형법 제20조 사회상 규에 위배되지 않는다. 위법성이 조각되어 무죄다. 불법적인 공격으 로부터 벗어나기 위한 소극적 저항은 인간 본능에 속한다. 법질서 전 체 정신·사회윤리·사회통념 관점에서 보면, 옳은 행위이며, 이익이 되는 행위이다.

⑥ 부부싸움 택시탈출 사건

사실관계 피고인이 운전하는 택시에 탄 A 요구로 택시를 출발시키려 하였다. 그런데 피해자가 부부싸움 끝에 도망 나온 A가 도망치지 못 하게 막으면서 택시로부터 강제로 끌어내리려고 하였다. 피고인에게 폭언과 함께 택시 안으로 몸을 들이밀면서 양손으로 피고인 멱살을 세게 잡아 상의단추가 떨어질 정도로 심하게 흔들었다. 이에 피고인 은 피해자 손을 뿌리치면서 택시를 출발시켜 운행하였다.

재판진행 검사는 피고인을 폭력행위 등 처벌에 관한 법률위반죄로 기소하였다. 제1심 법원과 제2심 법원은 피고인에게 형법 제20조 사회상규를 인정하여 무죄를 선고하였다. 검사는 상고하였다.

판결요지 대법원은 검사 상고를 기각하였다.[16]
운전사가 피해자의 손을 뿌리치면서 택시를 출발시켜 운행하였을 뿐이라면 운전사의 이러한 행위는 사회상규에 위배되지 아니하는 행위라고 할 것이다.

판결평석 대법원 판결은 결론에서 타당하다. 그러나 논증순서와 논증방법에서 정밀함이 아쉽다. 구체적 판단 근거가 없다.

이 사건은 사회상규 다섯 가지 요건 중 정당성·상당성·균형성·긴급성·보충성을 모두 충족한다. 형법 제20조 정당행위에 해당한다.

대법원 판결을 다음 순서로 더 명확하게 논증할 수 있다. ① 행위목적과 행위동기 정당성(멱살을 잡고 흔드는 불법 행패 저지 +), ② 행위수단과 행위방법 상당성(소극적 저항, 피해자 손을 뿌리치면서 택시를 출발시켜 운행 +), ③ 보호이익과 침해이익 법익균형성(신체안전성과 신체기능침해 법익균형 +), ④ 긴급성(현장성·최후 시점, 이 시점에서 하지 않으면 안 될 정도 특수상황), ⑤ 다른 수단과 다른 방법이 없는 보충성(선택여지 없음, 다른 수단과 다른 방법이 없음)이다.

택시운전사가 멱살을 잡고 흔드는 피해자 손을 뿌리치고 택시를 출발하는 행위는 정당성·상당성·균형성·긴급성·보충성을 모두 충족한다. 형법 제20조 사회상규에 위배되지 않는다. 위법성이 조각되어 무죄다. 불법적인 공격으로부터 벗어나기 위한 소극적 저항은 인간 본능에 속한다. 법질서 전체 정신·사회윤리·사회통념 관점에서 보면, 옳은 행위이며, 이익이 되는 행위이다.

⑦ 멱살 잡히자 옷 잡고 밀친 사건

사실관계 피해자가 갑자기 달려 나와 피고인 멱살을 잡고 파출소로

---

16) 대법원 1989.11.14. 선고 89도1426 판결【폭력행위등처벌에관한법률위반】

가자면서 계속하여 피고인을 끌어당겼다. 피고인은 피해자 행위를 제지하기 위하여 그의 양팔부분 옷자락을 잡고 밀쳤다.

재판진행 검사는 피고인을 폭력행위 등 처벌에 관한 법률위반(형법 제260조 폭행죄)로 기소하였다. 제1심 법원과 제2심 법원은 형법 제20조 사회상규를 적용하여 무죄를 선고하였다.[17] 이에 검사는 법리오해를 이유로 상고하였다.

판결요지 대법원은 검사 상고를 기각하였다.[18]
피고인의 행위는 멱살을 잡힌 데서 벗어나기 위한 소극적인 저항행위에 불과하고 그 행위에 이른 것도 정당한 이유 없이 피해자가 파출소로 가자면서 멱살을 잡고 끌어당긴 데서 비롯된 점 등 그 밖에 기록에 나타난 여러 사정에 비추어 보면 피고인의 행위는 사회통념상 허용될만한 정도의 상당성이 있는 행위로서 형법 제20조 소정의 정당행위에 해당하므로 위법성이 조각되어 죄가 되지 않는다.

판결평석 대법원 판결은 결론에서 타당하다. 그러나 논증순서와 논증방법에서 정밀함이 아쉽다. 구체적 판단 근거가 없다.
이 사건은 사회상규 다섯 가지 요건 중 정당성·상당성·균형성·긴급성·보충성을 모두 충족한다. 형법 제20조 정당행위에 해당한다.
대법원 판결을 다음 순서로 더 명확하게 논증할 수 있다. ① 행위목적과 행위동기 정당성(부당한 행패 저지 +), ② 행위수단과 행위방법 상당성(본능적인 소극적 저항행위. 멱살을 잡은 피해자의 행패에서 벗어나려고 양팔부분의 옷자락을 잡고 밀친 행위 +), ③ 보호이익과 침해이익 법익균형성(신체건전성과 신체건전성 법익균형 +), ④ 긴급성(현장성·최후 시점, 이 시점에서 하지 않으면 안 될 정도 특수상황, 법적 절차를 기다리기 어려운 상황), ⑤ 다른 수단과 다른 방법이 없는 보충성(선택여지 없음, 부당한 행패를 저지하기 위한 본능적인 반응)이다.
정당한 이유 없이 피고인 멱살을 잡고 파출소로 가자면서 계속하여

---

17) 서울형사지방법원 1989.5.19. 선고 89노7458 판결.
18) 대법원 1990.1.23. 선고 89도1328 판결【폭력행위등처벌에관한법률위반】

끌어당기므로 피고인이 피해자 행위를 제지하기 위하여 양팔부분의 옷자락을 잡고 밀친 행위는 정당성·상당성·균형성·긴급성·보충성을 모두 충족한다. 형법 제20조 사회상규에 위배되지 않는다. 위법성이 조각되어 무죄다. 불법적인 공격(멱살 잡은 행위)으로부터 벗어나기 위한 소극적 저항은 인간 본능에 속한다. 법질서 전체 정신·사회윤리·사회통념 관점에서 보면, 옳은 행위이며, 이익이 되는 행위이다.

⑧ 주취자 뿌리쳐 상해 사건

사실관계 피해자가 술에 취하여 피고인에게 아무런 이유 없이 시비를 걸면서 피고인의 얼굴을 때렸다. 피고인이 두려움을 느끼고 피해자를 뿌리치고 현장에서 도망가는 바람에 피해자가 땅에 넘어져 상처를 입었다.

재판진행 검사는 피고인을 폭력행위 등 처벌에 관한 법률로 기소하였다. 제1심 법원과 제2심 법원은 피고인에게 형법 제20조 사회상규를 적용하여 무죄를 선고하였다.[19] 이에 검사는 법리오해를 이유로 상고하였다.

판결요지 대법원은 검사 상고를 기각하였다.[20]
피해자가 술에 취하여 피고인에게 아무런 이유 없이 시비를 걸면서 얼굴을 때리다가 피고인이 이를 뿌리치고 현장에서 도망가는 바람에 그가 땅에 넘어져 상처를 입은 사실이 인정된다면 <u>피고인의 행위는 사회통념상 허용될 만한 정도의 상당성이 있는 행위로서 형법 제20조에 정한 정당행위에 해당되어 죄가 되지 아니한다.</u>

판결평석 대법원 판결은 결론에서 타당하다. 그러나 논증순서와 논증방법에서 정밀함이 아쉽다. 구체적 판단 근거가 없다.

---

19) 서울형사지방법원 1989.7.21. 선고 89노1807 판결.
20) 대법원 1990.5.22. 선고 90도748 판결 【폭력행위등처벌에관한법률위반】

이 사건은 사회상규 다섯 가지 요건 중 정당성·상당성·균형성·긴급성·보충성을 모두 충족한다. 형법 제20조 정당행위에 해당한다.

대법원 판결을 다음 순서로 더 명확하게 논증할 수 있다. ① 행위목적과 행위동기 정당성(주취자의 부당한 행패 저지 +), ② 행위수단과 행위방법 상당성(본능적인 소극적 저항행위, 피해자가 술에 취하여 피고인에게 아무런 이유 없이 시비를 걸면서 얼굴을 때리다가 피고인이 이를 뿌리치고 현장에서 도망가는 바람에 그가 땅에 넘어져 상처를 입음 +), ③ 보호이익과 침해이익 법익균형성(신체건전성과 신체건전성 법익 균형 +), ④ 긴급성(현장성, 최후 시점, 이 시점에서 하지 않으면 안 될 정도 특수상황, 법적 절차를 기다리기 어려운 상황 +), ⑤ 다른 수단과 다른 방법이 없는 보충성(선택여지 없음, 부당한 행패를 저지하기 위한 본능적인 반응 +)이다.

피해자가 시비를 걸면서 폭행하다가 피고인이 이를 뿌리치고 도망가는 바람에 피해자가 넘어져 상처를 입은 경우는 정당성·상당성·균형성·긴급성·보충성을 모두 충족한다. 형법 제20조 사회상규에 위배되지 않는다. 위법성이 조각되어 무죄다. 불법적인 공격으로부터 벗어나기 위한 소극적 저항은 인간 본능에 속한다. 법질서 전체 정신·사회윤리·사회통념 관점에서 보면, 옳은 행위이며, 이익이 되는 행위이다.

⑨ 술에 취한 동료 제지 실랑이 쇼크사 사건

사실관계 피고인이 피해자와 함께 술을 마시며 돌아다녔다. 취한 상태에서 피해자가 별다른 이유 없이 피고인을 주점 밖으로 끌고나가 뒤통수를 때렸다. 피고인은 순간적으로 이에 대항하여 손으로 피해자 얼굴을 1회 때렸다. 그리고 피해자가 주먹으로 피고인 눈을 강하게 때리므로 더 이상 때리는 것을 제지하려고 피해자를 붙잡은 정도 행위를 하였다. 그 결과로 피해자가 원발성쇼크로 사망하였다

재판진행 검사는 피고인을 형법 제262조 폭행치사죄로 기소하였다.

제1심 법원은 피고인에게 유죄를 선고하였지만, 제2심 법원은 형법 제20조 사회상규를 적용하여 무죄를 선고하였다.[21] 이에 검사는 법리 오해를 이유로 상고하였다.

판결요지   대법원은 검사 상고를 기각하였다.[22]

가. 피고인의 위 폭행행위는 <u>피해자의 돌연한 공격행위를 벗어나기 위한 소 극적 방어행위에 지나지 않아 사회통념상 허용될 수 있는 상당성이 있 어 위법성이 있다</u> 할 것이다.

나. 그러므로 피고인의 위와 같은 행위의 결과로 인하여 피해자가 원발성쇼 크로 사망하였다 하더라도 피고인의 위 행위는 <u>형법에 정한 사회상규 에 위반되지 않는 행위에 해당된다고 (원심은) 판단하여 제1심 판결을 파기하고 피고인에게 무죄를 선고하였다.</u>

다. 기록에 비추어 볼 때 원심의 위 인정과 판단은 이를 수긍할 수 있고 거기에 채증법칙위반의 위법이나 <u>형법에 정한 정당행위에 관한 법리오 해의 위법이 발견되지 아니한다.</u> 논지는 이를 채용할 수 없다. 그러므 로 상고를 기각한다.

판결평석   대법원 판결은 결론에서 타당하다. 그러나 논증순서와 논증 방법에서 정밀함이 아쉽다. 상당성 판단만 하고 있다. 구체적 판단 근 거가 없다.

이 사건은 사회상규 다섯 가지 요건 중 정당성·상당성·균형성·긴 급성·보충성을 모두 충족한다. 형법 제20조 정당행위에 해당한다.

대법원 판결을 다음 순서로 더 명확하게 논증할 수 있다. ① 행위목 적과 행위동기 정당성(주취자의 부당한 행패 저지 +), ② 행위수단과 행위방법 상당성(본능적인 소극적 저항행위. 취한 상태에서 피해자가 별 다른 이유 없이 피고인을 주점 밖으로 끌고나가 뒤통수를 때리므로 순간 적으로 이에 대항하여 손으로 피해자의 얼굴을 1회 때린 행위와 피해자가 주먹으로 피고인의 눈을 강하게 때리므로 더 이상 때리는 것을 제지하려 고 피해자를 붙잡은 정도 행위 +), ③ 보호이익과 침해이익 법익균형

21) 광주고등법원 1989.10.5. 선고 89노199 판결.
22) 대법원 1991.1.15. 선고 89도2239 판결 【폭행치사】

성(신체건전성과 신체건전성 법익균형 ＋), ④ 긴급성(현장성·최후 시점, 이 시점에서 하지 않으면 안 될 정도 특수상황, 법적 절차를 기다리기 어려운 상황이다 ＋), ⑤ 다른 수단과 다른 방법이 없는 보충성(선택 여지 없음, 부당한 행패를 저지하기 위한 본능적인 반응 ＋)이다.

술에 취한 피해자 돌연한 공격을 제지하려고 피해자를 붙잡은 행위(이후 넘어져 쇼크사)는 정당성·상당성·균형성·긴급성·보충성을 모두 충족한다. 형법 제20조 사회상규에 위배되지 않는다. 위법성이 조각되어 무죄다. 불법적인 공격으로부터 벗어나기 위한 소극적 저항은 인간 본능에 속한다. 법질서 전체 정신·사회윤리·사회통념 관점에서 보면, 옳은 행위이며, 이익이 되는 행위이다.

⑩ 가정주부 행패 사건

사실관계 피해자(남, 57세)가 술에 만취하여 아무런 연고도 없는 가정주부인 피고인 집에 들어가 유리창을 깨고 아무데나 소변을 보는 등 행패를 부리고 나갔다. 피고인이 유리창 값을 받으러 피해자를 뒤따라가며 그 어깨를 붙잡았다. 그러나 상스러운 욕설을 계속하므로 더 이상 참지 못하고 잡고 있던 손으로 피해자 어깨부분을 밀쳤다. 술에 취하여 비틀거리던 피해자가 몸을 제대로 가누지 못하고 앞으로 넘어져 시멘트 바닥에 이마를 부딪쳐 1차성 쇼크로 사망하였다.

재판진행 검사는 피고인을 형법 제262조 폭행치사죄로 기소하였다. 제1심 법원과 제2심 법원은 피고인에게 형법 제20조 사회상규를 적용하여 무죄를 선고하였다.[23] 이에 검사는 법리오해를 이유로 상고하였다.

판결요지 대법원은 상고를 기각하였다.[24]

가. 가정주부인 피고인으로서는 예기치 않게 피해자와 맞닥드리게 되어 위

23) 춘천지방법원 1998.7.9. 선고 97노368 판결.
24) 대법원 1992.3.10. 선고 92도37 판결 【폭행치사】 신동운, 新판례백선 형법총론, 경세원, 2009, 368－400면.

와 같은 행패와 엉뚱한 요구를 당하는가 하면 상스러운 욕설을 듣고 매우 당황하였으리라고 보여진다.

나. 이에 화도 나고 그 행패에서 벗어나려고 전후 사려 없이 피해자를 왼 손으로 밀게 된 것으로 인정된다.

다. 그 민 정도 역시 그다지 센 정도에 이르지 아니한 것으로 인정되므로, 피고인의 위와 같은 행위는 피해자의 부당한 행패를 저지하기 위한 본 능적인 소극적 방어행위에 지나지 아니하여 사회통념상 용인될 수 있 는 정도의 상당성이 있어 위법성이 없다고 봄이 상당하다.

라. 피해자가 비록 술에 취하여 비틀거리고는 있었지만 피고인의 위 행위가 정당행위인 이상 피해자가 술에 취한 나머지 여자인 피고인이 피해자 의 어깨를 미는 정도의 행위로 인하여 넘어져 앞으로 고꾸라져 그 곳 시멘트가 돌처럼 솟아 있는 곳에 이마부위를 부딪히게 되었다.

마. 이로 인한 1차성 쇼크로 사망하게 되었다 하더라도 그 사망의 결과에 대하여 피고인에게 형식적 책임을 지울 수는 없다고 봄이 상당하다.

판결평석 대법원 판결은 결론에서 타당하다. 그러나 논증순서와 논증방법에서 정밀함이 아쉽다. 상당성 판단만 있다. 그 외 구체적 판단 근거가 없다.

이 사건은 사회상규 다섯 가지 요건 중 정당성·상당성·균형성·긴급성·보충성을 모두 충족한다. 형법 제20조 정당행위에 해당한다.

대법원 판결을 다음 순서로 더 명확하게 논증할 수 있다. ① 행위목적과 행위동기 정당성(주취자의 부당한 행패 저지 +), ② 행위수단과 행위방법 상당성(본능적 소극적 저항행위. 피해자 행패에서 벗어나려고 전후 사려 없이 피해자를 왼손으로 밀게 된 것 +), ③ 보호이익과 침해이익 법익균형성(피해자 나이, 체질, 건강상태, 폭행행위로 부작용 내지 위험발생 가능성 등을 고려해야 한다. 피해자 행패(주거침입, 손괴)에 대해 술에 취한 피해자 어깨를 미는 정도 행위이다 +), ④ 긴급성(현장성·최후 시점, 이 시점에서 하지 않으면 안 될 정도 특수상황, 법적 절차를 기다리기 어려운 상황이다 +), ⑤ 다른 수단과 다른 방법이 없는 보충성(선택여지 없음, 행패와 함께 엉뚱한 요구, 상스러운 욕설과 어깨를 밀어 부당한 행패를 저지하기 위한 인간 본능적 반응 +)이다.

주취행패자에게 어깨를 밀어 넘어지게 하여 쇼크사하게 한 행위는 정당성·상당성·균형성·긴급성·보충성을 모두 충족한다. 형법 제20조 사회상규에 위배되지 않는다. 위법성이 조각되어 무죄다. 불법적인 공격으로부터 벗어나기 위한 소극적 저항은 인간 본능에 속한다. 법질서 전체 정신·사회윤리·사회통념 관점에서 보면, 옳은 행위이며, 이익이 되는 행위이다.

⑪ 여자화장실 남자어깨 밀친 사건

사실관계 피고인은 주식회사 ○○가구 개발부 직원으로서 신상품 개발을 위한 디자인 업무에 종사하고 있었다. ① 1989. 9. 5. 위 회사 개발실 사무실에서 자신이 디자인하였으나 회사로부터 채택 받지 못한 위 회사 소유의 도면 25장을 가지고 나왔다. ② 1990. 1. 13. 10:30경 위와 같은 경위로 보관 중이던 위 회사 소유의 도면 복사본 27장을 가지고 나와 이를 각 절취하였다. ③ 위 ②항 기재 일시경 피고인이 피해 회사에 제출하였다가 반려된 디자인도면 45장 중 27장을 소송자료로 사용하기 위하여 복사한 후 이를 여자화장실에 있는 피고인 쇼핑백에 넣어 두었다. ④ 그런데 위 하○보 지시를 받은 피해자 홍○규가 피고인으로부터 위 쇼핑백을 빼앗으려 하자, 이를 빼앗기지 않으려고 양손으로 끌어안고 구석에 웅크리고 있었다. 그런데도 피해자가 위 쇼핑백을 빼앗기 위하여 계속 다가오므로, 이를 저지하기 위하여 손으로 피해자의 어깨를 밀치는 바람에 피해자가 뒤로 밀려나면서 수건걸이에 부딪쳐 부상을 당하였다.

재판진행 검사는 피고인을 형법 제329조 절도죄와 형법 제257조 상해죄로 기소하였다. 제1심 법원은 절도죄와 상해죄를 인정하였다. 그러나 제2심 법원은 절도죄에 대해 불법영득의사가 없다는 이유로 무죄를 선고하였다. 또한 상해죄도 형법 제20조 사회상규를 적용하여 무죄를 선고하였다.25) 이에 검사는 법리오해를 이유로 상고하였다.

---

25) 인천지방법원 1991.8.22. 선고 90노1296 판결.

판결요지 대법원은 상고를 기각하였다.[26]

가. 남자인 피해자가 비좁은 여자화장실 내에 주저앉아 있는 피고인으로부터 무리하게 쇼핑백을 빼앗으려고 다가오는 것을 저지하기 위하여 피해자의 어깨를 순간적으로 밀친 것은 <u>피해자의 불법적인 공격으로부터 벗어나기 위한 본능적인 소극적 방어행위에 지나지 아니한다.</u>

나. 이는 사회통념상 허용될 수 있는 행위로서 그 위법성을 인정할 수 없다는 이유로, 역시 피고인에게 유죄를 선고한 제1심 판결을 파기하고 무죄를 선고하였다.

다. 원심이 확정한 사실관계에 비추어 볼 때 원심의 위와 같은 판단은 모두 옳고, 여기에 절도죄의 불법영득의 의사나 상해죄의 위법성에 관한 법리오해의 위법이 없다. 논지는 이유 없다. 이에 상고를 기각한다.

판결평석 대법원 판결은 결론·논증순서·논증방법에서 타당하다. 이 사안은 사회상규 다섯 가지 요건 중 정당성·상당성·균형성·긴급성·보충성을 모두 충족한다. 형법 제20조 정당행위에 해당한다. 대법원 판결을 다음 순서로 더 명확하게 논증할 수 있다. ① 행위목적과 행위동기 정당성(남성이 무리하게 쇼핑백을 빼앗으려고 다가오는 것을 저지하기 위함 +), ② 행위수단과 행위방법 상당성(본능적 소극적 저항행위. 좁은 여자화장실 내에서 피해자 어깨를 순간적으로 밀친 것 +), ③ 보호이익과 침해이익 법익균형성(신체건강과 신체건강 +), ④ 긴급성(현장성·최후 시점, 이 시점에서 하지 않으면 안 될 정도 특수상황, 법적 절차를 기다리기 어려운 상황이다 +), ⑤ 다른 수단과 다른 방법이 없는 보충성(선택여지 없음, 부당한 완력을 저지하기 위한 본능적인 반응 +)이다.

---

26) 대법원 1992.3.27. 선고 91도2831 판결【상해, 절도】가구회사의 디자이너인 피고인이 자신이 제작한 가구 디자인 도면을 가지고 나온 경우 평소 위 회사에서 채택한 도면은 그 유출과 반출을 엄격히 통제하고 있으나 채택하지 아니 한 도면들은 대부분 작성한 디자이너에게 반환하여 각자가 자기의 서랍 또는 집에 보관하거나 폐기하는 등 디자이너 개인에게 임의처분이 허용되어 왔고, 피고인은 회사로부터 부당하게 징계를 받았다고 생각하고 노동위원회에 구제신청을 하면서 자신이 그 동안 회사업무에 충실하였다는 사실을 입증하기 위한 자료로 삼기 위하여 이를 가지고 나온 것이라면 피고인에게 위 도면들에 대한 불법영득의 의사가 있었다고 볼 수 없다고 한 사례.

남자인 피해자가 비좁은 여자 화장실 내에 주저앉아 있는 피고인 여자로부터 무리하게 쇼핑백을 빼앗으려고 다가오는 것을 저지하기 위하여 피해자 어깨를 순간적으로 밀친 행위는 정당성·상당성·균형성·긴급성·보충성을 모두 충족한다. 형법 제20조 사회상규에 위배되지 않는다. 위법성이 조각되어 무죄다. 불법적인 공격으로부터 벗어나기 위한 소극적 저항은 인간 본능에 속한다. 법질서 전체 정신·사회윤리·사회통념 관점에서 보면, 옳은 행위이며, 이익이 되는 행위이다.

⑫ 창문 시비 사건

사실관계 피고인 옆집에 살고 있는 A와 피고인 아버지인 B 사이에 분쟁이 있었다. B가 신축한 집 창문을 통해 A의 집 내부가 들여다 보인다는 이유로 A가 위 창문을 막아 달라고 요구한 것이 발단이 되었다. 그러던 중 1993. 6. 15. 21:20경 A가 술에 만취된 채 ○○시 ○○ 3동 소재 B집으로 동인을 찾아가 B에게 위 창문 문제 등을 거론하며 시비를 하자, B가 A에게 나가 달라고 하였다. 그러나 A가 이에 불응하고 피고인 거실로 들어오려 하였다. 그러므로 피고인과 그 형인 C 등이 이를 제지하며 밀어내었다. 이 과정에서 A가 그곳 계단에서 넘어져 약 2주간 치료를 요하는 요부좌상 등을 입었다.

재판진행 검사는 피고인을 폭력행위 등 처벌에 관한 법률 제2조(형법 제257조 제1항 상해죄)로 기소하였다. 제1심 법원과 제2심 법원은 형법 제20조 정당행위를 이유로 무죄를 선고하였다. 검사가 상고하였다.

판결요지 대법원은 검사 상고를 기각하였다.[27]
가. 분쟁이 있던 옆집 사람이 야간에 술에 만취된 채 시비를 하며 거실로 들어오려 하므로 이를 제지하며 밀어내는 과정에서 2주 상해를 입힌 피고

---

27) 대법원 1995.2.28. 선고 94도2746 판결 【폭력행위등처벌에관한법률위반】

인의 행위를 정당행위로 보아 무죄를 선고한 원심판결을 수긍한다.

나. 피고인의 위 행위는 야간에 술에 만취된 A가 피고인 등의 주거에 침입하려는 것을 제지하는 과정에서 이루어진 행위이다.

다. 이는 A의 주거침입행위를 저지하기 위한 소극적 저항방법이라 할 것이다.

라. 비록 그 과정에서 A가 넘어져 위와 같은 상처를 입었다 하더라도 그 경위, 목적, 수단, 피고인의 의사 등 이 사건 기록에 나타난 여러 가지 사정에 비추어 볼 때 이는 사회통념상 용인될 만한 상당성이 있는 행위로서 위법성이 없다고 보아야 할 것이다.

마. 원심기록을 살펴보니 제1심 판결은 다소 그 설시가 미흡한 점은 있으나 제1심 판결이 제반 사정으로 표시한 것으로 보이는 다음 사정 즉 A가 위 과정에서 피고인의 어머니 D(여 53세)가 나가라고 한다는 이유로 동녀를 양손으로 밀어 넘어지게 하고 아랫방에 살던 D(남 26세)가 이를 말리자 동인의 뺨을 손바닥으로 2회 때리고, 이를 만류하는 D의 어머니 F(여 55세)에게도 "너는 뭐냐"하며 밀어 계단에 넘어지게 함으로써 D에게 전치 2주, F에게 전치 2주 정도의 상해를 입힌 사실까지 있었던 점(이 부분에 관한 A의 범행에 대하여 벌금 70만원으로 확정된 사실이 기록상 인정됨) 등을 함께 종합해 보면 원심이 피고인의 이 사건 행위를 정당행위로 보아 무죄를 선고한 것은 옳다고 보인다.

바. 따라서 이 사건 피고인의 행위가 정당행위가 될 수 없다는 상고논지는 이유 없으므로 기각한다.

판결평석 이 판결은 분쟁이 있던 옆집 사람이 야간에 술에 만취된 채 시비를 하며 거실로 들어오려 하므로 이를 제지하며 밀어내는 과정에서 2주 상해를 입힌 행위를 형법 제20조 정당행위로 보아 무죄를 선고한 원심판결을 수긍한 판례이다. 대법원 판결은 결론·논증순서·논증방법에서 타당하다.

이 사건은 사회상규 다섯 가지 요건 중 정당성·상당성·균형성·긴급성·보충성을 모두 충족한다. 형법 제20조 정당행위에 해당한다.

대법원 판결을 다음 순서로 더 명확하게 논증할 수 있다. ① 행위목적과 행위동기 정당성(분쟁이 있던 옆집 사람이 야간에 술에 만취된 채 시비를 하며 거실로 들어오려는 위법행위를 제지 +), ② 행위수단과 행위방법 상당성(소극적 저항, 밀어 내기 +), ③ 보호이익과 침해이익 법익균형성(사생활 평온·신체건강훼손과 신체안전 +), ④ 긴급성(현장성, 최후 시점, 이 시점에서 하지 않으면 안 될 정도 특수상황 +), ⑤ 다른 수단과 다른 방법이 없는 보충성(선택여지 없음, 다른 수단이나 방법이 없음, 종국적인 저지행위 +)이다.

분쟁이 있던 옆집 사람이 야간에 술에 만취된 채 시비를 하며 거실로 들어오려 하므로 이를 제지하며 밀어내는 과정에서 2주 상해를 입힌 행위는 정당성·상당성·균형성·긴급성·보충성을 모두 충족한다. 형법 제20조 사회상규에 위배되지 않는다. 위법성이 조각되어 무죄다. 시비과정에서 불법적인 공격으로부터 벗어나기 위한 소극적 저항은 인간 본능에 속한다. 법질서 전체 정신·사회윤리·사회통념 관점에서 보면, 옳은 행위이며, 이익이 되는 행위이다.

이 판례이후 술에 만취되어 따지기 위하여 거실에 침입하는 피해자를 밀어내는 과정에서 전치 2주의 상처를 입힌 경우[28]도 형법 제20조 사회상규에 위배되지 않는다고 보아 무죄를 선고하였다.

⑬ 행패제수 팔 뿌리친 사건

사실관계 A학교법인의 이사장이었던 피고인은 그 동생이자 피해자 남편인 B를 위 학원 부설 중학교의 교장직에서 해임한 바 있었다. 그런데 위 해임 조치에 불만을 품은 위 피해자는 피고인 집을 수차 찾아가고 이 사건 이전에도 2차례나 친구들과 함께 피고인이 교수로 재직하던 대학교 연구실로 찾아갔다. 그때마다 소란을 피우며 곤란하게 하고 망신을 주었다. 이 사건 당일 10:00경에도 친구 2명과 함께 피고인 연구실로 찾아와 또 다시 대책마련을 요구하였다. 피고인이 4층 강의실로 강의하러 올라가자 그 강의실 복도까지 따라 가면서 귀찮게 하였다. 강의가 끝나기까지 강의실 복도에서 기다리고 있다가

---

28) 대법원 2000.3.10. 선고 99도4273 판결.

같은 날 12:00경 강의를 마치고 나오는 피고인에게 접근하여 또 다시 귀찮게 하였다. 이를 피해 피고인이 밖으로 나가려 하자 1층에서 밖으로 나가는 계단에서 피고인을 가로 막고 서서 이야기를 계속할 것을 요구하였다. 이를 피해가려는 피고인을 손으로 저지하려 하는 순간, 피고인이 위 피해자 팔을 뿌리쳐서 피해자가 몸 균형을 잃고 계단 밑으로 굴러 이 사건 상해를 입게 되었다.

재판진행 검사는 피고인을 형법 제257조 제1항 상해죄로 기소하였다. 제1심 법원과 제2심 법원은 피고인에게 형법 제20조 사회상규를 적용하여 무죄를 선고하였다. 검사가 상고하였다.

판결요지 대법원은 검사 상고를 기각하였다.[29]

가. 피고인은 위 피해자로부터 며칠간에 걸쳐 집요한 괴롭힘을 당해 온데다가 위 피해자가 피고인이 교수로 재직하고 있는 대학교의 강의실 출입구에서 피고인의 진로를 막아서면서 피고인을 물리적으로 저지하려 하자, 극도로 흥분된 상태에서 그 행패에서 벗어나기 위하여 위 피해자의 팔을 뿌리치게 된 것이다.

나. 그러므로 피고인의 위와 같은 행위는 위 <u>피해자의 부당한 행패를 저지하기 위한 본능적인 소극적 방어행위에 지나지 아니하여 사회통념상 허용될 만한 정도의 상당성이 있어 위법성이 없다고 봄이</u> 상당하다.

다. 위 장소가 위험한 계단이라거나 당시 주위에 피고인이 부른 경찰관이 있었다 하여 달리 볼 것은 아니라고 할 것이다.

라. 그렇다면 피고인의 행위가 위법성이 결여된 행위로서 정당행위에 해당한다고 판단한 원심의 조치는 정당하다 할 것이고, 거기에 논하는 바와 같이 정당행위의 법리를 오해한 위법이 있다고 볼 수 없다.

마. 논지는 이유가 없다. 그러므로 상고를 기각하기로 한다.

판결평석 대법원 판결은 결론·논증순서·논증방법에서 타당하다. 이 사건은 사회상규 다섯 가지 요건 중 정당성·상당성·균형성·긴급성·보충성을 모두 충족한다. 형법 제20조 정당행위에 해당한다.

---

29) 대법원 1995.8.22. 선고 95도936 판결 【상해】

대법원 판결을 다음 순서로 더 명확하게 논증할 수 있다. ① 행위목적과 행위동기 정당성(행패에서 벗어나기 위한 행위 +), ② 행위수단과 행위방법 상당성(소극적 저항, 피해자 팔을 뿌리친 행위 +), ③ 보호이익과 침해이익 법익균형성(사생활 평온·신체안전과 신체안전 +), ④ 긴급성(법익침해상태, 극도로 흥분된 상태, 현장성 +), ⑤ 다른 수단과 다른 방법이 없는 보충성(다른 수단과 다른 방법이 없음, 종국적 저지행위 +)이다.

피해자가 팔을 뻗어 보행진로를 막자 피고인이 피해자 팔을 뿌리쳐서 피해자가 몸 균형을 잃고 계단 밑으로 굴러 상해를 입힌 행위는 정당성·상당성·균형성·긴급성·보충성을 모두 충족한다. 형법 제20조 사회상규에 위배되지 않는다. 위법성이 조각되어 무죄다. 불법적인 공격으로부터 벗어나기 위한 소극적 저항은 인간 본능에 속한다. 법질서 전체 정신·사회윤리·사회통념 관점에서 보면, 옳은 행위이며, 이익이 되는 행위이다.

⑭ 넥타이 사건

사실관계 피해자가 피고인 사무실로 피고인을 찾아갔다. 피고인이 작성하여준 지불각서에 따른 돈을 달라고 하였다. 피고인이 이에 응하지 아니하고 사무실 밖으로 나가려고 하자, 양손으로 피고인 넥타이를 잡고 늘어졌다. 후경부피하출혈상을 입을 정도로 목이 졸리게 되었다. 이때 피고인이 피해자를 떼어 놓기 위하여 왼손으로 자신목 부근 넥타이를 잡은 상태에서 오른손으로 피해자 손을 잡아 비틀면서 서로 밀고 당겼다. 이 과정에서 피해자가 상해를 입었다.

재판진행 검사는 피고인을 구 형법(1995. 12. 29. 법률 제5057호로 개정되기 전의 것) 제257조 상해죄로 기소하였다. 제1심 법원 제2심 법원은 피고인에게 형법 제20조 사회상규를 적용하여 무죄를 선고하였다. 검사는 상고하였다.

판결요지 대법원은 검사 상고를 기각하였다.[30]

피고인의 그와 같은 행위는 목이 졸린 상태에서 벗어나기 위한 소극적인 저항행위에 불과하여 형법 제20조 소정의 정당행위에 해당하여 죄가 되지 아니한다고 본 원심판결을 수긍한다.

판결평석 대법원 판결은 결론에서 타당하다. 그러나 논증순서와 논증방법에서 정밀함이 아쉽다. 상당성 판단만 있다. 그 외 구체적 판단 근거가 없다.

이 사건은 사회상규 다섯 가지 요건 중 정당성·상당성·균형성·긴급성·보충성을 모두 충족한다. 형법 제20조 정당행위에 해당한다.

대법원 판결을 다음 순서로 더 명확하게 논증할 수 있다. ① 행위목적과 행위동기 정당성(양손으로 피고인 넥타이를 잡고 늘어져, 후경부피하출혈상을 입을 정도로 목이 졸리게 된 피고인이 위 피해자를 떼어 놓기 위함, 생존 목적+), ② 행위수단과 행위방법 상당성(소극적 저항행위, 손을 비틈 +), ③ 보호이익과 침해이익 법익균형성(생명신체안전과 신체안전 +), ④ 긴급성(현장성·최후 시점, 후경부피하출혈상을 입을 정도로 목이 졸리게 된 상태 +), ⑤ 다른 수단과 다른 방법이 없는 보충성(선택여지 없음, 다른 수단과 다른 방법이 없음, 종국적 저지행위 +)이다.

넥타이로 목이 졸린 상태에서 이를 떼어 놓기 위하여 왼손으로 자신 목 부근 넥타이를 잡은 상태에서 오른손으로 피해자 손을 잡아 비틀면서 서로 밀고 당겨 상해를 입힌 행위는 정당성·상당성·균형성·긴급성·보충성을 모두 충족한다. 형법 제20조 사회상규에 위배되지 않는다. 위법성이 조각되어 무죄다. 불법적인 공격으로부터 벗어나기 위한 소극적 저항은 인간 본능에 속한다. 법질서 전체 정신·사회윤리·사회통념 관점에서 보면, 옳은 행위이며, 이익이 되는 행위이다.

---

30) 대법원 1996.5.28. 선고 96도979 판결 【상해】

⑮ 연로한 할머니 저항 사건

사실관계 A(54세, 여)이 남편인 B(59세, 남)와 함께 1998. 5. 19. 10:00 피고인(66세, 여)이 묵을 만드는 외딴 집에 피고인을 찾아왔다. 피고인이 A가 첩 자식이라는 헛소문을 퍼뜨렸다며 먼저 피고인 멱살을 잡고 밀어 넘어뜨리고 배 위에 올라타 주먹으로 팔, 얼굴 등을 폭행하였다. B도 이에 가세하여 피고인 얼굴에 침을 뱉으며 발로 밟아 폭행하였다. 이에 연로한 탓에 힘에 부쳐 달리 피할 방법이 없던 피고인은 이를 방어하기 위하여 A, B 폭행에 대항하여 A 팔을 잡아 비틀고, 다리를 무는 등으로 하여 A에게 오른쪽 팔목과 대퇴부 뒤쪽에 멍이 들게 하여 약 2주간의 치료를 요하는 상해를 가하였다.

재판진행 검사는 피고인을 제257조 상해죄로 기소하였다. 제1심 법원과 제2심 법원은 피고인에게 형법 제20조 사회상규를 적용하여 무죄를 선고하였다. 검사는 상고하였다.

판결요지 대법원은 검사 상고를 기각하였다.[31)]

가. 서로 격투를 하는 자 상호간에는 공격행위와 방어행위가 연속적으로 교차되고 방어행위는 동시에 공격행위가 되는 양면적 성격을 띠는 것이다. 그러므로 어느 한쪽 당사자의 행위만을 가려내어 방어를 위한 정당행위라거나 또는 정당방위에 해당한다고 보기 어려운 것이 보통이다.

나. 그러나 외관상 서로 격투를 하는 것처럼 보이는 경우라고 할지라도 실지로는 한쪽 당사자가 일방적으로 불법한 공격을 가하고 상대방은 이러한 불법한 공격으로부터 자신을 보호하고 이를 벗어나기 위한 저항

---

31) 대법원 1999.10.12. 선고 99도3377 판결 【상해】; 송희식, 형법판례정문 【총론편】, 동아대학교 출판부, 2012, 133면: 송희식 교수는 "항소심에서 명확하게 정당방위로 규정하였는데 대법원은 항소심이 옳다고 판단하면서 대법원 1984.9.11. 선고 84도1440 판결의 정문을 인용하고 참조조문으로 형법 제20조, 제21조를 열거하고 있다"고 비판한다. 생각건대 대법원 판결은 형법 제21조 제1항 정당방위를 인정한 것이 아니라 형법 제20조 정당행위를 인정한 것이다. 대법원은 원심이 적법하게 인정한 위와 같은 사실관계에 의하면, 싸움 경우 형법 제21조 제1항 정당방위가 성립되지 않고 형법 제20조 정당행위가 성립하지만, 원심이 위법성조각으로 무죄를 선고했기 때문에 법리만 바로 잡아 상고를 기각한 것으로 본다.

수단으로 유형력을 행사한 경우가 있다.

다. 그렇다면 그 행위가 적극적인 반격이 아니라 <u>소극적인 방어의 한도를
벗어나지 않는 한 그 행위에 이르게 된 경위와 그 목적수단 및 행위자
의 의사 등 제반 사정에 비추어 볼 때 사회통념상 허용될 만한 상당성
이 있는 행위로서 위법성이 조각된다고 보아야 할 것이다</u>(대법원
1984.9.11. 선고 84도1440 판결 참조).

라. 원심이 적법하게 인정한 위와 같은 사실관계에 의하면, 오십대의 남녀
로서 부부인 공소외 1, 2가 66세의 여자인 피고인이 혼자 묵을 만들고
있는 외딴 장소에 찾아와 피고인을 넘어뜨리고 함께 일방적으로 불법
한 폭행을 가하였다.

마. 이에 대하여 피고인이 취한 위와 같은 행위는 자신을 보호하고 이를
벗어나기 위한 저항수단으로서 소극적인 방어의 한도를 벗어나지 않는
것이라고 할 것이다.

바. 그 밖에 기록에 나타난 <u>피고인의 위와 같은 행위의 경위와 그 목적수
단 및 피고인의 의사 등 제반 사정에 비추어 볼 때 피고인의 위와 같
은 행위는 사회통념상 허용될 만한 상당성이 있는 행위로서 위법성이
조각된다고 보아야 할 것이다.</u>

사. 따라서 원심이 피고인의 행위를 위법성이 조각되는 것으로 보아 피고인
에 대하여 무죄를 선고한 조치는 옳고, 거기에 상고이유로 지적하는 바
와 같은 법리오해의 위법이 있다고 할 수 없다.

아. 상고이유의 주장은 모두 이유 없다.

판결평석 대법원 판결은 결론에서 타당하다. 그러나 논증순서와 논
증방법에서 정밀함이 아쉽다. 상당성 판단만 있다. 그 외 구체적 판
단 근거가 없다.

이 사건은 사회상규 다섯 가지 요건 중 정당성·상당성·균형성·긴
급성·보충성을 모두 충족한다. 형법 제20조 정당행위에 해당한다.

대법원 판결을 다음 순서로 더 명확하게 논증할 수 있다. ① 행위목
적과 행위동기 정당성(일방적 폭행을 피하기 위함 +), ② 행위수단과
행위방법 상당성(소극적 저항행위, 폭행에 대항하여 공소외 1 팔을 잡아
비틀고, 다리를 깨물음 +), ③ 보호이익과 침해이익 법익균형성(신체

안전과 신체안전 ＋), ④ 긴급성(현장성, 최후 시점, 외딴 장소에서 일방적으로 집단폭행을 당하고 상황), ⑤ 다른 수단과 다른 방법이 없는 보충성(선택여지 없음, 다른 수단과 다른 방법이 없음, 종국적 저지행위 ＋)이다.

일방적 폭행을 벗어나기 위해 A 팔을 잡아 비틀고, 다리를 무는 등으로 하여 A에게 오른쪽 팔목과 대퇴부 뒤쪽에 멍이 들게 하여 약 2주간의 치료를 요하는 상해를 입힌 행위는 정당성·상당성·균형성·긴급성·보충성을 모두 충족한다. 형법 제20조 사회상규에 위배되지 않는다. 위법성이 조각되어 무죄다. 일방적인 공격으로부터 벗어나기 위한 피해자 소극적 저항은 인간 본능에 속한다. 법질서 전체정신·사회윤리·사회통념 관점에서 보면, 옳은 행위이며, 이익이 되는 행위이다.

⑯ 문짝 여닫기 실랑이 사건

사실관계 피고인(女)과 피해자(男)는 1997년 7월경 공소외 이○숙 소개로 알게 되어 일시 교제하였다. 그런데 피고인은 같은 해 8월경 ○○지검 ○○지청에 피해자가 피고인과 결혼할 것처럼 가장하면서 피고인을 도박판에 유인하여 금원을 편취하고, 돈을 빌려가고 갚지 않는 방법으로 금원을 편취하였다. 그리고 성명 미상 남자와 함께 피고인을 폭행하였다는 이유로 피해자를 사기 및 폭행 혐의로 고소하였다. 그러나 무혐의 처리되자 다시 ○○고검에 항고하였다. 위 항고에 따라 피해자는 1998. 3. 4.경 ○○고검으로부터 같은 달 5일 10:00까지 위 검찰청에 출석하라는 통지서를 송달받은 사실이 있다.

이에 피해자(男)는 피고인 때문에 검찰청까지 가서 조사를 받아야 한다고 생각한 나머지 이를 따지기 위하여 같은 날 22:00경 피고인에게 전화를 걸었다. 그러나 피고인이 피해자 말을 들으려 하지 않고 전화를 끊었다. 이에 화가 난 피해자는 피고인을 직접 만나 따지기로 하고 공소외 1, 2와 함께 위 공소외 1 차를 타고 같은 날 23:00경 피고인의 집까지 찾아가 피고인의 집으로 침입한 다음 피고인의 미닫이 방문을 두드린 사실이 있다.

당시 피고인(女)은 방안에서 자고 있다가 방문 두드리는 소리에 일어났다. 방문을 열자마자 피해자는 왼손으로는 위 방문을, 오른손으로는 문틀을 붙잡고 피고인 고소 때문에 검찰청까지 가서 조사를 받게된 것을 따지려 하였다. 이에 피고인은 피해자와 이야기를 하고 싶지 않아 방문을 닫으려 하였다. 그런데 문이 닫히는 순간 피해자(男) 오른손이 문과 문틀 사이에 끼이었다. 그 후 문을 닫으려는 피고인과열려는 피해자 사이의 실랑이가 계속되는 과정에서 문짝이 떨어지자그 앞에 있던 피해자가 넘어져 2주간의 치료를 요하는 요추부염좌및 우측 제4수지 타박상의 각 상해를 입게 하였다.

재판진행 검사는 피고인을 폭력행위등처벌에관한법률위반(형법 제262조) 폭행치상죄로 기소하였다. 제1심 법원과 제2심 법원은 피고인에게 형법 제20조 정당행위를 이유로 무죄를 선고하였다. 검사가 상고하였다.

판결요지 대법원은 검사 상고를 기각하였다.[32]

가. 어떠한 행위가 위법성조각사유로서의 정당행위가 되는지의 여부는 구체적인 경우에 따라 합목적적, 합리적으로 가려야 한다.

나. 정당행위로 인정되려면 첫째 행위의 동기나 목적의 정당성, 둘째 행위의 수단이나 방법의 상당성, 셋째 보호법익과 침해법익의 균형성, 넷째 긴급성, 다섯째 그 행위 이외의 다른 수단이나 방법이 없다는 보충성의 요건을 모두 갖추어야 한다.

다. 피해자가 피고인의 고소로 조사받는 것을 따지기 위하여 야간에 피고인의 집에 침입한 상태에서 문을 닫으려는 피고인과 열려는 피해자 사이의 실랑이가 계속되는 과정에서 문짝이 떨어져 그 앞에 있던 피해자가 넘어져 2주간의 치료를 요하는 요추부염좌 및 우측 제4수지 타박상의 각 상해를 입게 된 경우이다.

라. 피고인의 가해행위가 이루어진 시간 및 장소, 경위와 동기, 방법과 강도 및 피고인의 의사와 목적 등에 비추어 볼 때, 사회통념상 허용될 만

---

32) 대법원 2000.3.10. 선고 99도4273 판결【폭력행위등처벌에관한법률위반】

한 정도를 넘어서는 위법성이 있는 행위라고 보기는 어려우므로 정당
행위에 해당한다.[33]

판결평석 대법원 판결은 결론에서 타당하다. 그러나 논증순서와 논증
방법에서 정밀함이 아쉽다. 체계적인 검토가 없다.

이 사건은 사회상규 다섯 가지 요건 중 정당성·상당성·균형성·긴
급성·보충성을 모두 충족한다. 형법 제20조 정당행위에 해당한다.

대법원 판결을 다음 순서로 더 명확하게 논증할 수 있다. ① 행위목
적과 행위동기 정당성(시비를 중단할 목적 +), ② 행위수단과 행위방
법 상당성(소극적 저항, 문을 닫다 문짝 떨어짐 +), ③ 보호이익과 침
해이익 법익균형성(사생활 평온과 신체안전 +), ④ 긴급성(현장에서 급
박성, 이 시점에서 하지 않으면 안 될 정도 특수상황 +), ⑤ 다른 수단
과 다른 방법이 없는 보충성(선택여지 없음, 다른 수단과 다른 방법이
없음, 종국적 저지행위 +)이다.

피해자가 피고인의 고소로 조사받는 것을 따지기 위하여 야간에 피
고인의 집에 침입한 상태에서 문을 닫으려는 피고인과 열려는 피해
자 사이의 실랑이가 계속되는 과정에서 문짝이 떨어져, 그 앞에 있던
피해자가 넘어져 피해자에게 2주간의 치료를 요하는 요추부염좌 및
우측 제4수지 타박상 등 상해를 입힌 행위는 정당성·상당성·균형
성·긴급성·보충성을 모두 충족한다. 형법 제20조 사회상규에 위배
되지 않는다. 위법성이 조각되어 무죄다. 시비과정에서 발생하는 소
극적 저항은 인간 본능에 속한다. 법질서 전체 정신·사회윤리·사
회통념 관점에서 보면, 옳은 행위이며, 이익이 되는 행위이다.

【2014년 제3회 변호사시험 선택형·2017년 제6회 변호사시험 선택형 출제】

⑰ 불륜의심 집단구타 저항 사건

사실관계 피해자 공소외 1은 2008. 9. 20. 01:30경 자신을 데리러 오
라는 남편 공소외 2의 연락을 받고 당시 공소외 2가 있다는 음식점

---

33) 대법원 2000.3.10. 선고 99도4273 판결【폭력행위등처벌에관한법률위반】

으로 가던 중 위 음식점 근처 노래방에서 공소외 2와 피고인이 함께 팔짱을 끼고 나오는 장면을 목격하였다. 그 후 피고인과 공소외 2의 관계를 의심하게 된 공소외 1은 피고인의 휴대전화번호를 알아낸 후 이 사건 발생 전날부터 자신과 아들 공소외 3의 휴대전화를 이용하여 수십 회에 걸쳐 피고인에게 죽이겠다는 내용 등이 담긴 문자메시지를 보내거나 협박전화를 하였다. 이에 피고인이 수신거부를 해놓고 전화를 받지 아니하자, 공소외 1은 피고인의 주소를 알아낸 다음 이 사건 당일 11:00경 자신의 아들인 공소외 3·공소외 4, 올케인 공소외 5와 함께 피고인이 살고 있는 아파트에 찾아와서 초인종을 누르고 아파트 현관문을 발로 차면서 문을 열어 달라고 소리치는 등 소란을 피웠다. 이에 당시 혼자 집에 있던 피고인이 겁을 먹고 문을 열어주지 아니하자, 공소외 1은 아들을 시켜 아파트 입구에 있던 공소외 2를 올라오게 하였고, 공소외 2가 와서 초인종을 누른 다음 피고인에게 별문제가 없을 것이니 문을 열어 달라고 말하였다. 이 말을 듣고 다소 안심한 피고인이 출입문을 열어주자 곧바로 위 공소외 1 일행이 피고인을 밀치고 신발을 신은 채로 피고인의 집 거실로 들어왔다. 그 직후 <u>공소외 1과 공소외 3은 서로 합세하여 피고인을 구타하기 시작하였고, 피고인은 이를 벗어나기 위하여 손을 휘저으며 발버둥치는 과정에서 공소외 1 등에게 공소사실 기재와 같은 상해를 가하게 되었다.</u> 이 과정에서 공소외 3은 소지하고 있던 담배를 꺼내 피우다가 불이 꺼지지 않은 담배를 피고인의 집 거실 바닥에 버린 결과 바닥이 그을렸다. 그 후 공소외 4, 5 등이 위 싸움을 말리는 틈을 타서 피고인은 거실에 있던 무선전화기를 들고 안방으로 들어가 문을 잠그고 경찰에 신고하였다는 것이다.

재판진행 검사는 피고인을 제257조 제1항 상해죄로 기소하였다. 제1심 법원[34]과 제2심 법원[35]은 피고인에게 형법 제20조 사회상규를 적용하여 무죄를 선고하였다. 검사는 상고하였다.

34) 대구지방법원 서부지원 2009.8.12. 선고 2008고정1920 판결.
35) 대구지방법원 2009.11.5. 선고 2009노2723 판결.

판결요지   대법원은 검사 상고를 기각하였다.[36]

가. 맞붙어 싸움을 하는 사람 사이에서는 공격행위와 방어행위가 연달아 행하여지고 방어행위가 동시에 공격행위인 양면적 성격을 띠어서 어느 한쪽 당사자의 행위만을 가려내어 방어를 위한 '정당행위'라거나 '정당방위'에 해당한다고 보기 어려운 것이 보통이다.

나. 그러나 겉으로는 서로 싸움을 하는 것처럼 보이더라도 실제로는 한쪽 당사자가 일방적으로 위법한 공격을 가하고 상대방은 이러한 공격으로부터 자신을 보호하고 이를 벗어나기 위한 저항수단으로서 유형력을 행사한 경우에는, 그 행위가 새로운 적극적 공격이라고 평가되지 아니하는 한, 이는 사회관념상 허용될 수 있는 상당성이 있는 것으로서 위법성이 조각된다.

나. 갑과 자신의 남편과의 관계를 의심하게 된 상대방이 자신의 아들 등과 함께 갑의 아파트에 찾아가 현관문을 발로 차는 등 소란을 피우다가, 출입문을 열어주자 곧바로 갑을 밀치고 신발을 신은 채로 거실로 들어가 상대방 일행이 서로 합세하여 갑을 구타하기 시작하였고, 갑은 이를 벗어나기 위하여 손을 휘저으며 발버둥치는 과정에서 상대방 등에게 상해를 가하게 된 사안이다. 상대방의 남편과 갑이 불륜을 저지른 것으로 생각하고 이를 따지기 위하여 갑의 집을 찾아가 갑을 폭행하기에 이른 것이라는 것만으로 상대방 등의 위 공격행위가 적법하다고 할 수 없고, 갑은 그러한 위법한 공격으로부터 자신을 보호하고 이를 벗어나기 위한 사회관념상 상당성 있는 방어행위로서 유형력의 행사에 이르렀다고 할 것이어서 위 행위의 위법성이 조각된다고 판단한 원심판결에 법리오해의 위법이 없다.

판결평석   대법원 판결은 결론에서 타당하다. 그러나 논증순서와 논증방법에서 정밀함이 아쉽다. 상당성 판단만 있다. 그 외 구체적 판단 근거가 없다.

이 사건은 사회상규 다섯 가지 요건 중 정당성·상당성·균형성·긴급성·보충성을 모두 충족한다. 형법 제20조 정당행위에 해당한다.

---

36) 대법원 2010.2.11. 선고 2009도12958 판결【상해】

대법원 판결을 다음 순서로 더 명확하게 논증할 수 있다. ① 행위목적과 행위동기 정당성(일방적 폭행을 피하기 위함 +), ② 행위수단과 행위방법 상당성(소극적 저항행위, 집단구타를 벗어나기 위하여 손을 휘저으며 발버둥치는 과정에서 상해를 가함 +), ③ 보호이익과 침해이익 법익균형성(신체안전과 신체안전 +), ④ 긴급성(현장성, 최후 시점, 일방적으로 집단폭행을 당하고 상황), ⑤ 다른 수단과 다른 방법이 없는 보충성(선택여지 없음, 다른 수단과 다른 방법이 없음, 종국적 저지행위 +)이다.

갑과 자신의 남편과의 관계를 의심하게 된 상대방이 자신의 아들 등과 함께 갑의 아파트에 찾아가 현관문을 발로 차는 등 소란을 피우다가, 출입문을 열어주자 곧바로 갑을 밀치고 신발을 신은 채로 거실로 들어가 상대방 일행이 서로 합세하여 갑을 구타하기 시작하였고, 갑은 이를 벗어나기 위하여 손을 휘저으며 발버둥치는 과정에서 상대방 등에게 상해를 가한 행위는 정당성·상당성·균형성·긴급성·보충성을 모두 충족한다. 형법 제20조 사회상규에 위배되지 않는다. 위법성이 조각되어 무죄다. 피해자가 일방적인 집단공격으로부터 벗어나기 위한 소극적 저항은 인간 본능에 속한다. 법질서 전체 정신·사회윤리·사회통념 관점에서 보면, 옳은 행위이며, 이익이 되는 행위이다.

(2) 교육목적 징계행위와 사회상규 판단방법

① 교장직무대리 뺨때린 사건

사실관계 피고인이 교칙위반학생들을 훈계하면서 뺨을 몇 차례 때렸다.

재판진행 검사는 피고인을 형법 제260조 제1항 폭행죄로 기소하였다. 제1심 법원과 제2심 법원은 피고인에게 형법 제20조 정당행위를 적용하여 무죄를 선고하였다.[37] 훈계성 뺨 행위를 교장 징계권 범위로 판단하였다. 검사가 상고하였다.

판결요지 대법원은 검사 상고를 기각하였다.[38]

가. 교육법 제76조에 의하면 각 학교의 장은 교육상 필요할 때는 학생에게 징계 또는 처벌을 할 수 있도록 규정하고 있다.

나. 피고인이 훈계의 목적으로 교칙위반 학생에게 뺨을 몇 차례 때린 정도는 감호교육상의 견지에서 볼 때 <u>징계의 방법으로서 사회 관념상 비난의 대상이 될 만큼 사회상규를 벗어난 것으로는 볼 수 없다 할 것이다.</u>

다. 이러한 취지에서 교장의 징계로서 정당행위라 하여 처벌의 대상으로 보지 아니한 원심의 조치 또한 정당하다.

라. 반대의 견해로 나온 소론 논지 이유 없다. 그러므로 상고를 기각하기로 한다.

판결평석 대법원 판결은 결론에서 타당하다. 그러나 논증순서와 논증 방법에서 정밀함이 아쉽다. 체계적인 검토가 없다.

이 사건은 사회상규 다섯 가지 요건 중 정당성·상당성·균형성·긴급성·보충성을 모두 충족한다. 형법 제20조 정당행위에 해당한다. 물론 오늘 관점에서 다른 결론이 도출될 수도 있다. 상당성·균형성·긴급성·보충성이 결여되어 있기 때문이다.

대법원 판결을 다음 순서로 더 명확하게 논증할 수 있다. ① 행위목적과 행위동기 정당성(훈계목적 +), ② 행위수단과 행위방법 상당성(교칙위반 학생에게 뺨을 몇 차례 때림 +), ③ 보호이익과 침해이익 법익 균형성(신체안전·인권과 교칙준수 +), ④ 긴급성(교칙위반 현장에서 급박성, 이 시점에서 하지 않으면 안 될 정도 특수상황 +), ⑤ 다른 수단과 다른 방법이 없는 보충성(선택여지 없음, 종국적 훈계행위 +)이다.

중학교 교장직무대리자가 훈계목적으로 교칙위반학생에게 뺨을 몇 차례 때린 행위는 정당성·상당성·균형성·긴급성·보충성을 모두 충족한다. 형법 제20조 사회상규에 위배되지 않는다. 위법성이 조각되어 무죄다. 법질서 전체 정신·사회윤리·사회통념 관점에서 보면, 옳은 행위이며, 이익이 되는 행위이다.

---

37) 육군고등군법회의 1977.7.26. 확인 77 고군형항29 판결.
38) 대법원 1976.4.27. 선고 75도115 판결【건축법위반·업무상횡령·폭행】

대법원이 판시한 "감호교육상 견지에서 볼 때 징계방법으로서 사회
관념상 비난의 대상이 될 만큼 사회상규를 벗어난 것으로는 볼 수
없어 처벌의 대상이 되지 아니 한다"는 문장은 사회상규와 판단기준
에서 상당성만 판단하고 있다. 정밀한 해석이 아니다.

그러나 이 판결 후 40년이 지났다. 오늘 관점에서 보면, 훈계목적 폭
행은 상당성·균형성·긴급성·보충성을 충족한다고 해석하기 어렵
다. 징계방법은 다른 수단들이 많이 있기 때문이다. 학생체벌을 사회
상규로 해석할 수 없다. 법질서 전체 정신·사회윤리·사회통념 관
점에서 보면, 옳은 행위도 아니며, 인권이 존중되는 훈육행위도 아니
기 때문이다.

② 난동병장 구타 제지 사건【시사판례】

사실관계　피고인은 소속부대 1소대장이다. 1976. 9. 8. 20:00경 소대
내무반 막사 안에서 피해자가 술에 취하여 신병들에게 행패를 부리
는 것을 보고 격분하여 동인에게 둔부를 1회 강축하고, 앞가슴을 우
측 주먹으로 한 번 치는 등 폭행을 했다.

재판진행　군검찰은 피고인을 형법 제260조 폭행죄로 기소하였다. 제
1심 법원과 제2심 법원은 피고인에게 유죄를 선고하였다.[39] 피고인은
형법 제20조를 이유로 상고하였다.[40]

판결요지　대법원은 원판결을 파기하고 이 사건을 육군고등군법회의에 환
송하였다.

가. 피고인은 소대장으로서 평소 피해자의 행동과 성정을 알고 있었을 터
　이다.

나. 그때에도 탈영음주를 저질은 장본인이 자기 잘못은 아랑곳없이 신병들
　을 못살게 구는 행패를 야반에 저지르는 소란피우는 행동에 격분함은
　누구나가 같을 것이다.

---

39) 육군고등군법회의 1977.7.26. 확인 77 고군형항29 판결.
40) 대법원 1978.4.11. 선고 77도3149 판결【횡령·폭행】

다. 이런 사정 하에 있는 지휘관이 손발을 각각 한 번씩 휘둘러 써서 제지
했다면, 군대 내에서 생명으로 삼는 <u>질서를 지키려는 목적</u>에서 이를 이
루려는 일념으로 <u>경미한 손짓 발짓을</u> 한 것으로서 지키려는 법익이 피
해법익에 비하여 월등 크다고 인정되어 크게 나무랄 것까지는 못 된다
하겠다.

라. 사회정의와 법의 정신에 어긋난데 있다고 비난될 정도도 아니니 정당한
목적을 위한 상당한 수단범위 내라고 하겠다.

마. 그렇다면 피고인의 본 건 소위는 범죄구성요건에는 해당 안 된다고는
아니하나 우리의 양식과 건전한 경험 나아가서 법의 정신이 감히 사회
상규에 위반된 행위라고 낙인찍을 수 없다 하리니 결국 위법성이 결여
된 행위라고 아니할 수 없어 처벌할 수 없다고 하겠다.

바. 그렇거늘 원판결이 위와 같이 판단하여 유죄를 선고한 조치는 행위의
위법성을 오인하여 판결에 영향을 준 위법이 있다 하리니 이는 파기를
못 면하고 논지는 이유 있음에 돌아간다. 그러므로 일치한 의견으로 주
문과 같이 판결한다.

판결평석 대법원 판결은 결론·논증순서·논증방법에서 타당하다. 문
체는 40년 전 문장으로 일본 문체와 비슷하다. 장문이다.

이 사건은 사회상규 다섯 가지 요건 중 정당성·상당성·균형성·긴
급성·보충성을 모두 충족한다. 형법 제20조 정당행위에 해당한다.

대법원 판결을 다음 순서로 더 명확하게 논증할 수 있다. ① 행위목
적과 행위동기 정당성(군대위계질서와 사병훈계목적 +), ② 행위수단
과 행위방법 상당성(손발을 각각 한 번씩 휘둘러 써서 제지 +), ③ 보
호이익과 침해이익 법익균형성(신체안전과 신체안전, 병영질서, 지키려
는 법익이 피해법익에 비하여 월등이 큼 +), ④ 긴급성(주취사병 행패현
장에서 급박성, 이 시점에서 하지 않으면 안 될 정도 특수상황이 있음
+), ⑤ 다른 수단과 다른 방법이 없는 보충성(대체행위 없음, 상황악
화 종국적 저지행위 +)이다.

내무반 막사 안에서 피해자가 술에 취하여 신병들에게 행패를 부리
는 것을 보고 격분하여 동인에게 두부를 1회 발로 차고, 앞가슴을 우
측 주먹으로 한 번 치는 등 폭행한 행위는 정당성·상당성·균형

성·긴급성·보충성을 모두 충족한다. 형법 제20조 사회상규에 위배되지 않는다. 위법성이 조각되어 무죄다. 법질서 전체 정신·사회윤리·사회통념 관점에서 보면, 옳은 행위이며, 이익이 되는 행위이다. 그러나 이 판결 후 40년이 지났다. 오늘 관점에서 보면, 군대질서목적으로 지휘관이 부하에게 가한 폭행은 상당성·균형성·긴급성·보충성을 충족한다고 해석하기 어렵다. 사병징계방법은 다른 수단들이 많이 있기 때문이다. 군대체벌을 사회상규로 해석할 수 없다. 법질서 전체 정신·사회윤리·사회통념 관점에서 보면, 옳은 행위도 아니며, 인권이 존중되는 사병징계행위도 아니기 때문이다.

③ "담배 한개 다오" 사건

사실관계 피고인 1은 1974. 9. 30. 23:00경 거주동 어두운 골목길에서 술에 취한 연소자인 전○우로부터 반말로 "담배 한개 다오"라고 요구받았다. "뉘집 아이냐"고 반문하자 동인이 "이 자식 담배 달라면 주지 왠 잔소리냐 이래 뵈도 내가 유도 4단인데 맛 좀 봐라"하며 덤벼들어 집어던지려고 하다가 피고인 한복바지를 찢는 등 행패를 부렸다. 피고인은 동인 신원을 파악하고 또 연장자로서 훈계를 하기 위하여 동 전○우 멱살을 잡아 부근에 있는 상피고인 2가 마당에 끌고 간 사실이 있다.

피고인 2에게 끌려온 전○우가 때마침 동네어른들이 모여 있는 추석 주연 좌석에 뛰어들어 함부로 음식물을 취하고 자리를 어지럽게 할 뿐 아니라 또 60세가 넘은 어른에게 담배를 청하는 등 불손한 행동을 하였다. 피고인이 수차 말려도 듣지 않았고 전○우는 급기야 피고인 동생 공소외인에게 유도를 하자고 마당으로 끌고 가서 동 공소외인을 넘어뜨리고 그 배위에 올라타고 목을 조르고 있었다. 피고인은 이를 제지하기 위하여 방 빗자루로 동 전○우의 엉덩이를 2회 때렸다.

재판진행 검사는 피고인을 폭력행위 등 처벌에 관한 법률 위반죄로 기소하였다. 제1심 법원과 제2심 법원은 피고인에게 형법 제20조를 적용하여 무죄를 선고하였다.[41] 검사가 상고하였다.

판결요지　대법원은 검사 상고를 기각하였다.[42]

피해자의 행위에 의해 침해당한 <u>피고인 등의 법익</u>과 <u>피고인 등의 폭력행위</u>
<u>로 인해 피해자가 입은 피해자의 신체상 침해된 법익을 교량하여 피고인</u>
<u>등의 행위가 그 목적이나 수단이 상당하다고 인정될 때에는 이는 사회상규</u>
<u>에 위배되지 않는 정당행위에 해당한다.</u>

판결평석　대법원 판결은 결론에서 타당하다. 그러나 논증순서와 논증
방법에서 정밀함이 아쉽다. 체계적인 검토가 없다.

이 사건은 사회상규 다섯 가지 요건 중 정당성·상당성·균형성·긴
급성·보충성을 모두 충족한다. 형법 제20조 정당행위에 해당한다.

대법원 판결을 다음 순서로 더 명확하게 논증할 수 있다. ① 행위목
적과 행위동기 정당성(훈계목적 +), ② 행위수단과 행위방법 상당성
(방 빗자루로 동 전○우 엉덩이를 2회 때림 +), ③ 보호이익과 침해이
익 법익균형성(신체안전·외적 명예와 신체안전 +), ④ 긴급성(행패현
장에서 급박성, 이 시점에서 하지 않으면 안 될 정도 특수상황이 있음
+), ⑤ 다른 수단과 다른 방법이 없는 보충성(선택여지 없음, 종국적
저지행위 +)이다.

징계권 없는 사람 징계행위도 객관적으로 징계범위를 벗어나지 아니
하고, 주관적으로 훈육목적으로 폭행이 이루어진 경우, 정당성·상당
성·균형성·긴급성·보충성을 모두 충족한다. 형법 제20조 사회상
규에 위배되지 않는다. 위법성이 조각되어 무죄. 법질서 전체 정
신·사회윤리·사회통념 관점에서 보면, 옳은 행위이며, 이익이 되는
행위이다.

---

41) 대구지방법원 1978.8.25. 선고 77노1674 판결: 피고인들의 소위는 연소한 전○우의 불손
한 행위에 대하여 그 신원을 파악하고 훈계하는 한편 전○우의 행패행위를 제지하기 위한
것으로 전○우의 행위에 의하여 침해당한 피고인 1, 2의 법익에 비하여 전○우가 피고인
등의 폭행행위로 입은 신체상 침해된 법익을 교량할 때 피고인 등의 행위는 그 목적이나
수단이 상당하며 이는 사회상규에 위배되지 아니하여 위법성이 없다고 단정하여 피고인들
에게 무죄를 선고하였다.
42) 대법원 1978.12.13. 선고 78도2617 판결 【폭력행위등처벌에관한법률위반】

(3) 자기권리구제행위 · 타인권리구제행위와 사회상규 판단방법

① 폭행이유를 따지기 위한 주거침입 사건

사실관계 1966. 6. 13. 밤에 피고인과 공소외 1, 2 세 사람이 함께 술을 마시고 그들이 사는 동리의 공소외 1집 앞길에 이르렀다. 그때 공소외 1이 사소한 일로 피고인을 그 길가 논에 넘어뜨리고 주먹으로 얼굴을 때리는 등 폭행을 하였다. 이 일로 양인 간에 시비가 벌어지게 되었다. 그 시비 중 공소외 1이 그의 집으로 돌아가기에 피고인도 술에 취하여 동인에게 얻어맞아가면서 동인 집까지 따라 들어가서 동인에게 피고인을 때리는 이유를 따지었다.

재판진행 검사는 피고인을 특수주거침입죄로 기소하였다. 제1심 법원과 제2심 법원은 피고인에게 형법 제20조 정당행위를 적용하여 무죄를 선고하였다. 검사가 상고하였다.

판결요지 대법원은 검사 상고를 기각하였다.[43]
가. 원심은 피고인이 공소외 1의 집으로 따라 들어간 소위를 위법성 있는 주거침입이라고 논란하기 어렵다고 판시하였음이 뚜렷하다.
나. 그 판시중의 주거침입의 위법성에 관한 부분에 법리의 오해가 있었다고는 인정되지 않는다.
다. 소론은 본건과 사실관계를 달리하는 당원65도899호 사건의 판결(1965.12.21 선고)의 판시내용에 의거하여 위 위법성에 관한 판시를 논란하는 것이니 그 논지를 받아들일 수 없다.
라. 관여법관 전원의 일치한 의견으로 형사소송법 제390조, 제364조 제4항에 의하여 주문과 같이 판결한다.

판결평석 대법원 판결 결론은 타당하다. 그러나 논증방법에서 정밀함이 아쉽다.
이 사건은 사회상규 다섯 가지 요건 중 정당성 · 상당성 · 균형성 · 긴

---

43) 대법원 1967.9.26. 선고 67도1089 판결【특수폭행, 특수주거침입】

급성·보충성을 모두 충족한다. 형법 제20조 정당행위에 해당한다. 대법원 판결을 다음 순서로 더 명확하게 논증할 수 있다. ① 행위목적과 행위동기 정당성(폭행이유를 따지기 위한 목적 +), ② 행위수단과 행위방법 상당성(주거침입 +), ③ 보호이익과 침해이익 법익균형성(신체안전성과 사생활 평온 +), ④ 긴급성(현장성·최후 시점, 이 시점에서 하지 않으면 안 될 정도 특수상황 +), ⑤ 다른 수단과 다른 방법이 없는 보충성(선택여지 없음 +)이다.

피고인·갑·을 세 사람이 함께 술을 마시고 그들이 사는 동리의 갑 집 앞길에 이르렀을 때, 갑이 사소한 일로 피고인에게 폭행을 가함으로써 상호 시비 중 갑이 그의 집으로 들어가기에, 피고인도 술에 취하여 동인에게 얻어맞아 가면서 동인의 집까지 따라 들어가서 때리는 이유를 따지었던 사안이다. 피고인이 갑 집에 따라 들어간 주거침입 행위는 정당성·상당성·균형성·긴급성·보충성을 모두 충족한다. 형법 제20조 사회상규에 위배되지 않는다. 위법성이 조각되어 무죄다. 법질서 전체 정신·사회윤리·사회통념 관점에서 보면, 옳은 행위이며, 이익이 되는 행위이다.

② 증여세 면탈목적 사문서위조·행사 사건

사실관계 피고인이 부동산을 매수하여 처 공소외 1 명의에 소유권이전등기(명의신탁)를 하였다. 이 부동산들을 1966. 1. 12. 자로 그해 1. 17.자 매매를 원인으로 피고인 사위 공소외 2 명의로 소유권이전등기를 경료하였다. 관할세무서장이 그 이전 등기를 증여로 인정하고, 공소외 2에게 증여세를 부과하였다. 피고인은 동인에게 증여세를 면탈케 하기 위한 방편으로 그해 2. 9. 변호사 공소외 3 사무실(서울 무교동 소재)에서 정을 모르는 등 변호사에게 의뢰하여 행사의 목적 하에 "공소외 2 명의의 동인이 그의 명의 전시 소유권이전등기 원인에 관하여 그것이 실질적인 매매나 증여로 인한 것이 아니고, 단순한 명의신탁을 위한 것이었다"는 점을 공소외 1에 대하여 확인한다는 취지 화해조항서 일통을 작성케 하였다.

그 후 공소외 2 명의 하에 피고인이 보관 중이던 동인 인장을 자의로 찍어 권리 의무에 관한 동인 명의의 위 문서를 위조하고, 이어 그해 2월 하순경 공소외 1과 공소외 2간 화해신청사건을 담당한 서울민사지방법원 판사에게 그 문서를 진정히 성립된 것 같이 가장하여 제출함으로써 이를 행사하였다.

재판진행 검사는 피고인을 형법 제231조 사문서위조죄와 형법 제234조 위조사문서행사죄로 기소하였다. 제1심 법원과 제2심 법원은 피고인에게 유죄를 선고하였다. 피고인이 상고하였다.

판결요지 대법원은 원판결을 파기하고, 사건을 서울형사지방법원 합의부에 환송하였다.[44)]

가. 그 문서가 비록 공소외 2의 승낙 없이 위조 및 행사된 것이었다 하더라도 피고인과 공소외 2는 장인과 사위의 관계에 있고 전시 부동산들은 실질적으로는 피고인의 소유였다. 공소외 2의 이전 등기가 공소외 1을 통한 명의신탁에 불과하다.

나. 그 문서의 위조 및 행사는 당시 군에 입대 복무 중이던 동인에 대한 전시 증여세를 면탈케하기 위한 수단이었다는 사실들을 인정함으로써 그 위조 및 행사에 관한 각 행위는 사회상규에 반하지 않아 위법성이 없는 행위들이었다고 단정하였음이 뚜렷하다.

다. 그러나 형법 제20조 소정의 사회상규에 위배되지 아니하는 행위는 <u>초법규적인 법익교량의 원칙이나 목적과 수단의 정당성에 관한 원칙 또는 사회적 상당성의 원리 등에 의하여 도출된 개념</u>이었다고 할 것이다.

라. 위 각 원칙에나 원리에 비추어 감안하여 볼지라도, 위 판시와 같은 피고인이 그의 실질적 소유에 속하는 부동산들의 명의수탁인인 그의 사위에게 부과된 증여세를 면탈시키기 위하여, 그 수탁인 명의의 전술과 같은 권리 의무에 관한 문서를 위조하여, 이를 행사한 행위들까지를 그 개념에 해당되는 것이었다고 인정하기는 어렵다고 할 것이다.

마. 원판결의 그 행위들에 대한 위와 같은 단정은 위 개념에 관한 법리의 오해를 면치 못할 것이었고, 그 위법은 원판결을 파기할 사유가 된다.

---

44) 대법원 1971.6.22. 선고 71도827 판결 【사문서위조】

판결평석 대법원 판결은 오늘 입장에서 수용하기 어렵다. 명의신탁의 문제도 다를 뿐만 아니라, 형법 제20조 해석도 명확하지 않기 때문이다.

이 사건은 사회상규 다섯 가지 요건 중 정당성·상당성·균형성·긴급성·보충성을 모두 충족하지 않는다. 형법 제20조 정당행위에 해당하지 않는다. 유죄이다.

대법원은 판결문에서 "형법 제20조 소정의 사회상규에 위배되지 아니하는 행위는 초법규적인 법익교량의 원칙이나 목적과 수단의 정당성에 관한 원칙 또는 사회적 상당성의 원리 등에 의하여 도출된 개념이었다"고 표현하고 있다. 법익균형성과 행위동기와 행위목적 정당성을 제시하고 있다.

대법원 판결을 다음 순서로 더 명확하게 논증할 수 있다. ① 행위목적과 행위동기 정당성(증여세를 면탈 −), ② 행위수단과 행위방법 상당성(사문서 위조와 위조사문서행사 −), ③ 보호이익과 침해이익 법익균형성(재산권 보호와 문서에 대한 공공 신용 −), ④ 긴급성(이 시점에서 하지 않으면 안 될 정도 특수상황 없음 −), ⑤ 다른 수단과 다른 방법이 없는 보충성(있음)이다.

피고인이 실질소유에 속하는 부동산들을 명의수탁인인 사위에게 부과된 증여세를 면탈시키기 위하여 수탁인 명의의 전술과 같은 권리 의무에 관한 문서를 위조하여 이를 행사한 사안이다. 형법 제20조 사회상규에 부합하는 행위로 볼 수 없다.

그럼에도 대법원은 위법성이 조각되어 무죄라고 판결하였다. 이 사안은 1971년 당시 국민일반 건전한 도덕감 또는 법질서 전체 정신과 배후에 있는 사회윤리 내지 사회통념에 비추어 용인된 것으로 보인다. 이 판례는 사회상규 개념을 약간 언급한 것으로 판례발전사 의미만 남아있다. 어두운 시절 대법원 내린 판결이다.

③ 피해변상 받으려고 멱살 잡은 사건

사실관계 통금시간이 가까운 23:30경 피고인은 설계도 작성 야간작업을 하고 있었다. 그런데 느닷없이 위 공소외 1, 공소외 2 등 일행 3명이 동 사무실 유리문 1개 시가 6,000원 상당을 발로 차서 손괴하고 그냥 가려고 하였다. 피고인은 생면부지인 동인들에게 이의 피해변상을 받고자 위 공소외 1 가죽잠바를 잡아 사무실에 들어오게 하였다. 동인들이 시비를 걸면서 흘리던 피를 작업 중인 설계도 위에 뿌려서 못쓰게 만들었다.

재판진행 검사는 피고인을 폭력행위 등 처벌에 관한 법률위반죄로 기소하였다. 제1심 법원과 제2심 법원은 피고인에게 유죄를 선고하였다. 피고인이 상고하였다.

판결요지 대법원은 원판결을 파기하고, 사건을 서울형사지방법원 합의부에 환송하였다.[45)]
이러한 경우 피고인이 설령 위 공소외 1의 멱살을 잡고 흔들었다 한들 위 행위의 태양으로 말하면 그 목적, 수단, 행위자의 의사 등 제반사정에 비추어 보건대 사회통념상 용인될 상당성이 있다고 못볼 바 아니고 이는 이른바 위법성이 결여되는 사회상규에 위배되지 않는 행위라고 할 것이다.

판결평석 대법원 판결 결론은 타당하다. 그러나 논증순서와 논증방법에서 정밀함이 아쉽다.
이 사건은 사회상규 다섯 가지 요건 중 정당성·상당성·균형성·긴급성·보충성을 모두 충족한다. 형법 제20조 정당행위에 해당한다.
대법원은 "행위의 태양으로 말하면 그 목적, 수단, 행위자의 의사 등 제반사정에 비추어 보건대 사회통념상 용인될 상당성이 있다고 못볼 바 아니다"고 표현하고 있다. 사회상규 의미와 판단방법에 대해서는 명확한 논증이 없다.

---

45) 대법원 1975.5.27. 선고 75도990 판결 【폭력행위등처벌에관한법률위반】

대법원 판결을 다음 순서로 더 명확하게 논증할 수 있다. ① 행위목적과 행위동기 정당성(피해변상 +), ② 행위수단과 행위방법 상당성(가죽잠바 잡음 +), ③ 보호이익과 침해이익 법익균형성(재산권 보호와 신체건전성 +), ④ 긴급성(현장성, 이 시점에서 하지 않으면 안 될 정도 특수상황 +), ⑤ 다른 수단과 다른 방법이 없는 보충성(선택여지 없음, 종국적 행위 +)이다.

통금시간이 가까운 23:30경 설계도 작성 야간작업을 하고 있는 설계사무실에 느닷없이 생면부지 일행 3명이 사무실 유리문 1개 싯가 6000원 상당을 발로차서 손괴하고 그냥 가려고 하므로, 동인들에게 피해변상을 받고자 그중 1인 가죽잠바를 잡아 사무실에 들어오게 하여 멱살을 잡고 흔든 사안이다. 피해변상 받으려고 멱살 잡은 행위는 정당성·상당성·균형성·긴급성·보충성을 모두 충족한다. 형법 제20조 사회상규에 위배되지 않는다. 위법성이 조각되어 무죄다. 법질서 전체 정신·사회윤리·사회통념 관점에서 보면, 옳은 행위이며, 이익이 되는 행위이다.

그러나 이 사례는 먼저 형법 제23조 제1항 자구행위로 해결될 수 있을 것이다. 사안에서 위법성조각사유가 경합할 경우 자구행위가 정당행위보다 먼저 검토되어야 한다.

④ 소 고삐 사건

사실관계 피고인은 1975. 8. 30. 17:00경 ○○군 ○○면 ○○동 소재 감천냇가 피고인 소유 뽕나무밭에서 피해자인 윤○원 소유 암소가 뽕잎을 뜯어 먹었다는 이유로 동 암소 고삐를 낫으로 끊고 그 옆에 있는 동인 소유 싯가 30,000원 상당 송아지 꼬리를 낫으로 끊어 그 효용을 해하였다.

재판진행 검사는 피고인을 형법 제366조 손괴죄로 기소하였다. 제1심 법원과 제2심 법원은 피고인에게 유죄를 선고하였다. 피고인이 상고하였다.

판결요지 대법원은 원심판결을 파기하고 사건을 대구지방법원 합의부에 환송하였다.46)

가. 원심이 끌어 쓴 증거를 검토하여도 피고인이 송아지의 꼬리를 베었다는 사실을 입증하기에 충분하다고 인정될 수 없다. 필경 원판결은 증거 없이 사실을 인정한 위법이 있다고 하겠다.

나. <u>뽕밭을 유린하는 소 고삐가 나무에 얽혀 풀 수 없는 상황하에서 고삐를 낫으로 끊고 소를 밭에서 끌어냄은 사회상규상 용인된다고 하겠다.</u> 특단의 사정이 없는 한 처벌할 수 없다 하겠다.

다. 따라서 논지는 이유 있고 원판결은 파기를 못 면하겠기에 일치된 의견으로 주문과 같이 판결한다.

판결평석 대법원 판결 결론은 타당하다고 생각한다. 그러나 논증방법에서 정밀함이 아쉽다.

이 사건은 사회상규 다섯 가지 요건 중 정당성·상당성·균형성·긴급성·보충성을 모두 충족한다. 형법 제20조 정당행위에 해당한다.

대법원은 "사회상규상 용인된다고 하겠으니 특단의 사정이 없는 한 처벌할 수 없다"고 표현하고 있다. 그러나 사회상규 의미와 판단방법에 대해 전혀 언급이 없다. 또한 특단사정에 대해서도 전혀 논증이 없다. 대법원 판결을 다음 순서로 더 명확하게 논증할 수 있다. ① 행위목적과 행위동기 정당성(뽕밭·뽕잎 보호 +), ② 행위수단과 행위방법 상당성(소의 고삐를 낫으로 끊음 +), ③ 보호이익과 침해이익 법익균형성(재산권 보호와 재산권 보호 법익균형 +), ④ 긴급성(현장성, 이 시점에서 하지 않으면 안 될 정도 특수상황 +), ⑤ 다른 수단과 다른 방법이 없는 보충성(선택여지 없음, 종국적인 저지행위 +)이다.

뽕밭을 유린하는 소 고삐가 나무에 얽혀 풀 수 없는 상황에서 고삐를 낫으로 끊고 소를 밭에서 끌어낸 행위는 정당성·상당성·균형성·긴급성·보충성을 모두 충족한다. 형법 제20조 사회상규에 위배되지 않는다. 위법성이 조각되어 무죄다. 법질서 전체 정신·사회윤

---

46) 대법원 1976.12.28. 선고 76도2359 판결 【재물손괴】

리·사회통념 관점에서 보면, 옳은 행위이며, 이익이 되는 행위이다. 이 판례는 형법 제22조 제1항 정당화적 긴급피난으로 해결될 수 있을 것이다. 사안에서 위법성조각사유가 경합할 경우 긴급피난이 정당행위보다 먼저 검토되어야 한다.

⑤ "고소하여 당장 구속시키겠다" 사건

사실관계 피해자는 공소외 윤○식을 대리하여 동인 소유 삼광여관을 피고인에게 대금 5,500만원에 매도하고 피고인에게 계약금과 잔대금 중 일부를 수령한 후 이 중 2,000만원을 자신의 위 윤○식에 대한 채권변제에 충당하여 자기 예금계좌에 입금하였다. 그런데 그 후 윤○식이 많은 부채로 도피해 버리고 동인 채권자들이 채무변제를 요구하면서 위 여관을 점거하여 피고인에게 여관을 명도하기가 어렵게 되었다. 그러자 피고인은 피해자에게 "삼광여관을 당장 명도해 주던가 명도소송비용을 내놓으라. 그렇지 않으면 내가 당신에게 속은 것이니 고소하여 당장 구속시키겠다"고 말하였다.

이에 피해자는 피고인에게 수령한 잔대금 중 2,000만원을 자신의 채권액에 충당한 행위가 다른 채권자들과의 사이에서 문제될 것을 우려한 나머지 그중 1,800만원을 피고인에게 보관시키되 동인이 4일내에 위 여관을 명도하지 못할 때에는 이로써 명도소송비용과 손해금 등에 충당키로 약정하여 위 금액을 교부하였다. 이 과정에서 피고인이 매도인 대리인인 위 피해자에게 위 여관 명도 또는 명도소송비용을 요구하면서 다소 위협적인 말을 하였다.

재판진행 검사는 피고인을 형법 제350조 공갈죄로 기소하였다. 제1심 법원과 제2심 법원은 피고인에게 무죄를 선고하였다. 검사가 상고하였다.

판결요지 대법원은 검사 상고를 기각하였다.[47)]

---

47) 대법원 1984.6.26. 선고 84도648 판결 【공갈·횡령】; 임웅, 형법각론, 제3정판 보정, 법문사, 2011, 141면.

가. 피해자가 공소외 (갑)을 대리하여 동인 소유의 여관을 피고인에게 매도하고 피고인으로부터 계약금과 잔대금 일부를 수령하였다.

나. 그 후 위 (갑)이 많은 부채로 도피해 버리고 동인의 채권자들이 채무변제를 요구하면서 위 여관을 점거하여 피고인에게 여관을 명도하기가 어렵게 되었다.

다. 피고인은 피해자에게 여관을 명도해 주던가 명도소송비용을 내놓지 않으면 고소하여 구속시키겠다고 말하였다.

라. 이 경우 <u>피고인이 매도인의 대리인인 위 피해자에게 위 여관의 명도 또는 명도소송비용을 요구한 것은 매수인으로서 정당한 권리행사라 할 것이다.</u>

마. 위와 같이 <u>다소 위협적인 말을 하였다고 하여도 이는 사회통념상 용인될 정도의 것으로서 협박으로 볼 수 없다.</u>

바. 원심조치는 정당하다고 하겠으며, 소론과 같이 공갈죄에 있어서의 협박의 법리를 오해한 잘못이 있다고 할 수 없으므로 논지는 이유 없다고 판시하였다.

판결평석　대법원 판례 결론은 타당하다. 그러나 논증방법에서 정밀함이 아쉽다.

이 사건은 사회상규 다섯 가지 요건 중 정당성·상당성·균형성·긴급성·보충성을 모두 충족한다. 형법 제20조 정당행위에 해당한다. 대법원 판결을 다음 순서로 더 명확하게 논증할 수 있다. ① 행위목적과 행위동기 정당성(채권추심목적 +), ② 행위수단과 행위방법 상당성(정당한 법률행사 고지 +), ③ 보호이익과 침해이익 법익균형성(재산권 보호와 의사결정 자유 +), ④ 긴급성(현장성, 이 시점에서 하지 않으면 안 될 정도 특수상황 +), ⑤ 다른 수단과 다른 방법이 없는 보충성(선택여지 없음, 다른 수단이나 방법이 없음, 종국적 저지행위)이다.

채권추심목적 법률행사 고지는 정당성·상당성·균형성·긴급성·보충성을 모두 충족한다. 형법 제20조 사회상규에 위배되지 않는다. 위법성이 조각되어 무죄다. 법질서 전체 정신·사회윤리·사회통념 관점에서 보면, 옳은 행위이며, 이익이 되는 행위이다.

⑥ 경화카제인 관행적 세율 사건 【논쟁판례】

사실관계 피고인이 수입한 이 사건 경화카제인(Hardend Casein)은 그 길이가 횡단면 최대치수를 초과하지 아니하는 단추 반제품이다. 관세율표상 세번 3907번에 해당된다. 또한 서울세관은 수년간 수입되는 경화카제인에 대하여 원료와 반제품 구별 없이 세번 3904번을 적용해 왔다. 피고인은 두 차례에 걸쳐 경화카제인 단추반제품(길이가 횡단면 최대치수를 초과하지 않을 것)을 수입하면서 부산항에 양륙된 것을 보세운송 방법으로 서울세관으로 운반하여 수입신고서를 작성하였다. 여기서 피고인은 동 신고서용지 세번난에 3904, 세율난에 40이라고 허위로 기입하여 이를 서울세관 담당공무원에게 제출하였다. 피고인은 이에 해당하는 관세만을 납부통관하여 사위 방법으로 그 차액에 상당하는 관세를 포탈하였다.

재판진행 검사는 피고인을 관세법 제7조, 제180조, 특정범죄가중처벌등에관한법률 제6조 (「관세법」 위반행위 가중처벌) 위반죄로 기소하였다. 제1심 법원과 제2심 법원은 피고인에게 유죄를 선고하였다. 피고인이 상고하였다.

판결요지 대법원은 원판결을 파기하고, 사건을 서울고등법원에 환송하였다.[48]

가. 사회상규에 반하지 아니하는 행위는 이를 처벌하지 아니하는 것이다. 소위 사회상규에 반하지 아니한 행위라 함은 국가질서의 존중이라는 인식을 바탕으로 한 국민 일반의 건전한 도의적 감정에 반하지 아니한 행위로써 초법규적인 기준에 의하여 이를 평가할 것이다.

나. 돌이켜 이 사건 원심판시 피고인의 소위를 살펴보면 피고인은 서울세관에서 수년간 관행적으로 취급하여 온 바에 따라 이 사건 수입신고를 함에 있어 세번을 3904, 세율을 40으로 신고하였음이 원심이 적법하

---

48) 대법원 1983.11.22. 선고 83도2224 판결 【특정범죄가중처벌등에관한법률위반】 대법관 이일규(재판장) 이성렬 전상석 이회창.

게 확정한 바 있다. 그렇다면 <u>피고인의 행위는 비록 그 행위의 외관에 있어 설사 어떤 위법이 있다고 할지라도 국민일반의 도의적 감정에 있어 결코 비난할 수 없는 사회상규에 반하지 않는 행위에 해당한다</u>고 할 것이다.

다. 이와 같은 이치는 부산세관에서는 이와 같은 경우 세번을 3907, 세율을 60퍼센트로 취급하고 있고 피고인이 이와 같은 사실을 알고 있었다 하여 다를 바가 없다고 할 것이다.

라. 결국 이 사건 경화카제인을 낮은 세율로 신고하여 통관하였다는 사실만으로 피고인을 관세포탈죄로 다스린 원심조치에는 소론 채증법칙 위반으로 인한 사실오인 또는 법리오해의 위법이 있다고 하지 않을 수 없으므로 상고논지는 그 이유 있다.

판결평석   대법원 판결은 결론·논증순서·논증방법에서 설득력이 없다.

이 사건은 사회상규 다섯 가지 요건 중 정당성·상당성·균형성·긴급성·보충성을 모두 충족하지 않는다. 형법 제20조 정당행위에 해당하지 않는다. 유죄이다.

대법원은 "이 사건 경화카제인은 관세율표상 세번 3907번 세율 60퍼센트에 해당되어 부산세관에서 그렇게 취급하고 있다. 피고인이 그와 같은 사실을 알고 있었다고 하더라도, 서울세관에서 수입신고를 하면서 동 세관에서 <u>수년간 관행적으로 취급하여 온 바에 따랐다.</u> 이 사건 경화카제인을 세번을 3904, 세율을 40으로 신고하였다면, <u>피고인의 행위는 비록 그 행위 외관에 있어 설사 어떤 위법이 있다고 할지라도 국민일반의 도의적 감정에 있어 결코 비난할 수 없는 사회상규에 반하지 않은 행위에 해당한다</u>"고 판시하고 있다.

그러나 이 판결은 오판이라고 생각한다.

대법원 판결을 다음 순서로 더 명확하게 논증할 수 있다. ① 행위목적과 행위동기 정당성(관세 면탈 −), ② 행위수단과 행위방법 상당성(관행에 따른 허위신고 −), ③ 보호이익과 침해이익 법익균형성(국가 세금과 재산권 −), ④ 긴급성(이 시점에서 허위신고 하지 않으면 안 될 정도 특수상황 없음 −), ⑤ 다른 수단과 다른 방법이 없는 보충성(선택여지 있음, 법률자문 등 −)이다.

따라서 피고인이 서울세관에서 수년간 취급해온 관행에 따라 낮은 세율로 수입신고한 행위는 형법 제20조 사회상규에 부합하지 않는다. 왜냐하면 사회상규 다섯 가지 요건을 모두 충족하지 않기 때문이다. 그럼에도 대법원은 이 잘못된 관행에 따른 허위신고행위를 반사회성이 없다고 보아 위법성이 조각되어 무죄 취지로 파기환송하였다.

이 사안은 1983년 당시 국민일반 건전한 도덕감·법질서 전체 정신·배후에 있는 사회윤리·사회통념에 비추어 용인되는 것으로 보이는데, 이 판례는 사회상규 개념을 다섯 가지 요건에 따라 정밀하게 검토하지 않고, 오히려 모호한 '역사적으로 생성된 사회질서'로 해석하고 있다.

나는 사회상규 판단에서 대표적인 오판사례라고 생각한다. 오히려 제2심 법원 판결에서 언급된 논증이 타당하다고 생각한다. 제2심을 보면, "이는(이러한 잘못된 관행은) 서울세관 관계직원이 세번 분류를 착오로 잘못한 것일 뿐 세번 3907번에 해당함을 알고도 세번 3904번을 적용하기로 하여 시행해온 것은 아니라고 본다".[49] 이해하기 어려운 판결이다. 착오와 관행을 구분하지 못했을 리(理)가 없다.

⑦ 형제복지원 야간 감금 사건 【시사판례】

사실관계 경남 울주군 청량면 삼정리 소재 울주작업장(사단법인 형제복지원에 수용의뢰된 부랑인들이 자동차운전 교습소를 만들기 위하여 작업을 하던 곳으로 그곳에는 작업에 종사하는 부랑인들을 수용하기 위한 기숙사시설이 갖추어져 있다)은 위 형제복지원이 부랑인 선도보호를 위하여 설치운영하는 사회복지시설의 일부이다.

형제복지원 시설장 및 총무직에 있는 피고인들이 생활보호법 등 관계법령과 부산직할시 재생원조례, 내무부훈령 제410호 등 관계규정에

---

49) 서울고등법원 1983.6.29 선고 80노56 판결.

근거하여 부산직할시장으로부터 위 형제복지원에 적법히 수용의뢰된 부랑인들을 적법한 복지시설의 일부인 위 울주작업장에 수용하여 작업을 시키고 있었다.

이들이 작업장 밖으로 도망하지 못하도록 경비경계를 철저히 행한 조처는 법령에 근거한 정당한 직무수행행위로서 위법성이 조각되어 감금죄가 성립되지 아니한다.

다만 위 울주작업장 기숙사창문과 출입문에는 철창시설이 되어 있으니, 피고인들이 부랑인들을 야간에 이처럼 철창시설이 되어 있는 숙소에 가두어 취침하도록 하고 취침시간인 밤 10시부터 이튿날 아침 6시까지 출입문을 밖에서 시정하였다.

재판진행 검사는 피고인들을 형법 제278조 특수감금죄로 기소하였다. 제1심 법원과 제2심은 피고인들에게 유죄를 선고하였다. 피고인들은 형법 제20조 사회상규를 이유로 상고하였다.

판결요지 대법원은 원심판결을 파기하고 사건을 대구고등법원으로 환송하였다.[50]

가. 위의 사실관계와 형제복지원의 시설장 및 총무직에 있는 피고인들이 수용중인 피해자들의 야간도주를 방지하기 위하여 그 취침시간 중(주간 중의 작업을 시키며 수용한 행위에 관하여는 이미 무죄로 확정되었다) 위와 같은 방법으로 조처한 것은 그 <u>행위에 이른 과정과 목적, 수단 및 행위자의 의사 등 제반사정에 비추어 사회적 상당성이 인정되는 행위라고 못 볼바 아니어서 형법 제20조에 의하여 그 위법성이 조각된다고 할 것이다.</u>

나. 따라서 이와 다른 견해로서 피고인들을 특수감금죄로 처단한 원심의 조치는 감금죄를 의율함에 있어서 <u>형법 제20조의 정당행위에 관한 법리를 오해하여 판결결과에 영향을 미친 위법을 저질렀다 할 것</u>이니 이 점을 지적하는 논지는 이유 있다.

---

50) 대법원 1988.11.8. 선고 88도1580 판결【건축법위반, 외국환관리법위반, 초지법위반, 특정경제범죄가중처벌등에관한법률위반, 폭력행위등처벌에관한법률위반(인정된 죄명: 특수감금)】

판결평석　이 판례는 논란이 될 수 있다. 나는 오판이라고 생각한다. 두 가지 입장을 구분하여 평석하고, 사견을 밝히고자 한다.

1. 판례를 긍정하는 입장

대법원 판결은 결론·논증순서·논증방식에서 타당하다.

이 판결은 수용시설에 수용중인 부랑인들에 대한 감금행위가 형법 제20조의 정당행위에 해당되어 위법성이 조각된다고 한 사례(세칭 형제복지원사건)이다.

이 사건은 사회상규 다섯 가지 요건 중 정당성·상당성·균형성·긴급성·보충성을 모두 충족한다. 형법 제20조 정당행위에 해당한다.

대법원 판결을 다음 순서로 더 명확하게 논증할 수 있다. ① 행위목적과 행위동기 정당성(수용중인 피해자들 야간도주를 방지하기 위함), ② 행위수단과 행위방법 상당성(철창시설이 되어 있는 숙소에 가두어 취침하도록 하고 취침시간인 밤 10시부터 이튿날 아침 6시까지 출입문을 밖에서 시정), ③ 보호이익과 침해이익 법익균형성(법령에 의한 정당한 직무집행과 신체활동자유), ④ 긴급성(현장긴급성, 야간에 감금하지 않으면 안 될 정도 특수상황), ⑤ 다른 수단과 다른 방법이 없는 보충성(최후수단성, 다른 수단과 다른 방법이 없는 종국적인 직무집행)이다.

감금이 수반되는 특수시설 직무행위는 정당성·상당성·균형성·긴급성·보충성을 모두 충족한다. 형법 제20조 사회상규에 위배되지 않는다. 위법성이 조각되어 무죄다. 법질서 전체 정신·사회윤리·사회통념 관점에서 보면, 옳은 행위이며, 이익이 되는 행위이다.

2. 판례를 부정하는 입장

대법원 판결은 결론·논증순서·논증방식에서 설득력이 없다.

수용시설에 수용중인 부랑인들에 대한 특수감금행위는 형법 제20조의 정당행위에 해당되지 않는다(세칭 형제복지원사건).

이 사건은 사회상규 다섯 가지 요건 중 정당성·상당성·균형성·긴급성·보충성을 모두 충족하지 않는다. 형법 제20조 정당행위에 해당하지 않는다. 유죄이다.

대법원 판결을 다음 순서로 더 명확하게 논증할 수 있다. ① 행위목적과 행위동기 정당성(수용중인 피해자들 야간도주를 방지하기 위함 − 인권침해), ② 행위수단과 행위방법 상당성(철장시설이 되어 있는 숙소에 가두어 취침하도록 하고 취침시간인 밤 10시부터 이튿날 아침 6시까지 출입문을 밖에서 시정 − 죄수취급), ③ 보호이익과 침해이익 법익균형성(법령에 의한 정당한 직무집행과 신체활동자유 − 인권침해), ④ 긴급성(현장긴급성, 야간에 감금하지 않으면 안 될 정도 특수상황 −), ⑤ 다른 수단과 다른 방법이 없는 보충성(선택여지 있음, 다른 수단과 다른 방법이 없는 종국적인 직무집행 −, 행정편의발상)이다.

피고인들이 부랑인들을 야간에 철장시설이 되어 있는 숙소에 가두어 취침하도록 하고, 취침시간인 밤 10시부터 이튿날 아침 6시까지 출입문을 밖에서 시정한 특수감금행위는 정당성·상당성·균형성·긴급성·보충성을 모두 충족되지 않는다. 형법 제20조 사회상규에 위배된다. 형제복지원의 시설장 및 총무직원의 감금이 수반되는 특수시설 직무행위는 위법성이 조각되지 않아 유죄다. 법질서 전체 정신·사회윤리·사회통념 관점에서 보면, 잘못된 행위이며, 피해자 인권을 과도하게 침해한 행위이다.

3. 사견

최근 형제복지원 인권침해 실태가 공론화되고 있다. 대상판례는 형제복지원 인권침해에 대해 스스로 정의의 눈을 감은 비극적인 대법원 판결이다. 대법원은 제1심과 제2심의 논지를 파기하였다. 1988년 서울올림픽을 앞두고 이루어진 집단적 인권유린행위를 대법원이 판결을 통해 방조했다고 본다. 대법원은 "행위에 이른 과정과 목적, 수단 및 행위자의 의사 등 제반사정에 비추어 사회적 상당성이 인정되는 행위라고 못 볼바 아니어서 형법 제20조에 의하여 그 위법성이 조각된다고 할 것이다"고 판시하고 있다. 이 판결은 다시 조명되어야 한다.

⑧ 집달관 주거침입 상해 사건

사실관계 피고인 1은 ○○지방법원 소속 집달관이고 피고인 2는 집달관 사무원이다. ○○지방법원 90가소59×××호 구상금 청구사건 집행력 있는 판결정본에 기하여 채권자인 주식회사 금성사를 위하여 채무자인 공소외 윤○중 유체동산을 압류하고자 1990. 12. 18. 14:30 경 위 윤○중의 주소인 ○○시 ○구 ○○ 2동 186 ○○아파트 510호를 방문하였다. 위 윤○중의 아들인 윤○선(당시 16세 8개월, 고등학교 1학년 학생)이 현관문을 열자 현관에 들어가 위 윤○선에게 윤○중 주거임을 확인하고, 위 채무명의에 기한 강제집행을 하려고 하였다. 위 윤○선이 피고인들이 휴대한 집행력 있는 판결정본과 신분증을 확인하고서도 집에 어른이 없다고 하면서 피고인들이 집안으로 들어가지 못하게 문밖으로 밀어내고 문을 닫으려 하였다. 피고인들은 동인이 문을 닫지 못하게 하려고 문을 잡은 채 서로 밀고 당기면서 몸싸움을 하던 도중 위 윤○선을 밀어 출입문에 우측 이마 등을 부딪치게 하여 그에게 약 2주간의 가료를 요하는 두부타박상을 가한 사실이 인정된다.

집달관은 법률에 근거하여 재판집행, 서류송달 기타 법령에 의한 사무에 종사하는 독립적, 단독제 사법기관(법원조직법 제55조 제2항, 집달관법 제2조)으로서 채권자로부터 집행위임을 받아 집행을 하고 집행위임이 있으면 정당한 사유가 없이 위임을 거절할 수 없다(집달관법 제11조). 직무를 수행할 때에는 지방법원장이 교부한 신분증 및 집행력 있는 정본을 휴대하고 관계인의 청구가 있는 때에는 그 자격을 증명하기 위하여 이를 제시하여야 한다(민사소송법 제495조 제2항, 집달관법 제15조 제1항). 집행을 함에 있어서 채무자가 채무명의에 표시된 자에 해당하는가와 집행목적물이 그의 소유 재산이며 그가 점유하고 있는가 등을 조사하고 필요한 경우에는 채무자의 주거 등을 수색하고, 잠근 문과 기구를 여는 등 적법한 조치를 할 수 있다(민사소송법 제496조 제1항). 채무자의 주거에 들어가기 위하여 그것이 채무자의 주거인지를 판단할 권한이 있고 그 주거에 들어가 채무자의 소유 물건이 있는가의 여부를 조사할 수 있으며, 집행을 함에 있어 집행을 방해하는 저항을 받을 때에는 경찰이나 국군의 원조를 받을 수 있다(민사소송법 제496조 제2항). 집달관 스스로가 어느 정도의 위력을 사용하여 그 저항을 간단히 배제할 수 있는 경우라면 굳이 경찰 등의 원조를 받을 필요는 없이 스스로 이를 배제할 수 있다 할 것이다.

위에서 본 바와 같이 피고인들이 채권자로부터 집행력 있는 판결정본에 기한 동산압류집행의 위임을 받아 신분증과 채무명의를 휴대한 채 채무자의 주거에 들어가려고 하였다. 그러나 채무자의 아들인 윤○선이 집행력 있는 판결정본과 신분증을 확인하고도 주거에 들어오지 못하게 하고 피고인들을 문밖으로까지 밀쳐 내고 문을 닫으려고 하면서 적법한 집행을 방해하는 등 저항하였다. 그러므로 이를 배제하고 채무자의 주거에 들어가기 위하여 동인을 떠밀었다.

재판진행 검사는 피고인을 폭력행위 등 처벌에 관한 법률 위반죄(폭행치상)로 기소하였다. 제1심 법원과 제2심은 피고인에게 형법 제20조를 적용하여 무죄를 선고하였다. 검사가 상고하였다.

판결요지 대법원은 검사 상고를 기각하였다.[51]
집달관으로서의 정당한 직무범위 내에 속하는 위력의 행사라고 할 것이다. 이로 인하여 동인에게 원심판시의 상해를 가하였다 하더라도 그 행위의 동기 목적의 정당성, 수단 방법의 상당성, 보호법익과 침해법익과의 법익균형성, 긴급성 및 행위의 보충성 등에 비추어 통상의 사회통념상 허용될 수 있는 상당성이 있는 행위로서 형법 제20조에 의하여 위법성이 조각된다.

판결평석 대법원 판결은 결론·논증순서·논증방식에서 타당하다.
이 판결은 집달관이 압류집행을 위하여 채무자 주거에 들어가는 과정에서 상해를 가한 사안으로 형법 제20조를 적용하여 위법성이 조각된다고 본 판례이다.

---

51) 대법원 1993.10.12. 선고 93도875 판결 【폭력행위등처벌에관한법률위반】

이 사건은 사회상규 다섯 가지 요건 중 정당성·상당성·균형성·긴급성·보충성을 모두 충족한다. 형법 제20조 정당행위에 해당한다. 대법원 판결을 다음 순서로 더 명확하게 논증할 수 있다. ① 행위목적과 행위동기 정당성(적법한 강제집행 +), ② 행위수단과 행위방법 상당성(집달관으로서 정당한 직무범위 내에 속하는 위력 행사 +), ③ 보호이익과 침해이익 법익균형성(적법한 공무집행과 신체완전성·생리기능침해 +), ④ 긴급성(현장성·최후 시점, 이 시점에서 하지 않으면 안 될 정도 특수상황 +), ⑤ 다른 수단과 다른 방법이 없는 보충성(선택 여지 없음, 종국적 강제집행)이다.

강제집행과정에서 최소한 유형력이 수반되는 직무행위는 정당성·상당성·균형성·긴급성·보충성을 모두 충족한다. 형법 제20조 사회상규에 위배되지 않는다. 위법성이 조각되어 무죄다. 법질서 전체 정신·사회윤리·사회통념 관점에서 보면, 옳은 행위이며, 이익이 되는 행위이다.

대법원이 이 사안을 형법 제20조 정당행위 중 '법령행위'에서 해석하지 않고, 사회상규로 정밀하게 해석한 것은 타당하다고 생각한다. 상해가 발생한 사건이기 때문이다.

⑨ 일조권 손해배상 진정 사건

사실관계 피고인은 피해자가 피고인 지하 1층, 지상 2층 가옥에 인접한 서울 ○○구 ○○동 지상에 지하 1층, 지상 3층 건물 1동을 신축함에 있어 허가내용과 달리 발코니 10평을 증축하고 준공검사전에 지하와 1, 2층 부분을 임대하여 음식점을 경영하도록 한 사실을 알았다. 1988. 12. 일자 불상경 위 건물내 공소외 김○석이 경영하는 ○○ 숯불갈비집에서 위 김○석에게 "준공검사 전에 2층까지 술집으로 세주어 피고인 가옥에 피해를 주고 있는데 관계당국에 진정하여 준공검사가 나오지 않게 하여 영업을 못하게 하든지 위 건물이 철거되게 하든지 하겠다"고 수회에 걸쳐 말하였다. 같은 달 8. 위 ○○구청에 위 건물 증축부분으로 인접가옥 일조권이 침해받고 있고 준공검

사 전 술집경영 등으로 피해가 많으니 시정조치해 달라는 내용의 진
정을 제기하였다.

그 중재에 나선 공소외 이○노에게 "돈 1,000만원을 주면 진정을 취
하해 줄 수 있으나 그렇지 않으면 피고인이 죽든 피해자가 죽든 끝
까지 싸우겠다"고 말하는 등 피해자에게 상당한 재산상 피해를 줄 듯
한 위협을 간접적으로 흘러들어가게 하였다. 당시 준공검사가 지연되
는 바람에 사전입주로 2회에 걸쳐 벌금을 물고 준공검사를 마치지
못할 경우 증축부분을 철거하거나 임차인들 임대보증금, 시설투자비
등을 일시에 반환하여야 할 처지에 놓였다.

위 진정으로 겁을 먹고 있던 피해자로부터 같은 달 21. 21:00경 서
울 ○○구 ○○동 소재 ○○경양식집에서 진정취하를 조건으로 한
배상금명목으로 액면금 1,000만원짜리 자기앞수표 1장을 교부받아
이를 갈취한 것이다. 피고인이 피해자 건물신축 또는 임대로 피고인
소유 건물에 대한 손해 유·무나 그 액수가 명확히 밝혀지거나 그에
관하여 피해자와 사이에 합의된 바도 없는 상태에서, 피고인 행위로
외포된 피해자에게 일방적으로 자신 손해액을 금1,000만원으로 정하
여 이를 요구, 교부받았다.

재판진행 검사는 피고인을 폭력행위 등 처벌에 관한 법률 위반죄(형
법 제350조 공갈죄)로 기소하였다. 제1심 법원과 제2심은 피고인에게
유죄를 선고하였다. 피고인이 상고하였다.

판결요지 대법원은 원심판결을 파기하고 이 사건을 서울형사지방법원 합
의부에 환송하였다.[52]

가. 공갈죄의 수단으로의 협박은 사람으로 하여금 의사결정의 자유를 제한
   하거나 의사실행의 자유를 방해할 정도로 겁을 먹게 할 만한 해악을
   고지하는 것을 말한다. 여기서 고지된 해악의 실현은 반드시 그 자체가
   위법한 것임을 요하지 않는다. 또한 그 해악고지의 수단방법은 명시적
   이거나 직접적이 아니더라도 묵시적으로 피공갈자 이외의 제3자를 통

---

52) 대법원 1990.8.14. 선고 90도114 판결【폭력행위등처벌에관한법률위반】

해서 간접적으로 할 수도 있는 것이다. 그것이 정당한 권리자에 의하여 권리실행의 수단으로서 사용된 경우 행위의 주관적인 측면과 객관적인 측면을 종합적으로 판단하여 그 방법이 사회통념상 허용되는 정도를 넘지 않는 한 공갈죄의 성립을 인정할 수는 없는 것이다.

나. 피고인이 원심판시와 같이 간접적으로 위 진정제기 전에 위 신축건물에 세들어 영업을 하고 있는 사람들에게 또는 진정제기 후에는 중재에 나선 다른 사람에게, 각 자신의 애로점을 호소하거나 자기의 주장을 관철하기 위한 방편으로 다소 과격한 언사를 쓰고, 나아가 진정취하를 조건으로 원심판시와 같이 피고인이 입은 손해의 유무나 그 액수가 객관적으로 명확히 밝혀지지 않은 상태에서 위 진정으로 겁을 먹은 피해자로부터 그 요구금액 전액을 받아냈다 하더라도, <u>피고인은 자기의 권리행사로서, 피해자는 자신의 피고인 및 입주자들에 대한 손해배상의무를 면하기 위한 조치로서 절충 끝에 합의가 되어 자주적인 분쟁해결의 방법으로 위 금원이 수수된 것으로 보아야 하는 것이다. 이러한 피고인의 금원요구행위나 수령행위를 가리켜 권리행사를 빙자하였다거나 사회통념상 권리행사의 수단, 방법으로서 용인되는 범위를 넘는 공갈행위가 있었다고 단정할 수는 없는 것이다.</u>

판결평석 대법원 판결은 결론·논증순서·논증방법에서 타당하다. 그러나 정밀한 논증이 아쉽다.

이 사건은 사회상규 다섯 가지 요건 중 정당성·상당성·균형성·긴급성·보충성을 모두 충족한다. 형법 제20조 정당행위에 해당한다.

대법원 판결을 다음 순서로 더 명확하게 논증할 수 있다. ① 행위목적과 행위동기 정당성(일조권 손해배상에 관한 합의금 요구 +), ② 행위수단과 행위방법 상당성(진정제기와 자기 주장을 관철하기 위한 방편으로 다소 과격한 언사사용 +), ③ 보호이익과 침해이익 법익균형성(재산상 이익과 개인 의사결정자유와 재산상 이익 +), ④ 긴급성(현장성, 이 시점에서 하지 않으면 안 될 정도 특수상황 +), ⑤ 다른 수단과 다른 방법이 없는 보충성(선택여지 없음 +)이다.

피고인이 자신 소유건물에 인접한 대지 위에 건축허가조건에 위반되게 건물을 신축, 사용하는 피해자에게 상당한 재산상 피해를 줄 듯한 위협을 가하면서, 일조권 침해로 발생된 손해배상에 대해 합의금을 받은 행위는 정당성·상당성·균형성·긴급성·보충성을 모두 충족한다. 형법 제20조 사회상규에 위배되지 않는다. 위법성이 조각되어 무죄다. 법질서 전체 정신·사회윤리·사회통념 관점에서 보면, 옳은 행위이며, 이익이 되는 행위이다.

⑩ 채무독촉 과정에서 행한 다소 위협적 언사 사건

사실관계 고등학교 교사인 피고인 1 처는 "아파트를 분양받도록 하여 주겠다"는 피해자에게 분양대금조로 수회에 걸쳐 합계 금 29,800,000원을 교부하였다. 그러나 피해자가 약속한 시기가 지나도록 분양될 아파트 동호수도 알려 주지 아니하고 오히려 분양가가 인상되었다면서 추가로 분양대금의 지급을 요구하는 등 의심스러운 행동을 취하였다. 피고인 1은 분양을 받지 않겠다면서 기지급된 돈의 반환을 요구하여 피해자로부터 금29,800,000원짜리 차용증서를 교부받고 그중 일부는 지급받았으나 나머지 돈을 돌려받지 못하여 고심을 하였다.

그러던 중 일반인이 국가안전기획부 직원 말이라면 잘 들어 줄 것이라는 생각했다. 자신이 담임을 맡고 있던 학생 학부형으로 국가안전기획부에 근무하던 피고인 2에게 그동안의 사정을 이야기하고 도움을 요청하였다. 위와 같은 요청을 받은 피고인 2는 피해자를 만나서 "피고인 1의 이야기를 들으니 당신이 부동산을 불법으로 소개한 것 같다. 위 피고인이 고소하면 부동산투기로 구속이 되어 1년 이상의 실형이 선고되니 피고인 1의 건을 잘 해결해 주라"고 말하였다.

그때부터 중재에 나서서 위 돈의 즉시 지급을 요구하는 피고인 1측과 당장은 형편이 어렵다고 호소하는 피해자 사정을 감안하여 피고인 1측이 금3,000,000원을 감액하여 주는 대신 피해자는 그 감액된 금액에 대하여 약속어음 공정증서를 작성하여 주는 방법을 제시하였다. 이에 대하여 쌍방이 동의함으로써 이 사건 약속어음 공정증서가 작성되었다. 그 직후 피해자는 피고인 2에게 그동안의 중재에 사의를 표시하고 자기 부담으로 식사를 대접하였다. 또한 피고인 2에게 부탁하여 일부 변제하지 못한 약속어음금 변제기를 3개월 간 연기받기도 하였다. 그렇다면 이 사건 약속어음 공정증서의 작성, 교부는 어디까지나 피고인 2 중재에 의하여 피고인 1측과 피해자가 합의한 결과 이루어진 것이라 할 것이다.

그 과정에서 피고인 2가 피해자에게 자기 신분을 밝히며 피해자 아파트 분양알선행위가 범법행위로서 처벌받을 수도 있으니 피고인 1에 대한 채무를 속히 변제하는 것이 좋다라고 다소 위협적으로 들릴 수 있는 말을 하였다.

재판진행 검사는 피고인 2를 형법 제350조 공갈죄로 기소하였다. 제1심 법원과 제2심 법원은 피고인 2에게 형법 제20조 정당행위를 적용하여 무죄를 선고하였다. 검사가 상고하였다.

판결요지 대법원은 검사 상고를 기각하였다.[53)]

가. 국가안전기획부 직원이 아들 담임선생의 부탁을 받고 그 담임선생의 채무자에게 채무변제를 독촉하는 과정에서 다소 위협적인 말을 하였다 하더라도 피해자가 이미 지급을 약속한 금원의 조속한 이행을 촉구하기 위하여 행하여진 것으로서 그것이 사회통념상 허용되는 범위를 넘어선 것이라고 단정하기는 어려울 뿐만 아니라, 피고인들이 피해자를 협박하여 재물을 갈취하기로 모의하였다거나 피해자가 피고인 2로부터 협박당하여 외포심을 일으켜서 이 사건 약속어음 공정증서를 교부한 것이라고 볼 수도 없다 할 것이다.

나. 이와 같은 취지에서 피고인들에 대하여 무죄를 선고한 원심의 조처는 정당하고, 거기에 소론과 같이 공갈죄에 관한 법리를 오해한 위법이 있다고 할 수 없다. 논지는 모두 이유 없다. 그러므로 상고를 모두 기각한다.

판결평석 대법원 판례 결론은 타당하다. 그러나 논증순서와 논증방법에서 정밀함이 아쉽다.

---

53) 대법원 1993.12.24. 선고 93도2339 판결 【폭력행위등처벌에관한법률위반, 공갈미수(변경된 죄명: 공갈)】

이 사건은 사회상규 다섯 가지 요건 중 정당성·상당성·균형성·긴급성·보충성을 모두 충족한다. 형법 제20조 정당행위에 해당한다.

대법원 판결을 다음 순서로 더 명확하게 논증할 수 있다. ① 행위목적과 행위동기 정당성(채무독촉 +), ② 행위수단과 행위방법 상당성(피해자가 이미 지급을 약속한 금원 조속이행을 촉구하기 위하여 다소 위협적 언사 사용 +), ③ 보호이익과 침해이익 법익균형성(재산권 보호와 개인 의사결정자유 +), ④ 긴급성(현장성, 이 시점에서 하지 않으면 안 될 정도 특수상황 +), ⑤ 다른 수단과 다른 방법이 없는 보충성(선택여지 없음, 법적 절차를 밟기 전 채무이행 독촉 +)이다.

국가안전기획부 직원이 아들 담임선생 부탁을 받고, 담임선생 채무자에게 채무변제를 독촉하는 과정에서 다소 위협적인 말을 한 행위는 정당성·상당성·균형성·긴급성·보충성을 모두 충족한다. 형법 제20조 사회상규에 위배되지 않는다. 위법성이 조각되어 무죄다. 법질서 전체 정신·사회윤리·사회통념 관점에서 보면, 옳은 행위이며, 이익이 되는 행위이다.

⑪ 상가 단전조치 사건

사실관계 피고인은 시장번영회 회장이다. 그는 시장번영회에서 제정하여 시행중인 관리규정을 위반하여 칸막이를 천장에까지 설치한 일부 점포주들에 대하여 단전조치를 하여 위력으로써 그들 업무를 방해하였다.

재판진행 검사는 피고인을 형법 제314조 제1항 업무방해죄로 기소하였다. 제1심과 제2심은 피고인에게 형법 제20조를 적용하여 무죄를 선고하였다. 검사가 상고하였다.

판결요지 대법원은 검사 상고를 기각하였다.[54]

---

54) 대법원 1994.4.15. 선고 93도2899 판결 【업무방해】; 서보학, 단전·단수조치와 업무방해죄의 성립 여부, 인권과 정의 제358호, 대한변호사협회, 2006, 53-70면. "생각건대 통상의 임대차관계와는 달리 집합건물의 경우에는 구분소유자 및 개점자·세입자 상호간의

가. 피고인이 이러한 행위에 이르게 된 경위가 단전 그 자체를 궁극적인 목적으로 한 것이 아니라 위 관리규정에 따라 상품진열 및 시설물 높이를 규제함으로써 시장기능을 확립하기 위하여 적법한 절차를 거쳐 시행한 것이다.

나. 그 수단이나 방법에 있어서도 비록 전기의 공급이 현대생활의 기본조건이기는 하나 위 번영회를 운영하기 위한 효과적인 규제수단으로서 회원들의 동의를 얻어 시행되고 있는 관리규정에 따라 전기공급자의 지위에서 그 공급을 거절한 것이므로 정당한 사유가 있다고 볼 것이다.

다. 나아가 제반사정에 비추어 보면 피고인의 행위는 법익균형성, 긴급성, 보충성을 갖춘 행위로서 사회통념상 허용될 만한 정도의 상당성이 있는 것이다. 피고인의 각 행위는 형법 제20조 소정의 정당행위에 해당한다고 판단하였다.

라. 이를 기록과 대조하여 살펴보면 원심의 이러한 판단은 정당하고 거기에 정당행위에 관한 법리를 오해한 위법이 있다고 할 수 없다.

관계가 문제되기 때문에 사적자치가 임대차관계에서 보다는 넓게 인정될 필요성이 있다고 본다. 집합건물법이 관리단에서 자치규약을 설정할 수 있다고 규정한 것도 역시 집합건물관계에서 사적자치의 필요성을 인정하였기 때문이라 짐작할 수 있다. 이렇게 본다면 공동의 이익을 지키고 자치규약을 효과적으로 달성하기 위한 제재수단으로 단전·단수조치를 규정하는 것도 가능하리라는 생각이다. 물론 단전, 단수가 피해자에게는 정상적인 업무수행을 불가능하게 할 정도의 강력한 제재수단임에는 틀림없지만, 앞의 대법원 판결(대법원 2004.5.13. 선고 2004다2243 판결)이 적절히 지적한 바와 같이 일상생활이 영위되는 공동주택과는 달리 상가에 대한 단전·단수조치는 피해자의 생활에 미치는 영향이 상대적으로 적다는 점, 집합건물에서는 구분소유자 및 개점자, 세입자 상호간의 수평적 관계가 문제되기 때문에 통상의 수직적인 임대차관계와는 달리 일방적인 권한남용의 위험성이 상대적으로 크지 않다는 점 등을 고려할 때 단전·단수라는 강력한 제재조치를 수단으로 하는 자치규약의 효력을 인정하더라도 큰 문제는 없을 것이라는 판단이다. 이렇게 본다면 상가 등에서 관리자의 공동의 이익을 보호하고 상가의 효율적인 공동관리를 위해 자율적인 합의에 의해 규약위반행위에 대한 단전, 단수조치를 취할 수 있도록 하는 자치규약을 설정하는 것은 유효한 것으로 보는 것이 옳을 것이다. 그렇다면 남은 문제는 결국 단전, 단수라는 수단 자체가 아니라, 목적과 수단 사이에 비례성과 형평성을 상실하지 않도록 단전, 단수라는 강력한 제재수단으로 대응할 만한 '중대한 규약위반행위'가 무엇인지를 잘 선별해 자치규약에 정하는 것이라고 할 수 있다. 이렇게 볼 때 상가번영회 소속 상인들의 중대한 이해관계가 걸려 있는 업종제한위반행위에 대해 단전, 단수조치를 취할 수 있도록 한 자치규약은 비례성과 형평성을 잃지 않는 유효한 것으로 판단할 수 있고(대법원 2004.5.13. 선고 2004다2243 판결 사례), 시장관리규정에 위반하여 업소의 칸막이를 천장에까지 설치한 경우의 단전, 단수조치(대법원 1994.4.15. 선고 93도2899 판결 사례)나 매장 내 점거농성으로 인해 화재위험이 높은 경우의 단전, 단수조치(대법원 1995.6.30. 선고 94도3136 판결 사례)에 대해서도 역시 같은 판단을 내릴 수 있을 것으로 본다. 따라서 이들 사례에서 업무방해죄에 대해 무죄를 선고한 대법원 판결은 옳다고 본다(67면)."

[판결평석] 대법원 판결은 결론·논증순서·논증방법에서 타당하다.

대법원은 "시장관리규정에 따라 시장기능을 확립하기 위해 단전조치를 한 경우 목적 정당성과 수단 상당성 그리고 법익균형성이 인정되어 형법 제20조 정당행위에 해당한다"고 판시하였다. 대법원 판결은 정밀하게 논증되고 있다.

이 사건은 사회상규 다섯 가지 요건 중 정당성·상당성·균형성·긴급성·보충성을 모두 충족한다. 형법 제20조 정당행위에 해당한다.

대법원 판결을 다음 순서로 더 명확하게 논증할 수 있다. ① 행위목적과 행위동기 정당성(상품진열 및 시설물 높이를 규제함으로써 시장기능을 확립하기 위하여 적법한 절차를 거쳐 시행한 것 +), ② 행위수단과 행위방법 상당성(회원들 동의를 얻어 시행되고 있는 관리규정에 따라 전기공급자의 지위에서 그 공급을 거절한 것 +), ③ 보호이익과 침해이익 법익균형성(시장기능과 업주업무 +), ④ 긴급성(현장성·최후 시점, 이 시점에서 하지 않으면 안 될 정도 특수상황이 존재 +), ⑤ 다른 수단과 다른 방법이 없는 보충성(선택여지 없음, 번영회를 운영하기 위한 효과적인 규제수단 +)이다.

시장번영회에서 제정하여 시행중인 관리규정을 위반하여 칸막이를 천장에까지 설치한 일부 점포주들에게 시장관리규정에 따라 시장기능을 확립하기 위해 단전조치를 한 행위는 정당성·상당성·균형성·긴급성·보충성을 모두 충족한다. 형법 제20조 사회상규에 위배되지 않는다. 위법성이 조각되어 무죄다. 법질서 전체 정신·사회윤리·사회통념 관점에서 보면, 옳은 행위이며, 이익이 되는 행위이다.

⑫ 교단보고서 고소장 첨부 사건

[사실관계] 피고인이 국제종교문제연구소장인 피해자를 비방할 목적으로 1989. 12. 말 일자불상 17:00경 ○○시 ○○동 375 소재 세계추수꾼 영성화훈련원 ○○리아교회 사무실에서 종교신문기자인 공소외 황○택에게 "재산권분쟁으로 이권문제가 걸려있는 기성총회가 소송

계류중인 재판을 총회측에 유리한 방향으로 이끌 목적으로, 지난해 봄에 기성총회 본부인 ○○회관 강당에서 국제종교문제연구소와 결탁 일방적인 모임을 갖고, 그 내용을 ○○종교 4월호에 게재함으로써, ○○리아교회 관계자들이 이단 사이비 집단임을 기정사실화하는 만행을 서슴지 않았다"라는 내용의 허위자료를 배포하였다.

황○택이 위와 같은 내용 기사를 1990. 1. 17.자 종교신문에 게재하여 독자들에게 배포하게 함으로써 공연히 허위의 사실을 적시하여 피해자의 명예를 훼손하였다.

1989. 12. 4. 피해자가 피고인 소속교단협의회인 한국○○교 교단협의회에 위 ○○리아교회 이단성 여부에 관하여 조사하여 달라고 요청하여 같은 달 9. 위 협의회에서 7인 조사위원회를 구성하고 이단성 여부에 대한 조사활동을 하여 그 결과보고서를 위 교회 사무국장인 공소외 심○섭에게 작성토록 하였다.

피해자를 비방할 목적으로, 1990. 3. 1. 위 ○○리아교회 사무실에서 위 심○섭이 작성 편집해 온 조사보고서 초안을 검토하고 나서 위 심○섭에게 피해자가 "○○종교"라는 지면과 "빛을 가리운 자들"이라는 단행본에서 피고인을 사교집단 수제자로 매도하는 등 피고인의 명예를 훼손하였다는 내용으로 1989. 12. 22. 서울지방검찰청 ○○지청에 제출한 같은 달 21.자 고소장 사본과 피해자가 피고인을 폭력집단의 우두머리라고 매도하는 등 피고인의 명예를 훼손하였다는 내용으로 1990. 1. 10. 위 지청에 제출한 1989. 12. 26.자 고소장 사본 및 피해자가 최근 "○○종교" 지면에 재차 피고인 소속 교단을 이단 사이비 집단으로 매도하는 등 피고인의 명예를 훼손하였다는 내용으로 1990. 1. 10. 위 지청에 제출한 같은 달 5.자 고소장 사본을 주면서 위 조사보고서에 넣어 편집하라고 지시하여 조사보고서에 위 고소장 사본을 넣어 작성 편집을 완료하였다.

그 무렵 서울 ○구 ○○로 소재 상호불상의 인쇄소에 의뢰하여 조사보고서 30여 부를 제작하게 한 다음 1990. 3. 3. 10:00경 서울 ○○구 ○○동 ○○빌딩 8층 한국○○교 교단협의회 사무실에서 교계기자 등 30여 명이 참석한 가운데 개최된 위 7인 조사위원회 주관 기자공청회 석상에서 위 기자 성명불상자 등 10여 명에게 이를 배포함으로써 공연히 위 사실을 적시하여 피해자의 명예를 훼손하였다.

재판진행   검사는 피고인을 형법 제309조 제2항 출판물에 의한 명예훼손죄로 기소하였다. 제1심과 제2심은 피고인에게 형법 제20조를 적용하여 무죄를 선고하였다. 검사가 상고하였다.

판결요지   대법원은 검사 상고를 기각하였다.[55]

가. 먼저 피고인이 피해자를 비방할 목적으로 허위사실을 적시하여 피해자 측의 명예를 훼손한 것이라고는 할 수 없다 할 것이다. 다음으로 피고인이 작성 제출한 고소장의 사본을 첨부하여 위 조사보고서를 제작하여 배포하였다는 점의 경우 위 조사보고서에 관련되는 자료는 위 ○○리아교회의 이단성 조사와 관련된 것이면 양측에서 어느 것이나 제출할 수 있는 것이다. 또 조사보고서에 어떤 자료를 넣을 것인가의 여부의 결정권은 최종적으로는 위 위원회에 있다고 본다.

나. 피고인이 위 조사보고서의 관련 자료에 위 고소장 등을 첨부한 위 행위는 자신의 주장의 정당성을 입증하기 위한 자료의 제출행위로서 정당한 행위로 볼 것이지, 고소장의 내용에 다소 탁○환의 명예를 훼손하는 내용이 들어 있다 하더라도 이를 이유로 위 고소장을 첨부한 행위가 위법하다고까지는 할 수 없을 것이다. 또 피고인이 피해자 측을 비방할 목적으로 위 행위를 한 것이라고 단정하기도 어렵다고 하여 위 각 공소사실은 출판물에 의한 명예훼손죄의 구성요건에 해당하지 아니하거나 사회상규에 위배되지 아니하는 행위로서 위법성이 없어 죄가 되지 아니한다.

판결평석   대법원 판결 결론은 타당하다. 그러나 논증순서와 논증방법에서 정밀함이 아쉽다.

이 사건은 사회상규 다섯 가지 요건 중 정당성·상당성·균형성·긴급성·보충성을 모두 충족한다. 형법 제20조 정당행위에 해당한다.

---

55) 대법원 1995.3.17. 선고 93도923 판결.

대법원 판결을 다음 순서로 더 명확하게 논증할 수 있다. ① 행위목 적과 행위동기 정당성(자신 주장에 대한 정당성 입증 +), ② 행위수단 과 행위방법 상당성(위원회 검토자료 제출행위 +), ③ 보호이익과 침 해이익 법익균형성(증거자료 제출과 사인 외적 명예 +), ④ 긴급성(이 시점에서 하지 않으면 안 될 정도 특수상황 존재 +), ⑤ 다른 수단과 다른 방법이 없는 보충성(교단 운영을 효과적인 감사수단 +)이다.

피고인이 소속한 교단협의회에서 조사위원회를 구성하여, 피고인이 목사로 있는 교회 이단성 여부에 대한 조사활동을 하고, 보고서를 그 교회 사무국장에게 작성토록 한 사안이다. 피고인이 조사보고서 관련 자료에 피해자를 명예훼손죄로 고소했던 고소장 사본을 첨부한 행위 는 자신 주장에 대한 정당성을 입증하기 위한 자료 제출행위로 정당 한 행위로 볼 수 있다. 비록 고소장 내용에 다소 피해자 명예를 훼손 하는 내용이 들어 있다 하더라도, 이를 이유로 고소장을 첨부한 행위 가 위법하다고 할 수 없다.

피해자 명예훼손 내용이 포함된 고소장이 첨부된 교단위원회조사보고 서 제출행위는 정당성·상당성·균형성·긴급성·보충성을 모두 충 족한다. 형법 제20조 사회상규에 위배되지 않는다. 위법성이 조각되 어 무죄다. 법질서 전체 정신·사회윤리·사회통념 관점에서 보면, 옳은 행위이며, 이익이 되는 행위이다.

⑬ 수박서리와 피해자 자살 사건

사실관계 피고인은 1992.7.7. 20:00경 ○남 ○○군 ○○읍 (이하 생 략) 소재 피고인의 집 옆 수박밭에서, 그 이전부터 수박이 없어지는 것을 수상하게 여기고 수박밭에 숨은 채 지키고 있었다. 그러던 중 마침 은행나무 잎을 따기 위하여 위 수박밭 부근을 서성대는 피해자 이○○(13세, 여)을 발견하게 되자 피해자가 그동안 수박을 들고 간 것으로 경신한 나머지, 위 피해자를 불러 세운 다음 피해자에게 "도 둑 잡았다", "어제도 그제도 네가 수박을 따갔지", "학교에 전화를 하겠다"는 등으로 말하였다. 자신 소행이 아님을 극구 변명하는 피해자를 윽박지르고, 이어 "가자"라고 말하면서 피해자를 앞세우고 위 부락 버스종점을 거쳐 위 수박밭에서 약 50m 떨어진 공소외 이○호의 집까지 갔다. 다음 피해자 손목을 잡고 위 공소외인 집안으로 끌고 들어가 위 공소외인에게 "이것이 수박밭에 들어왔더라"라고 말하였다. 계속하여 위 공소외인 만류로 피해자를 돌려보내면서도 피해자에게 "앞으로 수박이 없어지면 네 책임으로 한다"는 등으로 말하였다. 마치 피해자에게 어떠한 위해를 가할 듯한 태도를 보여 피해자를 협박하였다. 이후 이○○(13세, 여)는 음독자살하였다.

재판진행　검사는 피고인을 폭력행위등처벌에관한법률위반(형법 제283조 제1항 협박죄)로 기소하였다. 제1심 법원과 제2심 법원[56]은 피고인에게 유죄를 선고하였다. 피고인이 상고하였다.

판결요지　대법원은 원심판결을 파기하고 사건을 광주지방법원 합의부에 환송하였다.[57]

가. 피고인이 전에도 여러 차례 수박을 절취당하여 그 범인을 붙잡기 위해 수박밭을 지키고 있었다. 그러던 중 마침 같은 마을에 거주하며 피고인과 먼 친척간이기도 한 피해자가 피고인의 수박밭에 들어와 두리번거리는 것을 발견하였다. 피해자가 수박을 훔치려던 것으로 믿은 나머지 피해자를 훈계하려고 위와 같이 말하였다. 그 과정에서 폭행을 가하거나 달리 유형력을 행사한 바는 없었다면, 가사 피고인이 위와 같이 말한 것으로 인하여 <u>피해자가 어떤 공포심을 느꼈다고 하더라도, 피고인이 위와 같은 말을 하게 된 경위, 피고인과 피해자의 나이 및 신분관계 등에 비추어 볼 때 이는 정당한 훈계의 범위를 벗어나는 것이 아니어서 사회상규에 위배되지 아니하므로 위법성이 없다고 봄이 상당하다.</u>

나. <u>그 후 피해자가 스스로 음독 자살하기에 이르렀다 하더라도</u> 이는 피해자가 자신의 결백을 밝히려는 데 그 동기가 있었던 것으로 보일 뿐이

다. 그것이 피고인의 협박으로 인한 결과라고 보기도 어려우므로 그와 같은 <u>결과의 발생만을 들어 이를 달리 볼 것은 아니다.</u>

판결평석 대법원 판결 결론은 타당하다. 그러나 논증순서와 논증방법 에서 정밀함이 아쉽다.

이 사건은 사회상규 다섯 가지 요건 중 정당성·상당성·균형성·긴 급성·보충성을 모두 충족한다. 형법 제20조 정당행위에 해당한다.

대법원은 "피고인 행위가 협박에 해당하지만, 형법 제20조 사회상규 에 위배되지 않는다"고 판시하였다. 이 사건은 행위수단과 행위방법 상당성이 문제가 될 수 있다. 농산물 절도에 분개한 농민 입장과 학 생의 절도 습벽에 대한 친척의 교육목적이 복합적으로 담겨있다. 피 고인 협박행위는 구성요건에 해당하지만, 형법 제20조 사회상규의 다 섯 가지 요건을 모두 충족하고 있기 때문에 형법 제20조 정당행위에 해당한다. 대법원 판례는 타당하다고 생각한다. 그러나 정밀한 논증 방법이 아쉽다. 행위목적과 행위동기 정당성(훈계목적)만 설시하고 있 기 때문이다.

대법원 판결을 다음 순서로 더 명확하게 논증할 수 있다. ① 행위목 적과 행위동기 정당성(훈계목적 ＋), ② 행위수단과 행위방법 상당성 (윽박·위협적 태도·언어훈계방법 ＋), ③ 보호이익과 침해이익 법익 균형성(재산권 보호와 의사결정자유 ＋), ④ 긴급성(사건현장, 이 시점에 서 하지 않으면 안 될 정도 특수상황 ＋), ⑤ 다른 수단과 다른 방법이 없는 보충성(폭행이 아닌 언어적 훈계방법 ＋)이다.

피해자가 수박을 훔치려던 것으로 믿은 나머지 피해자를 훈계하려고 윽박지르면서 위협적 태도를 보인 행위는 정당성·상당성·균형성· 긴급성·보충성을 모두 충족한다. 형법 제20조 사회상규에 위배되지 않는다. 위법성이 조각되어 무죄다. 법질서 전체 정신·사회윤리·사 회통념 관점에서 보면, 옳은 행위이며, 이익이 되는 행위이다.

⑭ "가정파탄죄로 고소하겠다" 사건

사실관계 피고인은 그와 공소외 1(여, 20세)이 1997. 2. 22.경부터 같은 해 3. 12.경까지 ○○시 등을 돌아다니며 수회에 걸쳐 간음한 사실을 구실로 그녀 가족 등을 협박하기로 하였다. 동거녀인 제1심 공동피고인와 공모하고 공동하여, ① 1997. 4. 3. 15:00경 불상지에서 피고인이 공소외 1 언니인 피해자 1(26세)에게 전화하여 "동거녀 제1심 공동피고인이 가출하고 없다. 어떻게 할 것인가, 공소외 1을 빨리 찾아내어 해결하여야 할 것이 아닌가, 그렇지 않으면 공소외 1을 간통죄로 고소하겠다"라고 말하여 피해자를 협박하였다.

이것을 비롯하여 별지 범죄일람표 기재와 같이 같은 해 4. 2.경부터 4. 4. 14:00경까지 총 4회에 걸쳐 그녀를 협박하고, ② 같은 달 7. 같은 구 ○○동 소재 ○○빌딩 지하 ○○○○ 레스토랑에서 제1심 공동피고인은 피해자 1에게 "너희들이 잘못해 놓고 왜 사과하지 않느냐, 가정파탄죄로 고소하겠다"고 말했다.

피고인은 그 옆에서 위세를 과시하는 등 하여 피해자 1을 협박하고, 피해자 1이 이를 피하기 위하여 위 레스토랑 밖으로 나가려고 하자 제1심 공동피고인은 위 레스토랑 지하 계단에서 양손으로 그녀의 멱살을 잡고 흔들어 그녀에게 폭행을 가하였다.

③ 같은 달 7. ○북 ○○읍 ○○동 746 소재 공소외 1 집에서 제1심 공동피고인이 공소외 1 아버지인 피해자 2에게 피고인이 작성한 유서를 보여주며 "읽어봐라. 딸이 가정파괴범이다, 시집을 보내려고 하느냐 안 보내려고 하느냐"라고 말하여 그를 협박하였다.

재판진행 검사는 피고인들을 폭력행위 등 처벌에 관한 법률 제2조 제2항(형법 제283조 협박죄)로 기소하였다. 제1심 법원과 제2심 법원58)은 피고인들에게 유죄를 인정하였다. 피고인들이 상고하였다.

---

58) 대구고법 1997.12.23. 선고 97노455 판결.

판결요지　대법원은 원심판결을 파기하고, 사건을 대구고등법원에 환송하였다.[59]

가. 협박죄에 있어서의 협박이라 함은 사람으로 하여금 공포심을 일으킬 수 있을 정도의 해악을 고지하는 것을 의미하고, 협박죄가 성립하기 위하여는 적어도 발생 가능한 것으로 생각될 수 있는 정도의 구체적인 해악의 고지가 있어야 한다.

나. 또한 해악의 고지가 있다 하더라도 그것이 사회의 관습이나 윤리관념 등에 비추어 볼 때에 사회통념상 용인할 수 있을 정도의 것이라면 협박죄는 성립하지 아니한다.

다. 협박죄에 대하여 유죄를 선고한 원심판결을 해악의 고지는 있지만 사회통념에 비추어 용인할 수 있는 정도의 것이기 때문에 협박죄가 성립하지 아니한다.

판결평석　대법원 판결 결론은 타당하다. 그러나 논증순서와 논증방법에서 정밀함이 아쉽다. 대법원은 "정당한 목적을 위하여 사회상규상 용인될 만한 수단이라고 평가된다면 정당행위에 해당하게 된다"고 판시하고 있기 때문이다.

이 사건은 사회상규 다섯 가지 요건 중 정당성·상당성·균형성·긴급성·보충성을 모두 충족한다. 형법 제20조 정당행위에 해당한다.

대법원 판결을 다음 순서로 더 명확하게 논증할 수 있다. ① 행위목적과 행위동기 정당성(가정을 지키기 위함 +), ② 행위수단과 행위방법 상당성(고소하겠다는 언어표현 +), ③ 보호이익과 침해이익 법익균형성(가정 평화와 의사결정자유 +), ④ 긴급성(현장성·최후 시점, 이 시점에서 하지 않으면 안 될 정도 특수상황 +), ⑤ 다른 수단과 다른 방법이 없는 보충성(다른 수단이나 방법이 없음, 당사자에게 직접 행한 종국적 저지행위 +)이다.

가정파괴범에 대한 해악고지(피고인이 작성한 유서를 보여주며 "읽어봐

라. 딸이 가정파괴범이다, 시집을 보내려고 하느냐 안 보내려고 하느냐"라고 말한 협박) 행위는 정당성·상당성·균형성·긴급성·보충성을 모두 충족한다. 형법 제20조 사회상규에 위배되지 않는다. 위법성이 조각되어 무죄다. 법질서 전체 정신·사회윤리·사회통념 관점에서 보면, 옳은 행위이며, 이익이 되는 행위이다.

⑮ 사인(私人)의 현행범체포 과정에서 상해 사건

사실관계 피고인이 1997. 4. 2. 22:40경 ○○시 ○○읍 ○○리 35의 3 소재 피해자 ○○ 집 앞 노상에서 피해자가 그곳에 주차하여 둔 피고인 차를 열쇠 꾸러미로 긁어 손괴하는 것을 보고 이에 격분하여 피해자 멱살을 수회 잡아 흔들어 피해자에게 약 14일간 치료를 요하는 흉부찰과상을 가하였다.

재판진행 검사는 피고인을 폭력행위 등 처벌에 관한 법률위반죄로 기소하였다. 제1심 법원과 제2심 법원은 피고인에게 형법 제20조 사회상규를 적용하여 무죄를 선고하였다. 검사가 상고하였다.

판결요지 대법원은 검사 상고를 기각하였다.[60]
가. 어떠한 행위가 위법성조각사유로서의 정당행위가 되는지의 여부는 구체적인 경우에 따라 합목적적, 합리적으로 가려져야 할 것이다. 정당행위를 인정하려면 <u>첫째 그 행위의 동기나 목적의 정당성, 둘째 행위의 수단이나 방법의 상당성, 셋째 보호법익과 침해법익의 균형성, 넷째 긴급성, 다섯째 그 행위 이외의 다른 수단이나 방법이 없다는 보충성의 요건을 모두 갖추어야 할 것이다.</u>
나. 현행범인은 누구든지 영장 없이 체포할 수 있으므로 <u>사인의 현행범인 체포는 법령에 의한 행위로서 위법성이 조각된다고 할 것이다.</u> 현행범인 체포의 요건으로서는 행위의 가벌성, 범죄의 현행성·시간적 접착성, 범인·범죄의 명백성 외에 체포의 필요성 즉, 도망 또는 증거인멸의 염려가 있을 것을 요한다.

---

60) 대법원 1999.1.26. 선고 98도3029 판결 【폭력행위등처벌에관한법률위반】

다. 적정한 한계를 벗어나는 현행범인 체포행위는 그 부분에 관한 한 법령
  에 의한 행위로 될 수 없다고 할 것이다. 그러나 적정한 한계를 벗어나
  는 행위인가 여부는 결국 정당행위의 일반적 요건을 갖추었는지 여부
  에 따라 결정되어야 할 것이지 그 행위가 소극적인 방어행위인가 적극
  적인 공격행위인가에 따라 결정되어야 하는 것은 아니다.

라. 피고인이 피해자를 체포함에 있어서 멱살을 잡은 행위는 그와 같은 적
  정한 한계를 벗어나는 행위라고 볼 수 없을 뿐만 아니라 설사 소론이
  주장하는 바와 같이 피고인이 도망하려는 피해자를 체포함에 있어서
  멱살을 잡고 흔들어 피해자가 결과적으로 그 주장과 같은 상처를 입게
  된 사실이 인정된다고 하더라도 그것이 사회통념상 허용될 수 없는 행
  위라고 보기는 어렵다고 할 것이다. 따라서 원심에 현행범인의 체포와
  정당행위의 법리를 오해한 위법이 있다는 논지는 이유 없다. 그러므로
  상고를 기각한다.

판결평석 대법원 판결 결론은 타당하다. 그러나 논증순서와 논증방법
에서 정밀함이 아쉽다.

이 사건은 사회상규 다섯 가지 요건 중 정당성·상당성·균형성·긴
급성·보충성을 모두 충족한다. 형법 제20조 정당행위에 해당한다.

대법원 판결을 다음 순서로 더 명확하게 논증할 수 있다. ① 행위목
적과 행위동기 정당성(현행범 체포 +), ② 행위수단과 행위방법 상당
성(멱살 잡아 흔들어 약 14일간 치료를 요하는 흉부찰과상을 가함 +),
③ 보호이익과 침해이익 법익균형성(현행범 검거와 생리기능훼손, 체포
과정에서 일어난 불가피한 상해 +), ④ 긴급성(현장성·최후 시점, 이
시점에서 하지 않으면 안 될 정도 특수상황), ⑤ 다른 수단과 다른 방법
이 없는 보충성(선택여지 없음 +)이다.

피고인 차를 손괴하고 도망하려는 피해자를 도망하지 못하게 멱살을
잡고 흔들어 피해자에게 전치 14일 흉부찰과상을 가한 행위는 정당
성·상당성·균형성·긴급성·보충성을 모두 충족한다. 형법 제20조
사회상규에 위배되지 않는다. 위법성이 조각되어 무죄다. 법질서 전
체 정신·사회윤리·사회통념 관점에서 보면, 옳은 행위이며, 이익이
되는 행위이다.

⑯ "엄마의 외로운 싸움" 사건

사실관계 피고인은 2002. 2. 21. 23:47경 ○○시 ○○동 77에 있는 ○○○ 호프집에서, 같은 날 MBC 방송 '우리시대'라는 프로그램에서 피해자(교사)를 대상으로 하여 방영한 '엄마의 외로운 싸움'을 시청하였다.

직후 프로그램이 피해자 입장에서 편파적으로 방송하였다는 이유로 그 곳에 설치된 컴퓨터를 이용하여 MBC 홈페이지(http://www.imbc.com)에 접속하여 '우리시대' 프로그램 시청자 의견란에 불특정 다수인이 볼 수 있도록 "○○ 선생님 대단하십니다", "학교 선생님이 불법주차에 그렇게 소중한 자식을 두고 내리시다니… 그렇게 소중한 자식을 범법행위 변명 방패로 쓰시다니 정말 대단하십니다. 한 가지 더 견인을 우려해 아이를 두고 내리신 건 아닌지…"라는 글을 작성·게시함으로써 공연히 피해자를 모욕하였다.

재판진행 검사는 피고인을 형법 제311조 모욕죄로 기소하였다. 제1심 법원과 제2심 법원은 "피고인 행위가 사회통념상 피해자의 사회적 평가를 저하시키는 내용의 경멸적 판단을 표시한 것으로 인정하기 어렵다"는 이유로 피고인에게 무죄를 선고하였다. 검사가 상고하였다.

판결요지 대법원은 원심과는 달리 피고인 행위가 모욕에 해당하지만, 형법 제20조 사회상규에 위배되지 않는다는 이유로 검사 상고를 기각하였다.[61]

가. 모욕죄에서 말하는 모욕이란 사실을 적시하지 아니하고 사람의 사회적 평가를 저하시킬 만한 추상적 판단이나 경멸적 감정을 표현하는 것이다.

---

61) 대법원 2003.11.28. 선고 2003도3972 판결 【모욕】; 이동신, 방송국 시사프로그램의 출연자에 대한 모욕적 언사가 포함된 방송국 홈페이지 게시글과 사회상규에 위배되지 아니함을 이유로 한 위법성조각사유의 관계, 대법원판례해설 제48호, 법원도서관, 2004, 464－483면; 신동운, 新판례백선 형법총론, 경세원, 2009, 391－393면("엄마의 싸움" 사건).

나. 피고인이 방송국 시사프로그램을 시청한 후 방송국 홈페이지의 시청자 의견란에 작성·게시한 글 중 특히, "그렇게 소중한 자식을 범법행위의 변명의 방패로 쓰시다니 정말 대단하십니다."는 등의 표현은 그 게시글 전체를 두고 보더라도, 그 출연자인 피해자에 대한 사회적 평가를 훼손할 만한 모욕적 언사에 해당한다.

다. 피고인이 방송국 홈페이지의 시청자 의견란에 작성·게시한 글 중 일부의 표현은 이미 방송된 프로그램에 나타난 기본적인 사실을 전제로 한 뒤, 그 사실관계나 이를 둘러싼 문제에 관한 자신의 판단과 나아가 이러한 경우에 피해자가 취한 태도와 주장한 내용이 합당한가 하는 점에 대하여 자신의 의견을 개진하고, 피해자에게 자신의 의견에 대한 반박이나 반론을 구하면서, 자신의 판단과 의견의 타당함을 강조하는 과정에서 부분적으로 그와 같은 표현을 사용한 것으로서 사회상규에 위배되지 않는다고 봄이 상당하다.

> **판결평석**   대법원 판결 결론은 타당하다. 그러나 논증순서와 논증방법에서 정밀함이 아쉽다. 대법원은 모욕행위로 구성요건에 해당하지만, 사회상규에 위반되지 않는다고 판시하고 있다.

이 사건은 사회상규 다섯 가지 요건 중 정당성·상당성·균형성·긴급성·보충성을 모두 충족한다. 형법 제20조 정당행위에 해당한다.

대법원 판결을 다음 순서로 더 명확하게 논증할 수 있다. ① 행위목적과 행위동기 정당성(방송 프로그램을 시청한 후 자신 의견에 대한 반박이나 반론을 구할 목적 +), ② 행위수단과 행위방법 상당성(인터넷 게시판에 의견 개진 +), ③ 보호이익과 침해이익 법익균형성(표현 자유와 외부적 명예 +), ④ 긴급성(방송시청 후 바로 작성 +), ⑤ 다른 수단과 다른 방법이 없는 보충성(자신 판단과 의견 타당함을 강조하는 과정에서, 부분적으로 그와 같은 표현을 사용한 것으로 표현 자유를 구현할 수 있는 방법은 이것 밖에 없다고 볼 수 있음 +)이다.

피고인이 방송국 홈페이지 시청자 의견란에 작성·게시한 글 중 일부 표현은 이미 방송된 프로그램에 나타난 기본적인 사실을 전제로 한 것이다. 그 사실관계나 이를 둘러싼 문제에 관한 자신 판단과 나아가 이러한 경우 피해자가 취한 태도와 주장 내용이 합당한가 하는 점에 대하여 자신 의견을 개진하고, 피해자에게 자신 의견에 대한 반박이나 반론을 구하면서, 자신 판단과 의견 타당함을 강조한 것이다. 방송시청 후 시청자 소감작성과정에서 부분적으로 모욕적 표현을 사용한 행위는 정당성·상당성·균형성·긴급성·보충성을 모두 충족한다. 형법 제20조 사회상규에 위배되지 않는다. 위법성이 조각되어 무죄다. 법질서 전체 정신·사회윤리·사회통념 관점에서 보면, 옳은 행위이며, 이익이 되는 행위이다.

⑰ 여관주인 훌라 도박 사건

사실관계 피고인은 자신이 운영하는 여관 카운터에서 같은 동네에 거주하는 친구들과 함께 저녁을 시켜 먹은 후, 그 저녁 값을 마련하기 위하여 속칭 '훌라'라는 도박을 하였다.

재판진행 검사는 피고인을 형법 제246조 도박죄와 풍속영업의 규제에 관한 법률 제3조 제3호, 제10조 제1항 위반죄로 기소하였다. 제1심 법원과 제2심 법원[62]은 피고인에게 일시 오락 정도에 불과하여 죄가 되지 않는다(형법 제246조 단서 조항, 위법성조각사유)는 이유로 형법 제246조 도박죄에 대해 무죄를 선고하였지만, 풍속영업의 규제에 관한 법률 제3조 제3호, 제10조 제1항죄를 적용하여 유죄를 선고하였다. 피고인이 상고하였다.

판결요지 대법원은 원심판결을 파기하고, 사건을 대전지방법원으로 환송하였다.[63]

가. 풍속영업자가 풍속영업소에서 도박을 하게 한 때에는 그것이 일시 오락 정도에 불과하여 형법상 도박죄로 처벌할 수 없는 경우에도 풍속영업자의 준수사항 위반을 처벌하는 풍속영업의 규제에 관한 법률 제10조 제1항, 제3조 제3호의 구성요건 해당성이 있다고 할 것이다.

나. 그러나 어떤 행위가 법규정의 문언상 일단 범죄구성요건에 해당된다고

---

62) 대전지방법원 2003.9.26. 선고 2003노1540 판결.
63) 대법원 2004.4.9. 선고 2003도6351 판결【풍속영업의규제에관한법률위반】

보이는 경우에도, 그것이 정상적인 생활형태의 하나로서 역사적으로 생
성된 사회생활 질서의 범위 안에 있는 것이라고 생각되는 경우에는 사
회상규에 위배되지 아니하는 행위로서 그 위법성이 조각되어 처벌할
수 없다.

다. 일시 오락 정도에 불과한 도박행위의 동기나 목적, 그 수단이나 방법,
보호법익과 침해법익과의 균형성 그리고 일시 오락 정도에 불과한 도
박은 그 재물의 경제적 가치가 근소하여 건전한 근로의식을 침해하지
않을 정도이므로 건전한 풍속을 해할 염려가 없는 정도의 단순한 오락
에 그치는 경미한 행위에 불과하고, 일반 서민대중이 여가를 이용하여
평소의 심신의 긴장을 해소하는 오락은 이를 인정함이 국가정책적 입
장에서 보더라도 허용된다.

라. 풍속영업자가 자신이 운영하는 여관에서 친구들과 일시 오락 정도에 불
과한 도박을 한 경우, 형법상 도박죄는 성립하지 아니하고 풍속영업의
규제에관한법률위반죄의 구성요건에는 해당하나 사회상규에 위배되지
않는 행위로서 위법성이 조각된다.

〔판결평석〕 대법원 판결 결론은 타당하다. 그러나 논증순서와 논증방법
에서 정밀함이 아쉽다.

이 사건은 사회상규 다섯 가지 요건 중 정당성·상당성·균형성·긴
급성·보충성을 모두 충족한다. 형법 제20조 정당행위에 해당한다.

대법원 판결을 다음 순서로 더 명확하게 논증할 수 있다. ① 행위목
적과 행위동기 정당성(동네에 거주하는 친구들과 함께 저녁을 시켜 먹은
후 그 저녁 값을 마련하기 위하여 일시 오락 +), ② 행위수단과 행위방
법 상당성(영업장에서 홀라 행위, 건전한 풍속을 해할 염려가 없는 정도
단순한 오락에 그치는 경미한 행위 +), ③ 보호이익과 침해이익 법익
균형성(헌법 제10조 심신 긴장 해소, 영업풍속, 일시 오락 정도에 불과한
도박은 그 재물 경제적 가치가 근소하여 건전한 근로의식을 침해하지 않
을 정도 +), ④ 긴급성(이 시점에서 하지 않으면 안 될 정도 특수상황
+), ⑤ 다른 수단과 다른 방법이 없는 보충성(일반 서민대중이 여가
를 이용하여 평소 심신 긴장을 해소하는 오락은 이를 인정함이 국가정책
적 입장에서 보더라도 허용된다 +)이다.

자신이 운영하는 여관 카운터에서 같은 동네에 거주하는 친구들과 함께 저녁을 시켜 먹은 후, 그 저녁 값을 마련하기 위하여 한 속칭 '홀라'라는 도박행위(영업장에서 단순 오락행위)는 정당성·상당성·균형성·긴급성·보충성을 모두 충족한다. 형법 제20조 사회상규에 위배되지 않는다. 위법성이 조각되어 무죄다. 법질서 전체 정신·사회윤리·사회통념 관점에서 보면, 옳은 행위이며, 이익이 되는 행위이다.

⑱ 상수도관 잠금 연립주택 아래층 침입 사건

사실관계 피고인과 피해자는 연립주택 2·3층에 거주하면서 1여 년 전부터 2층에 사는 피해자 집 화장실 천장 누수문제로 여러 차례 다투어 왔다. 그런데 피해자는 자기 집 누수가 피고인 집 상수도관 등 누수나 목욕탕 등 방수상태가 불량한 데 그 원인이 있다고 주장하며 보수를 요구하였다. 피고인은 연립주택 전체가 불실하게 시공된 데다가 노후되어 자신 집을 포함하여 연립주택에 전체적으로 누수현상이 발생한 것이므로 전체 보수가 필요하다면서 피고인 집만 보수공사를 거부하여 서로 감정이 악화되었다. 3층에 사는 피고인 집으로 통하는 상수도관 밸브가 2층에 있는 피해자 집 주방 싱크대에 설치되어 있었다. 이 사건 전날인 2002. 5. 2. 아침 피해자가 피고인 집으로 통하는 상수도관 밸브를 임의로 잠가 버려 하루 동안 피고인 집에 수돗물이 나오지 않아 피고인과 피고인 가족들이 큰 고통을 겪었다. 연립주택 다른 세대에 수돗물이 나오는 것을 확인한 피고인은 피해자가 자신 집으로 통하는 상수도관 밸브를 잠갔을 것으로 믿고 이를 확인하고 상수도관 밸브를 열기 위하여 이 사건 당일 오전 9시경 피해자의 집에 갔다. 그러나 피해자가 자기 집에도 수돗물이 나오지 않는다고 말하면서 출입을 거부하였다.

피고인은 피해자를 밀치고 그 집에 들어가서 상수도관 밸브가 잠긴 것을 확인하고 이를 열어 놓았다. 피해자 신고에 따라 경찰관이 현장에 출동하였으나 피해자가 피고인 처벌을 요청하지 아니하여 그대로 돌아갔다. 그런데 피고인이 보수공사를 하지 아니하자 피해자는 그로부터 25일 후에 피고인을 처벌하여 줄 것을 요청하였다.

그럼에도 조치가 없자 아래층에 사는 피해자가 위층 피고인 집으로 통하는 상수도관 밸브를 임의로 잠근 후 이를 피고인에게 알리지 않아 하루 동안 수돗물이 나오지 않은 고통을 겪었다. 피고인이 상수도관 밸브를 확인하고 이를 열기 위하여 부득이 피해자 집에 들어갔다.

재판진행 검사는 피고인을 형법 제319조 주거침입죄로 기소하였다. 제1심 법원과 제2심 법원64)은 피고인에게 형법 제20조 사회상규를 적용하여 무죄를 선고하였다. 검사가 상고하였다.

판결요지 대법원은 검사 상고를 기각하였다.65)

가. 아래층에 사는 피해자가 위층 피고인의 집으로 통하는 상수도관의 밸브를 임의로 잠근 후 이를 피고인에게 알리지 않아 하루 동안 수돗물이 나오지 않은 고통을 겪었던 피고인이 상수도관의 밸브를 확인하고 이를 열기 위하여 부득이 피해자의 집에 들어간 것이므로 이는 피해자의 주거생활의 평온이 다소 침해되는 것을 정당화할 만한 이유가 될 수 있다고 보여진다.

나. 오전 9시경 피해자의 집을 방문하여 문은 열어 주었으나 출입을 거부하는 피해자를 밀치는 것 외에 다른 행동을 하지 않았고 이로 인하여 피해자에게 별다른 피해가 발생하지 않은 점, 피해자 역시 피고인이 자신의 집에 들어오는 것을 적극적으로 제지하지 않았고 당일 출동한 경찰관들에게 피고인을 처벌해 달라는 요청을 하지 않은 점 등 여러 사정에 비추어 보면, 피고인의 위와 같은 행위가 그 수단과 방법에 있어서 상당성이 인정된다고 보여질 뿐만 아니라 긴급하고 불가피한 수단이었다고 할 것이므로, 피고인이 피해자의 주거에 침입한 행위는 형법 제20조의 '사회상규에 위배되지 않는 행위'에 해당한다고 할 것이다.

다. 원심의 설시가 다소 미흡하기는 하지만 같은 취지에서 피고인의 행위가 정당행위에 해당한다고 본 것은 정당하고, 거기에 상고이유로 주장하는 사실오인이나 법리오해의 위법이 있다 할 수 없다.

---

64) 수원지방법원 2003.11.6. 선고 2003노2200 판결.
65) 대법원 2004.2.13. 선고 2003도7393 판결 【폭행·주거침입】

판결평석 대법원 판결은 결론·논증순서·논증방법에서 타당하다. 그러나 사회상규 판단요건에 따라 정밀한 해석이 이루어지지 않은 점은 아쉽다.

이 사건은 사회상규 다섯 가지 요건 중 정당성·상당성·균형성·긴급성·보충성을 모두 충족한다. 형법 제20조 정당행위에 해당한다.

대법원 판결을 다음 순서로 더 명확하게 논증할 수 있다. ① 행위목적과 행위동기 정당성(상수도관 밸브 확인 및 열기 위함 +), ② 행위수단과 행위방법 상당성(피해자의 집에 들어간 행위 +), ③ 보호이익과 침해이익 법익균형성(수돗물 공급과 주거침입 +), ④ 긴급성(현장성·최후 시점, 이 시점에서 하지 않으면 안 될 정도 특수상황, 수돗물 공급 중단 +), ⑤ 다른 수단과 다른 방법이 없는 보충성(선택여지 없음 +)이다.

연립주택 아래층에 사는 피해자가 위층 피고인 집으로 통하는 상수도관 밸브를 임의로 잠근 후, 이를 피고인에게 알리지 않아 하루 동안 수돗물이 나오지 않은 고통을 겪었다. 피고인이 상수도관 밸브를 확인하고 이를 열기 위하여 부득이 피해자 집에 들어간 행위는 정당성·상당성·균형성·긴급성·보충성을 모두 충족한다. 형법 제20조 사회상규에 위배되지 않는다. 위법성이 조각되어 무죄다. 법질서 전체 정신·사회윤리·사회통념 관점에서 보면, 옳은 행위이며, 이익이 되는 행위이다.

---

⑲ 시장번영회 관리비체납점포 단전 사건

사실관계 피고인이 공소외인과 공모하여, 2001. 9. 초순경 사단법인 ○○○종합시장번영회(이하 '시장번영회'라고 한다) 사무실에서 피해자 박○엽, 이○권이 연체된 관리비를 시장번영회에 직접 납부하지 아니하고 법원에 공탁하였다는 이유로 공소외인에게 그 점포에 대한 단전조치를 하도록 지시하고, 공소외인이 전기공급 단자함의 전원을 차단함으로써 위력으로써 약 7일 동안 피해자들의 의류판매와 세탁소업무를 방해하였다.

재판진행 검사는 피고인을 형법 제314조 제1항 업무방해죄로 기소하였다. 제1심 법원과 제2심 법원은 피고인에게 유죄를 선고하였다. 피고인이 상고하였다.

판결요지 대법원은 원심판결을 파기하고,[66] 창원지방법원 본원 합의부에 환송하였다.[67]

가. 피고인이 단전조치를 하게 된 경위는 단전조치 그 자체를 목적으로 하는 것이 아니고 오로지 시장번영회의 관리규정에 따라 체납된 관리비를 효율적으로 징수하기 위한 제재수단으로서 이사회의 결의에 따라서 적법하게 실시한 것이다. 그와 같은 관리규정의 내용은 시장번영회를 운영하기 위한 효과적인 규제로서 그 구성원들의 권리를 합리적인 범위를 벗어나 과도하게 침해하거나 제한하는 것으로 사회통념상 현저하게 타당성을 잃은 것으로 보이지 않는다.

나. 피고인이 이○권 등이 연체된 관리비를 시장번영회에 직접 납부하지 아니하고 법원에 공탁하였다는 이유로 단전조치를 지시한 것으로도 보이지 아니하므로 피고인의 행위는 그 동기와 목적, 그 수단과 방법, 그와 같은 조치에 이르게 된 경위 등 여러 가지 사정에 비추어 볼 때, 사회통념상 허용될 만한 정도의 상당성이 있는 위법성이 결여된 행위로서 형법 제20조에 정하여진 정당행위에 해당하는 것으로 볼 여지가 충분하다.

다. 이와 달리, 피고인의 업무방해의 범죄사실을 유죄로 인정한 원심의 판단에는 형법 제20조의 해석적용을 그르친 법령위반의 위법이 있고, 이는 판결 결과에 영향을 미쳤으므로 이 점을 지적하는 상고이유의 주장은 이유 있다.

---

66) 대법원 2004.8.20. 선고 2003도4732 판결 【업무상횡령·명예훼손·도로교통법위반(무면허운전)·업무방해·폭행】; 서보학, 단전·단수조치와 업무방해죄의 성립 여부, 인권과 정의 제358호, 대한변호사협회, 2006, 53－70면.
67) 창원지방법원 2003.7.14. 선고 2002노2576 판결.

판결평석 대법원 판결은 결론·논증순서·논증방법에서 타당하다.

이 사건은 사회상규 다섯 가지 요건 중 정당성·상당성·균형성·긴급성·보충성을 모두 충족한다. 형법 제20조 정당행위에 해당한다.

대법원 판결을 다음 순서로 더 명확하게 논증할 수 있다. ① 행위목적과 행위동기 정당성(체납된 관리비를 효율적으로 징수하기 위한 제재수단 +), ② 행위수단과 행위방법 상당성(이사회의 결의에 따라 적법하게 실시한 단전조치 +), ③ 보호이익과 침해이익 법익균형성(시장번영회 기능과 사적 업무 +), ④ 긴급성(현장성, 이 시점에서 하지 않으면 안 될 정도 특수상황 +), ⑤ 다른 수단과 다른 방법이 없는 보충성(다른 수단이나 방법이 없음, 종국적인 효과적인 규제행위 +)이다.

연체된 관리비를 시장번영회에 직접 납부하지 아니하고 법원에 공탁하였다는 이유로 그 점포에 대한 단전조치를 하도록 지시하고, 전기공급 단자함의 전원을 차단한 행위(시장번영회 관리비체납점포 단전행위)는 정당성·상당성·균형성·긴급성·보충성을 모두 충족한다. 형법 제20조 사회상규에 위배되지 않는다. 위법성이 조각되어 무죄다. 법질서 전체 정신·사회윤리·사회통념 관점에서 보면, 옳은 행위이며, 이익이 되는 행위이다.

⑳ 새로운 아파트관리회사 저수조 청소 사건

사실관계 아파트 입주자대표회의로부터 새롭게 관리업무를 위임받은 공소외 1 주식회사 직원들인 위 피고인들이 저수조 청소를 위하여 중앙공급실에의 출입을 시도하여 오다가 기존에 관리업무를 수행하던 공소외 2 주식회사 직원들로부터 계속 출입을 제지받자 출입문에 설치된 자물쇠를 손괴하고 중앙공급실에 침입하였다.

그리고 아파트 입주자대표회의 임원 또는 위 공소외 1 주식회사 직원들인 위 피고인들이 소극적으로 위 아파트 입주자대표회의 및 위 공소외 1 주식회사의 업무집행에 대한 위 공소외 2 주식회사 방해행위 중단을 요구하는 것에 그치지 않고 관리비 고지서를 빼앗거나 사무실의 집기 등을 들어내었다.

재판진행 검사는 피고인을 형법 제314조 제1항 업무방해죄로 기소하였다. 제1심 법원과 제2심 법원68)은 피고인에게 유죄를 선고하였다. 피고인이 상고하였다.

판결요지 대법원은 원심판결 중 피고인 업무방해 부분을 파기하고, 사건을 서울중앙지방법원으로 환송하였다.69)

가. 아파트 입주자대표회의의 임원 또는 아파트관리회사의 직원들인 피고인들이 기존 관리회사의 직원들로부터 계속 업무집행을 제지받던 중 저수조 청소를 위하여 출입문에 설치된 자물쇠를 손괴하고 중앙공급실에 침입한 행위는 정당행위에 해당한다.

나. 그러나 관리비 고지서를 빼앗거나 사무실의 집기 등을 들어낸 행위는 정당행위에 해당하지 않는다고 한 원심의 판단을 수긍한다.

판결평석 대법원 판결은 결론·논증순서·논증방법에서 타당하다.

첫 번째 저수조 청소를 위하여 출입문에 설치된 자물쇠를 손괴하고 중앙공급실에 침입한 행위는 사회상규 다섯 가지 요건 중 정당성·상당성·균형성·긴급성·보충성을 모두 충족한다. 형법 제20조 정당행위에 해당한다.

그러나 두 번째 관리비 고지서를 빼앗거나 사무실의 집기 등을 들어낸 행위는 사회상규 다섯 가지 요건 중 정당성·상당성·균형성·긴급성·보충성을 모두 충족하지 못하고 있다. 형법 제20조 정당행위에 해당하지 않는다.

대법원 판결 첫 번째 쟁점을 다음 순서로 논증할 수 있다. ① 행위목적과 행위동기 정당성(저수조 청소 +), ② 행위수단과 행위방법 상당성(자물쇠를 손괴하고 중앙공급실에 침입 +), ③ 보호이익과 침해이익 법익균형성(적법한 업무 활동과 불법 점거 +), ④ 긴급성(있음 +), ⑤ 다른 수단과 다른 방법이 없는 보충성(선택여지 없음, 종국적 효과적 업무행위 +)이다.

---

68) 서울지방법원 2003.6.10. 선고 2002노12676 판결.
69) 대법원 2006.4.13. 선고 2003도3902 판결【폭력행위등처벌에관한법률위반·업무방해】

그리고 대법원 판결 두 번째 쟁점을 다음 순서로 논증할 수 있다. ① 행위목적과 행위동기 정당성(업무활동 −), ② 행위수단과 행위방법 상당성(관리비 고지서를 빼앗거나 사무실의 집기 등을 들어냄 −), ③ 보호이익과 침해이익 법익균형성(업무와 재산권 침해 −), ④ 긴급성(없음 −), ⑤ 다른 수단과 다른 방법이 없는 보충성(다른 대체 수단과 방법이 있음, 종국적 효과적 업무행위로 보기 어려움 −)이다.

저수조 청소를 위하여 출입문에 설치된 자물쇠를 손괴하고 중앙공급실에 침입한 행위와 관리비 고지서를 빼앗거나 사무실의 집기 등을 들어낸 행위는 사회상규 다섯 가지 요건 중 모두에서 차이가 있다.

저수조 청소를 위하여 출입문에 설치된 자물쇠를 손괴하고 중앙공급실에 침입한 행위는 정당성·상당성·균형성·긴급성·보충성을 모두 충족한다. 형법 제20조 사회상규에 위배되지 않는다. 위법성이 조각되어 무죄다. 법질서 전체 정신·사회윤리·사회통념 관점에서 보면, 옳은 행위이며, 이익이 되는 행위이다.

그러나 관리비 고지서를 빼앗거나 사무실의 집기 등을 들어낸 행위는 정당성·상당성·균형성·긴급성·보충성을 모두 충족하지 않는다. 형법 제20조 사회상규에 위배된다. 위법성이 조각되지 않아 유죄다. 법질서 전체 정신·사회윤리·사회통념 관점에서 보면, 잘못된 행위이며, 이익이 되지 않는 행위이다.

㉑ '삼보일배' 행진 사건 【시사판례】

사실관계 피고인들이 울산지역 건설업체 용역직을 중심으로 결성된 건설플랜트 노동조합(이하 '울산 플랜트노조'라고 한다) 조합원 600여 명 등과 함께 2005. 5. 23. 13:00경부터 서울 종로구 동숭동에 있는 마로니에 공원에서 '임·단협 성실교섭 촉구 결의대회'를 개최한 후 피켓, 깃발, 현수막 등을 지니고 인근 국제협력단 건물 앞까지 2차선 전 차로를 점거하면서 삼보일배 행진을 하여 차량의 통행을 방해하였다.

이 사건 집회 참가예정단체로 신고되지 아니하였던 울산 플랜트노조원들이 집단적으로 참석하여 집회참가자 대다수를 이루었고, 차도의 통행방법으로 삼보일배 행진을 신고하지도 아니하였던 점, 위 삼보일배 행진은 약 700여 명이 이동하는 중에 앞선 100여 명이 30분간에 걸쳐 편도 2차로를 모두 차지하고 이루어진 점 등에 비추어 이 사건 집회신고 범위를 일탈한 것이다.

재판진행 검사는 피고인들을 구 집회 및 시위에 관한 법률(2006. 2. 21. 법률 제7849호로 개정되기 전의 것) 제3조 제1항, 제6조 제1항, 제12조 제1항, 형법 제20조, 도로교통법 제68조 제3항 제2호를 적용하여 기소하였다. 제1심 법원과 제2심 법원은 피고인에게 유죄를 선고하였다. 피고인들이 상고하였다.

판결요지 대법원은 원심판결을 파기하고,[70] 사건을 서울중앙지방법원으로 환송하였다.[71]

가. 집회나 시위는 다수인이 공동 목적으로 회합하고 공공장소를 행진하거나 위력 또는 기세를 보여 불특정 다수인의 의견에 영향을 주거나 제압을 가하는 행위이다. 그 회합에 참가한 다수인이나 참가하지 아니한 불특정 다수인에게 의견을 전달하기 위하여 어느 정도의 소음이나 통행의 불편 등이 발생할 수밖에 없는 것은 부득이한 것이다. 그러므로 집회나 시위에 참가하지 아니한 일반 국민도 이를 수인할 의무가 있다.

나. 따라서 그 집회나 시위의 장소, 태양, 내용, 방법 및 그 결과 등에 비추어, 집회나 시위의 목적 달성에 필요한 합리적인 범위에서 사회통념상 용인될 수 있는 다소간의 피해를 발생시킨 경우에 불과하다면, 정당행위로서 위법성이 조각될 수 있다.

다. 건설업체 노조원들이 '임·단협 성실교섭 촉구 결의대회'를 개최하면서 차도의 통행방법으로 신고하지 아니한 삼보일배 행진을 하여 차량의 통행을 방해한 사안에서, 그 시위방법이 장소, 태양, 내용, 방법과 결과 등에 비추어 사회통념상 용인될 수 있는 다소의 피해를 발생시킨 경우

---

70) 대법원 2009.7.23. 선고 2009도840 판결【집회및시위에관한법률위반·도로교통법위반】; 따름 판례 대법원 2010.4.8. 선고 2009도11395 판결: 시위 방법의 하나로 행한 '삼보일배 행진'이 사회상규에 반하지 아니하는 정당행위에 해당한다고 한 사례.
71) 서울중앙지방법원 2009.1.8. 선고 2008노2353 판결.

에 불과하고, 구 집회 및 시위에 관한 법률(2006. 2. 21. 법률 제 7849호로 개정되기 전의 것)에 정한 신고제도의 목적 달성을 심히 곤란하게 하는 정도에 이른다고 볼 수 없어, 사회상규에 위배되지 않는 정당행위에 해당한다.

판결평석 대법원 판결은 결론·논증순서·논증방법72)에서 타당하다. 이 사건은 사회상규 다섯 가지 요건 중 정당성·상당성·균형성·긴급성·보충성을 모두 충족한다. 형법 제20조 정당행위에 해당한다.

대법원 판결을 다음 순서로 더 명확하게 논증할 수 있다. ① 행위목적과 행위동기 정당성(집회·시위 목적 +), ② 행위수단과 행위방법 상당성(타인에게 혐오감을 주거나 폭력성을 내포한 행위라고 볼 수 없음, 30분 정도 2차선 편도 차지함 +), ③ 보호이익과 침해이익 법익균형성(집회시위 자유와 공공안녕질서에 대한 위험을 미리 예방하는 등 공공안녕질서를 함께 유지함 +), ④ 긴급성(현장성·최후 시점, 표현 자유 영역을 벗어나지 않음 +), ⑤ 다른 수단과 다른 방법이 없는 보충성(신고내용에 포함되지 않은 삼보일배 행진을 한 것이 신고제도 목적 달성을 심히 곤란하게 하는 정도에 이른다고 볼 수 없음 +)이다.

집회 참가예정단체로 신고하지 않고 집단적으로 참석하여서 차도의 통행방법으로 삼보일배 행진을 신고하지도 않은 채 삼보일배 행진을 하여 약 700여 명이 이동하는 중에 앞선 100여 명이 30분간에 걸쳐 편도 2차로를 모두 차지한 행위는 정당성·상당성·균형성·긴급성·보충성을 모두 충족한다. 형법 제20조 사회상규에 위배되지 않는다. 위법성이 조각되어 무죄다. 법질서 전체 정신·사회윤리·사회통념 관점에서 보면, 옳은 행위이며, 이익이 되는 행위이다.

㉒ 회사직원 컴퓨터에 보관된 전자기록등내용탐지 사건【논쟁판례】

사실관계 피고인은 '회사 직원이 회사 이익을 빼돌린다'는 소문을 확

---

72) 하태훈, 대법원 형사판결의 흐름과 변화 분석, 정의로운 사법: 이용훈대법원장재임기념, 사법발전재단, 2011, 114-194면.

인할 목적으로, 비밀번호를 설정함으로써 비밀장치를 한 전자기록인 피해자가 사용하던 '개인용 컴퓨터의 하드디스크'를 떼어내어 다른 컴퓨터에 연결한 다음 의심이 드는 단어로 파일을 검색하여 메신저 대화 내용, 이메일 등을 출력하였다.

재판진행 검사는 피고인을 형법 제316조 제2항 비밀침해죄로 기소하였다. 제1심 법원과 제2심 법원[73]은 형법 제20조 정당행위를 적용하여 무죄를 인정하였다. 검사가 상고하였다.

판결요지 대법원은 검사 상고를 기각하였다.[74]

가. 피해자의 범죄 혐의를 구체적이고 합리적으로 의심할 수 있는 상황에서 피고인이 긴급히 확인하고 대처할 필요가 있었다.

나. 그 열람의 범위를 범죄 혐의와 관련된 범위로 제한하였다.

다. 피해자가 입사시 회사 소유의 컴퓨터를 무단 사용하지 않고 업무 관련 결과물을 모두 회사에 귀속시키겠다고 약정하였다.

라. 검색 결과 범죄행위를 확인할 수 있는 여러 자료가 발견되었다.

마. 사정 등에 비추어, 피고인의 그러한 행위는 사회통념상 허용될 수 있는 상당성이 있는 행위로서 형법 제20조의 '정당행위'라고 본 원심의 판단을 수긍한다.

판결평석 대법원 판결은 결론·논증순서·논증방법에서 많은 문제점이 있다.

이 사건은 사회상규 다섯 가지 요건 중 정당성·상당성·균형성·긴급성·보충성을 모두 충족하지 못한다. 형법 제20조 정당행위에 해당하지 않는다.

그럼에도 대법원은 형법 제20조 사회상규에 해당한다고 보아 무죄를 선고하였다. 대법원 결론에 동의할 수 없다. 대법원 판례는 ① 긴급성, ② 법익균형성, ③ 정당성, ④ 상당성, ⑤ 보충성 순서로 검토하고 있다. 대법원 논증순서도 동의할 수 없다. 이번 대법원 판결은 형

---

73) 서울동부지방법원 2007.7.5. 선고 2007노318 판결.
74) 대법원 2009.12.24. 선고 2007도6243 판결 【전자기록등내용탐지】

법 제20조 사회상규를 너무 넓게 해석했다고 생각한다. 나는 이 판결을 오판이라고 생각한다.

대법원 판결을 다음 순서로 더 명확하게 논증할 수 있다. ① 행위목적과 행위동기 정당성(법법행위 확인을 위해 불법행위를 자행함 −, 검색 결과 범죄행위를 확인할 수 있는 여러 자료 발견으로 행위정당성을 주장할 수 없음 −), ② 행위수단과 행위방법 상당성(비밀장치를 한 전자기록인 피해자가 사용하던 '개인용 컴퓨터의 하드디스크'를 떼어내어 다른 컴퓨터에 연결 −), ③ 보호이익과 침해이익 법익균형성(열람 범위를 범죄 혐의와 관련된 범위로 제한: 개인정보보호와 회사영업이익 −), ④ 긴급성(범죄 혐의에 대해 구체적이고 합리적으로 의심할 수 있는 상황, 긴급확인 필요성 −), ⑤ 다른 수단이나 방법이 없다는 보충성(선택여지 있음, 동의 후 개봉)이다.

그러나 위 다섯 가지 판단기준에서 보면, 사회상규를 인정한 대법원 판결은 설득력이 없다. 정당성·상당성·균형성·긴급성·보충성을 모두 충족하지 못하기 때문이다.

"범죄혐의에 대해 구체적이고 합리적으로 의심할 수 있는 상황과 동의 없는 검색"은 사인이 한 긴급 압수수색과 헌법 제10조 인간존엄과 행복추구권 충돌 문제이다.

설령 피해자가 입사시 회사 소유 컴퓨터를 무단 사용하지 않고, 업무 관련 결과물을 모두 회사에 귀속시키겠다고 약정하였다고 하더라도 "개인용 컴퓨터를 무단으로 열람하는 것까지 허용한다는 계약"이라고 볼 수는 없다.

대법원은 ① 간통현장에서 증거수집 목적으로 방실에 침입한 행위75)와 ② 아파트 입주자대표회의의 임원 또는 아파트관리회사의 직원들인 피고인들이 기존 관리회사의 직원들로부터 계속 업무집행을 제지받던 중 관리비 고지서를 빼앗거나 사무실의 집기 등을 들어낸 행위는76) 형법 제20조 정당행위에 해당하지 않는다고 판시한바 있다. 이

---

75) 대법원 2003.9.26. 선고 2003도3000 판결【폭력행위등처벌에관한법률위반】간통현장에서 증거수집의 목적으로 방실에 침입한 사건: 간통 현장을 직접 목격하고 그 사진을 촬영하기 위하여 상간자의 주거에 침입한 행위가 정당행위에 해당하지 않는다고 한 사례.

들 판례와 비교할 필요가 있다. 피해자 불법행위에 대해 무제한 허용
되는 것은 아니다.

또한 여기서 업무 관련 결과물 귀속과 개인용 컴퓨터 동의 없는 하
드디스크 적출은 사안이 분명히 다르다. 이를 명확하게 구분해야 한
다. 아무리 직원 사용 컴퓨터라고 하지만, 범죄 의심이 있다고 생각
하여, 회사가 마음대로 그 컴퓨터 내부를 열람하거나 하드디스크를
적출할 수는 없는 것이다. 그리고 회사 무형자산(재산권) 보호도 헌법
제10조 인간존엄과 행복추구권을 침해할 수 없다. 여기에는 분명한
헌법적 한계가 있는 것이다.

따라서 대법원 이번 판결은 헌법 제10조 인간존엄과 자기결정권을
과도하게 축소한 해석이라 생각한다. 이 사안 경우 직원 하드디스크
를 확보하고(긴급성), 본인 입회 또는 동의하에 열람하는 것도 가능하
기 때문이다(보충성). 이 사안은 설령 양보해서 긴급성을 인정한다 하
더라도 보충성은 명백하게 결여되어 있다.

이번 판결은 대법원이 60년 동안 일관되게 유지해 온 "형법 제20조
사회상규에 위배되지 아니하는 행위라 함은 법질서 전체 정신·그
배후에 놓여 있는 사회윤리·사회통념에 비추어 용인될 수 있는 행
위"와도 상당히 배치되는 결론이라고 생각한다.

한편 일부 학자들은 이 사안을 형법 제24조 정당화적 긴급피난으로
해결하려는 시도를 하고 있다.[77] 그러나 이것은 긴급피난 요건 중 상
당성이 결여되어 있다. 즉 보충성·균형성·적합성 요건이 모두 충
족되지 않는다.

나의 생각이다. 비밀장치를 한 전자기록인 피해자가 사용하던 '개인
용 컴퓨터의 하드디스크'를 떼어내어 다른 컴퓨터에 연결한 다음 의

76) 대법원 2006.4.13. 선고 2003도3902 판결【폭력행위등처벌에관한법률위반·업무방해】
새로운 아파트관리회사 저수조 청소 사건과 사무실 집기 철거 사건: 아파트 입주자대표회
의의 임원 또는 아파트관리회사의 직원들인 피고인들이 기존 관리회사의 직원들로부터 계
속 업무집행을 제지받던 중 저수조 청소를 위하여 출입문에 설치된 자물쇠를 손괴하고 중
앙공급실에 침입한 행위는 정당행위에 해당하나, 관리비 고지서를 빼앗거나 사무실의 집
기 등을 들어낸 행위는 정당행위에 해당하지 않는다고 한 원심의 판단을 수긍한 사례.
77) 김영중, 방어적 긴급피난에서의 상당한 이유, 2013년 춘계공동학술회의 신진학자 연구발
표회, 한국형사형사법학회·한국비교형사법학회, 2013, 79-95면(91면).

심이 드는 단어로 파일을 검색하여 메신저 대화 내용, 이메일 등을 출력한 행위는 형법 제316조 제2항 비밀침해죄가 성립한다. 정당성·상당성·균형성·긴급성·보충성을 모두 충족하지 않는다. 형법 제20조 사회상규에 위배된다. 법질서 전체 정신·사회윤리·사회통념 관점에서 보면, 잘못된 행위이며, 이익이 되지 않는 행위이다.

이 판결은 형법 제20조 사회상규 위배여부 판단방법을 다시 생각하게 한다.

㉓ 취재요구 보도 협박 사건

사실관계 피고인은 검찰신문(Examination a Newspaper) 서울취재본부의 취재부장으로 근무하던 중, 공소외 1의 조카 공소외 2로부터는 "고모 공소외 1이 남편과 자식이 없기 때문에 공소외 1이 소유하는 상가와 주택은 공소외 2의 아버지 등이 상속받을 수 있는데, 고모가 공소외 3 법무사, 공소외 4 등에게 증여하여 빼앗겼으니 되찾아와야 한다."라는 말을, 공소외 5로부터는 "법무사 공소외 3이 공소외 1이라는 할머니로부터 상가와 주택을 증여받았는데, 조세포탈의 의혹이 있고, 공소외 3이 공소외 1로부터 재산을 증여받은 후 공소외 1을 방치하여 가족들이 이의를 제기하고 있다."라는 말을 듣게 되자, ① 2008. 6. 19. 15:00경 고소인 공소외 3이 운영하는 법무사 사무실에서 취재수첩을 꺼내어 놓고 고소인에게 "검찰신문 서울취재본부의 취재부장인데, 서울 종로구 세종로에 있는 공소외 1의 증여재산과 관련하여 취재하러 왔다. 당신과 공소외 4는 로또에 당첨된 것과 마찬가지인데 남의 재산 80억 원 상당을 불법으로 먹어버리고 공소외 1을 방치할 수 있느냐, 공소외 1이 불쌍한데 이 사실을 검찰신문에 보도하려고 한다. 취재에 응하지 아니하면 지금까지 내가 조사한 내용을 그대로 신문에 보도하겠다."라고 말하고, ② 2008. 6. 27. 13:00경 같은 장소에서 고소인에게 "지금부터 하는 모든 대화는 녹음되고 있다. 공소외 1의 재산을 불법으로 편취하고, 증여세를 포탈한 점에 대해 독자들의 알권리를 위해 취재에 응해 달라. 공소외 6이 공소외 1

로부터 증여받은 부동산을 다시 공소외 1에게 반환하라고 법무사인 당신에게 주었는데, 당신이 서류를 위조하여 공소외 7, 8에게 증여했는데 범법행위가 아니냐."라고 말하면서 미리 준비한 인터뷰(서면질의) 협조요청서와 서면질의 내용을 책상 위에 올려놓고 "취재에 응하지 않으면 내가 조사한 공소외 1 재산의 불법편취, 증여세 탈세, 공소외 6의 사문서위조 등에 관한 내용을 그대로 다음 주 신문, 방송에 보도하겠다. 마지막으로 한 번의 기회를 주겠다. 다음 주 월요일까지 시간을 주는데 응하지 않으면 불리할 것이다."라고 말하여 각 고소인을 협박하였다.

재판진행   검사는 피고인에게 제283조 제1항 협박죄를 적용하여 기소하였다. 제1심 법원78)은 피고인에게 무죄를 선고하였다. 그러나 제2심 법원79)은 피고인에게 유죄를 선고하였다. 피고인이 상고하였다.

판결요지   대법원은 원심판결을 파기하고, 사건을 서울북부지방법원에 환송하였다.80)

가. 신문은 헌법상 보장되는 언론자유의 하나로서 정보원에 대하여 자유로이 접근할 권리와 취재한 정보를 자유로이 공표할 자유를 가진다(신문 등의 진흥에 관한 법률 제3조 제2항 참조). 그러므로 종사자인 신문기자가 기사 작성을 위한 자료를 수집하기 위해 취재활동을 하면서 취재원에게 취재에 응해줄 것을 요청하고 취재한 내용을 관계 법령에 저촉되지 않는 범위 내에서 보도하는 것은 신문기자의 일상적 업무 범위에 속하는 것이다. 특별한 사정이 없는 한 사회통념상 용인되는 행위라고

---

78) 서울북부지방법원 2010.3.26. 선고 2009고단2286 판결. 제1심 법원은 피고인이 피해자에게 취재를 요청한 행위가 피해자에게 해악을 고지한 것으로 볼 수 있지만, 사회통념상 용인될 수 있는 행위로서 위법성을 결하고 있다는 이유로 위 공소사실에 대하여 무죄를 선고하였다.

79) 서울북부지방법원 2010.12.29. 선고 2010노537 판결. 제2심 법원은 제1심 판단과는 달리, 그 채용 증거에 의하여 피고인이 공소사실과 같이 고소인을 협박한 사실을 인정한 다음, 피고인의 그러한 행위는 취재 요구의 과정과 방법, 피고인과 고소인의 관계, 취재대상의 내용에 비추어 볼 때 사회통념상 용인되는 정당행위라고 할 수 없다고 보아 피고인에 대하여 유죄를 선고하였다. 피고인을 징역 8월에 처한다. 다만, 이 판결 확정일로부터 2년간 위 형의 집행을 유예한다. 피고인에 대하여 120시간의 사회봉사를 명한다.

80) 대법원 2011.7.14. 선고 2011도639 판결 【협박】

보아야 한다.

나. 신문기자인 피고인이 고소인에게 2회에 걸쳐 증여세 포탈에 대한 취재를 요구하면서 이에 응하지 않으면 자신이 취재한 내용대로 보도하겠다고 말하여 협박하였다는 취지로 기소된 사안이다. 피고인이 취재와 보도를 빙자하여 고소인에게 부당한 요구를 하기 위한 취지는 아니었던 점, 당시 피고인이 고소인에게 취재를 요구하였다가 거절당하자 인터뷰 협조요청서와 서면질의 내용을 그 자리에 두고 나왔을 뿐 폭언을 하거나 보도하지 않는 데 대한 대가를 요구하지 않은 점, 관할 세무서가 피고인의 제보에 따라 탈세 여부를 조사한 후 증여세를 추징하였다고 피고인에게 통지한 점, 고소인에게 불리한 사실을 보도하는 경우 기자로서 보도에 앞서 정확한 사실 확인과 보도 여부 등을 결정하기 위해 취재 요청이 필요했으리라고 보이는 점 등 제반 사정에 비추어, 위 행위가 설령 협박죄에서 말하는 해악의 고지에 해당하더라도 특별한 사정이 없는 한 기사 작성을 위한 자료를 수집하고 보도하기 위한 것으로서 신문기자의 일상적 업무 범위에 속하여 사회상규에 반하지 아니하는 행위라고 보는 것이 타당하다. 이와 달리 본 원심판단에 정당행위에 관한 법리오해의 위법이 있다.

판결평석   대법원 판결은 결론 · 논증순서 · 논증방법에서 타당하다.

이 사건에서 피고인 협박행위는 사회상규 다섯 가지 요건 중 정당성 · 상당성 · 균형성 · 긴급성 · 보충성을 모두 충족한다. 형법 제20조 정당행위에 해당한다.

대법원 판결을 다음 순서로 더 명확하게 논증할 수 있다. ① 행위목적과 행위동기 정당성(사건 보도 +), ② 행위수단과 행위방법 상당성(사건 취재 불응시 사건 보도 통고 · 금전 요구 없음, 인터뷰 협조요청서와 서면질의 +), ③ 보호이익과 침해이익 법익균형성(언론 자유 · 취재 자유 · 법령 범위내 보도 자유와 개인 자유 +), ④ 긴급성(시급함 +), ⑤ 다른 수단과 다른 방법이 없는 보충성(선택여지 없음 +)이다.

신문기자인 피고인이 고소인에게 2회에 걸쳐 증여세 포탈에 대한 취재를 요구하면서 이에 응하지 않으면 자신이 취재한 내용대로 보도하겠다고 말한 행위는 구성요건인 협박에 해당한다. 그러나 형법 제

20조 사회상규에 위배되지 않는다. 정당성·상당성·균형성·긴급성·보충성을 모두 충족한다. 위법성이 조각되어 무죄다. 법질서 전체 정신·사회윤리·사회통념 관점에서 보면, 옳은 행위이며, 이익이 되는 행위이다.

㉔ 청탁을 통해 처분금지가처분등기를 취하한 사건

사실관계 피고인 1은 공소외 1 주식회사의 대표이사이자, 2007. 7. 5.경부터 2008. 4. 7.경까지 피해자인 공소외 2 주식회사의 감사였고, 피고인 2는 2007. 7. 19.경부터 공소외 3 주식회사의 감사로 있다가, 같은 해 9. 5.경부터 대표이사가 되었다.

피고인 1은 2007. 7. 5.경 공소외 1 주식회사 명의로 공소외 2 주식회사로부터 ○○터미널 복합건물 신축사업을 인수하는 내용의 이 사건 사업권양수도계약서를 작성하였다. 피고인 1은 위 사업권 양수대금 30억원 중 계약금 1억원을 당일 지급하고, 중도금 및 잔금 합계 29억원은 위 사업권을 근거로 금융기관의 대출을 받아 지급할 의무를 부담하고, 공소외 2 주식회사는 위 사업에 필요한 여객자동차운수사업법에 의한 여객자동차터미널사업 면허를 보유하고 있는 공소외 3 주식회사에 대한 인수포기 등 위 사업에 더 이상 관여하지 않을 의무를 부담하되, 피고인 1이 중도금 또는 잔금을 지급하지 못할 경우 위 계약을 무효로 하기로 약정하였고, 위 계약에 따라 피고인 1은 같은 날 공소외 2 주식회사의 감사로, 피고인 1이 지정하는 공소외 4가 대표이사로 각 취임하였다. 그런데 그 무렵 공소외 5 주식회사도 위 사업을 추진하던 중 2007. 7. 19.경 위 여객자동차터미널사업 면허를 보유하고 있는 공소외 3 주식회사를 인수한 후 위 사업을 근거로 하나캐피탈 등 금융기관에서 225억원을 대출받는 바람에, 피고인 1은 같은 내용의 위 사업을 근거로 한 대출을 받지 못하여 위 계약에 따른 중도금 및 잔금 지급의무를 이행하지 못하게 되었다.

한편, 공소외 2 주식회사는 2005. 9. 10.경 위 사업부지로 공소외 6, 7, 8, 9 공유의 ○○시 ○○동 (지번 1 생략)(이하 이 사건 토지라 한다)를 계약금 5억원, 중도금 및 잔금 13억 5,000만원 등 매매대금 18억 5,000만원에 매수하는 계약을 체결한 후, 2005. 10. 14.경까지 계약금 4억원을 지급하였다. 피고인 1은 2007. 10.경 대전지방법원 천안지원에서 이 사건 토지에 관하여 공소외 2 주식회사가 매수인으로서 공소외 6 등 매도인들에 대하여 갖는 소유권이전등기청구권을 피보전권리로 하여 이 사건 토지의 매매 등 일체의 처분행위를 금지하는 내용의 가처분을 신청하였고, 같은 달 31.경 법원의 가처분결정에 따라 2007. 11. 2.경 가처분등기가 경료되었다. 이에 따라 피고인 1은 공소외 2 주식회사의 감사이자 사실상 공소외 2 주식회사를 관리하는 지위에 있는 자로서 공소외 2 주식회사가 위 사업을 포기하지 않았으므로 이를 다시 추진할 경우에 대비하여 이 사건 토지를 사업부지로 확보하기 위하여 위 가처분등기를 유지하여 이 사건 토지가 다른 곳에 처분되지 않도록 할 업무상 임무가 있었다.

한편, 공소외 5 주식회사는 공소외 3 주식회사 명의로 위 사업을 추진하고 있었는데, 피고인 2는 공소외 3 주식회사의 대표이사로서 이 사건 토지를 매수할 필요성이 있어, 피고인 1에게 이 사건 토지에 관한 위 가처분신청을 취하해 달라는 취지로 부탁하면서 그 대가로 4억 4,000만원을 교부하였다.

피고인 1은 2007. 11. 30.경 위 대전지방법원 천안지원에서 위와 같은 업무상 임무에 위배하여 피고인 2로부터 위와 같은 부탁을 받고 이 사건 토지에 관한 위 가처분신청을 취하하여 위 가처분등기가 말소되고, 같은 날 공소외 3 주식회사에게 그 소유권이전등기가 경료되게 하였다.

이로써 피고인들은 공모하여, 공소외 2 주식회사에게 시가 미상의 이 사건 토지에 대한 소유권이전등기청구권 상실의 손해를 가하고, 공소외 3 주식회사로 하여금 시가 24억원 상당의 이 사건 토지를 소유하는 이익을 취득하게 하였다.

피고인 1은 2007. 11. 30.경 불상의 장소에서 공소외 3 주식회사 명의로 이 사건 토지를 매수하려고 하는 피고인 2로부터 이 사건 토지에 관한 위 가처분신청을 취하해 달라는 취지의 부정한 청탁을 받고, 같은 날 공소외 1 주식회사 명의의 계좌로 2억 원, 2007. 12. 5. 2억 원, 2007. 12. 10. 4,000만원 등 합계 4억 4,000만원을 입금받아 이를 취득하였다.

피고인 2는 위와 같은 일시, 장소에서 피고인 1에게 위와 같이 부정한 청탁의 대가로 합계 4억 4,000만원을 송금하여 이를 공여하였다.

재판진행 검사는 피고인들에게 특정경제범죄 가중처벌 등에 관한 법률 위반(배임)죄를 적용하여 기소하였다. 제1심 법원[81]과 제2심 법원[82]은 피고인 1에게 업무상배임의 점 및 배임수재의 점에 관하여 무죄를 선고하였고, 피고인 2에게 배임증재죄에 대해 무죄를 선고하였다. 검사는 상고하였다.

판결요지 대법원은 피고인 1에 대해 원심판결을 파기하고, 사건을 서울고등법원에 환송하였다. 그러나 피고인 2에 대해 검사 상고를 기각하였다.[83]
  가. 부동산에 처분금지가처분결정을 받아 가처분집행까지 마친 경우, 피보전권리의 실제 존재 여부를 불문하고 가처분이 되어 있는 부동산은 매매나 담보제공 등에 있어 그렇지 않은 부동산보다 불리할 수밖에 없는 점, 가처분집행이 되어 있는 부동산의 가처분집행이 해제되면 가처분 부담이 없는 부동산을 소유하게 되는 이익을 얻게 되는 점 등을 고려하면 가처분권리자로서는 가처분 유지로 인한 재산상 이익이 인정되고, 그 후 가처분의 피보전채권이 존재하지 않는 것으로 밝혀졌더라도 가처분의 유지로 인한 재산상 이익이 있었던 것으로 보아야 한다.
  나. 거래상대방의 대향적 행위의 존재를 필요로 하는 유형의 배임죄에서 거래상대방은 기본적으로 배임행위의 실행행위자와 별개의 이해관계를 가지고 반대편에서 독자적으로 거래에 임한다는 점을 감안할 때, 거래상대방이 배임행위를 교사하거나 배임행위의 전 과정에 관여하는 등 배

---

81) 수원지방법원 성남지원 2009.12.3. 선고 2009고합193 판결.
82) 서울고등법원 2010.5.28. 선고 2009노3595 판결.
83) 대법원 2011.10.27. 선고 2010도7624 판결【특정경제범죄가중처벌등에관한법률위반(배임)·배임수재·배임증재·유가증권위조·위조유가증권행사·사문서위조·위조사문서행사·공정증서원본불실기재·불실기재공정증서원본행사】

임행위에 적극 가담함으로써 실행행위자와의 계약이 반사회적 법률행위에 해당하여 무효로 되는 경우 배임죄의 교사범 또는 공동정범이 될 수 있음은 별론으로 하고, 관여 정도가 거기에까지 이르지 아니하여 법질서 전체적인 관점에서 살펴볼 때 사회적 상당성을 갖춘 경우에는 비록 정범의 행위가 배임행위에 해당한다는 점을 알고 거래에 임하였다는 사정이 있어 외견상 방조행위로 평가될 수 있는 행위가 있었다 할지라도 범죄를 구성할 정도의 위법성은 없다고 보는 것이 타당하다.

다. 형법 제357조 제1항의 배임수재죄와 같은 조 제2항의 배임증재죄는 통상 필요적 공범의 관계에 있기는 하나, 이것은 반드시 수재자와 증재자가 같이 처벌받아야 하는 것을 의미하는 것은 아니고, 증재자에게는 정당한 업무에 속하는 청탁이라도 수재자에게는 부정한 청탁이 될 수도 있다.

라. 갑 주식회사를 사실상 관리하는 을이 갑 회사가 사업용 부지로 매수한 토지에 관하여 처분금지가처분등기를 마쳐두었는데, 위 토지를 매수하려는 병에게서 가처분을 취하해 달라는 취지의 청탁을 받고 돈을 수수하였다는 내용으로 기소된 사안에서, 을이 받은 돈은 부정한 청탁의 대가임이 분명하고 을에게 부정한 청탁에 대한 인식이 없었다고 볼 수 없어 배임수재죄가 성립하나, 반면 병은 사업의 더 큰 손실을 피하기 위하여 가처분 취하의 대가로 을이 지정하는 계좌로 돈을 송금한 점, 병으로서는 위 돈이 궁극적으로 갑 회사에 귀속될 것인지 을에게 귀속될 것인지에 관한 분명한 인식이 있었다고 볼 수 없는 점 등 제반 사정에 비추어, 병이 가처분 취하의 대가로 돈을 교부한 행위는 사회상규에 위배되지 아니하여 배임증재죄를 구성할 정도의 위법성은 없다.

판결평석 대법원 판결은 결론 · 논증순서 · 논증방법에서 타당하다. 판례평석은 피고인 2행위에 집중하려고 한다. 이 사건에서 피고인 2의 부정청탁행위는 구성요건에 해당하지만, 사회상규 다섯 가지 요건 중 정당성 · 상당성 · 균형성 · 긴급성 · 보충성을 모두 충족한다. 형법 제20조 정당행위에 해당한다.

대법원 판결을 다음 순서로 더 명확하게 논증할 수 있다. ① 행위목적과 행위동기 정당성(사업손실 최소화 +), ② 행위수단과 행위방법 상당성(청탁대금을 제공하고 처분금지가처분등기 취하 ＋), ③ 보호이익과 침해이익 법익균형성(재산과 재산 ＋), ④ 긴급성(시급함 ＋), ⑤ 다른 수단과 다른 방법이 없는 보충성(선택여지 없음 ＋)이다.

갑 주식회사를 사실상 관리하는 을이 갑 회사가 사업용 부지로 매수한 토지에 관하여 처분금지가처분등기를 마쳐두었는데, 위 토지를 매수하려는 병에게서 가처분을 취하해 달라는 취지의 청탁을 받고 돈을 수수한 행위는 부정청탁으로 구성요건에 해당한다. 그러나 형법 제20조 사회상규에 위배되지 않는다. 정당성·상당성·균형성·긴급성·보충성을 모두 충족한다. 위법성이 조각되어 무죄다. 법질서 전체 정신·사회윤리·사회통념 관점에서 보면, 옳은 행위이며, 이익이 되는 행위이다.

㉕ 아파트 엘리베이터내 공고문 훼손 사건【쟁점판례】

사실관계 피고인이 2012. 3. 27. 12:00경 서울 ○○구 (이하 생략)아파트 126동 엘리베이터에서 그곳에 부착된 '126동 동별대표자 해임 동의서 무효 처리의 건'이라는 제목의 위 아파트 선거관리위원회 위원장 공소외 1 명의의 공고문을 손으로 떼어내어 그 효용을 해하였다.

재판진행 검사는 피고인을 형법 제366조 제1항 재물손괴죄로 기소하였다. 제1심 법원과 제2심 법원[84]은 피고인에게 유죄를 선고하였다. 피고인은 형법 제20조 정당행위를 이유로 상고하였다.

판결요지 대법원은 원심판결 중 피고인에 대한 부분을 파기하고, 서울동부지방법원 합의부에 환송하였다.[85]

---

84) 서울동부지방법원 2013.5.24. 선고 2013노179 판결.
85) 대법원 2014.1.16. 선고 2013도6761 판결【문서손괴】【주문】원심판결 중 피고인에 대한 부분을 파기하고, 이 부분 사건을 서울동부지방법원 합의부에 환송한다. 원심은 피고인의 행위를 정당행위에 해당한다고 보기 어렵다고 판단하였으니, 이러한 원심의 판단에는 정당행위에 관한 법리를 오해하여 판결에 영향을 미친 위법이 있다. 이 점을 지적하는 상고이유의 주장은 이유 있다. 그러므로 원심판결 중 피고인에 대한 부분을 파기하고 이 부분 사건을 다시 심리·판단하도록 하기 위하여 원심법원에 환송하기로 하여, 관여 대법관의 일치된 의견으로 주문과 같이 판결한다. 대법관 이상훈(재판장) 신영철 김용덕 김소영(주심).

가. 형법 제20조에 정하여진 '사회상규에 위배되지 아니하는 행위'라 함은, 법질서 전체의 정신이나 그 배후에 놓여 있는 사회윤리 내지 사회통념에 비추어 용인될 수 있는 행위를 말한다.

나. 어떤 행위가 그 행위의 동기나 목적의 정당성, 행위의 수단이나 방법의 상당성, 보호이익과 침해이익의 법익 균형성, 긴급성, 그 행위 이외의 다른 수단이나 방법이 없다는 보충성 등의 요건을 갖춘 경우에는 정당행위에 해당한다 할 것이다(대법원 1986.10.28. 선고 86도1764 판결, 대법원 2005.2.25. 선고 2004도8530 판결 등 참조).

다. 이 사건 공고문을 ○○구청에 위반사항 신고의 첨부자료로 사용하기 위하여 2012. 3. 27. 12:25경 손으로 뜯어내었고, 또한 공소외 1에게 "공소외 1 선거관리위원장이 126동에 게시한 공고문을 뜯어 ○○구청 위반사항 신고 첨부자료로 사용합니다."라는 내용을 휴대전화 문자메시지로 보냈으며, 실제로 이 사건 공고문을 ○○구청 질의서에 첨부자료로 사용하였을 뿐만 아니라 아울러 그 복사본을 설명과 함께 입주자들에게도 배부한 사실 등을 알 수 있다.

라. 공소외 1은 정당한 사유 없이 공소외 2의 해임에 관한 투표절차를 수차례 거부하였고, 아파트 내에 게시물을 게시하는 경우 관리사무소장의 직인을 받아야 함에도 그 직인을 받음이 없이 정식 게시판이 아닌 엘리베이터 내부에 이 사건 공고문을 부착한 점, 피고인은 입주민들이 이 사건 공고문을 보는 경우 공소외 2에 대한 해임요청이 절차를 거쳐 적법하게 무효화 된 것으로 오인할 가능성이 있으므로 이를 신속하게 방지하고, 이 사건 공고문을 ○○구청에 위반사항 신고의 첨부자료로 사용하기 위하여 떼어내면서, 공소외 1에게 앞서 본 바와 같은 내용의 휴대전화 문자메시지를 보냈고, 실제로 이 사건 공고문을 송파구청 질의서에 첨부자료로 사용하였으며, 아울러 그 복사본을 설명과 함께 입주자들에게도 배부한 것을 고려하면, 피고인의 행위가 사회통념상 현저하게 타당성을 잃은 것으로 보이지 않는다.

마. 피고인의 행위는 이 사건 공고문 1장을 떼어낸 것에 불과하여 그 피해가 매우 적은 반면, 아파트 입주민들이 선거관리위원장을 상대로 동별대표자에 대한 해임절차를 적법하게 진행하여 달라고 요구할 수 있는 이익 또는 이 사건 공고문을 위반사항 신고의 첨부자료로 사용할 수 있는 이익은 더 큰 것으로 보인다.

바. 피고인이 공소외 1에게 요구하여 이 사건 공고문을 떼어내도록 하거나 <u>관리사무소의 협조를 얻는 등의 간이한 방법을 선택할 수 있었다고 볼 사정도 없으므로,</u> 피고인으로서는 불가피하게 이 사건 공고문을 떼어낸 것으로 보인다.

사. <u>피고인의 행위는</u> 그 동기나 목적의 정당성, 수단이나 방법의 상당성, 보호이익과 침해이익의 법익 균형성, 긴급성, 그 행위 이외의 다른 수단이나 방법이 없다는 보충성 등의 요건을 충족하므로 <u>정당행위에 해당한다</u>고 할 것이다.

판결평석 대법원 판결은 결론·논증순서·논증방법에서 많은 문제점이 있다. 나는 오판이라고 생각한다.

형법 제20조 사회상규는 정당성·상당성·균형성·긴급성·보충성의 순서로 논증하면 될 것이다. 만약 어느 하나라도 충족하지 못하면 사회상규에 위배되는 것이다. 이 사건은 사회상규 다섯 가지 요건 중 정당성·균형성을 제외하고, 상당성·긴급성·보충성이 충족되지 않는다. 형법 제20조 정당행위에 해당되지 않는다.

대법원은 사회상규 판단방법에 따라 이 사안을 자세히 검토하고 있다. 핵심은 세 가지이다. "① 정보오인가능성을 신속하게 차단하고(정당성), ② 공고문을 구청에 신고 자료로 사용하며(법익균형성), ③ 다른 방법을 선택할 사정도 보이지 않는다(보충성). 따라서 피고인의 행위는 그 동기나 목적의 정당성, 수단이나 방법의 상당성, 보호이익과 침해이익의 법익 균형성, 긴급성, 그 행위 이외의 다른 수단이나 방법이 없다는 보충성 등의 요건을 충족하므로 정당행위에 해당한다." 그러나 대법원 판결에서 상당성·긴급성·보충성 판단은 타당하다고 볼 수 없다.

대법원 판결을 다음 순서로 더 명확하게 논증할 수 있다. ① 행위목적과 행위동기 정당성(잘못된 정보 신속차단 +), ② 행위수단과 행위방법 상당성(아파트관리규약 위반 공고문을 뜯어 냄, 문서훼손 −), ③ 보호이익과 침해이익 법익균형성(제출용 자료로 활용, 사익대 문서 1장, 사익 +), ④ 긴급성(긴급성 없음 −), ⑤ 다른 수단과 다른 방법이 없는 보충성(불가피한 수단이었다고 볼 수도 없음 −)이다.

이 사안 경우 정당성과 법익균형성은 피고인에게 유리하게 판단할 수 있지만, 상당성·긴급성·보충성이 결여되어 있다고 생각한다. 합리적 갈등해소 방법으로 이 사안 경우 문서훼손보다 오히려 문서복사로 대체할 수 있을 것이다. 타인이 작성한 문서를 구청제출용으로 임의로 처리할 수 있는지도 의문이다. 또한 아파트관리사무실에 연락을 해서 적법절차에 따라 '불법 공고문'을 철거할 수 있을 것이다. 과연 이러한 적법절차가 얼마나 시간이 걸리는지 의문이다. 또한 현장에서 공고문을 철거하는 것이 얼마나 시급한지도 의문이다. <u>공고문을 위반사항 신고의 첨부자료로 사용하기 위함이라고</u> 논증하지만, 과연 문서 소멸 정도로 긴박한 시점이었는지도 의문이다. 다른 수단과 다른 방법으로 사진촬영과 문서복사 등 여러 가지들이 있었을 것이다. 따라서 대상판결은 사회상규를 무리하게 해석한 오판이라고 생각한다. 사회상규 판단은 사회갈등을 합리적으로 해결하는 나침판 역할을 한다. 누군가 불법광고물로 생각만 하면, 부착된 공고문을 현장에서 마음대로 훼손할 수 있는가? 이번 대법원 판결은 이러한 인식을 확산시킬 우려가 있다.

<u>피고인이</u> 아파트 엘리베이터에서 부착된 '동별대표자 해임 동의서 무효 처리의 건'이라는 제목의 아파트 선거관리위원회 위원장 명의의 <u>공고문을 손으로 떼어내어 그 효용을 해한 행위는</u> 형법 제366조 제1항 재물손괴죄가 성립한다. 형법 제20조 정당행위에 해당하지 않는다. 법령 위반뿐만 아니라 사회상규에 위배되기 때문이다. 정당성·상당성·균형성·긴급성·보충성을 모두 충족하지 않는다. 법질서 전체 정신·사회윤리·사회통념 관점에서 보면, 잘못된 행위이며, 이익이 되지 않는 행위이다. 다른 위법성조각사유도 없다. 각종 게시판에 붙은 작은 공고문이라도 적법절차에 따라 처리해야 한다. 만약 그 내용이 위법 내용이라면, 별도 그에 상응하는 법적 절차를 밟으면 된다. 이번 대법원 판결은 사회상규 위배여부 판단방법에서 그동안 쌓은 정밀한 논증을 무너뜨린 판결로 생각한다. 많은 아쉬움이 있다.

㉖ 블로그에 '남성의 발기된 성기 사진' 게재 사건【논쟁판례】

사실관계 방송통신심의위원회 심의위원인 피고인이 자신의 인터넷 블로그에 위원회에서 음란정보로 의결한 '남성의 발기된 성기 사진'[86]을 게시함으로써 정보통신망을 통하여 음란한 화상 또는 영상인 사진을 공공연하게 전시하였다.

재판진행 검사는 피고인을 정보통신망 이용촉진 및 정보보호 등에 관한 법률 제44조의7 제1항 제1호·제74조 제1항 제2호(음란물유포) 위반죄로 기소하였다. 제1심 법원과 제2심 법원[87]은 "남성의 발기된 성기 사진들은 음란물'에 해당하지 않는다"며 구성요건을 조각하여 피고인에게 무죄를 선고하였다. 검사가 상고하였다.

판결요지 대법원은 '음란물' 법리해석을 변경한 후, 검사 상고를 기각하였다.[88] 쟁점은 두 가지이다. ① 블로그에 게제 한 남성의 발기된 성기 사진

---

86) 대법원 2017.10.26. 선고 2012도13352 판결【정보통신망이용촉진및정보보호등에관한법률위반(음란물유포)】이 사건 사진들은 모두 '○○○○'라는 블로그에 게시되었던 것을 화면 갈무리한 것들이다. 첫 번째 갈무리 사진은 발기 전과 후의 성기상태가 비교된 사진 2장이 게재된 영상이고, 두 번째 갈무리 사진은 그중 발기 후 성기를 확대한 사진 위에 '발기 끝날 때쯤'이라는 제목이 붙은 영상이다. 세 번째 갈무리 사진은 발기된 성기를 다른 각도에서 찍은 2장의 사진을 맞붙인 사진 오른쪽에 벌거벗은 남성의 뒷모습 사진을 나란히 배치한 영상이고, 네 번째 갈무리 사진은 그중 왼쪽의 2장짜리 사진을 확대한 것이다. 다섯 번째 갈무리 사진은 '버스 안에서'라는 제목 아래 햇빛이 비쳐드는 공간에서 바지 사이로 발기된 성기를 꺼내어 노출시킨 후 손으로 바지를 누르고 있는 모습의 사진이 게재된 영상이다.

87) 서울고등법원 2012.10.18. 선고 2012노2340 판결. 이 사건 사진들이 발기된 남성 성기를 적나라하게 노출하고 있고, 저속하거나 문란한 느낌을 주기는 하나, 피고인이 별도의 성적인 설명 또는 평가를 부가하지 아니하고, 그 바로 아래에 심의규정을 소개하면서 이 사건 사진들을 음란물로 판단한 방송통신심의위원회의 다수 의견에 대한 비판적 견해를 피력한 이상, 이 사건 게시물의 전체적 맥락에서 이 사건 사진들이 음란물에 해당한다고 단정할 수 없다.

88) 대법원 2017.10.26. 선고 2012도13352 판결【정보통신망이용촉진및정보보호등에관한법률위반(음란물유포)】원심의 위와 같은 판단에는 정보통신망법 제74조 제1항 제2호 및 제44조의7 제1항 제1호가 규정하는 '음란'에 관한 법리를 오해한 잘못이 있다. 그러나 이 사건 공소사실에 대하여 무죄로 판단한 것은 결론적으로 정당하므로, 원심의 위와 같은 잘못은 판결 결과에 영향이 없다; 이 판결에 대한 비판적 논문으로 황성기, 음란 표현물에 대한 새로운 판단기준과 비판: - 대법원 2017.10.26. 선고 2012도13352 판결, 언론중재 2017 겨울호, 언론중재위원회, 2017, 88 - 93면.

은 음란물에 해당한다. ② 그러나 블로그 게제행위는 형법 제20조 사회상규에 위배되지 않는다. 따라서 이 사건 공소사실에 대하여 무죄로 판단한 것은 결론적으로 정당하다. 하지만 원심의 위와 같은 잘못은 판결 결과에 영향이 없다. 검사 상고를 기각한다.

가. 정보통신망 이용촉진 및 정보보호 등에 관한 법률 제44조의7 제1항 제1호, 제74조 제1항 제2호에서 규정하는 '음란'이란 사회통념상 일반 보통인의 성욕을 자극하여 성적 흥분을 유발하고 <u>정상적인 성적 수치심을 해하여 성적 도의관념에 반하는 것</u>을 말한다. 음란성에 관한 논의는 자연스럽게 형성·발전되어 온 사회 일반의 성적 도덕관념이나 윤리의식 및 문화적 사조와 직결되고, 아울러 개인의 사생활이나 행복추구권 및 다양성과도 깊이 연관되는 문제이다. 국가 형벌권이 지나치게 적극적으로 개입하기에 적절한 분야가 아니다. 이러한 점을 고려할 때, 특정 표현물을 형사처벌의 대상이 될 음란 표현물이라고 하기 위하여는 표현물이 단순히 성적인 흥미에 관련되어 저속하다거나 문란한 느낌을 준다는 정도만으로는 부족하다. 사회통념에 비추어 <u>전적으로 또는 지배적으로 성적 흥미에만 호소할 뿐 하등의 문학적·예술적·사상적·과학적·의학적·교육적 가치를 지니지 아니한 것이다. 과도하고도 노골적인 방법에 의하여 성적 부위나 행위를 적나라하게 표현·묘사함으로써, 존중·보호되어야 할 인격체로서의 인간의 존엄과 가치를 훼손·왜곡한다고 볼 정도로 평가될 수 있어야 한다.</u> 나아가 이를 판단할 때에는 표현물 제작자의 주관적 의도가 아니라 <u>사회 평균인의 입장에서 전체적인 내용을 관찰하여 건전한 사회통념에 따라 객관적이고 규범적으로 평가하여야 한다.</u>

나. 음란물이 그 자체로는 하등의 문학적·예술적·사상적·과학적·의학적·교육적 가치를 지니지 아니하더라도, 음란성에 관한 논의의 특수한 성격 때문에, 그에 관한 논의의 형성·발전을 위해 문학적·예술적·사상적·과학적·의학적·교육적 표현 등과 결합되는 경우가 있다. 이러한 경우 음란 표현의 해악이 이와 결합된 위와 같은 표현 등을 통해 상당한 방법으로 해소되거나 <u>다양한 의견과 사상의 경쟁메커니즘에 의해 해소될 수 있는 정도라는 등의 특별한 사정이 있다면, 이러한 결합 표현물에 의한 표현행위는 공중도덕이나 사회윤리를 훼손하는 것이 아니어서, 법질서 전체의 정신이나 그 배후에 놓여 있는 사회윤리 내지</u>

사회통념에 비추어 용인될 수 있는 행위로서 형법 제20조에 정하여진 '사회상규에 위배되지 아니하는 행위'에 해당된다.

다. 피고인의 게시물은 다른 블로그의 화면 다섯 개를 갈무리하여 옮겨온 남성의 발기된 성기 사진 8장(이하 '사진들'이라 한다)과 벌거벗은 남성의 뒷모습 사진 1장을 전체 게시면의 절반을 조금 넘는 부분에 걸쳐 게시하고, 이어서 정보통신에 관한 심의규정 제8조 제1호를 소개한 후 피고인의 의견을 덧붙이고 있다. 그러므로 피고인의 게시물은 사진들과 음란물에 관한 논의의 형성·발전을 위한 학술적, 사상적 표현 등이 결합된 결합 표현물이다. 사진들은 오로지 남성의 발기된 성기와 음모만을 뚜렷하게 강조하여 여러 맥락 속에서 직접적으로 보여줌으로써 성적인 각성과 흥분이 존재한다는 암시나 공개장소에서 발기된 성기의 노출이라는 성적 일탈의 의미를 나타내고, 나아가 여성의 시각을 배제한 남성중심적인 성관념의 발로에 따른 편향된 관점을 전달하고 있어 음란물에 해당한다.

라. 그러나 사진들의 음란성으로 인한 해악은 이에 결합된 학술적, 사상적 표현들과 비판 및 논증에 의해 해소되었다. 결합 표현물인 게시물을 통한 사진들의 게시는 목적의 정당성, 수단이나 방법의 상당성, 보호법익과 침해법익 간의 법익균형성이 인정되어 법질서 전체의 정신이나 그 배후에 놓여 있는 사회윤리 내지 사회통념에 비추어 용인될 수 있는 행위에 해당한다.

마. 그러므로 원심이 게시물의 전체적 맥락에서 사진들을 음란물로 단정할 수 없다고 본 것에는 같은 법 제74조 제1항 제2호 및 제44조의7 제1항 제1호가 규정하는 '음란'에 관한 법리오해의 잘못이 있으나, 공소사실을 무죄로 판단한 것은 결론적으로 정당하다.

판결평석 대법원 판결은 결론·논증순서·논증방법에서 타당하다. 그러나 긴급성과 보충성에서 정밀한 해석이 아쉽다. 피고인이 왜 이 시점에 자기 블로그에 이 사진들을 게재하였는지? 또한 피고인은 학문적 견해를 다른 수단과 다른 방법으로 표현할 수 없었는지? 이에 대한 구체적 논증이 없다.

형법 제20조 사회상규는 정당성·상당성·균형성·긴급성·보충성의 순서로 논증하면 될 것이다. 만약 어느 하나라도 충족하지 못하면 사회상규에 위배되는 것이다. 이 사건은 사회상규 다섯 가지 요건 중 정당성·상당성·균형성·긴급성·보충성을 모두 충족한다. 형법 제20조 정당행위에 해당한다.

대법원 판결문은 사회상규 판단기준에 근거하여 검토하고 있다. 대법원 판결문을 인용하면, "(…) 이상을 종합하면, 결합 표현물인 이 사건 게시물을 통한 이 사건 <u>사진들의 게시는 목적의 정당성, 그 수단이나 방법의 상당성, 보호법익과 침해법익 간의 법익균형성이 인정되므로, 법질서 전체의 정신이나 그 배후에 놓여 있는 사회윤리 내지 사회통념에 비추어 용인될 수 있는 행위에 해당한다.</u> 달리 이 사건 게시물을 통한 이 사건 사진들의 게시가 위법하다고 볼 만한 증명이 충분히 이루어졌다고 할 수 없다." 그러나 긴급성과 보충성 판단은 없다.

대법원 판결을 다음 순서로 더 명확하게 논증할 수 있다. ① 행위목적과 행위동기 정당성(학술적·사상적 표현 ＋), ② 행위수단과 행위방법 상당성(개인 블로그에 게시 ＋), ③ 보호이익과 침해이익 법익균형성(학문자유·표현자유 대 성적 도의관념 보호 ＋), ④ 긴급성(음란성 판단에 대한 사회이슈에 학자견해 피력, 이 시점에서 하지 않으면 안 될 정도 특수상황 ＋/－), ⑤ 다른 수단과 다른 방법이 없는 보충성(선택여지 있음. 개인 블로그에서 표현 ＋/－)이다.

방송통신심의위원회 심의위원인 피고인이 자신의 인터넷 블로그에 위원회에서 음란정보로 의결한 '남성의 발기된 성기 사진'을 게시한 행위는 정당성·상당성·균형성·긴급성·보충성을 모두 충족한다. 형법 제20조 사회상규에 위배되지 않는다. 위법성이 조각되어 무죄다. 법질서 전체 정신·사회윤리·사회통념 관점에서 보면, 옳은 행위이며, 이익이 되는 행위이다.

추가평석 대법원 판례는 '음란물' 판단에서 보수성이 강하다.[89] 이 사안은 '음란물' 해석으로 유무죄 결론이 나야 한다. 사회상규 판단에서

---

89) 읽어 볼 논문으로 황성기, 음란 표현물에 대한 새로운 판단기준과 비판: – 대법원 2017. 10.26. 선고 2012도13352 판결, 언론중재 2017 겨울호, 언론중재위원회, 2017, 88–93면.

긴급성과 보충성을 엄격하게 해석해야 한다. 개인 블로그 게시행위가 긴급성과 보충성이 있는지 의문이다.

(4) 역사적으로 생성된 사회질서와 사회상규 판단방법

① 후보자 처·자에게 식사제공한 회계책임자 사건

사실관계 1998. 6. 4. 실시된 구청장 선거에 입후보한 공소외 1 회계책임자인 피고인이 같은 해 5. 22.부터 같은 해 6. 3.까지 13일 동안 식당에서 자원봉사자인 공소외 2 등 9명에게 1인분 금4,000원인 식사 합계 204인분(금816,000원 상당)을 제공하여 선거운동과 관련하여 이익을 제공하였다.

재판진행 검사는 피고인을 공직선거 및 선거부정방지법 제230조 제1항 제4호, 제135조 제3항 위반 공소사실(매수 및 이해유도죄)로 기소하였다. 제1심 법원과 제2심 법원은 피고인에게 형법 제20조 정당행위를 적용하여 무죄를 선고하였다. 검사가 상고하였다.

판결요지 대법원은 검사 상고를 기각하였다.[90]

가. 공소외 2는 후보자인 공소외 1 딸이고 나머지 자원봉사자들은 공소외 1 배우자, 직계혈족 기타 친족에 속한다고 전제한 다음, 공소외 1 회계책임자로서 공소외 1을 위하여 일하는 피고인이 그들에게 식사를 제공하는 행위는 지극히 정상적인 생활형태 하나로서 역사적으로 생성된 사회질서 범위 안에 있는 것이라고 볼 수 있어서 사회상규에 위배되지 아니하여 위법성이 조각된다고 판단하였다.

나. 식사를 제공하게 된 경위, 선거후보자와 식사를 제공받은 자와 관계, 제공된 식사 종류와 금액 등 기록에 나타난 모든 사정에 비추어 보면 원심의 판단은 옳다고 여겨진다. 거기에 원심판결에 상고이유 주장과 같은 매수 및 이해유도죄와 관련하여 위법성조각사유에 관한 법리를 오해한 위법이 있다고 할 수 없다고 판시하였다.

---

90) 대법원 1999.10.22. 선고 99도2971 판결【공직선거및선거부정방지법위반】; 김대휘, 선거법위반과 사회상규에 반하지 않는 행위, 형사판례연구 제12호, 박영사, 2004, 487−509면.

[판결평석] 대법원 판결 결론은 타당하다. 그러나 논증순서와 논증방법에서 정밀함이 아쉽다.

이 사건은 사회상규 다섯 가지 요건 중 정당성·상당성·균형성·긴급성·보충성을 모두 충족한다. 형법 제20조 정당행위에 해당한다. 대법원 판결을 다음 순서로 더 명확하게 논증할 수 있다. ① 행위목적과 행위동기 정당성(가족 포함 자원봉사자들에게 감사표시 +), ② 행위수단과 행위방법 상당성(식사제공행위 +), ③ 보호이익과 침해이익 법익균형성(공직선거와 가족우애), ④ 긴급성(현장성, 선거시점에서 하지 않으면 안 될 정도 특수상황 +), ⑤ 다른 수단과 다른 방법이 없는 보충성(다른 수단이나 방법이 없음)이다.

후보자 회계책임자가 자원봉사자인 후보자 배우자, 직계혈족 기타 친족에게 식사를 제공한 행위는 (대법원 표현 문구: 지극히 정상적인 생활형태 하나로서 역사적으로 생성된 사회질서 범위 안에 있는 것이어서) 정당성·상당성·균형성·긴급성·보충성을 모두 충족한다. 형법 제20조 사회상규에 위배되지 않는다. 위법성이 조각되어 무죄다. 법질서 전체 정신·사회윤리·사회통념 관점에서 보면, 옳은 행위이며, 이익이 되는 행위이다.

② 숭모단향비 및 마을회관건립비 찬조금 사건

[사실관계] 피고인은 2002. 6. 13. 실시된 ○○군의회 의원선거에 출마하여 당선된 자인바, ① 2002. 1. 5.경 조선조 26대 고종, 제27대 순종 임금의 숭모단향비 복원사업 기부금조로 나○기 통장으로 10만원을 송금하여 기부행위를 하고, ② 2002. 4. 18. 10:00경 전도마을 마을회관 건립기금 100만원을 마을 이장 이○호에게 교부하여 기부행위를 하였다.

[재판진행] 검사는 피고인을 공직선거 및 선거부정방지법(이하 '공직선거법'이라 한다) 제257조 제1항 제1호, 제113조로 기소하였다. 제1심

법원과 제2심 법원은 "피고인이 숭모단향비 복원사업과 전도마을 마을회관 건립사업에 돈을 각 기부하게 된 경위, 특히 피고인이 1985. 경 이후로는 전도마을에서 살지 않았음에도 마을회관 건립에 기부금을 내게 된 점, 기부금의 액수, 위 각 사업이 본격적으로 추진된 시기 및 피고인의 기부 시기 등 제반 사정을 종합하여, 피고인이 위 각 돈을 기부한 행위는 군의원 선거에 출마할 생각을 가지고 있던 피고인이 그 선거에서 득표를 위한 활동의 일환으로 교부한 것으로서 공직선거 및 선거부정방지법에 규정된 의례적 행위나 직무상 행위로서 허용되는 행위라거나 지극히 정상적인 생활형태의 하나로 역사적으로 생성된 사회질서의 범위 안에 있는 것으로서 사회상규에 위배되지 아니하는 것이라고 보기 어렵다고 판단하여 피고인에게 유죄를 선고하였다. 피고인이 상고하였다.

`판결요지` 대법원은 원심판결을 파기하여 사건을 광주고등법원으로환송하였다.91)

가. 피고인이 숭모단향비 복원경비로 찬조한 10만원은 그 지역에서 일반적으로 행하여지고 있는 금액의 범위 내에 해당한다고 봄이 상당하다고 할 것이나, 전도마을회관 건립경비로 찬조한 100만원은 찬조금액의 액수 등에 비추어 볼 때 그 지역에서 일반적으로 행하여지고 있는 금액의 범위 내에 해당한다고 보기 어려워 후보자 등의 기부행위 금지위반을 처벌하는 공직선거법 제257조 제1항 제1호의 구성요건해당성이 있다고 할 것이다.

나. 그러나 앞서 본 바와 같이 피고인처럼 100만원 이상의 금액을 마을회관 건립경비로 찬조한 사람이 15명 정도에 이르고, 피고인은 전도마을 이장 이○호와 촌장 정○중으로부터 3-4회 가량 권유를 받고 찬조를 하게 되었다.

다. 한편 피고인의 사회경제적 지위 등에 비추어 볼 때 판시 군의회의원 선거가 없었다고 하더라도 피고인이 같은 금액의 경비 정도는 찬조하였을 것으로 보인다. 피고인이 찬조를 함에 있어 피고인의 군의회의원

---

91) 대법원 2003.8.22. 선고 2003도1697 판결【공직선거및선거부정방지법위반】

선거 출마와 관련된 지지부탁 등을 한 사실이 없다. 이 점 등을 감안하여 일반인의 건전한 상식과 사회통념에 비추어 보면 피고인의 전도마을회관 건립경비 찬조행위는 전도마을이 고향인 피고인의 일종의 의례적 행위로서 사회상규에 위배되지 아니하는 행위에 해당하여 위법성이 조각된다고 봄이 상당하다고 할 것이다.

라. 그렇다면 피고인의 숭모단향비 복원경비 기부행위는 구성요건해당성을 결여하고, 전도마을회관 건립경비 기부행위는 위법성을 결여하여 각 공직선거법위반죄를 구성하지 않는다고 보아야 할 것이다.

마. 그럼에도 불구하고, 원심이 이 사건 공소사실을 모두 유죄로 인정한 것은 심리를 다하지 아니하였거나 기부행위금지와 관련한 구성요건해당성, 위법성조각사유에 관한 법리를 오해하여 판결에 영향을 미친 위법을 저지른 것이라고 할 것이다.

[판결평석] 대법원 판결은 결론·논증순서·논증방법에서 타당하다. 그러나 논증순서와 논증방법에서 정밀함이 아쉽다. 대법원은 "일반인의 건전한 상식과 사회통념에 비추어 보면 피고인의 전도마을회관 건립경비 찬조행위는 전도마을이 고향인 피고인의 일종의 의례적 행위로서 사회상규에 위배되지 아니하는 행위에 해당하여 위법성이 조각된다"고 판시하고 있다.

이 사건은 사회상규 다섯 가지 요건 중 정당성·상당성·균형성·긴급성·보충성을 모두 충족한다. 형법 제20조 정당행위에 해당한다.

대법원 판결을 다음 순서로 더 명확하게 논증할 수 있다. ① 행위목적과 행위동기 정당성(전도마을이 고향인 피고인의 일종의 의례적 행위 +), ② 행위수단과 행위방법 상당성(전도마을회관 건립경비 찬조행위 +), ③ 보호이익과 침해이익 법익균형성(공직선거와 마을주민을 위한 선행 +), ④ 긴급성(마을회관신축, 이 시점에서 하지 않으면 안 될 정도 특수상황 +), ⑤ 다른 수단과 다른 방법이 없는 보충성(다른 수단이나 방법이 없음 +)이다.

군의회 의원 선거 후보자 숭모단향비 복원경비 기부행위가 공직선거관리규칙 제50조 제5항 제2호 (자)목에 해당하여 공직선거 및 선거부정방지법 제257조 제1항 제1호 구성요건해당성이 없어 무죄이다. 그리고 군의회 의원 선거 후보자의 마을회관 건립경비 기부행위가 공직선거관리규칙 제50조 제5항 제2호 (자)목에 해당한다고 보기 어려워 공직선거 및 선거부정방지법 제257조 제1항 제1호 구성요건해당성은 있으나, 형법 제20조 사회상규에 부합한다. 위법성이 조각되어 무죄이다.

마을회관 건립경비로 100만원을 찬조한 행위는 정당성·상당성·균형성·긴급성·보충성을 모두 충족한다. 형법 제20조 사회상규에 위배되지 않는다. 위법성이 조각되어 무죄다. 법질서 전체 정신·사회윤리·사회통념 관점에서 보면, 옳은 행위이며, 이익이 되는 행위이다.

(5) 의료행위와 사회상규 판단방법

① 2차 소파수술 사건

사실관계 최초 소파수술을 받은 피해자가 8일 후에 다시 복통을 호소하면서 찾아오자, 피고인은 그 복통이 최초 소파수술 후유증(최초 수술시에 태아조직이 완전히 제거되지 아니한 채 자궁 내에 잔류함으로 인한 후유증)으로 판단하고, 두 번째 소파수술을 시행하여 상해를 입혔다.

재판진행 검사는 피고인을 형법 제268조 업무상과실치상죄로 기소하였다. 제1심 법원과 제2심 법원은 의학적인 여러 사정을 지적하여 의사의 제2차 소파수술은 사회적 상당성이 인정되는 의사의 통상적인 진료행위에 지나지 않는 것(구성요건에 해당하지 않는다)이라는 이유로 피고인에게 무죄를 선고하였다. 검사는 상고하였다.

판결요지 대법원은 검사 상고를 기각하였다.[92]

---

92) 대법원 1986.6.10. 선고 85도2133 판결【업무상과실치상】; 천진호, 사회적 상당성 이론에 대한 재고, 법학논고 제13집, 경북대학교 출판부, 1997, 115－151면; 신동운, 新판례백선

가. 이는 피해자에 대한 최초 소파수술 시에 태아조직으로 볼 수 있는 내용물이 나왔던 점에 근거한 판단으로,

나. 그와 같은 판단이 현재의 의학이론에 크게 벗어나지 않는 것이라는 점,

다. 피해자를 자궁외임신으로 의심하는 경우에도 진단목적으로 소파수술을 시행할 수도 있다는 점,

라. 2차 소파수술로 인한 상처가 지극히 경미한 정도의 것이라는 점에 비추어 보면,

마. 비록 위 제2차 소파수술이 피해자의 자궁외임신을 오진한 피고인의 과실에 기인된 것이라 하더라도 이는 사회적 상당성이 인정되는 의사의 통상적인 진료행위에 지나지 않는 것이므로 피고인의 소위를 과실로 상해를 입힌 행위로는 볼 수 없다.

판결평석 대법원 판결 결론은 타당하다. 그러나 논증순서와 논증방법에서 정밀함이 아쉽다. 사회적 상당성이라는 용어와 범죄체계도 때문이다.

먼저 사회적 상당성과 사회상규를 구분해야 한다. 대법원 판례는 "비록 위 제2차 소파수술이 피해자의 자궁외임신을 오진한 피고인의 과실에 기인된 것이라 하더라도 이는 사회적 상당성이 인정되는 의사의 통상적인 진료행위에 지나지 않는 것이므로 피고인의 소위를 과실로 상해를 입힌 행위로는 볼 수 없다"고 검사 상고를 기각하였다. 대법원 판결 의미는 제2차 의료행위가 구성요건(업무상과실치상)에 해당하지 않아 무죄라는 의미이다.

그러나 대법원 이러한 논증방법에 동의할 수 없다. 이 사안 경우 의사의 의료행위는 구성요건(업무상과실행위)에 해당한다. 다만 형법 제20조 정당행위를 적용하여 위법성조각사유를 검토할 수 있다. 구성요건에서 조각되면, 의사의 의료행위는 통상적인 의료행위로 볼 수 있다. 그러나 이 사건 의료사고 경우 객관적 구성요건은 오진 과실 의료행위와 상해 결과발생이다. 사실과 결과로 단순히 판단해야 한다. 적법한 의료행위 여부는 형법 제20조 위법성조각사유에서 정밀하게

형법총론, 경세원, 2009, 358-359면.

검토되어야 한다.

대법원 판례에 따르면 형법 제20조 사회상규는 정당성·상당성·균형성·긴급성·보충성을 모두 충족해야 한다. 어느 하나라도 충족하지 못하면 형법 제20조 사회상규에 해당하지 않는다.

대법원 판결을 다음 순서로 더 명확하게 논증할 수 있다. ① 행위목적과 행위동기 정당성(임산모 건강 +), ② 행위수단과 행위방법 상당성(자궁외 임신으로 의심되어 진단목적으로 시행한 소파수술 +), ③ 보호이익과 침해이익 법익균형성(임산모 건강과 제2차 소파수술로 생긴지 극히 경미한 상처 +), ④ 긴급성(복통호소 +), 다른 수단과 다른 방법이 없는 보충성(선택여지 없음 +)이다.

최초 소파수술 후유증(최초 수술 시에 태아조직이 완전히 제거되지 아니한 채 자궁 내에 잔류함으로 인한 후유증)으로 판단하고, 두 번째 소파수술을 시행하여 상해를 입힌 행위는 정당성·상당성·균형성·긴급성·보충성을 모두 충족한다. 형법 제20조 사회상규에 위배되지 않는다. 위법성이 조각되어 무죄다. 법질서 전체 정신·사회윤리·사회통념 관점에서 보면, 옳은 행위이며, 이익이 되는 행위이다.

이 사안 대법원 판결은 1986년 판결이다. 그러나 이미 형법 제20조 사회상규 판단기준이 확립되었음에도 구성요건해당성과 위법성을 혼돈한 논증이 나온 것은 매우 아쉽다.

물론 사회적 상당성과 사회상규 중 어느 것으로 판단하여 범죄불성립이라는 결론을 도출할 수 있지만, 형법 제20조를 정확하게 해석하는 것이 타당하다고 생각한다. 범죄체계도와 논증방법에서 많은 차이가 있다. 생명과 신체 침해행위는 정확한 법적용과 엄격한 해석이 필요하다. 따라서 제2차 소파수술행위는 사회적 상당성 문제가 아니라, 사회상규에서 판단되어야 한다. 이것이 위법성조각사유 의미다.

② 수지침 시술 사건 【논쟁판례】

사실관계 피고인이 공소외 용○순 맥을 짚어 보고 병명을 진단한 후 수지침을 시술하였다.

재판진행 검사는 피고인을 의료법 제27조 제1항 무면허 의료행위죄로 기소하였다. 제1심 법원은 형법 제20조 정당행위, 형사소송법 제325조 전단에 근거하여 피고인에게 무죄를 선고하였다.[93] 제2심 법원은 항소를 기각하였다.[94] 검사는 법리오해를 이유로 상고하였다.[95]

참조조문 의료법 제27조(무면허의료행위금지와 의료인·의료기관에게 환자소개행위금지·환자알선행위금지·환자유인행위금지·이를 사주하는 행위금지)

가. 의료법 제27조는 무면허의료행위금지와 의료인·의료기관에게 환자소개행위금지·환자알선행위금지·환자유인행위금지·이를 사주하는 행위금지를 규정하고 있다.

나. **주요내용을 보면, ① 누구든지 의료인이 아니면, 의료행위를 하여서는 안 된다. 의료인도 면허된 것 이외의 의료행위를 하여서는 안 된다.** 다만 다음 각 호 어느 하나에 해당하는 사람은 보건복지부령에서 정한 범위에서 의료행위를 할 수 있다. 1. 외국에서 의료인 면허를 취득한 사람으로서 일정 기간 국내에 체류하는 사람, 2. 의과대학·치과대학·한의과대학·의학전문대학원·치의학전문대학원·한의학전문대학원·종합병원·외국 의료원조기관에서 의료봉사·연구·시범사업을 위하여 의료행위를 하는 사람, 3. 의학·치과의학·한방의학·간호학을 전공하는 학교 학생(제1항).

다. ② 누구든지 의료인이 아니면, 의사·치과의사·한의사·조산사·간호사 명칭·이와 비슷한 명칭을 사용하여서는 안 된다(제2항).

라. ③ 누구든지「국민건강보험법」·「의료급여법」에 근거하여 본인부담금 면제행위·본인부담금 할인행위·금품 제공행위·불특정 다수인에게 교통편의 제공행위 등 영리를 목적으로 환자를 의료인·의료기관에게 소개행위·알선행위·유인행위·이를 사주하

---

93) 춘천지방법원 1997.6.11. 선고 96고단1042 판결.
94) 춘천지방법원 1998.7.9. 선고 97노368 판결.
95) 대법원 2000.4.25. 선고 98도2389 판결【의료법위반】; 신동운, 新판례백선 형법총론, 경세원, 2009, 381－386면.

는 행위를 하여서는 안 된다. 다만 다음 각 호 어느 하나에 해당하는 행위는 할 수 있다. 1. 환자경제사정으로 개별적으로 관할 시장·군수·구청장 사전승인을 받아 환자를 유치하는 행위 2. 「국민건강보험법」제109조 가입자·피부양자가 아닌 외국인(보건복지부령에 근거하여 국내에 거주하는 외국인은 제외한다)환자를 유치하기 위한 행위(제3항).

마. ④ 제3항 제2호 경우 「보험업법」제2조에 규정된 보험회사·상호회사·보험설계사·보험대리점·보험중개사는 외국인환자를 유치행위를 하여서는 안 된다(제4항).

바. 의료법 제88조를 보면, 제1항을 위반한 사람은 3년 이하 징역형·3천만원 이하 벌금형으로 처벌된다. **의료법 제66조를 보면, 제1항 위반한 경우 보건복지부장관은 1년 범위에서 해당 의료인에게 면허자격을 정지시킬 수 있다. 의료기술 관련 판단이 필요한 사항인 경우 관계 전문가 의견을 들어 결정할 수 있다.** 의료법 제90조를 보면, 제2항을 위반한 사람은 500만원 이하 벌금형으로 처벌된다.

사. **의료법 제27조·제66조·제88조·제90조를 통합하여 제5항·제6항·제7항을 신설하는 것이 타당하다.**[96] **명확성·간결성·가독성·규범성이 있기 때문이다. 의료법 법제 정비가 필요하다. 나의 개선방안은 개정에 참고가 될 수 있을 것이다. ⑤ 제1항을 위반한 사람은 5년 이하 징역형·5천만원 이하 벌금형으로 처벌된다. <u>제1항 위반 경우 보건복지부장관은 1년 범위에서 해당 의료인에게 면허자격을 정지시킬 수 있다. 의료기술 관련 판단이 필요한 사항인 경우 관계 전문가 의견을 들어 결정할 수 있다.</u> ⑥ 제2항을 위반한 사람은 500만원 이하 벌금형으로 처벌된다. ⑦ 제3항·제4항을 위반한 사람은 3년 이하 징역형·3천만원 이하 벌금형으로 처벌된다.**

---

96) 하태영, 우리들 의료법, 행인출판사, 2018, 130-139면 참조.

> **판결요지**　대법원은 검사 상고를 기각하였다.[97]

가. 형법 제20조 소정의 '사회상규에 위배되지 아니하는 행위'라 함은 법질서 전체의 정신이나 그 배후에 놓여 있는 사회윤리 내지 사회통념에 비추어 용인될 수 있는 행위를 말한다.

나. 어떠한 행위가 사회상규에 위배되지 아니하는 정당한 행위로서 위법성이 조각되는 것인지는 구체적인 사정 아래서 합목적적, 합리적으로 고찰하여 개별적으로 판단되어야 할 것이다.

다. 이와 같은 정당행위를 인정하려면 첫째 그 행위의 동기나 목적의 정당성, 둘째 행위의 수단이나 방법의 상당성, 셋째 보호이익과 침해이익과의 법익균형성, 넷째 긴급성, 다섯째 그 행위 외에 다른 수단이나 방법이 없다는 보충성 등의 요건을 갖추어야 한다.

라. 일반적으로 면허 또는 자격 없이 침술행위를 하는 것은 구의료법 제25조(개정 의료법 제27조)의 무면허 의료행위(한방의료행위)에 해당되어 같은 법 제66조[98]에 의하여 처벌되어야 하고, 수지침 시술행위도 위와

---

97) 대법원 2000.4.25. 선고 98도2389 판결 【의료법위반】 "수지침은 시술부위나 시술방법 등에 있어서 예로부터 동양의학으로 전래되어 내려오는 체침의 경우와 현저한 차이가 있고, 일반인들의 인식도 이에 대한 관용의 입장에서 기울어져 있으므로, 이러한 사정과 함께 시술자의 시술의 동기, 목적, 방법, 횟수, 시술에 대한 지식수준, 시술경력, 피시술자의 나이, 체질, 건강상태, 시술행위로 인한 부작용 내지 위험발생 가능성 등을 종합적으로 고려하여 구체적인 경우에 있어서 개별적으로 보아 법질서 전체의 정신이나 그 배후에 놓여 있는 사회윤리 내지 사회통념에 비추어 용인될 수 있는 행위에 해당한다고 인정되는 경우에는 형법 제20조 소정의 사회상규에 위배되지 아니하는 행위로서 위법성이 조각된다고 할 것이다."; 김성천, 무면허 의료행위에 있어서 사회상규에 위배되지 아니하는 행위의 판단기준, 법학논문집 제33집 제2호, 중앙대학교 법학연구소, 2009, 139－164면(151－152면); 도규엽, 무면허 의료행위의 사회상규 위배 여부 판단요소, 비교형사법연구 제19권 제2호, 한국비교형사법학회, 2017, 71－98면.

98) 의료법 제66조는 의료인 자격정지를 규정하고 있다. 주요내용을 보면, ① 의료인이 다음 각 호 어느 하나에 해당될 경우, 보건복지부장관은 의료인에게 1년 범위에서 면허자격을 정지시킬 수 있다. 의료기술 관련 판단이 필요한 사항인 경우 관계 전문가 의견을 들어 결정할 수 있다. 1. 의료인 품위를 심하게 손상시키는 행위를 한 경우, **2. 의료기관 개설자가 될 수 없는 사람에게 고용되어 의료행위를 한 경우,** 2의2. 제4조 제6항을 위반한 경우, **3. 제17조 제1항·제2항에 규정된 진단서·검안서·증명서를 거짓으로 작성하여 교부하는 경우 또는 제22조 제1항에 규정된 진료기록부를 거짓으로 작성하는 경우 또는 제22조 제1항에 규정된 진료기록부를 고의로 사실과 다르게 추가기재·수정한 경우,** 4. 제20조를 위반한 경우, **5. 제27조 제1항을 위반하여 의료인이 아닌 사람에게 의료행위를 하게 한 경우,** 6. 의료기사가 아닌 사람에게 의료기사 업무를 하게 한 경우 또는 의료기사에게 그 업무 범위를 벗어나게 한 경우, **7. 관련 서류를 위조·변조한 경우 또는 속임수 등 부정한 방법으로 진료비를 거짓 청구한 경우,** 8. 삭제 <2011.8.4.>, **9. 제23조3을 위반하여 경제이익 등을 제공받은 경우,** 10. 그 밖에 이 법 또는 이 법에 따른 명령을

같은 침술행위의 일종으로서 의료법에서 금지하고 있는 의료행위에 해당한다.

마. 이러한 수지침 시술행위가 광범위하고 보편화된 민간요법이고, 그 시술로 인한 위험성이 적다는 사정만으로 그것이 바로 사회상규에 위배되지 아니하는 행위에 해당한다고 보기는 어렵다고 할 것이다.

바. 그러나 수지침은 시술부위나 시술방법 등에 있어서 예로부터 동양의학으로 전래되어 내려오는 체침의 경우와 현저한 차이가 있다.

사. 일반인들의 인식도 이에 대한 관용의 입장에 기울어져 있다.

아. 이러한 사정과 함께 시술자의 시술의 동기, 목적, 방법, 횟수, 시술에 대한 지식수준, 시술경력, 피시술자의 나이, 체질, 건강상태, 시술행위로 인한 부작용 내지 위험발생 가능성 등을 종합적으로 고려하여, 구체적인 경우에 있어서 개별적으로 보아 법질서 전체의 정신이나 그 배후에 놓여 있는 사회윤리 내지 사회통념에 비추어 용인될 수 있는 행위에 해당한다고 인정되는 경우에는 형법 제20조 소정의 사회상규에 위배되지 아니하는 행위로서 위법성이 조각된다고 판시하였다.

판결평석 대법원 판결은 결론은 타당하다. 그러나 논증순서와 논증방법에서 정밀함이 아쉽다. 중요한 내용은 담겨 있으나, 판단기준에 근거한 체계적 검토가 아쉽다.

대법원 판례는 "수지침행위는 무면허 의료행위에 해당한다. 그러나 그 행위는 형법 제20조 사회상규에 위배되지 않는다"고 검사 상고를 기각하였다.

이 사건은 사회상규 다섯 가지 요건 중 정당성·상당성·균형성·긴급성·보충성을 모두 충족한다. 형법 제20조 정당행위에 해당한다.

위반한 경우(제1항). ② 제1항 제1호 행위의 범위는 대통령령으로 정한다(제2항). ③ **의료기관은 그 의료기관 개설자가 제1항 제7호에 근거하여 자격정지처분을 받은 경우 그 자격정지 기간 중 의료업을 할 수 없다**(제3항). ④ 보건복지부장관은 의료인이 제25조에 근거하여 신고를 하지 않은 경우 신고할 때까지 면허효력을 정지할 수 있다(제4항). ⑤ 제1항 제2호 위반 의료인이 자진하여 그 사실을 신고한 경우, 보건복지부령에 근거하여 그 처분을 감경·면제할 수 있다(제5항). ⑥ 제1항 자격정지처분은 그 사유가 발생한 날부터 5년(제1항 제5호·제7호 자격정지처분 경우 7년으로 한다)이 지나면, 처분시효가 완성된다. 다만 그 사유에 대하여 「형사소송법」 제246조에 근거하여 공소가 제기된 경우, 공소가 제기된 날부터 해당 사건 **재판이 확정된 날까지 기간은 처분시효기간에 산입되지 않는다(제6항).**

그러나 사회상규 판단기준에 따라 체계적으로 검토가 되었다면, 의료
행위에서 사회상규 판단방법에서 선행판결이 되었을 것이다.

대법원 판결을 다음 순서로 더 명확하게 논증할 수 있다. ① 행위목
적과 행위동기 정당성(시술목적과 시술동기: 치료 +), ② 행위수단과
행위방법 상당성(시술방법 · 시술횟수 · 시술에 대한 지식수준 · 시술경력:
수지침은 보편화된 민간요법 +), ③ 보호이익과 침해이익 법익균형성
(피시술자 나이 · 체질 · 건강상태 · 시술행위 부작용 · 시술행위 위험발생
가능성: 경미함 +), ④ 긴급성(환자요청 +), ⑤ 다른 수단과 다른 방법
이 없다는 보충성(간단한 시술, 동양의학으로 전래되어 내려오는 체침 경
우와 현저한 차이가 있음. 일반인들 인식도 이에 대한 관용 입장에 기울어
져 있음. 간편한 시술 후 경과에 따라 추후 본격 진료가 가능함 +)이다.
수지침 시술행위는 의료법 제27조 제1항 무면허 의료행위 구성요건
에 해당하지만, 정당성 · 상당성 · 균형성 · 긴급성 · 보충성을 모두 충
족한다. 형법 제20조 사회상규에 위배되지 않는다. 위법성이 조각되
어 무죄다. 법질서 전체 정신 · 사회윤리 · 사회통념 관점에서 보면,
옳은 행위이며, 이익이 되는 행위이다.

③ 연명치료중단 사건 【시사판례】

사실관계 2008년 2월 김○○씨는 폐암 발병 여부를 확인하기 위해
세브란스병원에서 검사를 받다가 과다출혈로 저산소성 뇌상을 입고
식물인간이 되었다.

재판진행 2008년 6월 김○○씨와 그 자녀들(특별대리인)이 "무의미한
연명치료를 중단해 달라"며 소송을 제기했고, 2008년 11월 28일 서
울서부지법 민사12부는 회생가능성이 없는 환자의 '존엄사'를 허용하
는 판결을 내렸다.

제1심 판결에 대해 세브란스병원은 2008년 12월 12일 비약상고를
결정했다. 비약상고란 제1심 판결에 대해 제2심을 거치지 않고 곧바
로 대법원에 상고하는 제도를 말한다. 민사소송법상 법령 해석에 중

요한 사항을 포함한다고 인정되는 사건에 할 수 있는 비약상고는 원고 측에서 동의해야 가능하다.

그러나 김○○씨와 가족 등이 이를 거부해 제2심을 거치게 되었다. 제2심 법원은 세브란스병원 항소를 기각했다. 세브란스병원은 상고하였다.

판결요지 대법원은 상고를 기각하였다.[99]

가. 환자가 의사 또는 의료기관(이하 '의료인'이라 한다)에게 진료를 의뢰하고 의료인이 그 요청에 응하여 치료행위를 개시하는 경우에 의료인과 환자 사이에는 의료계약이 성립된다. 의료계약에 따라 의료인은 질병의 치료 등을 위하여 모든 의료지식과 의료기술을 동원하여 환자를 진찰하고 치료할 의무를 부담하며 이에 대하여 환자 측은 보수를 지급할 의무를 부담한다. 질병의 진행과 환자 상태의 변화에 대응하여 이루어지는 가변적인 의료의 성질로 인하여, 계약 당시에는 진료의 내용 및 범위가 개괄적이고 추상적이지만, 이후 질병의 확인, 환자의 상태와 자연적 변화, 진료행위에 의한 생체반응 등에 따라 제공되는 진료의 내용이 구체화되므로, 의료인은 환자의 건강상태 등과 당시의 의료수준 그리고 자기의 지식경험에 따라 적절하다고 판단되는 진료방법을 선택할 수 있는 상당한 범위의 재량을 가진다.

나. 그렇지만 환자의 수술과 같이 신체를 침해하는 진료행위를 하는 경우에는 질병의 증상, 치료방법의 내용 및 필요성, 발생이 예상되는 위험 등에 관하여 당시의 의료수준에 비추어 상당하다고 생각되는 사항을 설명하여, 당해 환자가 그 필요성이나 위험성을 충분히 비교해 보고 그 진료행위를 받을 것인지의 여부를 선택하도록 함으로써 그 진료행위에 대한 동의를 받아야 한다. 환자의 동의는 헌법 제10조에서 규정한 개인의 인격권과 행복추구권에 의하여 보호되는 자기결정권을 보장하기 위한 것으로서, 환자가 생명과 신체의 기능을 어떻게 유지할 것인지에

---

99) 대법원 2009.5.21. 선고 2009다17417 전원합의체 판결【무의미한연명치료장치제거등】; 김영철, 연명치료중단의 형법적 의의와 그 법적 성격, 일감법학 제20호, 건국대학교 법학연구소, 2011, 587-634면; 이석배, 연명치료중단의 기준과 절차: 대법원 2009.5.21. 선고 2009다17417 판결이 가지는 문제점을 중심으로, 형사법연구 제21권 제2호(통권39호), 한국형사법학회, 2009, 147-170면.

대하여 스스로 결정하고 진료행위를 선택하게 되므로, 의료계약에 의하여 제공되는 진료의 내용은 의료인의 설명과 환자의 동의에 의하여 구체화된다.

다. 의학적으로 환자가 의식의 회복가능성이 없고 생명과 관련된 중요한 생체기능의 상실을 회복할 수 없으며 환자의 신체상태에 비추어 짧은 시간 내에 사망에 이를 수 있음이 명백한 경우(이하 '회복불가능한 사망의 단계'라 한다)에 이루어지는 진료행위(이하 '연명치료'라 한다)는, 원인이 되는 질병의 호전을 목적으로 하는 것이 아니라 질병의 호전을 사실상 포기한 상태에서 오로지 현 상태를 유지하기 위하여 이루어지는 치료에 불과하므로, 그에 이르지 아니한 경우와는 다른 기준으로 진료중단 허용 가능성을 판단하여야 한다.

라. 이미 의식의 회복가능성을 상실하여 더 이상 인격체로서의 활동을 기대할 수 없고 자연적으로는 이미 죽음의 과정이 시작되었다고 볼 수 있는 회복불가능한 사망의 단계에 이른 후에는, 의학적으로 무의미한 신체 침해 행위에 해당하는 연명치료를 환자에게 강요하는 것이 오히려 인간의 존엄과 가치를 해하게 되므로, 이와 같은 예외적인 상황에서 죽음을 맞이하려는 환자의 의사결정을 존중하여 환자의 인간으로서의 존엄과 가치 및 행복추구권을 보호하는 것이 사회상규에 부합되고 헌법 정신에도 어긋나지 아니한다.

마. 그러므로 회복불가능한 사망의 단계에 이른 후에 환자가 인간으로서의 존엄과 가치 및 행복추구권에 기초하여 자기결정권을 행사하는 것으로 인정되는 경우에는 특별한 사정이 없는 한 연명치료의 중단이 허용될 수 있다.

바. 한편, 환자가 회복불가능한 사망의 단계에 이르렀는지 여부는 주치의의 소견뿐 아니라 사실조회, 진료기록 감정 등에 나타난 다른 전문의사의 의학적 소견을 종합하여 신중하게 판단하여야 한다.

사. 환자가 회복불가능한 사망의 단계에 이르렀을 경우에 대비하여 미리 의료인에게 자신의 연명치료 거부 내지 중단에 관한 의사를 밝힌 경우(이하 '사전의료지시'라 한다)에는, 비록 진료 중단 시점에서 자기결정권을 행사한 것은 아니지만 사전의료지시를 한 후 환자의 의사가 바뀌었다고 볼 만한 특별한 사정이 없는 한 사전의료지시에 의하여 자기결정권을 행사한 것으로 인정할 수 있다.

아. 다만, 이러한 사전의료지시는 진정한 자기결정권 행사로 볼 수 있을 정
   도의 요건을 갖추어야 한다. 그러므로 의사결정능력이 있는 환자가 의
   료인으로부터 직접 충분한 의학적 정보를 제공받은 후 그 의학적 정보
   를 바탕으로 자신의 고유한 가치관에 따라 진지하게 구체적인 진료행
   위에 관한 의사를 결정하여야 한다. 이와 같은 의사결정 과정이 환자
   자신이 직접 의료인을 상대방으로 하여 작성한 서면이나, 의료인이 환
   자를 진료하는 과정에서 위와 같은 의사결정 내용을 기재한 진료기록
   등에 의하여 진료 중단 시점에서 명확하게 입증될 수 있어야 비로소
   사전의료지시로서의 효력을 인정할 수 있다.

자. 한편, 환자의 사전의료지시가 없는 상태에서 회복불가능한 사망의 단계
   에 진입한 경우에는, 환자에게 의식의 회복가능성이 없으므로 더 이상
   환자 자신이 자기결정권을 행사하여 진료행위의 내용 변경이나 중단을
   요구하는 의사를 표시할 것을 기대할 수 없다.

차. 그러나 환자의 평소 가치관이나 신념 등에 비추어 연명치료를 중단하는
   것이 객관적으로 환자의 최선의 이익에 부합한다고 인정되어, 환자에게
   자기결정권을 행사할 수 있는 기회가 주어지더라도 연명치료의 중단을
   선택하였을 것이라고 볼 수 있는 경우에는, 그 연명치료 중단에 관한
   환자의 의사를 추정할 수 있다고 인정하는 것이 합리적이고 사회상규
   에 부합된다. 이러한 환자의 의사 추정은 객관적으로 이루어져야 한다.

카. 따라서 환자의 의사를 확인할 수 있는 객관적인 자료가 있는 경우에는
   반드시 이를 참고하여야 하고, 환자가 평소 일상생활을 통하여 가족,
   친구 등에 대하여 한 의사표현, 타인에 대한 치료를 보고 환자가 보인
   반응, 환자의 종교, 평소의 생활 태도 등을, 환자의 나이, 치료의 부작
   용, 환자가 고통을 겪을 가능성, 회복불가능한 사망의 단계에 이르기까
   지의 치료 과정, 질병의 정도, 현재의 환자 상태 등 객관적인 사정과
   종합하여, 환자가 현재의 신체상태에서 의학적으로 충분한 정보를 제공
   받는 경우 연명치료 중단을 선택하였을 것이라고 인정되는 경우라야
   그 의사를 추정할 수 있다.

타. 환자 측이 직접 법원에 소를 제기한 경우가 아니라면, 환자가 회복불가
   능한 사망의 단계에 이르렀는지 여부에 관하여는 전문의사 등으로 구
   성된 위원회 등의 판단을 거치는 것이 바람직하다.

판결평석　대법원 판결은 결론·논증순서·논증방법에서 타당하다.

이 사건은 사회상규 다섯 가지 요건 중 정당성·상당성·균형성·긴급성·보충성을 모두 충족한다. 만약 형사사건이었다면, 형법 제20조 정당행위에 해당한다.

대법원 판결을 다음 순서로 더 명확하게 논증할 수 있다. ① 행위목적과 행위수단 정당성(환자 이익과 환자 자기결정권 +), ② 행위수단과 행위방법 상당성(연명치료 중단 +, 환자가 평소 일상생활을 통하여 가족, 친구 등에 대하여 한 의사표현, 타인에 대한 치료를 보고 환자가 보인 반응, 환자 종교, 평소 생활 태도 등을 환자 나이, 치료 부작용, 환자가 고통을 겪을 가능성, 회복불가능한 사망의 단계에 이르기까지 치료 과정, 질병 정도, 현재 환자 상태 등 객관적인 사정과 종합하여, 환자가 현재 신체상태에서 의학적으로 충분한 정보를 제공받는 경우 연명치료 중단을 선택하였을 것이라고 인정되는 경우임), ③ 보호이익과 침해이익 법익균형성(환자 인간존엄과 환자 생명권 +), ④ 긴급성(환자 측이 직접 법원에 소를 제기한 경우가 아니라면, 환자가 회복불가능한 사망의 단계에 이르렀는지 여부에 관하여 전문의사 등으로 구성된 위원회 등 판단 +), ⑤ 다른 수단과 다른 방법이 없다는 보충성(사전의료지시서가 없는 경우 예외적으로 환자 의사를 추정할 수 있음 +) 등이다.

세브란스병원 김○○할머니 사건 경우 (만약 연명치료중단이 형사사건으로 문제가 되었다면) 정당성·상당성·균형성·긴급성·보충성을 모두 충족한다. 형법 제20조 사회상규에 위배되지 않는다. 위법성이 조각되어 무죄다. 법질서 전체 정신·사회윤리·사회통념 관점에서 보면, 옳은 행위이며, 이익이 되는 행위이다.

2018년 1월 1일부터 형법 제20조 '사회상규'가 아니라, 형법 제20조 '법령'으로 정당행위를 판단하면 된다. 호스피스·완화의료 및 임종과정에 있는 환자의 연명의료결정에 관한 법률이다.[100]

---

100) 호스피스·완화의료 및 임종과정에 있는 환자의 연명의료결정에 관한 법률 일부개정 2018. 3. 27. [법률 제15542호, 시행 2018. 3. 27.] 보건복지부. 제1조(목적) 이 법은 다음을 목적으로 한다. 1. 호스피스·완화의료·임종과정에 있는 환자연명의료·환자연명의료중단결정·그 이행에 필요한 사항을 규정. 2. 환자에게 최선의 이익을 보장. 3. 자기

2. 사회상규에 위배되는 판례 평석(유죄판결)

사회상규에 위배되는 대표 판례(유죄가 선고된 판결)들을 모아 체계적으로 분류하였다. 전체 68개 판례를 크게 여덟 분야로 나누었다. ① 친권자 교양행위에 대한 사회상규 위배여부 판단방법, ② 교사 교육목적·훈계목적·징계목적을 일탈한 인격모독행위에 대한 사회상규 위배여부 판단방법, ③ 상관 위법한 명령행위·구타행위에 대한 사회상규 위배여부 판단방법, ④ 법령위반행위·계약위반행위에 대한 사회상규 위배여부 판단방법, ⑤ 자기권리구제행위·타인권리구제행위에 대한 사회상규 위배여부 판단방법, ⑥ 역사적으로 생성된 사회질서에 대한 사회상규 위배여부 판단방법, ⑦ 의료행위에 대한 사회상규 위배여부 판단방법, ⑧ 종교·역사·정치적 동기로 인한 양심범에 대한 사회상규 위배여부 판단방법 등이다. 대법원이 제시한 사회상규 위배여부 판단기준을 가지고 이들 판례들을 자세히 분석하였다. 사회상규 위배여부 판단에서 제시된 논증순서·논증방법·논증변천·판결선고를 평석하였다. 여기에 소개하는 판례들은 모두 위법성이 조각되지 않아 유죄가 선고된 판례들이다.

(1) 친권자 교양행위와 사회상규 판단방법

| ① 아들 닭장에 가둔 친권자 사건 |

사실관계 4세인 아들이 대소변을 가리지 못한다고 닭장에 가두고 전신을 구타하였다.

재판진행 검사는 피고인을 형법 제262조 폭행치상죄로 기소하였다. 제1심 법원과 제2심 법원은 피고인에게 유죄를 인정하였다. 피고인은 형법 제20조를 이유로 상고하였다.

판결요지 대법원은 피고인 상고를 기각하였다.[101]

결정을 존중하여 인간존엄·인간가치를 보호.
101) 대법원 1969.2.4. 선고 68도1793 판결【폭행치상】

<u>4세인 아들이 대소변을 가리지 못한다고 닭장에 가두고 전신을 구타한 것은 친권자의 징계권 행사에 해당한다고 볼 수 없다.</u>

판결평석 대법원 판결 결론은 타당하다. 그러나 논증순서와 논증방법에서 정밀함이 아쉽다.

이 사건은 사회상규 다섯 가지 요건 중 정당성을 제외하고, 상당성·균형성·긴급성·보충성이 충족되지 않는다. 형법 제20조 정당행위에 해당되지 않는다.

대법원 판결을 다음 순서로 더 명확하게 논증할 수 있다. ① 행위목적과 행위동기 정당성(훈계목적 친권행사 +), ② 행위수단과 행위방법 상당성(4세인 아들이 대소변을 가리지 못한다고 닭장에 가두고 전신을 구타 -), ③ 보호이익과 침해이익 법익균형성(태도 교정보다 신체생리기능침해, 인간존엄이 우위이익 -), ④ 긴급성(현장에서 체벌을 해야 할 긴급한 정황이 없음 -), ⑤ 다른 수단과 다른 방법이 없다는 보충성(다른 개별 지도 훈육 방법이 가능함 -)이다.

4세인 아들이 대소변을 가리지 못한다고 닭장에 가두고 전신을 구타한 행위는 형법 제262조 폭행치상죄가 성립된다. 형법 제20조 정당행위 중 법령 위반뿐만 아니라 사회상규에 위배되기 때문이다. 상당성·균형성·긴급성·보충성을 충족하지 않는다. 법질서 전체 정신·사회윤리·사회통념 관점에서 보면, 잘못된 행위이며, 이익이 되지 않는 행위이다. 다른 위법성조각사유도 없다.

② 친권자 야구방망이 협박 사건

사실관계 친권자가 야구방망이로 때릴 듯이 피해자(子)에게 "죽여 버린다"고 말하여 협박하였다.

재판진행 검사는 피고인을 형법 제283조 제1항 협박죄로 기소하였다. 제1심 법원과 제2심 법원은 피고인에게 유죄를 인정하였다. 피고인은 형법 제20조를 이유로 상고하였다.

판결요지　대법원은 피고인 상고를 기각하였다.[102]

가. 친권자는 자를 보호하고 교양할 권리의무가 있고(민법 제913조) 그 자
　　를 보호 또는 교양하기 위하여 필요한 징계를 할 수 있기는 하지만(민
　　법 제915조) 인격의 건전한 육성을 위하여 필요한 범위 안에서 상당한
　　방법으로 행사되어야만 할 것이다.

나. 스스로의 감정을 이기지 못하고 야구방망이로 때릴 듯이 피해자에게
　　"죽여 버린다"고 말하여 협박하는 것은 그 자체로 피해자의 인격 성장
　　에 장해를 가져올 우려가 커서 이를 교양권의 행사라고 보기도 어렵다.

판결평석　대법원 판결 결론은 타당하다. 그러나 논증순서와 논증방법
에서 정밀함이 아쉽다.

이 사건은 사회상규 다섯 가지 요건 중 정당성을 제외하고, 상당성·
균형성·긴급성·보충성이 충족되지 않는다. 형법 제20조 정당행위
에 해당되지 않는다.

대법원 판결을 다음 순서로 더 명확하게 논증할 수 있다. ① 행위목
적과 행위동기 정당성(훈계목적 친권행사 +), ② 행위수단과 행위방법
상당성(야구방망이로 때릴 듯이 피해자에게 "죽여 버린다"고 말하여 협박
−), ③ 보호이익과 침해이익 법익균형성(훈계 보다 의사결정자유에 대
한 침해가 우위에 있음, 피해자 인격 성장에 장해를 가져올 우려가 커서
이를 교양권의 행사라고 보기도 어려움 −), ④ 긴급성(현장에서 체벌을
해야 할 긴급한 정황이 없음 −), ⑤ 다른 수단과 다른 방법이 없다는
보충성(개별 지도의 훈육 방법이 가능한 상황 −)이다.

친권자가 자에게 야구방망이로 때릴 듯한 태도를 취하면서 "죽여 버
린다"고 말한 행위는 형법 제283조 협박죄가 성립된다. 형법 제20조
정당행위 중 법령 위반뿐만 아니라 사회상규에 위배되기 때문이다.
상당성·균형성·긴급성·보충성을 충족하지 않는다. 법질서 전체
정신·사회윤리·사회통념 관점에서 보면, 잘못된 행위이며, 이익이
되지 않는 행위이다. 다른 위법성조각사유도 없다.

---

102) 대법원 2002.2.8. 선고 2001도6468 판결 【협박】

(2) 교사 교육목적·훈계목적·징계목적을 일탈한 인격모독행위와 사회상규 판단방법

① 욕설 오인 정신없이 화난 교사 구타 사건

사실관계 피고인은 ○○고등학교 생활지도 주임교사로 근무하였다. ○○고등학교 2학년 학생 피해자가 피고인에게 욕설을 한 것으로 오인하고, 격분하여 좌우 주먹으로 위 피해자 얼굴 양측두부를 각 1회씩 구타하여 동인을 실신시키고, 동인에게 전치 10일을 요하는 쇼크 및 양측측두부 타박상의 상해를 입혔다.

재판진행 검사는 피고인을 형법 제262조 폭행치상죄로 기소하였다. 제1심 법원과 제2심 법원은 유죄를 인정하였다. 피고인은 형법 제20조를 이유로 상고하였다.

판결요지 대법원은 피고인 상고를 기각하였다.103)
교사가 피해자인 학생이 욕설을 하였는지를 확인도 하지 못할 정도로 <u>침착성과 냉정성을 잃은 상태에서 욕설을 하지도 아니한 학생을 오인하여 구타하였다면</u> 그 교사가 비록 교육상 학생을 훈계하기 위하여 한 것이라고 하더라도 이는 <u>징계권의 범위를 일탈한 위법한 폭력행위이다.</u>

판결평석 대법원 판결 결론은 타당하다. 그러나 논증순서와 논증방법에서 정밀함이 아쉽다.
이 사건은 사회상규 다섯 가지 요건 중 정당성을 제외하고, 상당성·균형성·긴급성·보충성이 충족되지 않는다. 형법 제20조 정당행위에 해당되지 않는다.
대법원 판결을 다음 순서로 더 명확하게 논증할 수 있다. ① 행위목적과 행위동기 정당성(훈계목적에서 나온 지도행위 +), ② 행위수단과 행위방법 상당성(고등학교 2학년 학생 피해자가 피고인에게 욕설을 한

103) 대법원 1980.9.9. 선고 80도762 판결 【폭행치상】; 윤용규, 체벌의 정당화에 관한 소고, 비교형사법연구 제4권 제2호, 한국비교형사법학회, 2002, 607-632면.

것으로 오인하고 격분하여 좌우 주먹으로 위 피해자 얼굴 양측두부를 각 1회씩 구타하여 동인을 실신시키고 동인에게 전치 10일을 요하는 쇼크 및 양측측두부 타박상의 상해를 입힘 -), ③ 보호이익과 침해이익 법익균형성(태도 교정보다 신체생리기능 침해가 우위 -), ④ 긴급성(현장에서 체벌을 해야 할 긴급한 정황이 없음 -), ⑤ 다른 수단과 다른 방법이 없다는 보충성(개별 지도의 훈육 방법이 가능한 상황)이다.

교사가 피해자인 학생이 욕설을 하였는지를 확인도 하지 못할 정도로 침착성과 냉정성을 잃은 상태에서 욕설을 하지도 아니한 학생을 오인하여 구타한 행위는 형법 제262조 폭행치상죄가 성립된다. 형법 제20조 정당행위 중 법령 위반뿐만 아니라 사회상규에 위배되기 때문이다. 상당성·균형성·긴급성·보충성을 충족하지 않는다. 법질서 전체 정신·사회윤리·사회통념 관점에서 보면, 잘못된 행위이며, 이익이 되지 않는 행위이다. 다른 위법성조각사유도 없다.

② 교탁 잡고 엉덩이 구타 사건

사실관계 피고인이 초등학교 5학년인 피해자를 양손으로 교탁을 잡게 한 다음 길이 50센티미터, 직경 3센티미터 가량 되는 나무 지휘봉을 거꾸로 잡고 엉덩이를 두 번 때리고, 아파서 무릎을 굽히며 허리를 옆으로 트는 피해자 엉덩이 위 허리부분을 다시 때려 6주간 치료를 받아야 할 상해를 입혔다.

재판진행 검사는 피고인을 형법 제262조 폭행치상죄로 기소하였다. 제1심 법원과 제2심 법원은 피고인에게 유죄를 인정하였다. 피고인은 형법 제20조를 이유로 상고하였다.

판결요지 대법원은 피고인 상고를 기각하였다.[104]
가. 위 징계행위는 그 방법 빛 정도가 <u>교사의 징계권행사의 허용한도를 넘</u>

---

104) 대법원 1990.10.30. 선고 90도1456 판결 【폭행치사(예비적 죄명: 과실상해】; 윤용규, 체벌의 정당화에 관한 소고, 비교형사법연구 제4권 제2호, 한국비교형사법학회, 2002, 607 – 632면.

어선 것으로서 정당한 행위로 볼 수는 없다 할 것이다.

나. 원심이 피고인의 정당행위 주장을 배척한 것은 옳고 거기에 정당행위의 법리를 오해한 위법이 없으므로 논지는 이유 없다. 그러므로 상고를 기각한다.

판결평석 대법원 판결 결론은 타당하다. 그러나 논증순서와 논증방법에서 정밀함이 아쉽다.

이 사건은 사회상규 다섯 가지 요건 중 정당성을 제외하고, 상당성·균형성·긴급성·보충성이 충족되지 않는다. 형법 제20조 정당행위에 해당되지 않는다.

대법원 판결을 다음 순서로 더 명확하게 논증할 수 있다. ① 행위목적과 행위동기 정당성(훈계목적에서 나온 지도행위 +), ② 행위수단과 행위방법 상당성(초등학교 5학년인 피해자를 양손으로 교탁을 잡게 한 다음 길이 50센티미터, 직경 3센티미터 가량 되는 나무 지휘봉을 거꾸로 잡고 엉덩이를 두 번 때리고, 아파서 무릎을 굽히며 허리를 옆으로 트는 피해자의 엉덩이 위 허리부분을 다시 때려 판시와 같이 6주간의 치료를 받아야 할 상해를 입힘 −), ③ 보호이익과 침해이익 법익균형성(태도교정 보다 신체생리기능 침해가 우위 −), ④ 긴급성(현장에서 체벌을 해야 할 긴급한 정황이 없음 −), ⑤ 다른 수단과 다른 방법이 없다는 보충성(개별 지도 훈육 방법이 가능한 상황 −)이다.

교사가 초등학교 5학년생을 징계하기 위하여 양손으로 교탁을 잡게 하고 길이 50cm, 직경 3cm 가량 되는 나무 지휘봉으로 엉덩이를 두 번 때리고, 학생이 아파서 무릎을 굽히며 허리를 옆으로 틀자 다시 허리부분을 때려 6주간의 치료를 받아야 할 상해를 입힌 행위는 형법 제262조 폭행치상죄가 성립된다. 형법 제20조 정당행위 중 법령위반뿐만 아니라 사회상규에 위배되기 때문이다. 상당성·균형성·긴급성·보충성을 충족하지 않는다. 법질서 전체 정신·사회윤리·사회통념 관점에서 보면, 잘못된 행위이며, 이익이 되지 않는 행위이다. 다른 위법성조각사유도 없다.

③ 엎드려뻗쳐 당구큐대 구타 사건

사실관계 피고인이 피해자를 엎드러지게 한 후 몽둥이와 당구큐대로 그의 둔부를 때려 3주간 치료를 요하는 우둔부심부혈종좌이부좌상을 입혔다.

재판진행 검사는 피고인을 형법 제262조 폭행치사죄로 기소하였다. 제1심 법원과 제2심 법원은 피고인에게 유죄를 인정하였다. 피고인은 형법 제20조를 이유로 상고하였다.

판결요지 대법원은 피고인 상고를 기각하였다.[105]

가. 비록 피고인이 학생주임을 맡고 있는 교사로서 제자인 피해자를 훈계하기 위한 것이었다 하더라도 이는 징계의 범위를 넘는 것으로서 형법 제20조의 정당행위에는 해당하지 아니한다 할 것이다.

나. 그러므로 같은 취지의 원심판결은 정당하고 거기에 지적하는 바와 같은 법리오해의 위법이 없다.

다. 내세우는 판례는 이 사건과 사안을 달리하여 적절한 것이 아니다. 주장은 모두 이유 없다. 그러므로 상고를 기각한다.

판결평석 대법원 판결 결론은 타당하다. 그러나 논증순서와 논증방법에서 정밀함이 아쉽다.

이 사건은 사회상규 다섯 가지 요건 중 정당성을 제외하고, 상당성·균형성·긴급성·보충성이 충족되지 않는다. 형법 제20조 정당행위에 해당되지 않는다.

대법원 판결을 다음 순서로 더 명확하게 논증할 수 있다. ① 행위목적과 행위동기 정당성(훈계목적에서 나온 지도행위 +), ② 행위수단과 행위방법 상당성(피해자를 엎드러지게 한 후 몽둥이와 당구큐대로 그의 둔부를 때려 3주간 치료를 요하는 우둔부심부혈종좌이부좌상을 입힌 상해

105) 대법원 1991.5.14. 선고 91도513 판결 【상해】; 윤용규, 체벌의 정당화에 관한 소고, 비교형사법연구 제4권 제2호, 한국비교형사법학회, 2002, 607-632면.

-), ③ 보호이익과 침해이익 법익균형성(태도 교정보다 신체생리기능 침해 -), ④ 긴급성(현장에서 체벌을 해야 할 긴급한 정황이 없음 -), ⑤ 다른 수단과 다른 방법이 없다는 보충성(개별 지도의 훈육 방법이 가능한 상황 -)이다.

교사가 학생을 엎드러지게 한 후 몽둥이와 당구큐대로 둔부를 때려 3주간 치료를 요하는 우둔부심부혈종좌이부좌상을 입힌 행위는 형법 제262조 폭행치상죄가 성립된다. 형법 제20조 정당행위 중 법령 위반뿐만 아니라 사회상규에 위배되기 때문이다. 상당성·균형성·긴급성·보충성을 충족하지 않는다. 법질서 전체 정신·사회윤리·사회통념 관점에서 보면, 잘못된 행위이며, 이익이 되지 않는 행위이다. 다른 위법성조각사유도 없다.

④ 슬리퍼 체벌 사건

사실관계 ○○여자중학교 체육교사 겸 태권도 지도교사인 피고인은 교실 밖 공개된 장소에서 여학생 A, B, C, D 언행을 교정할 목적으로 A에게 주먹으로 머리를, B에게 슬리퍼로 양 손을 때리고, C, D에게 욕설을 하였다.

재판진행 검사는 피고인을 형법 제260조 제1항 폭행죄와 형법 제311조 모욕죄로 기소하였다. 제1심 법원과 제2심 법원은 피고인에게 유죄를 인정하였다. 피고인은 형법 제20조 사회상규를 이유로 상고하였다.

판결요지 대법원은 피고인 상고를 기각하였다.[106)]

가. 사회상규에 위반되지 아니하는 행위라 함은 <u>법질서 전체의 정신이나 그의 배후에 놓여 있는 사회윤리 도의적 감정 내지 사회통념에 비추어 용인될 수 있는 행위를 말하는 것</u>이어서 어떠한 행위가 사회상규에 위

---

106) 대법원 2004.6.10. 선고 2001도5380 판결 【폭행·모욕】; 이인영, 사회상규의 의미와 정당행위의 포섭행위: 체벌의 허용요건과 정당행위, 형사판례연구 제13호, 박영사, 2005, 169-189면; 조국, 교사의 체벌과 정당행위, 법학 제48권 제4호(제145호), 서울대학교 법학연구소, 2007, 314-330면.

배되지 아니하는가는 구체적 사정아래에서 합목적적 합리적으로 고찰하여 개별적으로 판단되어야 한다.

나. 초·중등교육법령에 따르면 교사는 학교장의 위임을 받아 교육상 필요하다고 인정할 때에는 징계를 할 수 있다. 징계를 하지 않는 경우에는 그 밖의 방법으로 지도를 할 수 있다. 그 지도에 있어서는 교육상 불가피한 경우에만 신체적 고통을 가하는 방법인 이른바 체벌로 할 수 있다. 그 외의 경우에는 훈육, 훈계의 방법만이 허용되어 있다.

다. 교사가 학생을 징계 아닌 방법으로 지도하는 경우에도 징계하는 경우와 마찬가지로 교육상의 필요가 있어야 될 뿐만 아니라 특히 학생에게 신체적, 정신적 고통을 가하는 체벌, 비하(卑下)하는 말 등의 언행은 교육상 불가피한 때에만 허용되는 것이다. 학생에 대한 폭행, 욕설에 해당되는 지도행위는 학생의 잘못된 언행을 교정하려는 목적에서 나온 것이었으며, 다른 교육적 수단으로는 교정이 불가능하였던 경우로서 그 방법과 정도에서 사회통념상 용인될 수 있을 만한 객관적 타당성을 갖추었던 경우에만 법령에 의한 정당행위로 볼 수 있을 것이다.

라. 교정의 목적에서 나온 지도행위가 아니어서 학생에게 체벌, 훈계 등의 교육적 의미를 알리지도 않은 채 지도교사의 성격 또는 감정에서 비롯된 지도행위라든가, 다른 사람이 없는 곳에서 개별적으로 훈계, 훈육의 방법으로 지도·교정될 수 있는 상황이었음에도 낯모르는 사람들이 있는 데서 공개적으로 학생에게 체벌·모욕을 가하는 지도행위라든가, 학생의 신체나 정신건강에 위험한 물건 또는 지도교사의 신체를 이용하여 학생의 신체 중 부상의 위험성이 있는 부위를 때리거나, 학생의 성별, 연령, 개인적 사정에서 견디기 어려운 모욕감을 주어 방법·정도가 지나치게 된 지도행위 등은 특별한 사정이 없는 한 사회통념상 객관적 타당성을 갖추었다고 보기 어렵다.

마. 피고인이 피해자들의 각 언행을 교정하기 위하여는 위에서 본 학생지도 시의 준수요건을 지켜 개별적 지도로서 훈계하는 등의 방법을 사용할 수 있었던 상황이었다.

사. 달리 특별한 사정은 인정될 수 없었음에도 스스로의 감정을 자제하지 못한 나머지 많은 낯모르는 학생들이 있는 교실 밖에서 피해자 학생들의 행동을 본 즉시 피고인 자신의 손이나 주먹으로 피해자 공소외 1의 머리 부분을 때렸다.

아. 피고인이 신고 있던 슬리퍼로 피해자 공소외 의 양손을 때렸으며 감수성이 예민한 여학생인 피해자들에게 모욕감을 느낄 지나친 욕설을 하였던 것은 <u>사회관념상 객관적 타당성을 잃은 지도행위이어서 정당행위로 볼 수 없다.</u>

사. 같은 전제에서 나온 원심의 판단은 올바른 것으로 수긍할 수 있다.

판결평석　대법원 판결 결론은 타당하다. 그러나 논증순서와 논증방법에서 판단기준에 따른 체계적 해석이 아쉽다.

이 사건은 사회상규 다섯 가지 요건 중 정당성·상당성·균형성·긴급성·보충성이 모두 충족되지 않는다. 형법 제20조 정당행위에 해당되지 않는다.

대법원은 ① 보충성(개별적 지도로서 훈계하는 등 방법을 사용할 수 있었던 상황), ② 긴급성(달리 인정할 특별한 사정이 없음), ③ 정당성(교육목적 보다 감정적 체벌), ④ 상당성(자신 손이나 주먹으로, 그리고 피고인이 신고 있던 슬리퍼로 신체 중 부상의 위험성이 있는 부위를 때림), ⑤ 균형성(감수성이 예민한 여학생인 피해자들에게 모욕감을 느낄 지나친 욕설) 순서로 검토하고 있다.

대법원 판결을 다음 순서로 더 명확하게 논증할 수 있다. ① 행위목적과 행위동기 정당성(교정 목적에서 나온 지도행위보다 감정적 표현 -), ② 행위수단과 행위방법 상당성(훈육보다 손, 주먹, 슬리퍼를 사용한 신체 주요부분 폭력과 욕설 -), ③ 보호이익과 침해이익 법익균형성(태도 교정보다 폭력과 욕설을 통한 모욕 -), ④ 긴급성(현장에서 체벌을 해야 할 긴급한 정황이 없음 -), ⑤ 다른 수단과 다른 방법이 없다는 보충성(개별 지도의 훈육 방법이 가능한 상황 -)이다.

○○여자중학교 체육교사 겸 태권도 지도교사인 피고인이 교실 밖 공개된 장소에서 여학생 A, B, C, D 언행을 교정할 목적으로 A에게 주먹으로 머리를, B에게 슬리퍼로 양 손을 때리고, C, D에게 욕설을 한 행위는 형법 제260조 제1항 폭행죄와 형법 제311조 모욕죄가 성립된다. 형법 제20조 정당행위 중 법령 위반뿐만 아니라 사회상규에 위배되기 때문이다. 정당성·상당성·균형성·긴급성·보충성을 충

족하지 않는다. 법질서 전체 정신·사회윤리·사회통념 관점에서 보면, 잘못된 행위이며, 이익이 되지 않는 행위이다. 다른 위법성조각사유도 없다.

(3) 상관 위법한 구타·명령과 사회상규 판단방법

① 군인정신환기 감금구타 사건 【시사판례】

사실관계　상관인 피고인은 군내부에서 부하인 방위병들 훈련 중에 그들에게 군인정신을 환기시키기 위하여 감금과 구타를 하였다.

재판진행　군검찰은 피고인을 폭력행위 등 처벌에 관한 법률위반죄(폭행죄)로 기소하였다. 제1심 법원과 제2심 법원은 피고인에게 유죄를 선고하였다. 피고인이 상고하였다.

판결요지　대법원은 피고인 상고를 기각하였다.[107]

상관인 피고인이 군내부에서 부하인 방위병들의 훈련 중에 그들에게 군인정신을 환기시키기 위하여 한 일이라 하더라도 감금과 구타행위는 징계권 내지 훈계권의 범위를 넘어선 것으로 위법하다.

판결평석　대법원 판결 결론은 타당하다. 그러나 논증순서와 논증방법에서 정밀함이 아쉽다.

이 사건은 사회상규 다섯 가지 요건 중 정당성을 제외하고, 상당성·균형성·긴급성·보충성이 충족되지 않는다. 형법 제20조 정당행위에 해당되지 않는다.

대법원 판결을 다음 순서로 더 명확하게 논증할 수 있다. ① 행위목적과 행위동기 정당성(군인정신환기 ＋), ② 행위수단과 행위방법 상당성(감금과 구타행위 －), ③ 보호이익과 침해이익 법익균형성(군기와 인간존엄 －), ④ 긴급성(당시 그와 같은 얼차려가 긴급하고도 불가피한 수단이었다고 볼 수도 없다 －), ⑤ 다른 수단과 다른 방법이 없다는

---

107) 대법원 1984.6.12. 선고 84도799 판결 【폭력행위등처벌에관한법률위반·폭행】

보충성(다른 수단이나 방법이 있음 −)이다.

상관인 피고인이 군내부에서 부하인 방위병들 훈련 중에 그들에게 군인정신을 환기시키기 위하여 한 일이라 하더라도 감금과 구타행위는 폭력행위 등 처벌에 관한 법률위반죄(폭행죄)가 성립한다. 형법 제20조 정당행위 중 법령 위반뿐만 아니라 사회상규에 위배되기 때문이다. 상당성·균형성·긴급성·보충성을 충족하지 않는다. 법질서 전체 정신·사회윤리·사회통념 관점에서 보면, 잘못된 행위이며, 이익이 되지 않는 행위이다. 다른 위법성조각사유도 없다. 군기 확립도 적법절차에 따라 이루어져야 하며, 군대내 감금·구타행위는 징계권·훈계권 범위를 넘어선 것으로 위법하다. 이 판례는 군대내 인격 모독성 가혹행위를 처벌한 대표적 판례가 되었다.

② 박종철 고문치사 사건 【시사판례】

사실관계 대공수사직원인 피고인들은 양손을 뒤로 결박당하고 양발목마저 결박당한 피해자 양쪽 팔, 다리, 머리 등을 밀어누름으로써 피해자 얼굴을 욕조 물속으로 강제로 찍어 누르는 가혹행위를 반복하였다. 욕조 구조나 신체구조상 피해자 목 부분이 욕조의 턱에 눌릴 수 있고, 더구나 물속으로 들어가지 않으려고 반사적으로 반항하는 피해자 행동을 제압하기 위하여 강하게 피해자 머리를 잡아 물속으로 눌러 욕조 턱에 피해자 목 부분이 눌려 질식사하였다.

재판진행 검사는 피고인들을 특정범죄가중처벌 등에 관한 법률 제4조의2 제2항 위반죄로 기소하였다. 이 사안에서 형법 제20조 정당행위와 형법 제12조 강요된 행위가 쟁점이 되었다. 제1심 법원과 제2심 법원은 피고인에게 유죄를 선고하였다. 피고인들은 상고하였다.

판결요지 대법원은 피고인들 상고를 기각하였다.[108]

---

108) 대법원 1988.2.23. 선고 87도2358 판결【특정범죄가중처벌등에관한법률위반】; 성낙현, 상관의 위법한 명령에 따른 행위의 형법적 평가, 판례와 이론 제1호, 영남대학교법학연구소, 1995, 55−61면; 이용식, 상관의 위법한 명령에 따른 행위, 판례월보 제304호, 판

가. 양손을 뒤로 결박당하고 양발목마저 결박당한 피해자의 양쪽 팔, 다리, 머리 등을 밀어누름으로써 피해자의 얼굴을 욕조의 물속으로 강제로 찍어 누르는 가혹행위를 반복할 때에 욕조의 구조나 신체구조상 피해자의 목 부분이 욕조의 턱에 눌릴 수 있다. 더구나 물속으로 들어가지 않으려고 반사적으로 반항하는 피해자의 행동을 제압하기 위하여 강하게 피해자의 머리를 잡아 물속으로 누르게 될 경우에는, 위 욕조의 턱에 피해자의 목부분이 눌려 질식현상 등의 치명적인 결과를 가져올 수 있다는 것은 우리의 경험칙상 어렵지 않게 예견할 수 있다.

나. 공무원이 그 직무를 수행함에 있어 상관은 하관에 대하여 범죄행위 등 위법한 행위를 하도록 명령할 직권이 없는 것이다. 하관은 소속상관의 적법한 명령에 복종할 의무는 있으나 그 명령이 참고인으로 소환된 사람에게 가혹행위를 가하라는 등과 같이 명백한 위법 내지 불법한 명령인 때에는 이는 벌써 직무상의 지시명령이라 할 수 없으므로 이에 따라야 할 의무는 없다.

다. 설령 대공수사단 직원은 상관의 명령에 절대 복종하여야 한다는 것이 불문율로 되어 있다 할지라도, 국민의 기본권인 신체의 자유를 침해하는 고문행위 등이 금지되어 있는 우리의 국법질서에 비추어 볼 때, 그와 같은 불문율이 있다는 것만으로는 <u>고문치사와 같이 중대하고도 명백한 위법명령에 따른 행위가 정당한 행위에 해당하거나, 강요된 행위로서 적법행위에 대한 기대가능성이 없는 경우에 해당하게 되는 것이라고는 볼 수 없다.</u>

판결평석 대법원 판결 결론은 타당하다. 그러나 논증순서와 논증방법에서 정밀함이 아쉽다.

이 사건은 사회상규 다섯 가지 요건 중 정당성·상당성·균형성·긴급성·보충성이 모두 충족되지 않는다. 형법 제20조 정당행위에 해당되지 않는다.

대법원 판결을 다음 순서로 더 명확하게 논증할 수 있다. ① 행위목적과 행위동기 정당성(자백강요 −), ② 행위수단과 행위방법 상당성(물고문 −), ③ 보호이익과 침해이익 법익균형성(인간존엄 −), ④ 긴급성(당시 그와 같은 얼차려가 긴급하고도 불가피한 수단이었다고 볼 수도 없음 -), ⑤ 다른 수단과 다른 방법이 없다는 보충성(다른 수단이나 방법이 있음 -)이다.

대공수사단 직원이 박○철을 물고문으로 사망케 한 행위는 중대한·명백한 위법명령에 따른 범죄행위이다. 형법 제20조 정당행위에 해당하지 않는다. 법령 위반뿐만 아니라 사회상규에 위배되기 때문이다. 정당성·상당성·균형성·긴급성·보충성을 모두 충족하지 않는다. 법질서 전체 정신·사회윤리·사회통념 관점에서 보면, 잘못된 행위이며, 이익이 되지 않는 행위이다. 다른 위법성조각사유도 없다. 또한 대공수사단 직원 고문치사행위를 형법 제12조 강요된 행위로 보아 책임을 조각할 수 없다. 대공수사단 직원도 헌법(국민 기본권인 신체자유를 침해하는 고문행위금지)을 준수해야 하기 때문이다. 피고인들에게 적법행위에 대한 기대가능성이 있다. 이 사건은 대한민국 역사를 바꾸었다.

③ 12.12 반란 사건 【시사판례】

사실관계 피고인 허○수가 피고인 전○환 지시를 받고 병력을 이끌고 가서 정○화 총장을 체포한 행위나, 피고인 박○규가 제3공수여단장인 피고인 최○창 지시를 받고 병력을 이끌고 가서 정○주 특전사령관을 체포한 행위, 피고인 신○희가 수도경비사령부 헌병단장 조○ 지시를 받고 병력을 이끌고 가서 장○완 수경사령관을 체포하였다.

재판진행 검사는 피고인을 군형법 제5조 반란죄로 기소하였다. 형법 제20조 정당행위가 쟁점이 되었다. 제1심 법원과 제2심 법원은 피고인에게 유죄를 선고하였다. 피고인들은 상고하였다.

판결요지 대법원은 상고를 기각하였다.[109]

---

109) 대법원 1997.4.17. 선고 96도3376 전원합의체 판결【반란수괴·반란모의참여·반란중요임무종사·불법진퇴·지휘관계엄지역수소이탈·상관살해·상관살해미수·초병살해·내란수괴·내란모의참여·내란중요임무종사·내란목적살인·특정범죄가중처벌등에관한법

가. 상관의 적법한 직무상 명령에 따른 행위는 정당행위로서 형법 제20조
에 의하여 그 위법성이 조각된다고 할 것이다.

나. 그러나 상관의 위법한 명령에 따라 범죄행위를 한 경우에는 상관의 명
령에 따랐다고 하여 부하가 한 범죄행위의 위법성이 조각될 수는 없다.

`판결평석`   대법원 판결 결론은 타당하다. 그러나 논증순서와 논증방법
에서 정밀함이 아쉽다.

이 사건은 사회상규 다섯 가지 요건 중 정당성·상당성·균형성·긴
급성·보충성이 모두 충족되지 않는다. 형법 제20조 정당행위에 해
당되지 않는다.

대법원 판결을 다음 순서로 더 명확하게 논증할 수 있다. ① 행위목
적과 행위동기 정당성(반란 -), ② 행위수단과 행위방법 상당성(병력
동원으로 수경사령관 체포 -), ③ 보호이익과 침해이익 법익균형성(국
가존립과 헌정질서 -), ④ 긴급성(당시 체포들이 긴급하고도 불가피한
수단이었다고 볼 수도 없음 -), ⑤ 다른 수단과 다른 방법이 없다는
보충성(있음)이다.

상관 위법한 명령에 따라 불법체포행위를 한 행위는 군형법 제5조
반란죄가 성립한다. 형법 제20조 정당행위에 해당하지 않는다. 법령
위반뿐만 아니라 사회상규에 위배되기 때문이다. 정당성·상당성·균
형성·긴급성·보충성을 모두 충족하지 않는다. 법질서 전체 정신·
사회윤리·사회통념 관점에서 보면, 잘못된 행위이며, 이익이 되지
않는 행위이다. 다른 위법성조각사유도 없다. 이 사건은 대한민국 역
사를 바꾸었다.

④ 5.18 내란 사건 【시사판례】

`사실관계`   피고인들이 1980. 5. 17. 24:00를 기하여 비상계엄을 전국
으로 확대하는 등 헌법기관인 대통령, 국무위원들에 대하여 강압을

률위반(뇌물)】; 김성천, 12·12와 5·18 사건의 책임자 처벌 관련 문제점 연구, 중앙법
학 제11집 제4호, 중앙법학회, 2009, 197-224면.

가하고 있는 상태에서, 이에 항의하기 위하여 일어난 광주시민들 시위는 국헌을 문란하게 하는 내란행위가 아니라 헌정질서를 수호하기 위한 정당한 행위이었음에도 불구하고 이를 난폭하게 진압하였다.

대통령과 국무위원들에 대하여 보다 강한 위협을 가하여 그들을 외포하게 하였다면, 이 사건 시위진압행위는 피고인들이 헌법기관인 대통령과 국무위원들을 강압하여 그 권능행사를 불가능하게 한 것으로 보아야 하므로 국헌문란에 해당한다. 이는 피고인들이 국헌문란 목적을 달성하기 위한 직접적인 수단이었다고 할 것이다.

또한 피고인들이 이른바 12·12군사반란을 통하여 군 지휘권을 실질적으로 장악함과 아울러 국가정보기관을 완전히 장악한 뒤, 1980. 5. 초순경부터 이른바 '시국수습방안', '국기문란자 수사계획', '권력형 부정축재자 수사계획'을 마련하여 이를 검토, 추진하기로 모의하였다. 그 계획에 따라 1981. 1. 24. 비상계엄 해제에 이르기까지, 이른바 예비검속, 비상계엄 전국확대, 국회의사당 점거·폐쇄, 보안목표에 대한 계엄군 배치, 광주시위진압, 국가보위비상대책위원회 설치·운영, 정치활동 규제 등 일련의 행위를 강압에 의하여 행한 사실을 인정한 다음, 피고인들이 행한 위와 같은 일련 행위는 결국 강압에 의하여 헌법기관인 대통령, 국무회의, 국회의원 등의 권한을 침해하거나 배제함으로써 그 권능행사를 사실상 불가능하게 한 것이므로 국헌문란에 해당한다. 위 일련 행위에 이르게 된 동기, 그 경위 및 결과 등을 종합하여 볼 때, 피고인들이 1980. 5. 17.을 전후한 이 사건 범행 당시에 국헌문란의 목적을 가지고 있었다고 보아야 한다. 또한 계엄군 과잉진압에 분노한 시민들과 사이에 충돌이 일어나서 계엄군이 시민들에게 발포함으로써 다수 사상자가 발생하였다.

재판진행 검사는 피고인들을 형법 제88조, 제91조 내란목적살인죄로 기소하였다. 형법 제20조 정당행위 등 위법성조각사유가 쟁점이 되었다. 제1심 법원과 제2심 법원은 피고인들에게 유죄를 선고하였다. 피고인들은 상고하였다.

판결요지 대법원은 피고인들 상고를 기각하였다.[110]

가. **위법성조각사유 등 비상계엄 전국확대조치 및 개별행위가 정당행위에**
해당하여 처벌할 수 없다는 주장에 대하여. 이른바 위법성조각사유로서
의 정당행위, 즉 법령에 근거하여 행하여진 권리행사로서의 행위와 직
접적으로 법령상 근거가 없다고 하더라도 사회통념상 정당하다고 인정
되는 행위를 업무로서 행하는 행위 및 법령에 근거하거나 정당한 업무
로 하는 행위에 속하지 아니하나 사회상규에 반하지 아니하는 행위 등
은 일반적으로 정당한 행위는 적법하다는 원칙에 따라 그 위법성이 조
각되는 것이다. 따라서 위법성조각사유로서의 정당행위가 성립하기 위
하여는 먼저 건전한 사회통념에 비추어 그 행위의 동기나 목적이 정당
하여야 할 것이다. 그런데 앞서 본 바와 같이 피고인들의 위 각 행위는
모두 피고인들이 국헌문란의 목적을 달성하기 위하여 행한 것이므로,
그 행위의 동기나 목적이 정당하다고 볼 수 없어 정당행위에 해당한다
고 할 수는 없다고 할 것이다. 같은 취지의 원심 판단은 정당하고, 거
기에 상고이유로 지적하는 바와 같은 법리오해 등의 위법이 있다고 할
수 없다.

나. **시위진압행위가 정당행위, 정당방위 · 과잉방위, 긴급피난 · 과잉피난에**
해당하여 처벌할 수 없거나 그 형을 면제하여야 한다는 주장에 대하여.
정당행위가 성립하기 위하여는 건전한 사회통념에 비추어 그 행위의
동기나 목적이 정당하여야 하고, 정당방위 · 과잉방위나 긴급피난 · 과잉
피난이 성립하기 위하여는 방위의사 또는 피난의사가 있어야 한다고
할 것이다. 그런데 원심은 피고인들이 국헌을 문란할 목적으로 시국수
습방안의 실행을 모의할 당시 그 실행에 대한 국민들의 큰 반발과 저
항을 예상하고, 이에 대비하여 '강력한 타격'의 방법으로 시위를 진압하
도록 평소에 훈련된 공수부대 투입을 계획한 후, 이에 따라 광주에 투
입된 공수부대원들이 시위를 진압하는 과정에서 진압봉이나 총 개머리
판으로 시위자들을 가격하는 등으로 시위자에게 부상을 입히고 도망하

---

110) 대법원 1997.4.17. 선고 96도3376 전원합의체 판결 【반란수괴 · 반란모의참여 · 반란중요
임무종사 · 불법진퇴 · 지휘관계엄지역수소이탈 · 상관살해 · 상관살해미수 · 초병살해 · 내
란수괴 · 내란모의참여 · 내란중요임무종사 · 내란목적살인 · 특정범죄가중처벌등에관한법
률위반(뇌물)】; 김성천, 12 · 12와 5 · 18 사건의 책임자 처벌 관련 문제점 연구, 중앙법
학 제11집 제4호, 중앙법학회, 2009, 197 - 224면.

는 시위자를 점포나 건물 안까지 추격하여 대량으로 연행하는 강경한 진압작전을 감행하였다. 이와 같은 난폭한 계엄군의 과잉진압에 분노한 시민들과 사이에 충돌이 일어나서 계엄군이 시민들에게 발포함으로써 다수의 사상자가 발생하였다. 그 후 일부 시민의 무장저항이 일어났으며, 나아가 계엄군이 광주시 외곽으로 철수한 이후 귀중한 국민의 생명을 희생하여서라도 시급하게 재진입작전을 강행하지 아니하면 안 될 상황이나 또는 광주시민들이 급박한 위기상황에 처하여 있다고 볼 수가 없었다. 그럼에도 불구하고, 그 시위를 조속히 진압하여 시위가 다른 곳으로 확산되는 것을 막지 아니하면 내란의 목적을 달성할 수 없는 상황에 처하게 되자, 계엄군에게 광주재진입작전을 강행하도록 함으로써 다수의 시민을 사망하게 한 사실을 인정하였는바, 기록에 비추어 살펴보면, 원심의 위와 같은 사실인정은 정당하고, 거기에 상고이유로 지적하는 바와 같은 채증법칙 위반으로 인한 사실오인 등의 위법이 있다고 할 수 없다.

다. 사정이 이와 같다면, <u>피고인들이 위 계엄군의 시위진압행위를 이용하여 국헌문란의 목적을 달성하려고 한 행위는 그 행위의 동기나 목적이 정당하다고 볼 수 없다.</u> 또한 <u>피고인들에게 방위의사나 피난의사가 있다고 볼 수도 없어 정당행위, 정당방위·과잉방위, 긴급피난·과잉피난에 해당한다고 할 수는 없다</u>고 할 것이다.

라. 같은 취지의 원심 판단은 정당하고, 거기에 상고이유로 지적하는 바와 같은 법리오해 등의 위법이 있다고 할 수 없다.

[판결평석] 대법원 판결 결론은 타당하다. 그러나 논증순서와 논증방법에서 정밀함이 아쉽다.

이 사건은 사회상규 다섯 가지 요건 중 정당성·상당성·균형성·긴급성·보충성이 모두 충족되지 않는다. 형법 제20조 정당행위에 해당되지 않는다.

대법원 판결을 다음 순서로 더 명확하게 논증할 수 있다. ① 행위목적과 행위동기 정당성(내란 −), ② 행위수단과 행위방법 상당성(국가기관 업무정지와 병력동원으로 무력진압, 민간인에게 발포명령 −), ③ 보호이익과 침해이익 법익균형성(국가의 존립과 헌정질서 −), ④ 긴급성(당시 국가기관 업무정지와 무력진압이 긴급하고도 불가피한 수단이었다고 볼 수도 없음 -), ⑤ 다른 수단과 다른 방법이 없다는 보충성 (다른 수단이나 방법이 있음 -)이다.

계엄군 과잉진압에 분노한 시민들과 사이에 충돌이 일어나서 계엄군이 시민들에게 발포함으로써 다수 사상자가 발생하게 한 행위는 형법 제88조, 제91조 내란목적살인죄가 성립한다. 형법 제20조 정당행위에 해당하지 않는다. 법령 위반뿐만 아니라 사회상규에 위배되기 때문이다. 정당성·상당성·균형성·긴급성·보충성을 모두 충족하지 않는다. 법질서 전체 정신·사회윤리·사회통념 관점에서 보면, 잘못된 행위이며, 이익이 되지 않는 행위이다. 다른 위법성조각사유도 없다.

⑤ 얼차려 상사 사건

사실관계 상사 계급 피고인이 그의 잦은 폭력으로 신체에 위해를 느끼고 겁을 먹은 상태에 있던 부대원들에게 청소 불량 등을 이유로 40분 내지 50분간 머리박아(속칭 '원산폭격')를 시키거나 양손을 깍지 낀 상태에서 약 2시간 동안 팔굽혀펴기를 50-60회 정도 하게 하였다.

재판진행 군검찰은 피고인을 형법 제324조 강요죄로 기소하였다. 형법 제20조 정당행위, 군인사법 제47조의2 복무규율, 군인복무규율 제15조 제1항 사적 제재의 금지가 쟁점이 되었다. 제1심 법원과 제2심 법원은 유죄를 선고하였다. 피고인은 상고하였다.

판결요지 대법원은 피고인 상고를 기각하였다.[111]

가. 형법 제20조 소정의 '사회상규에 위배되지 아니하는 행위'라 함은 법질서 전체의 정신이나 그 배후에 놓여 있는 사회윤리 내지 사회통념에 비추어 용인될 수 있는 행위를 말한다. 어떠한 행위가 사회상규에

---

111) 대법원 2006.4.27. 선고 2003도4151 판결【폭력행위등처벌에관한법률위반(일부 변경된 죄명: 폭행) (일부 인정된 죄명: 상해·강요)】; 신동운, 新판례백선 형법총론, 경세원, 2009, 287-289면.

위배되지 아니하는 정당한 행위로서 위법성이 조각되는 것인지는 구체적인 사정 아래서 합목적적, 합리적으로 고찰하여 개별적으로 판단되어야 한다.

나. 이와 같은 정당행위를 인정하려면, 첫째 그 행위의 동기나 목적의 정당성, 둘째 행위의 수단이나 방법의 상당성, 셋째 보호이익과 침해이익과의 법익균형성, 넷째 긴급성, 다섯째 그 행위 외에 다른 수단이나 방법이 없다는 보충성 등의 요건을 갖추어야 한다.

다. 상사 계급의 피고인이 부대원들에게 얼차려를 지시할 당시 얼차려의 결정권자도 아니었고 소속 부대의 얼차려 지침상 허용되는 얼차려도 아니라는 등의 이유로, 피고인의 얼차려 지시 행위를 형법 제20조의 정당행위로 볼 수 없다.

[판결평석] 대법원 판결 결론은 타당하다. 그러나 논증순서와 논증방법에서 정밀함이 아쉽다.

이 사건은 사회상규 다섯 가지 요건 중 정당성·상당성·균형성·긴급성·보충성이 모두 충족되지 않는다. 형법 제20조 정당행위에 해당되지 않는다.

대법원 판결을 다음 순서로 더 명확하게 논증할 수 있다. ① 행위목적과 행위동기 정당성(업무 태만에 대한 피고인이 지시한 얼차려는 얼차려 지침이 허용하는 얼차려도 아닐 뿐만 아니라 근무를 태만히 한 경계병만이 아니라 취침 중인 전 부대원을 깨워 그들 모두로 하여금 동절기에 속옷 차림으로 연병장에 서 있게 한 것으로서, 원심이 내세운 사정을 감안하더라도 피해자들의 법익침해를 정당화할 만한 사유가 있었다고 볼 수 없다 -), ② 행위수단과 행위방법 상당성(얼차려들이 훈계 차원에서 이루어진 것이었다 하더라도 그 정도를 넘어선 것으로서 수단과 방법에 상당성이 인정된다고 보기 어렵고 -), ③ 보호이익과 침해이익 법익균형성(군기와 인간존엄 -), ④ 긴급성(당시 그와 같은 얼차려가 긴급하고도 불가피한 수단이었다고 볼 수도 없다 -), ⑤ 다른 수단과 다른 방법이 없다는 보충성(다른 수단이나 방법이 있음)이다.

상사 계급 피고인이 그의 잦은 폭력으로 신체에 위해를 느끼고 겁을 먹은 상태에 있던 부대원들에게 청소 불량 등을 이유로 40분 내지

50분간 머리박아(속칭 '원산폭격')를 시키거나 양손을 깍지 낀 상태에서 약 2시간 동안 팔굽혀펴기를 50-60회 정도 하게 한 행위는 형법 제324조 강요죄가 성립한다. 상사 계급 피고인이 부대원들에게 얼차려를 지시할 당시 얼차려결정권자도 아니었고, 소속 부대 얼차려 지침상 허용되는 얼차려도 아니어서, 피고인 얼차려 지시 행위는 형법 제20조 정당행위로 볼 수 없다. 군기 확립도 적법절차에 따라 이루어져야 한다. 군부대 내에서 인격모독성 가혹행위는 정당성·상당성·균형성·긴급성·보충성을 모두 충족하지 않는다. 법질서 전체 정신·사회윤리·사회통념 관점에서 보면, 잘못된 행위이며, 이익이 되지 않는 행위이다. 다른 위법성조각사유도 없다.

(4) 법령위반·계약위반과 사회상규 판단방법

① 광주 홍삼 사건 【시사판례】

사실관계　광주전매지청 관하 광주전매서장인 피고인이 홍삼판매할당량을 충실히 이행함으로써 국고수입을 늘린다는 일념으로 법령을 위반하여 지정판매인 이외 자에게 판매하고, 이를 법령상 허용된 절차와 부합시키기 위하여 허위공문서인 매도신청서와 영수증을 작성하였다.

재판진행　검사는 피고인을 형법 제227조 허위공문서작성죄·형법 제234조 동행사죄·형법 제356조 업무상횡령죄로 기소하였다. 제1심 법원과 제2심 법원은 피고인에게 업무상횡령죄 일부분에 대해 유죄를 인정하였지만, 허위공문서작성죄·동행사죄 일부분에 대해 형법 제20조를 적용하여 무죄를 인정하였다. 검사는 상고하였다.

판결요지　대법원은 검사 상고를 기각하였다.[112]

가. 형법 제20조가 사회상규에 위배되지 아니하는 행위는 처벌하지 아니한다고 규정한 것은 <u>사회상규 개념을 가장 기본적인 위법성 판단의 기준으로 삼아 이를 명문화한 것이다.</u>

---

112) 대법원 1983.2.8. 선고 82도357 판결 【업무상횡령·허위공문서작성·허위공문서작성행사】; 신동운, 新판례백선 형법총론, 경세원, 2009, 377-380면.

나. 그에 따르면 행위가 법규정의 문언상 일응 <u>범죄구성요건에 해당된다고</u> <u>보이는 경우에도 그것이 극히 정상적인 생활형태의 하나로서 역사적으</u> <u>로 생성된 사회생활질서의 범위 안에 있는 것이라고 생각되는 경우에</u> <u>한하여 그 위법성이 조각되어 처벌할 수 없게 되는 것이다.</u>

다. 어떤 법규성이 처벌대상으로 하는 행위가 사회발전에 따라 전혀 위법하지 않다고 인식되고 그 처벌이 무가치할 뿐 아니라 사회정의에 배반된다고 생각될 정도에 이를 경우나, 자유민주주의 사회의 목적 가치에 비추어 이를 실현하기 위해 <u>사회적 상당성이 있는 수단으로 행하여졌다</u> <u>는 평가가 가능한 경우에 한하여 이를 사회상규에 위배되지 아니한다</u> <u>고 할 것이다.</u>

라. 설사 그것이 광주전매지청 관하에 <u>일반화된 관례였고, 상급관청이 이를</u> <u>묵인하였다는 사정이 있다 하더라도</u> 이를 전혀 정상적인 행위라고 하거나 그 목적과 수단의 관계에서 보아 <u>사회적 상당성이 있다고 단정할 수</u> <u>는 없고,</u> 그 법익침해정도가 경미하여 가벌적 위법성이 없다고 할 수도 없다.

판결평석 이 판례는 사회상당성이론을 사회상규 내용으로 파악한 선행 판례이다. 그러나 이 사건 항소심은 가벌적 위법성이론을 제시하고 있다. 일본 판례에서 영향을 받은 것으로 보인다.

대법원 판결 결론은 타당하다. 그러나 논증순서와 논증방법에서 정밀함이 아쉽다.

이 사건은 사회상규 다섯 가지 요건 중 정당성을 제외하고, 상당성·균형성·긴급성·보충성이 모두 충족되지 않는다. 형법 제20조 정당행위에 해당되지 않는다.

대법원 판결을 다음 순서로 더 명확하게 논증할 수 있다. ① 행위목적과 행위동기 정당성(홍삼판매할당량을 충실히 이행하고 국고수입을 증가시킴 +), ② 행위수단과 행위방법 상당성(법령에 위반하여 지정판매인 이외 자에게 판매 -), ③ 보호이익과 침해이익 법익균형성(법령상 허용된 절차와 부합시키기 위하여 허위 공문서인 매도신청서와 영수증을 작성 -), ④ 긴급성(광주전매지청 관하에 일반화된 관례였고, 상급관청이 이를 묵인하였다는 사정 -), ⑤ 다른 수단과 다른 방법이 없다는 보충성(법익침해정도가 경미하여 가별적 위법성이 없다 ー)이다.

대법원이 제시하고 있는 가별적 위법성 이론은 포괄적 위법성조각사유가 없는 일본 형법의 해석이다. 그러나 이 이론은 우리 형법에서 독립된 지위를 누릴 필요가 없다고 생각한다.[113] 형법 제20조 사회상규를 정형화하고, 이를 입법개정 토대를 삼기 위해서 정당성·상당성·균형성·긴급성·보충성 순서로 논증하면 될 것이다. 사회윤리 내지 사회통념이라는 가치판단은 구체적으로 엄격히 해석되어야 한다. 이것이 구성요건해당성을 조각하는 위법성 검토 핵심이기 때문이다.

광주전매지청 관하 광주전매서장이 국고수입을 위해 법령을 위반하여 홍삼을 판매한 행위는 형법 제227조 허위공문서작성죄·형법 제234조 동행사죄·형법 제356조 업무상횡령죄가 성립된다. 형법 제20조 정당행위에 해당하지 않는다. 법령 위반뿐만 아니라 사회상규에 위배되기 때문이다. 상당성·균형성·긴급성·보충성을 모두 충족하지 않는다. 법질서 전체 정신·사회윤리·사회통념 관점에서 보면, 잘못된 행위이며, 이익이 되지 않는 행위이다. 다른 위법성조각사유도 없다.

② 집시법 위반 사건

사실관계 피고인들은 허가받지 않는 집회와 불법시위를 하였다.

재판진행 검사는 피고인들을 집회 및 시위에 관한 법률 위반죄로 기소하였다. 제1심 법원과 제2심 법원은 피고인들에게 유죄를 선고하였다. 피고인들이 상고하였다.

판결요지 대법원은 피고인들 상고를 기각하였다.[114]

가. 어떠한 행위가 정당한 행위로서 위법성이 조각되는 것인가는 구체적 경우에 따라서 합목적적 합리적으로 가려져야 할 것이며 또 행위의 적법 여부는 국가질서를 벗어나서 이를 가릴 수는 없는 것이다.

---

113) 같은 취지 신동운, 新판례백선 형법총론, 경세원, 2009, 377－380면(380면).
114) 대법원 1986.9.23. 선고 86도1547 판결【국가보안법위반, 집회및시위에관한법률위반】 (이적표현물 소지혐의 사건).

나. 정당행위를 인정하려면 첫째, 그 행위의 동기나 목적의 정당성 둘째, 행위의 수단이나 방법의 상당성 셋째, 보호이익과 침해이익과의 법익균형성 넷째, 긴급성 다섯째, 그 행위 외에 다른 수단이나 방법이 없다는 보충성 등의 요건이 갖추어져야 할 것이다(대법원 1983.3.8. 선고 82도3248 판결 참조).

다. 그런데 원심이 확정한 사실에 의하면 그 어느 것이나 국가질서를 벗어나서 업무의 정당한 범위 내에 있다고 볼 수 없고 수단방법의 상당성을 일탈하였을 뿐만 아니라, 긴급성 보충성의 요건도 갖추어지지 아니하였다 할 것이니 위법성이 있음은 물론이다.

라. 논지주장의 집시법위반행위가 강요된 행위이기 때문에 책임을 조각한다고 주장하나 단체사이의 상하관계에서 오는 구속력 때문에 이루어진 행위라는 그 주장 사유만으로는 강요된 행위라 볼 수 없고 달리 책임조각사유를 인정할 자료도 없다.

마. 집시법은 민주사회에서 평화적인 집회와 시위를 보호함은 물론 나아가 공공의 안녕질서를 유지함에 그 근본정신이 있다 할 것이다. 공공의 안녕질서를 파괴하고 사회적 혼란을 야기시킬 정도의 우려가 있으면 현저히 사회적 불안을 야기시킬 우려가 있는 집회 또는 시위에 해당되고, 이는 집회, 시위의 장소, 목적, 태양, 내용 등 모든 정황을 종합하여 판단하여야 할 것이다. 이 판단기준에 비추어 보더라도 원심이 원심판시 범죄사실 모두를 집시법 제3조 제4호 소정의 집회 및 시위로서 집시법 소정의 집회주최, 시위선동, 시위음모죄로 의률하였음은 정당하고 법리를 오해한 바 없다.

바. 모든 국민은 언론출판의 자유와 집회결사의 자유를 가지고 국민의 자유와 권리는 헌법에 열거되지 아니한 이유로 경시되지 아니함은 헌법 제20조, 제35조에 규정되어 있고 같은 법 제9조에 모든 국민의 기본적 인권이 보장되어 있음은 소론과 같다.

사. 집회결사의 자유나 국민의 모든 권리와 자유는 국가의 안정보장, 질서유지 또는 공공복리를 위하여 필요한 경우에 한하여 법률로서 제한할 수 있음도 헌법에 명시되어 있고 집시법은 헌법의 위임에 의하여 집회 및 시위를 보호하되 공공의 안녕과 질서를 유지하기 위하여 일정한 경우에는 집회 및 시위를 금지하는 제한을 둔 것으로서 같은 법 제3조 제1항 제4호, 제2항이 헌법 제9조, 제20조, 제35조에 위배되거나 헌법

의 기본정신에 저촉된다고 볼 수 없고 막연하게 주장한 위헌론은 채택할 바 못 된다.

판결평석 대법원 판결 결론은 타당하다. 논증방식과 논증순서도 설득력이 있다. 이 사건은 사회상규 다섯 가지 요건 중 정당성·상당성·균형성·긴급성·보충성이 모두 충족되지 않는다. 형법 제20조 정당행위에 해당되지 않는다.

대법원 판결을 다음 순서로 더 명확하게 논증할 수 있다. ① 행위목적과 행위동기 정당성(불법집회와 불법시위 -), ② 행위수단과 행위방법 상당성(국가질서를 벗어나서 업무 정당한 범위 내에 있다고 볼 수 없고 수단방법 상당성을 일탈 -), ③ 보호이익과 침해이익 법익균형성(집회결사 자유나 국민 모든 권리와 자유는 국가안정보장, 질서유지 또는 공공복리를 위하여 필요한 경우에 한하여 법률로서 제한할 수 있음 -), ④ 긴급성(현장성, 이 시점에서 하지 않으면 안 될 정도 특수상황 -), ⑤ 다른 수단과 다른 방법이 없는 보충성(없음)이다.

당국에 허가받지 않는 집회와 불법시위는 집회 및 시위에 관한 법률 위반죄가 성립한다. 형법 제20조 정당행위에 해당하지 않는다. 법령위반뿐만 아니라 사회상규에 위배되기 때문이다. 정당성·상당성·균형성·긴급성·보충성을 모두 충족하지 않는다. 법질서 전체 정신·사회윤리·사회통념 관점에서 보면, 잘못된 행위이며, 이익이 되지 않는 행위이다. 다른 위법성조각사유도 없다.

③ 사단법인이사장 의안발언에서 명예훼손 사건

사실관계 피고인이 공소외 사단법인의 이사장으로서 이사회 또는 임시총회를 진행하다가 회원 10여명 또는 30여명이 있는 자리에서 허위사실을 말하였다.

재판진행 검사는 피고인을 형법 제307조 제2항 명예훼손죄로 기소하였다. 제1심 법원과 제2심 법원은 피고인에게 유죄를 인정하였다. 피고인이 상고하였다.

판결요지 대법원은 피고인 상고를 기각하였다.[115]

가. 공소외 사단법인의 이사장이 이사회 또는 임시총회를 진행하다가 회원 10여명 또는 30여명이 있는 자리에서 허위사실을 말하였다면 그 공연성이 있다 할 것이다.

나. 공소외 사단법인의 이사장이 이사회 또는 임시총회의 의장으로서 의안에 관하여 발언하다가 타인의 명예를 훼손하는 내용의 말을 하였다면 사회상규에 반하지 아니한다고 할 수 없으므로 위법성이 조각되지 아니한다.

판결평석 대법원 판결은 결론은 타당하다. 그러나 논증순서와 논증방법에서 정밀함이 아쉽다.

이 사건은 사회상규 다섯 가지 요건 중 정당성·상당성·균형성·긴급성·보충성이 모두 충족되지 않는다. 형법 제20조 정당행위에 해당되지 않는다.

대법원 판결을 다음 순서로 더 명확하게 논증할 수 있다. ① 행위목적과 행위동기 정당성(이사회 또는 임시총회의 의장으로 의안에 관하여 발언, 사익목적 발언 −), ② 행위수단과 행위방법 상당성(회원 10여명 또는 30여명이 있는 자리에서 허위사실 발표 −), ③ 보호이익과 침해이익 법익균형성(개인명예 −), ④ 긴급성(없음 −), ⑤ 다른 수단과 다른 방법이 없는 보충성(선택여지 있음 −)이다.

사단법인의 이사장이 이사회 또는 임시총회를 진행하다가 회원 10여명 또는 30여명이 있는 자리에서 허위사실을 말한 행위는 형법 제307조 제2항 명예훼손죄가 성립한다. 형법 제20조 정당행위에 해당하지 않는다. 법령 위반뿐만 아니라 사회상규에 위배되기 때문이다. 정당성·상당성·균형성·긴급성·보충성을 모두 충족하지 않는다. 법질서 전체 정신·사회윤리·사회통념 관점에서 보면, 잘못된 행위이며, 이익이 되지 않는 행위이다. 다른 위법성조각사유도 없다.

---

115) 대법원 1990.12.26. 선고 90도2473 판결 【명예훼손】

④ 공증인가 합동법률사무소 작성의 사서증서 인증서 변조 사건

사실관계　피고인은 간이절차에 의한 민사분쟁사건처리특례법에 의하여 설립된 공증인가 합동법률사무소 작성의 사서증서 인증서를 잘못된 기재를 정정하려는 의도로 변조하였다.

재판진행　검사는 피고인을 형법 제225조 공문서변조죄, 공증인법 제57조죄로 기소하였다. 제1심 법원과 제2심 법원은 피고인에게 유죄를 선고하였다. 피고인은 형법 제20조 정당행위를 주장하며 상고하였다.

판결요지　대법원은 피고인 상고를 기각하였다.116)

가. 원심은 피고인의 지위, 피고인이 정정한 내용의 주요성, 인증서 정정의 경위 등을 종합하여 볼 때 그 사서증서인증서의 변조가 비록 당초의 잘못된 기재를 정정하려는 의도였다고 할지라도 이를 사회상규에 위배되지 아니한 정당한 업무범위 내의 행위라고 할 수 없다고 판단하였다.

나. 기록에 비추어 원심의 판단은 정당하고 거기에 지적하는 바와 같은 형법 제20조의 정당행위에 관한 법리오해의 위법이 없다.

판결평석　대법원 판결은 결론에서 타당하다. 그러나 논증순서와 논증방법에서 정밀함이 아쉽다.

이 사건은 사회상규 다섯 가지 요건 중 정당성·상당성·균형성·긴급성·보충성이 모두 충족되지 않는다. 형법 제20조 정당행위에 해당되지 않는다.

대법원 판결을 다음 순서로 더 명확하게 논증할 수 있다. ① 행위목적과 행위동기 정당성(당초의 잘못된 기재를 정정하기 위함 −), ② 행위수단과 행위방법 상당성(변조 −), ③ 보호이익과 침해이익 법익균형성(개인의 편익과 문서에 대한 공공의 신용 −), ④ 긴급성(개인의 신속한 업무처리 −), ⑤ 다른 수단과 다른 방법이 없다는 보충성(다른 수단이나 방법 있음 −)이다.

---

116) 대법원 1992.10.13. 선고 92도1064 판결【공문서변조, 공문서변조행사】

공문서를 적법절차에 따라 수정하지 않고 개인이 작위로 변조하는
행위는 형법 제225조 공문서변조죄, 공증인법 제57조가 성립한다. 형
법 제20조 정당행위에 해당하지 않는다. 법령 위반뿐만 아니라 사회
상규에 위배되기 때문이다. 정당성·상당성·균형성·긴급성·보충
성을 모두 충족하지 않는다. 법질서 전체 정신·사회윤리·사회통념
관점에서 보면, 잘못된 행위이며, 이익이 되지 않는 행위이다. 다른
위법성조각사유도 없다.

【2017년 제6회 변호사시험 선택형 출제】

⑤ 민간인 정치사찰 폭로명목 군무이탈 사건

사실관계 피고인이 국군보안사령부 서빙고분실에서 위 "혁노맹"사건
수사에 협조하면서 현실과 타협해 가는 자신의 모습에 대한 인간적
인 좌절감과 동료에 대한 배신감을 만회하여야겠다는 생각 등으로
개인적으로는 도저히 더 이상의 부대생활을 할 수 없어 보안사의 민
간인에 대한 정치사찰을 폭로한다는 명목으로 위 분실을 빠져 나가
부대를 이탈하였다.

재판진행 군검사는 피고인을 군형법 제30조 군무이탈죄로 기소하였
다. 제1심 육군군사법원과 제2심 육군고등군사법원117)은 피고인에게
유죄를 인정하였다. 피고인이 상고하였다.

판결요지 대법원은 피고인 상고를 기각하였다.118)
서면화된 인사발령 없이 국군보안사령부 서빙고분실로 배치되어 이른바
"혁노맹"사건 수사에 협력하게 된 사정만으로 군무이탈행위에 군무기피목적
이 없었다고 할 수 없고, 국군보안사령부의 민간인에 대한 정치사찰을 폭로
한다는 명목으로 군무를 이탈한 행위가 정당방위나 정당행위에 해당하지
아니한다.

판결평석 대법원 판결 결론은 타당하다. 그러나 논증순서와 논증방법
에서 정밀함이 아쉽다.

117) 육군고등군사법원 1993.2.9. 선고 92노420 판결.
118) 대법원 1993.6.8. 선고 93도766 판결 【군무이탈】

대법원은 정당성 · 상당성이 충족되지 않는다고 판단하고 있다. 그러나 이 사건은 사회상규 다섯 가지 요건 중 정당성과 법익균형성을 충족하고 있다고 본다. 다만 상당성 · 긴급성 · 보충성이 충족되지 않는다. 형법 제20조 정당행위에 해당되지 않는다.

대법원 판결을 다음 순서로 더 명확하게 논증할 수 있다. ① 행위목적과 행위동기 정당성(양심의 자유, 국군보안사령부의 민간인에 대한 정치사찰을 폭로와 군무기피 +), ② 행위수단과 행위방법 상당성(군무이탈 -), ③ 보호이익과 침해이익 법익균형성(양심의 자유와 군대질서 -), ④ 긴급성(없음 -), ⑤ 다른 수단과 다른 방법이 없는 보충성(선택여지 있음 -)이다.

서면화된 인사발령 없이 군부대이탈한 행위는 군형법 제30조 군무이탈죄가 성립한다. 형법 제20조 정당행위에 해당하지 않는다. 법령 위반뿐만 아니라 사회상규에 위배되기 때문이다. 그러나 정당성과 법익균형성은 인정될 수 있다. 대법원이 이 점을 명확하게 평가하지 않은 점은 매우 아쉽다.119) 그러나 상당성 · 긴급성 · 보충성이 충족되지 않는다. 법질서 전체 정신 · 사회윤리 · 사회통념 관점에서 보면, 잘못된 행위이며, 이익이 되지 않는 행위이다. 다른 위법성조각사유도 없다. 형법 제21조 정당방위도 성립하지 않는다. 자기 또는 타인의 법익에 대한 현재의 부당한 침해를 방위하기 위한 행위로서 사회적으로 상당한 행위로 볼 수 없기 때문이다. 여기서 상당성이란 행위수단과 행위방법으로 군무이탈이다. 위법성조각사유경합 경우 형법 제21조 정당방위를 먼저 검토하고, 마지막으로 형법 제20조 정당행위 중 사회상규에 위배여부를 검토한다.

⑥ 행불남편 이름 항소장 제출 사건

사실관계 피고인은 며느리인 공소외 1이 피고인과 피고인의 아들인 공소외 2, 남편인 공소외 3등 3인을 상대로 하여 창원지방법원에 이

---

119) 읽어 볼 논문으로 한수웅, 헌법 제19조의 양심의 자유, 헌법논총 12집, 헌법재판소, 2001, 387 - 442면.

혼 및 위자료 청구소송을 제기하였다. 피고인 등의 패소판결이 선고되자, 남편인 공소외 3이 이미 가출하여 항소할 수 없음에도 불구하고, 그 명의의 항소장을 위조하여서라도 항소할 것을 결의하고 판시일시 및 장소에서 판시와 같이 공소외 3 명의의 항소장 1장을 위조하고, 이를 창원지방법원에 제출하여 행사하였다.

재판진행 검사는 피고인을 형법 제231조 사문서위조죄 및 제236조 사문서의 부정행사죄로 기소하였다. 제1심 법원과 제2심 법원은 피고인에게 유죄를 선고하였다. 피고인은 형법 제20조 정당행위를 주장하며 상고하였다.

판결요지 대법원은 피고인 상고를 기각하였다.[120]

가. 형법상 처벌하지 아니하는 소위 사회상규에 반하지 아니하는 행위라 함은 법규정의 문언상 일응 범죄구성요건에 해당된다고 보이는 경우에도 그것이 극히 정상적인 생활형태의 하나로서 역사적으로 생성된 사회질서의 범위 안에 있는 것이라고 생각되는 경우에 한하여 그 위법성이 조각되어 처벌할 수 없게 되는 것이다.

나. 어떤 법규정이 처벌대상으로 하는 행위가 사회발전에 따라 전혀 위법하지 않다고 인식되고 그 처벌이 무가치할 뿐만 아니라 사회정의에 위반된다고 생각될 정도에 이를 경우나, 국가법질서가 추구하는 사회의 목적가치에 비추어 이를 실현하기 위하여서 사회적 상당성이 있는 수단으로 행하여졌다는 평가가 가능한 경우에 한하여 이를 사회상규에 위배되지 아니한다고 할 것이다.

다. 남편을 상대로 한 제소행위에 대하여 응소하는 행위가 처의 일상가사대리권에 속한다고 할 수 없다. 행방불명된 남편에 대하여 불리한 민사판결이 선고되었다 하더라도 그러한 사정만으로써는 적법한 다른 방법을 강구하지 아니하고 남편 명의의 항소장을 임의로 작성하여 법원에 제출한 피고인의 소위가 사회통념상 용인되는 극히 정상적인 생활형태의 하나로서 위법성이 없다 할 수 없다고 판단하고 있다.

라. 원심의 이와 같은 판단은 당원의 판례의 취지에 따른 것으로서 정당하

---

120) 대법원 1994.11.8. 선고 94도1657 판결【사문서위조】

며 거기에 소론과 같이 정당행위에 관한 법리를 오해한 위법이 있다고
볼 수 없다.

판결평석 대법원 판결은 결론에서 타당하다. 그러나 논증순서와 논증
방법에서 정밀함이 아쉽다.

이 사건은 사회상규 다섯 가지 요건 중 정당성·상당성·균형성·긴
급성·보충성이 모두 충족되지 않는다. 형법 제20조 정당행위에 해
당되지 않는다.

대법원 판결을 다음 순서로 더 명확하게 논증할 수 있다. ① 행위목
적과 행위동기 정당성(일상가사대리권 행사 −), ② 행위수단과 행위
방법 상당성(남편을 상대로 한 제소행위에 대하여 응소한 행위 −), ③
보호이익과 침해이익 법익균형성(개인의 편익과 문서에 대한 공공의 신
용 −), ④ 긴급성(없음 −), ⑤ 다른 수단과 다른 방법이 없는 보충
성(적법 절차에 다른 대응 −)이다.

행방불명된 남편에 대하여 불리한 민사판결이 선고되자 남편 명의로
항소장을 임의로 작성하여 법원에 제출한 행위는 형법 제231조 사문
서위조죄·제236조 사문서부정행사죄가 성립한다. 형법 제20조 정당
행위에 해당하지 않는다. 법령 위반뿐만 아니라 사회상규에 위배되기
때문이다. 정당성·상당성·균형성·긴급성·보충성을 모두 충족하
지 않는다. 법질서 전체 정신·사회윤리·사회통념 관점에서 보면,
잘못된 행위이며, 이익이 되지 않는 행위이다. 다른 위법성조각사유
도 없다.

⑦ 초원 복집 도청 사건 【시사판례】

사실관계 피고인들은 불법선거운동을 적발할 목적으로 타인의 식당
에 침입하여 도청기를 설치하였다.

재판진행 검사는 피고인들을 형법 제319조 주거침입죄로 기소하였다.
제1심 법원과 제2심 법원은 피고인들에게 유죄를 선고하였다. 피고인
은 형법 제20조 사회상규를 이유로 상고하였다.

판결요지 대법원은 피고인 상고를 기각하였다.[121]

가. 원심은 정당행위로 인정되기 위하여는 행위의 동기나 목적의 정당성뿐
만 아니라 행위의 수단이나 방법의 상당성, 보호법익과 침해이익과의
법익균형성, 긴급성, 보충성 등의 요건을 갖추어야 할 것이라고 한 다
음, 피고인들의 이 사건 범행이 비록 불법선거운동을 적발하려는 목적
으로 이루어진 것이라고 하더라도, 이 사건에서와 같이 타인의 주거에
도청장치를 설치하는 행위는 그 수단과 방법의 상당성을 결하는 것으
로서 정당행위에 해당하지 않는다고 판단하였다.

나. 기록과 대조하여 검토하여 보면, 원심의 판단은 정당하고 소론과 같은
위법이 있다고 볼 수 없다. 논지도 이유 없다.

판결평석 대법원 판결은 결론·논증순서·논증방법에서 타당하다.

이 사건은 사회상규 다섯 가지 요건 중 정당성을 제외하고, 상당성·
균형성·긴급성·보충성이 모두 충족되지 않는다. 형법 제20조 정당
행위에 해당되지 않는다.

대법원 판결을 다음 순서로 더 명확하게 논증할 수 있다. ① 행위목
적과 행위동기 정당성(불법선거운동을 적발하려는 목적 +), ② 행위수
단과 행위방법 상당성(도청목적의 주거침입 -), ③ 보호이익과 침해
이익 법익균형성(선거의 공정성과 주거자의 평온을 현저히 침해하는 불
법행위 -), ④ 긴급성(불법선거운동의 현장포착 -), ⑤ 다른 수단과
다른 방법이 없는 보충성(다른 수단이나 방법이 존재함 -)이다.

불법선거운동을 적발할 목적으로 타인의 식당에 침입하여 도청기를
설치한 행위는 형법 제319조 주거침입죄가 성립한다. 형법 제20조
정당행위에 해당하지 않는다. 법령 위반뿐만 아니라 사회상규에 위배
되기 때문이다. 정당성을 제외하고 상당성·균형성·긴급성·보충성
을 모두 충족하지 않는다. 법질서 전체 정신·사회윤리·사회통념
관점에서 보면, 잘못된 행위이며, 이익이 되지 않는 행위이다. 다른
위법성조각사유도 없다. 이 판결은 불법선거운동 감시와 적발도 적법
절차에 따라 이루어져야 함을 명확히 하였다.

---

121) 대법원 1997.3.28. 선고 95도2674 판결【폭력행위등처벌에관한법률위반】

⑧ 채권추심 사건

사실관계 피고인 3이 피해자 1에게 채무변제를 추궁하였다. 피해자 1
은 자신은 잘못한 것이 없다고 말하면서 나이가 더 많은 피고인 3에
게 대들었다. 이에 화가 난 피고인 3이 피해자 1을 폭행하였다. 피고
인 1이 이에 가세하여 폭행하여 피해자 1에게 우안면부찰과상 등을
입혀 피가 흐르게 하는 등 상해를 가하였고, 동일기회에 동일 장소에
서 상호 다른 자의 범행을 인식하고 이를 이용하여 범행하여 피해자
1에게 신체의 완전성을 훼손하는 상해를 입혔다. 또한 채권을 변제받
을 목적으로 채무자에게 사회통념상 용인되기 어려울 정도의 협박을
수단으로 재물을 교부받았다.

재판진행 검사는 피고인 1, 3에 대해 폭력행위 등 처벌에 관한 법률
위반(상해)죄와 공갈죄로 기소하였다. 제1심 법원과 제2심 법원은 피
고인들에게 유죄를 인정하였다. 피고인은 상고하였다.

판결요지 대법원은 상고를 기각하였다.[122]
가. 범행의 동기, 범행수단과 방법, 상해의 정도 등 위에서 말하는 제반 사
   정에 비추어 사회상규에 어긋나지 않는다고 볼 수는 없다.
나. 피고인이 피해자에 대하여 채권이 있다고 하더라도 그 권리행사를 빙자
   하여 사회통념상 용인되기 어려운 정도를 넘는 협박을 수단으로 상대
   방을 외포케 하여 재물의 교부 또는 재산상의 이익을 받았다면 공갈죄
   가 되는 것이다.

판결평석 대법원 판결은 결론·논증순서·논증방법에서 타당하다.
이 사건은 사회상규 다섯 가지 요건 중 정당성을 제외하고, 상당성·
균형성·긴급성·보충성이 모두 충족되지 않는다. 형법 제20조 정당
행위에 해당되지 않는다.
대법원 판결을 다음 순서로 더 명확하게 논증할 수 있다. ① 행위목

---

122) 대법원 2000.2.25. 선고 99도4305 판결.

적과 행위동기 정당성(채권추심목적 +), ② 행위수단과 행위방법 상
당성(상해, 공갈 -), ③ 보호이익과 침해이익 법익균형성(재산권 보호
와 신체의 완전성과 생리적 기능장애 초래 -), ④ 긴급성(불가피 시점이
라고 보기도 어려움 -), ⑤ 다른 수단과 다른 방법이 없는 보충성(다
른 수단이나 방법이 존재함, 적법한 채권 추심 -)이다.

피해자 1에게 신체의 완전성을 훼손하는 상해를 입히고, 채권을 변제
받을 목적으로 채무자에게 사회통념상 용인되기 어려울 정도의 협박
을 수단으로 재물을 교부받은 행위는 폭력행위등처벌에관한법률위반
(상해)죄와 공갈죄가 성립한다. 형법 제20조 정당행위에 해당하지 않
는다. 법령 위반뿐만 아니라 사회상규에 위배되기 때문이다. 정당성
을 제외하고, 상당성·균형성·긴급성·보충성을 모두 충족하지 않
는다. 법질서 전체 정신·사회윤리·사회통념 관점에서 보면, 잘못된
행위이며, 이익이 되지 않는 행위이다. 다른 위법성조각사유도 없다.

⑨ 통일부장관 승인 없이 북한주민을 접촉한 사건

사실관계 피고인이 재미교포인 공소외 C를 통하여 북측과 접촉을 한
끝에 1997. 11. 20. 15:00경 중국 베이징시 ○○호텔 1632호실에서
위 C와 함께 북한의 D위원회 부위원장인 E(남, 67세)와 F위원회 참
사 G(남, 55세)를 비밀리에 만나 '제15대 대통령 선거의 전망, 경제협
력, 이산가족문제 및 남북정상회담 개최'등에 관하여 대화함으로써
북한 주민과 접촉하였다.

재판진행 검사는 피고인을 남북교류협력에관한법률 제9조 제3항, 제
27조 제1항 제1호 통일부장관 승인 없이 북한주민을 접촉한 죄로 기
소하였다. 제1심 법원과 제2심 법원은 피고인에게 유죄를 인정하였
다. 검사(공소장변경 법령위반)와 피고인(법령위반·법리오해)이 상고하
였다.

판결요지 대법원은 피고인과 검사 상고를 모두 기각하였다.[123]

가. 남북교류협력에 관한 법률 제9조 제3항 및 제27조 제1항 제1호의 규정에 의하면, 남한의 주민이 북한 주민 등과 접촉할 의도나 계획을 가지고 있고 그러한 접촉 가능성이 객관적으로 존재하는 경우라면, 그러한 남한의 주민으로서는 그 접촉에 앞서 위 규정에 의한 통일원장관의 승인을 얻어야 한다. 이를 위반한 경우 형사처벌의 대상이 되는 것임은 위 각 조문의 규정 그 자체에서 명백하다고 할 것이다. 단지 그러한 접촉의 상대방이 구체적으로 특정되어 있지 아니하다거나 또는 그 접촉의 성사가능성이 다소 유동적인 상태에 놓여 있다는 이유만으로 그와 같은 사전승인을 받을 필요가 없다고 볼 수는 없다.

나. 통일원장관의 접촉 승인 없이 북한 주민과 접촉한 행위가 정당행위 혹은 적법행위에 대한 기대가능성이 없는 경우에 해당하지 아니한다.

다. 법원이 공판의 심리를 종결하기 전에 한 공소장의 변경에 대하여는 공소사실의 동일성을 해하지 않는 한도에서 허가하여야 할 것이나, 적법하게 공판의 심리를 종결하고 판결선고 기일까지 고지한 후에 이르러서 한 검사의 공소장변경에 대하여는 그것이 변론재개신청과 함께 된 것이라 하더라도 법원이 종결한 공판의 심리를 재개하여 공소장변경을 허가할 의무는 없다.

판결평석 대법원 판결은 결론은 타당하다. 그러나 논증순서와 논증방법에서 정밀함이 아쉽다.

대법원 판결문에 따르면 "피고인의 지위나 경력, 이 사건 북한 주민과의 접촉 경위, 피고인이 과거에 같은 목적의 접촉 승인 신청을 한 경험이 있는 점 등 제반 사정에 비추어 볼 때, 통일원장관의 접촉 승인 없이 북한 주민과의 접촉을 한 피고인의 행위에 대하여 위법하지 않다고 피고인이 스스로 믿었음에 정당한 이유가 있다고 볼 수 없고 이러한 피고인의 행위가 사회상규에 반하지 아니하거나 또는 적법행위에 대한 기대가능성이 없었다고 판단되지도 아니한다." 사회상규 위배여부에 대한 체계적인 판단방법이 아쉽다.

이 사건은 사회상규 다섯 가지 요건 중 정당성·상당성·균형성·긴급성·보충성이 모두 충족되지 않는다. 형법 제20조 정당행위에 해

---

123) 대법원 2003.12.26. 선고 2001도6484 판결【남북교류협력에관한법률위반】

당되지 않는다.

대법원 판결을 다음 순서로 더 명확하게 논증할 수 있다. ① 행위목적과 행위동기 정당성(불법으로 북한인사 접촉 −), ② 행위수단과 행위방법 상당성(중국에서 비밀접촉 −), ③ 보호이익과 침해이익 법익균형성(국가법익과 개인법익 −), ④ 긴급성(없음 −), ⑤ 다른 수단과 다른 방법이 없는 보충성(선택여지 있음 −)이다.

통일부장관 승인 없이 북한주민을 외국에서 비밀리에 접촉한 행위는 남북교류협력에관한법률 제9조 제3항, 제27조 제1항 제1호 통일부장관 승인 없이 북한주민을 접촉한 죄가 성립한다.[124] 형법 제20조 정당행위에 해당하지 않는다. 법령 위반뿐만 아니라 사회상규에 위배되기 때문이다. 정당성·상당성·균형성·긴급성·보충성을 모두 충족하지 않는다. 법질서 전체 정신·사회윤리·사회통념 관점에서 보면, 잘못된 행위이며, 이익이 되지 않는 행위이다. 다른 위법성조각사유도 없다. 또한 이 사안 경우 위법성 인식이 있으며, 적법행위에 대한 기대가능성이 있다. 따라서 책임도 조각되지 않는다.

⑩ 8억 달러 대북송금 사건 【시사판례】

사실관계　피고인 김○규, 임○원은 1심 공동피고인 최○백, 정○헌, 박○원 등과 공모하여, 재정경제부장관에게 신고하지 아니하고(권한위탁에 따라 '지정거래외국환은행장'에게 신고하지 아니하고), 2000. 6. 9. 국가정보원 기획조정실 지출관 공소외 1 등의 도움을 받아 현○상선 주식회사(이하 '현○상선'이라 한다)가 박○원, 이○호의 도움으로 한국산업은행으로부터 대출 받은 2,240억 원을 미화 2억 달러로 환전하여 현○○산 주식회사(이하 '현○○산'이라 한다)의 북한 통천지역 경공업지구 조성부지 사용권 등 7대 경제협력사업의 대가 명목으로 북한 조선아시아태평양위원회(이하 '아태위원회'라 한다)가 지정하는 계

---

124) 읽어 볼 문헌으로 이효원, 남북한관계에 대한 판례 분석: 국가보안법의 최근 변화 동향과 남북교류협력에 관한 판례를 중심으로, 법학 제52권 제3호, 서울대학교 법학연구소, 2011, 1−36면; 이영진, 헌법상 영토·통일조항의 개정논의와 남북특수관계론: 국가보안법의 위헌·폐지론과 관련하여. 통일사법정책연구 203−104, 대법원 법원행정처, 2008.

좌로 송금하여 이를 지급하였다.

피고인 김○규는 정○헌, 이○치, 김○수(○○건설 관리본부장) 등과 공모하여, 재정경제부장관에게 신고하지 아니하고(권한 위탁에 따라 '지정거래외국환은행장'에게 신고하지 아니하고), 2000. 6. 9.경 위 협력 사업의 대가 명목으로 1억 5,000만 달러를 ○○건설 런던지사와 싱가포르 지점을 통하여 아태위원회가 지정한 계좌들로 송금하는 방법으로 지급하였다.

피고인 김○규, 임○원은 정○헌, 박○원, 이○치 등과 공모하여, 남북한의 법인·단체가 공동으로 협력사업을 시행하고자 할 때에는 매 사업마다 통일부장관의 승인을 얻어야 함에도 불구하고, 통일부장관의 협력사업 승인을 얻지 아니하고, 2000. 5. 3. 09:00경 중국 베이징에서 현○○산이 북한의 아태위원회와 잠정합의안을 체결하고, 그 대가 명목으로 2000. 6. 9.경부터 2000. 6. 12.경까지 사이에 아태위원회가 지정하는 계좌로 합계 4억 5,000만 달러를 송금하여 협력사업을 시행하였다.

재판진행 검사는 피고인들을 [3] 남북교류협력에관한법률 제16조 제1항, 제17조 제1항, 제27조 제1항 제3호/[6] 형법 제356조/[7] 형법 제356조/[8] 형법 제356조/[9] 형법 제355조 제2항 위반죄로 기소하였다. 제1심 법원과 제2심 법원은 피고인들에게 유죄를 인정하였다. 피고인들은 형법 제20조 사회상규를 이유로 상고하였다.

판결요지 대법원은 피고인들 상고를 기각하였다.[125]

가. 어떠한 행위가 위법성조각사유로서의 정당행위나 정당방위가 되는지의 여부는 구체적인 경우에 따라 합목적적, 합리적으로 가려야 하고, 또 행위의 적법 여부는 국가질서를 벗어나서 이를 가릴 수 없는 것이므로, 정당행위로 인정되려면 첫째 행위의 동기나 목적의 정당성, 둘째 행위의 수단이나 방법의 상당성, 셋째 보호법익과 침해법익과의 법익균형성, 넷째 긴급성, 다섯째 그 행위 이외의 다른 수단이나 방법이 없다는

---

125) 대법원 2004.3.26. 선고 2003도7878 판결【외국환거래법위반·남북교류협력에관한법률위반·특정경제범죄가중처벌등에관한법률위반(배임)】

보충성의 요건을 모두 갖추어야 한다.

나. 정당방위로 인정되려면 그 행위가 자기 또는 타인의 보호법익에 대한 현재의 부당한 침해를 방어하기 위한 것으로서 상당성이 있어야 한다.

다. 남북정상회담의 개최과정에서 이루어진 대북송금 행위가 형법상 정당행위에 해당된다고 보기 어렵다. …이 사건 대북송금의 경우 대북송금의 절차나 송금할 돈을 마련하는 방법에 있어 절차법적 정당성이나 상당성을 잃고 있고, 남북정상회담을 개최하기 위해 반드시 대북 현금송금이 전제되어야 할 것은 아니며, 오히려 국민적 동의가 없는 상태에서 비밀송금을 한 결과 국론이 분열되고 현재까지 계속하여 논란이 지속되고 있는 사정 등에 비추어 보면, 다소 진통이 있고 시간이 더 걸리더라도 국민적 합의과정을 거친 후에 실정법 범위 내에서 대북송금을 하고 남북정상회담을 개최하는 것도 정치적 선택의 한 방법일 수 있어 그 긴급성도 쉽게 인정하기 어려우며, 협상의 과정을 통해서 현금송금 외에 사회간접자본투자 등 여러 협상의 여지가 있고, 현대가 사업권의 대가로 돈을 송금함에 있어서 투명한 방법으로 송금할 여지가 없지 않았으며, 남북정상회담에 대해 대북송금보다 더 밀접한 관련이 있고 사실상 필수적인 절차라고 할 수 있는 남북정상회담을 위한 대통령 일행의 방북과 정상회담을 위한 준비회담대표단·선발대의 방북시에도 모두 통일부장관으로부터 증명서를 발급받고 북한 주민 등 접촉승인절차를 거친 것과 비교해 볼 때 수단이나 방법의 보충성도 갖추었다고 보기 어렵다.

라. 이러한 이유로 위 피고인 임○원의 행위가 형법에서 정하는 정당행위에 해당된다고 보기는 어렵다고 판단하였다.

마. 기록과 관련 법리에 비추어 보면, 원심의 위와 같은 판단은 정당하고, 거기에 주장과 같은 형법상 정당행위에 관한 사실오인 혹은 법리오해의 위법이 있다고 할 수 없으므로, 피고인 임○원의 이 부분 상고도 이유 없다.

판결평석 대법원 판결은 결론·논증순서·논증방법에서 타당하다.

이 사건은 사회상규 다섯 가지 요건 중 정당성을 제외하고, 상당성·균형성·긴급성·보충성이 모두 충족되지 않는다. 형법 제20조 정당행위에 해당되지 않는다.

대법원 판결을 다음 순서로 더 명확하게 논증할 수 있다. ① 행위목적과 행위동기 정당성(남북정상회담 개최목적 +), ② 행위수단과 행위방법 상당성(적법 절차에 따르지 않은 대북송금 -), ③ 보호이익과 침해이익 법익균형성(남북화해 협력과 협력사업자 승인조차 받지 않고 바로 협력사업을 시행함 -), ④ 긴급성(불가피 시점이라고 보기도 어려움, 다소 진통이 있고 시간이 더 걸리더라도 국민적 합의과정을 거친 후에 실정법 범위 내에서 대북송금을 하고 남북정상회담을 개최하는 것도 정치적 선택의 한 방법일 수 있어 그 긴급성도 쉽게 인정하기 어려움 -), ⑤ 다른 수단과 다른 방법이 없는 보충성(다른 수단이나 방법이 존재함, 협상의 과정을 통해서 현금송금 외에 사회간접자본투자 등 여러 협상의 여지가 있고, ○○가 사업권의 대가로 돈을 송금함에 있어서 투명한 방법으로 송금할 여지가 없지 않았음 -)이다.

남북정상회담의 개최과정에서 이루어진 대북송금 행위는 남북교류협력에관한법률 제16조 제1항, 제17조 제1항, 제27조 제1항 제3호, 형법 제356조, 형법 제356조, 형법 제356조, 형법 제355조 제2항의 죄가 성립한다. 형법 제20조 정당행위에 해당하지 않는다. 법령 위반뿐만 아니라 사회상규에 위배되기 때문이다. 정당성을 제외하고, 상당성·균형성·긴급성·보충성을 모두 충족하지 않는다. 법질서 전체 정신·사회윤리·사회통념 관점에서 보면, 잘못된 행위이며, 이익이 되지 않는 행위이다. 다른 위법성조각사유도 없다.

⑪ 신고한 옥외집회에서 심각한 소음발생 사건

사실관계 피고인들은 관할 경찰서장에게 옥외집회(시위)신고서를 제출한 후 2002. 10. 12.부터 2002. 12. 31.까지 10여 회에 걸쳐 민주노총 대구지부, 참여연대 등의 단체 소속 회원들을 포함하여 매회 평균 15명(많을 때는 40명) 정도를 동원하여 옥외집회를 개최하였다. 당시 대구 중구청 종합민원실 앞 인도를 점거하고 현수막, 피켓 등을 설치한 채 승합차에 장착된 고성능 확성기, 앰프 등을 사용하여 "부당해고자 원직 복직, 중구청장 물러가라"는 구호를 외치고, 노동가를 불러 소음을 발생시켰다. 중구청 소속 직원에 의한 소음측정결과에 의하면 당시 집회 및 시위소음은 82.9dB 내지 100.1dB에 이르렀고, 이로 인하여 중구청사 내에서는 전화통화, 대화 등이 어려웠으며, 밖에서는 부근을 통행하기조차 곤란하였고, 인근 음식점, 자전거대리점, 제과점 등의 상인들도 소음으로 인한 고통을 호소한 사실이 있다. 피고인들은 위력으로 중구청 인근 상인 및 사무실 종사자들의 업무를 방해하였다.

[재판진행] 검사는 피고인들을 형법 제314조 업무방해죄로 기소하였다. 제1심 법원과 제2심 법원126)은 피고인에게 유죄를 인정하였다. 피고인들이 상고하였다.

[판결요지] 대법원은 피고인들 상고를 기각하였다.127)

가. 집회나 시위는 다수인이 공동목적으로 회합하고 공공장소를 행진하거나 위력 또는 기세를 보여 불특정 다수인의 의견에 영향을 주거나 제압을 가하는 행위이다. 그 회합에 참가한 다수인이나 참가하지 아니한 불특정 다수인에게 의견을 전달하기 위하여 어느 정도의 소음이 발생할 수밖에 없는 것은 부득이한 것이다. 그러므로 집회나 시위에 참가하지 아니한 일반 국민도 이를 수인할 의무가 있다고 할 수 있다. 합리적인 범위에서는 확성기 등 소리를 증폭하는 장치를 사용할 수 있고 확성기 등을 사용한 행위 자체를 위법하다고 할 수는 없다. 그러나 그 집회나 시위의 장소, 태양, 내용과 소음 발생의 수단, 방법 및 그 결과 등에 비추어, <u>집회나 시위의 목적 달성의 범위를 넘어 사회통념상 용인될 수 없는 정도로 타인에게 심각한 피해를 주는 소음을 발생시킨 경우에는 위법한 위력의 행사로서 정당행위라고는 할 수 없다.</u>

나. 신고한 옥외집회에서 고성능 확성기 등을 사용하여 발생된 소음이 82.9dB 내지 100.1dB에 이르고, 사무실 내에서의 전화통화, 대화 등이 어려웠으며, 밖에서는 부근을 통행하기조차 곤란하였고, 인근 상인들도 소음으로 인한 고통을 호소하는 정도에 이르렀다면 이는 위력으

126) 대구지방법원 2004.6.25. 선고 2003노3694 판결.
127) 대법원 2004.10.15. 선고 2004도4467 판결 【업무방해】

로 인근 상인 및 사무실 종사자들의 업무를 방해한 업무방해죄를 구성한다.

판결평석 대법원 판결은 결론은 타당하다. 그러나 논증순서와 논증방법에서 정밀함이 아쉽다.

대법원 판례에 따르면, "그 집회나 시위의 장소, 태양, 내용과 소음발생의 수단, 방법 및 그 결과 등에 비추어, 집회나 시위의 목적 달성의 범위를 넘어 사회통념상 용인될 수 없는 정도로 타인에게 심각한 피해를 주는 소음을 발생시킨 경우에는 위법한 위력의 행사로서 정당행위라고는 할 수 없다." 사회상규 위배여부에 대한 체계적인 판단방법이 아쉽다.

이 사건은 사회상규 다섯 가지 요건 중 정당성을 제외하고, 상당성·균형성·긴급성·보충성이 모두 충족되지 않는다. 형법 제20조 정당행위에 해당되지 않는다.

대법원 판결을 다음 순서로 더 명확하게 논증할 수 있다. ① 행위목적과 행위동기 정당성(집회시위 +), ② 행위수단과 행위방법 상당성(고성능 확성기 사용 발생 소음 82.9dB 내지 100.1dB 이름 -), ③ 보호이익과 침해이익 법익균형성(집회시위자유와 업무이익 -), ④ 긴급성(없음 -), ⑤ 다른 수단과 다른 방법이 없는 보충성(선택여지 있음 -)이다.

신고한 옥외집회에서 고성능 확성기 등을 사용하여 발생된 소음이 82.9dB 내지 100.1dB에 이르고, 사무실 내에서의 전화통화, 대화 등이 어려웠으며, 밖에서는 부근을 통행하기조차 곤란하였고, 인근 상인들도 소음으로 인한 고통을 호소하는 정도에 이르렀다면, 이는 위력으로 인근 상인 및 사무실 종사자들의 업무를 방해한 업무방해죄가 성립한다. 형법 제20조 정당행위에 해당하지 않는다. 법령 위반뿐만 아니라 사회상규에 위배되기 때문이다. 정당성은 인정될 수 있지만, 상당성·균형성·긴급성·보충성을 모두 충족하지 않는다. 법질서 전체 정신·사회윤리·사회통념 관점에서 보면, 잘못된 행위이며, 이익이 되지 않는 행위이다. 다른 위법성조각사유도 없다.

⑫ 기아자동차 생산라인 중단 사건

사실관계 기아자동차 주식회사의 단체협약 제65조는 "회사는 산업재해 발생의 급박한 위험이 있을 때는 작업을 중지하고 근로자를 작업장소로부터 대피시키는 등 필요한 조치를 취한 후 작업을 재개한다. 작업자는 자신의 생명이나 건강에 긴급하고도 심각한 위험이 있을 때에는 그 작업을 중지하고 대피할 수 있으며 지체 없이 이를 직상급자에게 보고하고 적절한 조치를 받도록 한다. 또한 이와 같이 행동한 작업자에게 회사는 부당한 조치를 취하여서는 아니된다"고 규정하고 있다.

피고인은 기아자동차 노동조합 대의원으로 당선된 직후인 2003. 12. 6. 04:11경 주임 최○민에게 생산라인에 투입된 라인별 생산인원이 부족하다며 가동을 중단하여 달라고 요구하였다가 이를 거절당하자, 임의로 쿨링모듈 공정(CM-15구간)에 설치된 비상스위치를 눌러 생산라인의 가동을 중단시켰다.

피고인은 생산라인의 가동이 중단된 후 최○민 주임과 장○원 반장으로부터 생산라인을 정상 가동하라는 지시를 받았음에도 불구하고 작업반원들을 선동하여 07:30까지 생산라인 가동을 중단시켜 기아자동차 주식회사의 자동차 생산 업무를 방해하였다.

재판진행 검사는 피고인들을 형법 제314조 제1항 업무방해죄로 기소하였다. 제1심 법원과 제2심 법원은 피고인들에게 유죄를 인정하였다. 피고인들은 형법 제20조 사회상규를 이유로 상고하였다.

판결요지 대법원은 피고인들 상고를 기각하였다.[128]

가. 형법 제20조에 정하여진 '사회상규에 위배되지 아니하는 행위'라 함은,

---

128) 대법원 2005.2.25. 선고 2004도8530 판결【폭력행위등처벌에관한법률위반(야간집단·흉기등손괴)·특수공무집행방해치상·폭력행 위등처벌에관한법률위반(집단·흉기등손괴)·일반교통방해·특수 공무집행방해·업무방해·폭력행위등처벌에관한법률위반(야간·공동손괴)·집회및시위에관한법률위반】

법질서 전체의 정신이나 그 배후에 놓여 있는 사회윤리 내지 사회통념
에 비추어 용인될 수 있는 행위를 말한다.

나. 그러므로 어떤 행위가 정당행위에 해당하기 위해서는 그 행위의 동기
나 목적의 정당성, 행위의 수단이나 방법의 상당성, 보호법익과 침해
법익과의 법익균형성, 긴급성, 그 행위 외에 다른 수단이나 방법이 없
다는 보충성 등의 요건을 갖추어야 할 것이다(대법원 1986.10.28. 선
고 86도1764 판결; 대법원 2003.11.28. 선고 2002도5726 판결 등
참조).

다. 피고인은 작업자의 생명·신체에 대한 급박하고도 심각한 위험이 발생
하였다는 등의 정당한 사유가 없음에도 불구하고 독단적인 판단 하에
임의로 생산라인의 가동을 중단시키고 근로자들로 하여금 작업을 하지
못하도록 선동하여 기아자동차 주식회사의 자동차 생산 업무를 방해한
것으로 인정된다고 하면서, 이 부분 공소사실을 유죄로 인정한 제1심법
원의 판단을 유지하였다.

라. 기록에 비추어 살펴보면, 원심의 증거취사와 사실인정 및 판단은 정당
한 것으로 수긍할 수 있고, 거기에 상고이유로 주장하는 바와 같은 채
증법칙 위반으로 인한 사실오인, 정당행위에 관한 법리오해 등의 위법
이 없다.

판결평석 대법원 판결은 결론·논증순서·논증방법에서 타당하다.
이 사건은 사회상규 다섯 가지 요건 중 정당성·상당성·균형성·긴
급성·보충성이 모두 충족되지 않는다. 형법 제20조 정당행위에 해
당되지 않는다.
대법원 판결을 다음 순서로 더 명확하게 논증할 수 있다. ① 행위목
적과 행위동기 정당성(작업자의 안전 −), ② 행위수단과 행위방법 상
당성(생산라인 가동중단 선동 −), ③ 보호이익과 침해이익 법익균형성
(영업장의 안전과 업무 −), ④ 긴급성(불가피 시점이라고 보기도 어려
움, 정당한 사유가 없음에도 불구하고 독단적인 판단 하에 임의로 생산라
인의 가동을 중단시키고 근로자들로 하여금 작업을 하지 못하도록 선동
−), ⑤ 다른 수단과 다른 방법이 없는 보충성(다른 수단이나 방법이
존재함, 적법절차에 따른 작업장 안전 확보 −)이다.

피고인들이 작업자의 생명·신체에 대한 급박하고도 심각한 위험이 발생하였다는 등의 정당한 사유가 없음에도 불구하고, 독단적인 판단하에 임의로 생산라인의 가동을 중단시키고 근로자들로 하여금 작업을 하지 못하도록 선동하여 자동차 생산 업무를 방해한 행위는 형법 제314조 제1항 업무방해죄가 성립한다. 형법 제20조 정당행위에 해당하지 않는다. 법령 위반뿐만 아니라 사회상규에 위배되기 때문이다. 정당성·상당성·균형성·긴급성·보충성을 모두 충족하지 않는다. 법질서 전체 정신·사회윤리·사회통념 관점에서 보면, 잘못된 행위이며, 이익이 되지 않는 행위이다. 다른 위법성조각사유도 없다.

⑬ 살인사건 조사 독직 가혹행위치사 사건 【시사판례】

사실관계 2002. 10. 23. 14:00경 서울지방검찰청 1101호 조사실에서, 무술수사요원으로 채용되어 위 검찰청 강력부 검찰서기로 근무하던 피고인 3과 원심 공동피고인 1, 원심 공동피고인 2는 위 검찰청 강력부 검사로 근무하던 피고인 1의 지시에 따라 피해자 1을 '공소외 1 살해사건'의 혐의자로 조사하면서, 피고인 3은 피해자 1이 범행을 부인한다는 이유로 무릎을 꿇게 한 다음 손과 발로 피해자 1의 전신을 수회 때리고 차고, 소위 '원산폭격'을 시키고, 원심 공동피고인 1는 이에 가세하여 '원산폭격'을 하는 자세가 바르지 못하다며 발로 엉덩이 부위를 걸어차고, 원심 공동피고인 1은 주먹으로 피해자 1의 머리 부위를 때리는 등 폭행 및 가혹행위를 하여 피해자 1로 하여금 약 1주간의 치료를 요하는 좌허벅지 타박상 등을 입게 하였다. 같은 달 24. 11:00경부터 13:00경까지 사이에 위 검찰청에 파견된 송파경찰서 소속 경찰관인 피고인 2와 원심 공동피고인 1은 피해자 2를 '공소외 1 살해사건'의 혐의자로 긴급체포하여 호송하던 중 승용차 안에서 피고인 2는 피해자 2의 목을 누르고 주먹으로 머리 부위 등을 수회 때리고, 원심 공동피고인 1은 손바닥으로 머리 뒷 부위를 수회 때렸다.

같은 날 13:00경 위 검찰청 1101호 조사실에서 피고인 3과 원심 공동피고인 2에게 피해자 2의 신병을 인계하고, 피고인 3은 피해자 2가 범행을 부인한다는 이유로 '원산폭격'을 시키고, 수갑을 찬 채 드러눕게 한 후 양다리와 엉덩이를 들어 뒤로 젖혀 목과 머리로 버티게 한 후 엉덩이 위에 올라타 수회 누르고, 원심 공동피고인 2는 발로 엉덩이와 발목 부위를 걷어차는 등 폭행 및 가혹행위를 함으로써 피해자 2로 하여금 약 2주간의 치료를 요하는 좌측 쇄골부위 타박상 및 손목부위 찰과상 등을 입게 하였다.

같은 달 24. 21:00경 위 검찰청 11층 조사실 입구 왼쪽에서 3번째 조사실(1145호실로 추정)에서, '공소외 1 살해사건'의 혐의자로 긴급체포된 피해자 3을 조사하던 중, 피고인 2는 피해자 3에게 수갑을 찬 상태에서 소위 '깍지끼고 엎드려 뻗쳐', '원산폭격' 등을 하게 하고, 무릎을 꿇게 한 후 발로 피해자 3의 허벅지 부위를 수회 밟고, 원심 공동피고인 1은 발로 피해자 3의 엉덩이 부위를 수회 걷어차는 등 폭행 및 가혹행위를 함으로써 피해자 3으로 하여금 약 2주간의 치료를 요하는 전흉부 등 다발성타박상을 입게 하였다.

같은 달 25. 15:40경 위 검찰청 1101호 조사실에서, '공소외 1 살해사건'의 혐의자로 긴급체포된 피해자 4를 조사함에 있어, 피고인 3은 피해자 4로 하여금 '원산폭격'을 하게 한 다음 발뒤꿈치로 피해자 4의 대퇴부, 장딴지를 찍어 짓밟고, 발과 주먹으로 등, 허리, 어깨 등을 차고 때리고, 원심 공동피고인 1은 '원산폭격'을 하고 있는 피해자 4의 대퇴부, 장딴지를 발로 걷어차고, 원심 공동피고인 2는 피해자 4에게 '원산폭격'을 시키는 등 폭행 및 가혹행위를 함으로써 피해자 4로 하여금 약 3주간의 치료를 요하는 양측대퇴부좌상 등을 입게 하였다.

같은 달 25. 21:00경 위 검찰청 1146호 조사실에서 '공소외 1 살해사건' 및 '공소외 2 변사사건'의 혐의자로 긴급체포된 피해자 5를 조사함에 있어, 피해자 5가 범행을 부인한다는 이유로 피고인 2는 피해자 5의 무릎을 걷어차 넘어뜨린 다음 무릎 등으로 이마, 팔 부위 등을 누르고, 원심 공동피고인 1은 이에 합세하여 오른쪽 무릎으로 피해자 5의 양쪽 허벅지 부위를 힘껏 누른 다음 피해자 5를 상대로 범행 가담 여부에 대하여 신문을 하였다.

피고인 1은 같은 달 26. 01:00경부터 02:00경까지 피해자 5를 직접 조사하였으나 여전히 범행을 부인하자 피해자 5를 무릎을 꿇린 상태로 원심 공동피고인 1에게 인계하면서 계속 신문하라고 지시하고, 원심 공동피고인 1은 같은 날 02:00부터 03:00까지 피해자 5를 조사하던 중 발로 피해자 5의 낭심 부위를 차고 발로 허벅지를 수회 밟고, 피고인 2는 같은 날 03:00경 피해자 5의 신병을 인계받아 무릎을 꿇린 상태에서 양 팔꿈치를 바닥에 대고 얼굴을 박게 한 채 발로 허벅지 부위를 수회 걷어찬 다음 허벅지 부위를 수회 밟고, 원심 공동피고인 2는 같은 날 05:00경 피해자 5의 신병을 인계받아 같은 날 08:00까지 조사하면서 발로 엉덩이 부위를 차고, 수갑을 찬 상태로 '엎드려 뻗쳐'를 시키는 등 피고인 2와 원심 공동피고인 1, 원심 공동피고인 2가 번갈아 가며 무수히 피해자 5의 전신을 폭행하거나 가혹행위를 하고, 피고인 1은 같은 날 08:00경 내지 08:30경 위 1146호 조사실로 내려와 살펴본 결과 피해자 5가 건강에 이상이 있는 것으로 판단할 수 있는 거동을 보이고 있었음에도 그를 병원으로 후송하는 등의 조치 없이 피해자 5를 침대에 눕히고 그대로 내버려두었다가 같은 날 12:41경 피해자 5의 건강상태가 악화되어 호흡곤란에 이른 것을 보고서야 급히 강남성모병원 응급실로 피해자 5를 후송하였으나, 같은 날 19:45경 위 병원에서 다발성좌상에 의한 속발성 쇼크 및 외상성 지주막하 출혈로 사망에 이르게 하였다.

같은 달 25. 21:00경 위 검찰청 1101호 조사실에서 '공소외 1 살해사건'의 혐의자로 긴급체포된 피해자 6을 조사함에 있어, 피고인 2는 피해자 6에게 수갑을 찬 상태에서 '깍지끼고 엎드려 뻗쳐'를 하게 하고, 발로 피해자 6의 다리, 허벅지 부위를 차고, 원심 공동피고인 1은 같은 날 03:00부터 05:00경까지 피해자 6을 조사하면서 손바닥과 주먹으로 피해자 6의 머리 등을 때리고, 발로 허벅지 부위를 차고,

이어 같은 날 05:00경 피고인 2는 피해자 6을 화장실로 끌고 가 얼굴을 가린 수건을 턱밑까지 내려 누르고 **바가지에 담은 물을 피해자 6의 코와 입 부위에 부으면서 범행을 시인하도록 강요하는 등 폭행 및 가혹행위를 함으로써 피해자 6로 하여금 약 1주간의 치료를 요하는 상 안검부 타박상 등을 입게 하였다.**

재판진행 검사는 피고인들을 특정범죄가중처벌등에 관한 법률 위반죄(가혹행위)로 기소하였다. 제1심 법원과 제2심 법원은 피고인들에게 유죄를 인정하였다. 피고인들은 형법 제20조 사회상규를 이유로 상고하였다.

판결요지 대법원은 피고인들 상고를 기각하였다.[129]
가. 어떠한 행위가 위법성조각사유로서의 정당행위가 되는지의 여부는 구체적인 경우에 따라 합목적적, 합리적으로 가려야 하고, 또 행위의 적법 여부는 국가질서를 벗어나서 이를 가릴 수 없는 것이다.
나. 정당행위로 인정되려면, 첫째 행위의 동기나 목적의 정당성, 둘째 행위의 수단이나 방법의 상당성, 셋째 보호법익과 침해법익과의 법익균형성, 넷째 긴급성, 다섯째 그 행위 이외의 다른 수단이나 방법이 없다는 보충성의 요건을 모두 갖추어야 한다(대법원 2004.3.26. 선고 2003도7878 판결 등 참조).
다. 원심은, 피해자들에 대한 이 사건 폭행 및 가혹행위는 피고인들 및 그 공범자들이 피해자들에게 자백을 강요하면서 일방적으로 폭행과 가혹행위를 한 것으로서 사회통념상 용인될 수 있는 정당행위에 해당한다고 할 수 없다.
라. 다만 피해자 2는 호송과정에서 사람을 죽이지 않았다면서 고함을 지르고 몸부림을 치고, 1101호 조사실에서도 범행을 부인하면서 고함을 지르고 욕설을 한 사실이 인정되고, 피고인들은 피해자 5도 머리를 벽에 부딪히는 등 자해행위를 하였다고 주장하고 있으나, 동인들에 대한 이 사건 가혹행위는 당시의 상황, 동기, 수단과 방법 등 제반 정황에 비추

129) 대법원 2005.5.26. 선고 2005도945 판결【특정범죄가중처벌등에관한법률위반(가혹행위)】; 허일태, 수사절차에서 가혹행위의 예방과 억제, 동아법학 제43호, 동아대학교출판부, 2009, 577-598면.

어 직권을 남용한 과도한 물리력의 행사로 평가함이 상당하고, 사회통념상 용인될 수 있는 정당행위에 해당한다고 볼 수 없다.

판결평석 대법원 판결은 결론·논증순서·논증방법에서 타당하다. 이 사건은 사회상규 다섯 가지 요건 중 정당성·상당성·균형성·긴급성·보충성이 모두 충족되지 않는다. 형법 제20조 정당행위에 해당되지 않는다.

대법원 판결을 다음 순서로 더 명확하게 논증할 수 있다. ① 행위목적과 행위동기 정당성(피해자들에게 자백을 강요하기 위함 −), ② 행위수단과 행위방법 상당성(적법 절차에 따르지 않은 가혹행위 −), ③ 보호이익과 침해이익 법익균형성(증거 확보와 사망, 직권을 남용한 과도한 물리력의 행사로 평가됨 −), ④ 긴급성(불가피 시점이라고 보기도 어려움, 다소 시간이 더 걸리더라도 적법절차에 따른 심문 방법이 있기 때문에 긴급성을 인정하기 어려움 −), ⑤ 다른 수단과 다른 방법이 없는 보충성(다른 수단이나 방법이 존재함, 적법절차에 따른 증거수집 −)이다. 범행을 시인하도록 강요하는 등 폭행 및 가혹행위를 함으로써 피해자 6에게 약 1주간의 치료를 요하는 상안검부 타박상을 입힌 행위는 특정범죄가중처벌등에 관한 법률 위반죄(가혹행위)가 성립한다. 형법 제20조 정당행위에 해당하지 않는다. 법령 위반뿐만 아니라 사회상규에 위배되기 때문이다. 정당성·상당성·균형성·긴급성·보충성을 모두 충족하지 않는다. 법질서 전체 정신·사회윤리·사회통념 관점에서 보면, 잘못된 행위이며, 이익이 되지 않는 행위이다. 다른 위법성조각사유도 없다.

검찰수사관행에 경종을 울린 대표 판례이다. 범죄혐의자들에게 검사와 검찰수사관 폭행·가혹행위는 직권을 남용한 과도한 물리력의 행사이며, 사회통념상 용인될 수 없다는 점을 대법원은 명확하게 판시하였다. 검찰고문이 행해진 시점은 2002년 월드컵이 개최되었던 해다. 불과 16년 전 실제 발생한 우리 사회 이야기다.

(5) 자기권리구제행위 · 타인권리구제행위와 사회상규 판단방법

① 현행범 체포목적 주거침입 사건

사실관계 현행범을 체포하기 위하여 범인의 아버지 집에 들어가서 그 아버지와 시비 끝에 동인에게 상해를 입혔다.

재판진행 검사는 피고인을 형법 제319조 주거침입죄와 제257조 상해 죄로 기소하였다. 제1심 법원과 제2심 법원은 유죄를 선고하였다. 피 고인은 상고하였다.

판결요지 대법원은 피고인 상고를 기각하였다.[130)
현행범을 체포하기 위하여 범인의 아버지 집에 들어가서 그 아버지와 시비 끝에 동인에게 상해를 입힌 경우에 상해죄는 물론 주거침입죄도 위법성이 조각되지 않는다.

판결평석 대법원 판결의 결론은 타당하다. 그러나 논증순서와 논증방 법에서 정밀함이 아쉽다.
이 사건은 사회상규 다섯 가지 요건 중 정당성을 제외하고, 상당성 · 균형성 · 긴급성 · 보충성이 모두 충족되지 않는다. 형법 제20조 정당 행위에 해당되지 않는다.
대법원 판결을 다음 순서로 더 명확하게 논증할 수 있다. ① 행위목 적과 행위동기 정당성(현행범 체포 +), ② 행위수단과 행위방법 상당 성(주거침입과 상해 −), ③ 보호이익과 침해이익 법익균형성(사생활 평온과 생리적 기능과 현행범 검거 −), ④ 긴급성(이 시점에서 하지 않 으면 안 될 정도 특수상황이 없음 −), ⑤ 다른 수단과 다른 방법이 없 는 보충성(신고 등 다른 방법이 있음 −)이다.
현행범을 체포하기 위하여 범인의 아버지 집에 들어가서 그 아버지 와 시비 끝에 동인에게 상해를 입힌 행위는 형법 제319조 주거침입

---

130) 대법원 1965.12.21. 선고 65도899 판결 【주거침입, 상해】

죄와 제257조 상해죄가 성립한다. 형법 제20조 정당행위에 해당하지 않는다. 법령 위반뿐만 아니라 사회상규에 위배되기 때문이다. 정당성·상당성·균형성·긴급성·보충성을 모두 충족하지 않는다. 법질서 전체 정신·사회윤리·사회통념 관점에서 보면, 잘못된 행위이며, 이익이 되지 않는 행위이다. 다른 위법성조각사유도 없다.

② 채권변제방편 약속어음 환전빙자 편취 사건

사실관계 피고인은 피해자에게 채권을 변제받기 위한 방편으로 피해자에게 환전하여 주겠다고 기망하여 약속어음을 교부받았다.

재판진행 검사는 피고인을 형법 제347조 제1항 사기죄로 기소하였다. 제1심 법원과 제2심 법원은 피고인에게 유죄를 선고하였다. 피고인이 상고하였다.

판결요지 대법원은 피고인 상고를 기각하였다.[131]

가. 피고인의 소위가 피해자에 대하여 소론의 채권을 변제받기 위한방편이었다 하더라도 판시와 같은 기망수단에 의하여 판시 약속어음을 교부받은 행위는 위법성을 조각할만한 정당한 권리행사 방법이라고 볼 수는 없고, 설사 그와 같은 행위가 허용된다 하더라도 교부받은 재물이 불가분인 경우에는 그 전부에 대하여 사기죄가 성립된다.

나. 약속어음은 그 자체가 재산적 가치를 지닌 유가증권으로서 재물성이 있고 소론의 채권은 판시 약속어음의 금액의 일부에 해당함이 분명하고 판시 어음은 단일하여 불가분하다 할 것이다. 위 어음을 기망행위에 의하여 교부받은 이상 그 어음금 전액에 대하여 사기죄가 성립한다 할 것이다.

다. 그러므로 같은 취지의 원심조치는 정당하고 거기에 소론과 같은 사기죄의 구성요건에 관한 법리를 오해한 위법은 없다. 따라서 상고를 기각한다.

---

131) 대법원 1982.9.14. 선고 82도1679 판결 【사기】

판결평석　대법원 판례의 결론은 타당하다. 그러나 논증순서와 논증방법에서 정밀함이 아쉽다.

이 사건은 사회상규 다섯 가지 요건 중 정당성을 제외하고, 상당성·균형성·긴급성·보충성이 모두 충족되지 않는다. 형법 제20조 정당행위에 해당되지 않는다.

대법원 판결을 다음 순서로 더 명확하게 논증할 수 있다. ① 행위목적과 행위동기 정당성(채권추심목적 +), ② 행위수단과 행위방법 상당성(환전하여 주겠다는 기망 -), ③ 보호이익과 침해이익 법익균형성(재산권과 재산권 -), ④ 긴급성(이 시점에서 하지 않으면 안 될 정도 특수상황이 없음 -), ⑤ 다른 수단과 다른 방법이 없는 보충성(있음 -)이다.

채권을 변제받기 위한 방편으로 기망하여 약속어음을 교부받은 행위는 형법 제347조 제1항 사기죄가 성립한다. 형법 제20조 정당행위에 해당하지 않는다. 법령 위반뿐만 아니라 사회상규에 위배되기 때문이다. 상당성·균형성·긴급성·보충성을 모두 충족하지 않는다. 법질서 전체 정신·사회윤리·사회통념 관점에서 보면, 잘못된 행위이며, 이익이 되지 않는 행위이다. 다른 위법성조각사유도 없다.

③ 시장번영회 총회결의로 단전조치 사건

사실관계　피해자가 시장번영회를 상대로 잦은 진정을 하고 협조를 하지 않는다는 이유로 시장번영회 총회결의에 의하여 피해자 소유점포에 대하여 정당한 권한 없이 단전조치를 하였다.

재판진행　검사는 피고인을 형법 제314조 업무방해죄로 기소하였다. 제1심 법원과 항소심 법원은 피고인에게 모두 유죄를 인정하였다. 피고인이 상고하였다.

판결요지　대법원은 피고인 상고를 기각하였다.[132]

단전조치는 결의에 참가한 회원의 위력에 의한 업무방해행위에 해당한다

할 것이다. 그러므로 피해자에게 사전통고를 한 여부나 피고인이 회장의 자격으로 단전조치를 한 여부는 위 죄의 성립에 아무런 영향이 없다. 그러므로 이를 유죄로 인정한 원심의 조치는 정당하고, 거기에 소론과 같은 위법은 없다. 따라서 논지는 이유 없으므로 상고를 기각한다.

판결평석 대법원 판결은 결론은 타당하다. 그러나 논증순서와 논증방법에서 정밀함이 아쉽다.

이 사건은 사회상규 다섯 가지 요건 중 정당성·상당성·균형성·긴급성·보충성이 모두 충족되지 않는다. 형법 제20조 정당행위에 해당되지 않는다.

대법원 판결을 다음 순서로 더 명확하게 논증할 수 있다. ① 행위목적과 행위동기 정당성(시장번영회를 상대로 잦은 진정을 하고 협조를 하지 않는다는 이유 -), ② 행위수단과 행위방법 상당성(사전통고를 한 여부나 피고인이 회장의 자격으로 단전조치 -), ③ 보호이익과 침해이익 법익균형성(시장번영회 기능과 사적 업무 -), ④ 긴급성(없음 -), ⑤ 다른 수단과 다른 방법이 없는 보충성(선택여지 있음 -)이다.

피해자가 시장번영회를 상대로 잦은 진정을 하고 협조를 하지 않는다는 이유로 시장번영회 총회결의에 의하여 피해자 소유점포에 대하여 정당한 권한 없이 단전조치행위는 형법 제314조 업무방해죄가 성립한다. 형법 제20조 정당행위에 해당하지 않는다. 법령 위반뿐만 아니라 사회상규에 위배되기 때문이다. 정당성·상당성·균형성·긴급성·보충성을 모두 충족하지 않는다. 법질서 전체 정신·사회윤리·사회통념 관점에서 보면, 잘못된 행위이며, 이익이 되지 않는 행위이다. 다른 위법성조각사유도 없다.

---

132) 대법원 1983.11.8. 선고 83도1798 판결 【업무방해】; 서보학, 단전·단수조치와 업무방해죄의 성립 여부, 인권과 정의 제358호, 대한변호사협회, 2006, 53-70면. "시장번영회를 상대로 잦은 진정을 하고 협조를 하지 않는다는 이유로 단전·단수조치(대법원 1983.11.8. 선고 83도1798 판결의 사례)를 한 사례에서는 목적과 수단사이의 비례성과 형평성을 상실한 조치로서, 비록 그것이 시장번영회 임시총회의 결의에 기초한 것이라 할지라도 유효한 것으로 볼 수 없고 따라서 업무방해죄를 구성한다고 보아야 한다. 이 사례에서 업무방해죄의 유죄를 인정한 대법원 판결은 타당하다고 할 것이다"(67-68면).

④ 중국민항기 납치망명 사건

사실관계 피고인들은 평소 중공의 정치, 사회현실에 불만을 품어오던 중 중공여객기를 납치 자유중국으로 탈출키로 공모하였다. 1983. 5. 5. 11:30경 중공민용항공소속 심양발 상해행 항공기 트라이던트비 (B) − 296에 탑승하여 같은 날 12:20경 위 항공기가 중공 대련시 부근 해안상공 통과시 납치행위에 착수 이에 대항하는 항법사 왕배부와 통신사 왕○창에게 피고인 강○군이 권총 1발씩을 각 발사하여 대퇴부를 각 관통시켜 상처를 입혔다.

피고인 탁○인과 강○군은 기장 왕○헌과 부기장 화○림의 머리에 권총을 겨냥 서울까지 비행토록 협박하여 기장과 부기장 등으로 하여금 승객 90명과 승무원 9명이 탑승한 위 항공기의 항로를 변경 서울방향으로 강제운항케 하여 같은 날 14:11경 강원도 춘천시 근화동 소재 비행장에 위 항공기를 착륙시킨 후 같은 날 21:30경까지 위 항공기를 강점함으로써 항공기를 납치하고 이로 인하여 위 왕○부, 왕○창에게 상처를 입혔다.

재판진행 검사는 피고인들을 [1] 항공기운항관리법 제3조/ [2] 헤이그협약(항공기의 불법납치 억제를 위한 협약) 제8조/ [2][3][4] 형법 제20조/ [5] 구 출입국관리법 (1983. 12. 31 법률 제3694호로 개정 전의 법률) 제8조 제2항 제1호, 제88조 제2호/ [6] 총포, 도검, 화약류단속법 제9조 제1항, 제55조 제1항/ [7] 항공법 제102조 제1항 제1호, 제134조 제1항 위반죄로 기소하였다. 제1심 법원과 항소심 법원은 피고인들에게 유죄를 선고하였다. 피고인이 상고하였다.

판결요지 대법원은 피고인들 상고를 기각하였다.[133]

가. 중공의 정치, 사회현실에 불만을 품고 자유중국으로 탈출하고자, 민간

---

133) 대법원 1984.5.22. 선고 84도39 판결【항공기운항안전법위반 · 총포도검화약류단속법위반 · 출입국관리법위반 · 항공법위반】재판장: 대법관 이정우 · 대법관 김중서 · 대법관 강우영 · 대법관 신정철

항공기를 납치하여 입국한 피고인들의 경우 정치적 박해를 받거나 정치적 신조를 달리함으로써 타국에 피난한 정치적 피난민이라고 할 수 있겠다. 그러나 정치적 피난민에 대한 보호는 소수의 국가가 국내법상으로 보장하고 있을 뿐 우리나라는 이를 보장하는 국내법규가 없으며 개개의 조약을 떠나서 일반국제법상 보장이 확립된 것도 아니다. 더구나 헤이그협약 제8조는 항공기납치범죄를 체약국간의 현행 또는 장래 체결될 범죄인 인도조약상의 인도범죄로 보며 인도조약이 없는 경우에도 범죄인의 인도를 용이하게 할 수 있는 규정을 마련하고 있다. 이 점 등에 비추어 볼 때 민항기납치행위가 순수한 정치적 동기에서 일어난 정치적 망명을 위한 상당한 수단으로 행하여진 것으로 세계 각국이 비호권을 인정하고 있다는 이유로 위법성이 조각된다고 볼 수 없다.

나. 정당한 행위로서 위법성이 조각되는지 여부는 그 구체적 행위에 따라 합목적적, 합리적으로 가려져야 할 것인바 정당행위를 인정하려면 첫째, 그 행위의 동기나 목적의 정당성 둘째, 행위의 수단이나 방법의 상당성 셋째, 보호이익과 침해이익과의 법익균형성 넷째, 긴급성 다섯째로 그 행위 외에 다른 수단이나 방법이 없다는 보충성 등의 요건을 갖추어야 한다.

다. 중공의 정치, 사회현실에 불만을 품고 자유중국으로 탈출하고자 민항기를 납치한 이 사건에서 그 <u>수단이나 방법에 있어 민간항공기를 납치한 행위는 상당하다 할 수 없다.</u> 피고인들이 보호하려는 이익은 피고인들의 자유였음에 반하여 피고인들의 행위로 침해되는 법익은 <u>승객 등 불특정다수인의 생명, 신체의 위험과 항공여행의 수단인 항공기의 안전에 대한 세계인의 신뢰에 대한 침해인 점에 비추어 현저히 균형을 잃었다 할 것이다.</u> 그 당시의 상황에 비추어 항공기납치행위가 <u>긴급, 부득이한 것이라고 인정하기 어려우므로</u> 피고인들의 행위를 사회상규에 위배되지 아니한 행위로서 위법성이 조각되는 행위라고 할 수 없다 할 것이다.

판결평석 대법원 판결은 결론·논증순서·논증방식에서 타당하다. 사회상규를 위배여부를 판단함에 있어서 '모범(模範)이 되는 판례'라고 생각한다.

이 사건은 사회상규 다섯 가지 요건 중 정당성·상당성·균형성·긴급성·보충성이 모두 충족되지 않는다. 형법 제20조 정당행위에 해당되지 않는다.

대법원 판결을 다음 순서로 더 명확하게 논증할 수 있다. ① 행위목적과 행위동기 정당성(정치적 피난 －), ② 행위수단과 행위방법 상당성(민간항공기납치 －), ③ 보호이익과 침해이익 법익균형성(정치적 자유와 승객 등 불특정다수인의 생명, 신체의 위험과 항공여행의 수단인 항공기의 안전에 대한 세계인의 신뢰에 대한 침해인 점에 비추어 현저히 균형을 잃음 －), ④ 긴급성(항공기납치행위가 긴급, 부득이한 것이라고 인정하기 어려움 －), ⑤ 다른 수단과 다른 방법이 없는 보충성(선택여지 있음 －)이다.

자유중국으로 망명하고자 민항기를 납치하고, 기장 등에게 상해를 입힌 행위는 항공기운항관리법 제3조·헤이그협약(항공기의 불법납치 억제를 위한 협약) 제8조·구 출입국관리법(1983.12.31 법률 제3694호로 개정 전의 법률) 제8조 제2항 제1호, 제88조 제2호·총포, 도검, 화약류단속법 제9조 제1항, 제55조 제1항·항공법 제102조 제1항 제1호·제134조 제1항 위반죄가 성립한다. 형법 제20조 정당행위에 해당하지 않는다. 법령 위반뿐만 아니라 사회상규에 위배되기 때문이다. 정당성·상당성·균형성·긴급성·보충성을 모두 충족하지 않는다. 법질서 전체 정신·사회윤리·사회통념 관점에서 보면, 잘못된 행위이며, 이익이 되지 않는 행위이다. 다른 위법성조각사유도 없다.

⑤ 주춤주춤 피해자에 반격 사망 사건

사실관계 술에 취한 피해자가 「…"야, 이 새끼야 처먹어라"면서 술이 들어 있는 두 되짜리 주전자를 제게 확 쳐서 그 주전자 꼭지가 제 콧등에 맞아 피가 확 나서 제가 일어서면서 "이 새끼야 이렇게 상처를 낼 꺼야"라고 하자 피해자도 일어서더니 겁이 났는지 뒤로 주춤주춤 하는 것을 제 오른손으로 그의 가슴을 한번 확 떼미니까 인도에서 차도 아스팔트 뒤로 궁둥이 먼저 부딪치면서 머리 뒷부분을 부딪치며 쓰러졌습니다.」 피해자는 사망하였다.

재판진행 검사는 피고인을 형법 제262조 폭행치사죄로 기소하였다. 제1심 법원과 제2심 법원은 피고인에게 형법 제20조 정당행위로 보아 무죄를 인정하였다. 검사가 상고하였다.

판결요지 대법원은 원심판결을 파기하고, 사건을 서울고등법원에 환송하였다.[134)]

가. 만일 피고인의 제1심 법정이나 경찰에서의 진술과 같이 피해자가 주전자로 피고인의 얼굴을 때린 다음 또 다시 때리려고 하여 이를 피하고자 피해자를 밀어 넘어뜨린 것이라면 이러한 행위는 피해자의 불법적인 공격으로부터 벗어나기 위한 부득이한 저항의 수단으로서 소극적인 방어행위에 지나지 않는다고 볼 여지가 있을 것이다.

나. 그러나 이와 달리 피고인의 검찰에서의 진술이나 목격자 공소외인의 법정 및 수사기관에서의 진술과 같이 술에 취한 피해자가 피고인을 때렸다가 피고인의 반항하는 기세에 겁을 먹고 주춤주춤 피하는 것을 피고인이 밀어서 넘어뜨렸다면 이러한 피고인의 행위는 피해자의 공격으로부터 벗어나기 위한 부득이한 <u>소극적 저항의 수단이라기보다는 보복을 위한 적극적 반격행위</u>라고 보지 않을 수 없다.

다. 원심으로서는 위와 같이 피고인이 반격을 기한 경우에 관하여 상반되는 내용의 각 진술 중 어느 것이 신빙성이 있는지를 먼저 가려낸 연후에 그 행위의 위법성조각여부를 판단하여야 할 것이다. 그럼에도 불구하고 만연히 피고인의 위 반격행위는 피해자의 공격을 받고 소극적 저항의 수단으로 행한 것에 지나지 않는다고 판단하였으니 이는 심리미진과 채증법칙 위반 및 정당행위에 관한 법리오해의 위법을 범한 것이라고 하지 않을 수 없고 논지는 이유 있다. 그러므로 원심판결을 파기하고 사건을 다시 심리케 하고자 원심법원에 환송하기로 한다.

판결평석 대법원 판결은 결론·논증순서·논증방법에서 타당하다. 이 사건은 사회상규 다섯 가지 요건 중 정당성·상당성·균형성·긴급성·보충성이 모두 충족되지 않는다. 형법 제20조 정당행위에 해당되지 않는다.

---

134) 대법원 1985.3.12. 선고 84도2929 판결【폭행치사】

대법원 판결을 다음 순서로 더 명확하게 논증할 수 있다. ① 행위목적과 행위동기 정당성(보복을 위한 적극적인 반격행위 −), ② 행위수단과 행위방법 상당성(술에 취한 피해자가 피고인을 때렸다가 피고인의 반항하는 기세에 겁을 먹고 주춤주춤 피하는 것을 피고인이 오른손으로 그의 가슴을 한번 확 밀어서 넘어뜨림 −), ③ 보호이익과 침해이익 법익균형성(신체의 건강과 신체의 건강 −), ④ 긴급성(가슴을 확 밀친 행위가 긴급, 부득이한 것이라고 인정하기 어려움 −), ⑤ 다른 수단과 다른 방법이 없는 보충성(다른 수단이나 방법이 없다고 볼 수 없음 −)이다.

피해자가 일어서 겁이 났는지 뒤로 주춤주춤 하는 것을 피고인이 오른손으로 피해자 가슴을 한번 확 떼미니까 인도에서 차도 아스팔트 뒤로 궁둥이 먼저 부딪치면서 머리 뒷부분을 부딪치게 하여 쓰러뜨린 행위는 형법 제262조 폭행치사죄가 성립한다. 형법 제20조 정당행위에 해당하지 않는다. 법령 위반뿐만 아니라 사회상규에 위배되기 때문이다. 정당성·상당성·균형성·긴급성·보충성을 모두 충족하지 않는다. 법질서 전체 정신·사회윤리·사회통념 관점에서 보면, 잘못된 행위이며, 이익이 되지 않는 행위이다. 다른 위법성조각사유도 없다.

⑥ 고추폭락 농민 철도건널목 검거 사건

사실관계 피고인들(농민들)은 고추 값 폭락으로 생존대책을 강구하여 달라는 요구를 하였다. 이를 관철한다는 명목으로 경운기를 동원하여 12:30경부터 15:10경까지 2시간 40분 동안 철도 건널목을 점거하여 영주행 제2514호 화물열차등 위 건널목을 통과하는 상, 하행선 기차 7회의 운행을 막아 기차 운행을 막았다. 그리고 철길에서 물러날 것을 요구하는 경찰관들에게 돌을 던져 상해를 입혔다.

재판진행 검사는 피고인을 집회 및 시위에 관한 법률위반죄와 형법 제186조 기차교통방해죄로 기소하였다. 제1심 법원과 제2심은 피고인들에게 유죄를 선고하였다. 피고인들은 상고하였다.

판결요지 대법원은 피고인들 상고를 기각하였다.[135]

가. 피고인들은 고추 값이 폭락하여 농민들의 생존권이 위태로운 지경에 이르렀는데도 이에 대한 대책을 강구하지 아니하는 정부에 대하여 농민들이 요구를 직접 전달코자 부득이 이 사건 시위에 이르게 된 것으로서, 그 요구의 내용과 방법에 있어서 정당하고 또 요구의 절박성이 있었으므로 이는 정당행위로서 벌할 수 없는 것이라고 주장한다.

나. 기록에 의하여 살펴보면, 이 사건에 있어서 피고인들이 내세우는 바와 같이 농민들의 요구가 정당하다는 점이 수긍은 가나 이를 관철한다는 명목으로 경운기를 동원, 철도 건널목을 점거하여 열차의 운행을 막고, 철길에서 물러날 것을 요구하는 경찰관들에게 돌을 던져 상해를 입히는 등의 이 사건 행위에 이른 점에서 보면, 이 사건 시위행위는 그 수단이나 방법에 있어서 상당성이 있다 할 수 없으므로 정당행위로는 인정되지 아니하니 이 점에 관한 논지는 이유 없다.

판결평석 대법원 판결은 결론·논증순서·논증방법에서 타당하다.

이 사건은 사회상규 다섯 가지 요건 중 정당성을 제외하고, 상당성·균형성·긴급성·보충성이 모두 충족되지 않는다. 형법 제20조 정당행위에 해당되지 않는다.

대법원 판결을 다음 순서로 더 명확하게 논증할 수 있다. ① 행위목적과 행위동기 정당성(고추 값 폭락에 다른 농민들의 생존권 주장 +), ② 행위수단과 행위방법 상당성(경운기를 동원, 철도 건널목을 점거하여 열차의 운행을 막고, 철길에서 물러날 것을 요구하는 경찰관들에게 돌을 던져 상해를 입힘 -), ③ 보호이익과 침해이익 법익균형성(생존권 보장과 집회시위위반 및 생리적 기능침해 -), ④ 긴급성(없음 -), ⑤ 다른 수단과 다른 방법이 없는 보충성(불가피한 수단이었다고 볼 수도 없음 -)이다.

고추 값 폭락으로 인한 생존대책을 강구하며 경운기를 동원, 철도 건널목을 점거하여 열차 운행을 막고, 철길에서 물러날 것을 요구하는 경찰관들에게 돌을 던져 상해를 입한 시위행위는 집회 및 시위에 관

---

135) 대법원 1989.12.26. 선고 89도1512 판결【집회및시위에관한법률위반, 기차교통방해】

한 법률위반죄와 형법 제186조 기차교통방해죄가 성립한다. 형법 제20조 정당행위에 해당하지 않는다. 법령 위반뿐만 아니라 사회상규에 위배되기 때문이다. 상당성·균형성·긴급성·보충성을 모두 충족하지 않는다. 법질서 전체 정신·사회윤리·사회통념 관점에서 보면, 잘못된 행위이며, 이익이 되지 않는 행위이다. 다른 위법성조각사유도 없다.

⑦ 수사기관 신고 위협 과다한 금원 교부 사건

사실관계 피고인 심○각이 교통사고로 상해를 당하여 그로 인한 손해배상청구권이 있음을 기화로 하여 피고인들이 사고차의 운전사가 바뀐 것을 알고 사고차량의 운전사인 공소외 1의 사용자인 제1심의 공동피고인에게 금원을 요구하였다(피고인 1은 2주일간의 치료를 요하는 상해를 입었는데 공동피고인의 진술에 의하면 피고인들이 금7,000,000원을 요구하였다는 것이다). 만약 이에 응하지 않으면 수사기관에 신고할 것 같은 태도를 보여 동인을 외포하게 하고 이에 겁을 먹은 동인으로부터 금3,500,000원을 교부 받았다.

재판진행 검사는 피고인들을 폭력행위 등 처벌에 관한 법률위반죄(형법 제360조 공갈죄)로 기소하였다. 제1심 법원과 제2심은 피고인들에게 유죄를 선고하였다. 피고인들은 상고하였다.

판결요지 대법원은 피고인들 상고를 기각하였다.[136]

가. 피고인이 교통사고로 2주일간 치료를 요하는 상해를 당하여 손해배상청구권이 있음을 이유로 사고차량 운전사가 바뀐 것을 알고서 그 운전사의 사용자에게 과다한 금원을 요구하면서 이에 응하지 않으면 수사기관에 신고할 듯한 태도를 보여 이에 겁을 먹은 동인으로부터 금3,500,000원을 교부받은 것이라면 이는 손해배상을 받기 위한 수단으로서 사회통념상 허용되는 범위를 넘어 그 권리행사에 빙자하여 상대방을 외포하게 하여 재물을 교부받은 경우에 해당하여 폭력행위등처벌

---

136) 대법원 1990.3.27. 선고 89도2036 판결 【폭력행위등처벌에관한법률위반】

에관한법률위반(공갈)의 죄에 해당한다고 할 것이다.

나. 공소외 2 등이 처벌받았는지 여부는 이 사건 결과에 영향이 없는 것이고 피고인들의 판시 소위가 위법하여 범죄가 되는 이상은 이 사건 범행이 처벌의 가치가 없다는 소론의 주장은 적법한 상고이유가 되지 못하는 것이다. 피고인들에게 형사소송법 제70조 소정의 구속사유가 있었는지 여부도 이 사건 결과에 영향이 없는 것이다.

다. 또한 사실이 원심이 인정한 바와 같다면 피고인들의 행위가 노동조합법 제2조 소정의 정당행위에 해당한다고 할 수 없다. 피고인들 소속회사에서 피고인들을 해고한 것인지 여부, 이것이 같은 법 제39조 제1항에 위배되어 부당노동행위에 해당하는 것인지 여부도 이 사건 결과에 영향이 없는 것이다. 따라서 논지들은 모두 이유가 없다. 그러므로 상고를 모두 기각한다.

판결평석 대법원 판결의 결론은 타당하다. 그러나 논증순서와 논증방법에서 정밀함이 아쉽다.

이 사건은 사회상규 다섯 가지 요건 중 정당성을 제외하고, 상당성·균형성·긴급성·보충성이 모두 충족되지 않는다. 형법 제20조 정당행위에 해당되지 않는다.

대법원 판결을 다음 순서로 더 명확하게 논증할 수 있다. ① 행위목적과 행위동기 정당성(손해배상 +), ② 행위수단과 행위방법 상당성(손해배상청구권이 있음을 기화로 사고차량의 운전사가 바뀐 것을 알고서 그 운전사의 사용자에게 과다한 금원을 요구하면서 이에 응하지 않으면 수사기관에 신고할 듯한 태도를 보여 이에 겁을 먹은 동인으로부터 금 3,500,000원을 교부 -), ③ 보호이익과 침해이익 법익균형성(손해배상과 개인의 의사결정의 자유 침해 -), ④ 긴급성(없음 -), ⑤ 다른 수단과 다른 방법이 없는 보충성(불가피한 수단이었다고 볼 수도 없음 -)이다.

교통사고의 피해자가 사고차량 운전자의 사용자로부터 사회통념상 허용되는 범위를 넘어 금품을 교부받은 행위는 폭력행위 등 처벌에 관한 법률위반죄(형법 제360조 공갈죄)가 성립한다. 형법 제20조 정당행위에 해당하지 않는다. 법령 위반뿐만 아니라 사회상규에 위배되기 때문이다. 상당성·균형성·긴급성·보충성을 모두 충족하지 않는다. 법질서 전체 정신·사회윤리·사회통념 관점에서 보면, 잘못된 행위이며, 이익이 되지 않는 행위이다. 다른 위법성조각사유도 없다.

⑧ 가요담당 PD 가수매니저 금품 수재 사건

사실관계 가요담당 방송프로듀서가 직무상 알고 지내던 가수매니저들로부터 많게는 100만원 적게는 20만원 정도의 금품을 28회에 걸쳐 받았다.

재판진행 검사는 피고인을 형법 제357조 제1항 배임수재죄로 기소하였다. 제1심 법원과 제2심은 피고인에게 유죄를 선고하였다. 피고인은 상고하였다.

판결요지 대법원은 피고인 상고를 기각하였다.[137]

가. 방송국에 소속되어 가요 프로그램의 제작연출 등의 사무를 처리하는 <u>가요담당 프로듀서는</u>, 방송법이 규정하고 있는 방송의 공적책임수행과 그 내용의 공정성 및 공공성의 요청에 따라 방송국의 내규가 정하는 제한 범위 내에서, 방송될 가요를 선곡하는 임무를 방송국으로부터 부여받은 자로서 <u>"타인의 사무처리를 처리하는 자"이므로 배임수재죄의 주체가 될 수 있다.</u>

나. 방송프로듀서가 직무상 알고 지내던 가수매니저들로부터 많게는 100만원 적게는 20만원 정도의 금품을 28회에 걸쳐 받은 것을 가리켜 의례적이라거나 사회상규에 위반되지 아니한다고 할 수도 없다 할 것이다.

다. 원심이 같은 취지에서 피고인에게 배임수재죄를 적용하여 처벌한 것은 옳고 거기에 소론과 같은 법리오해의 위법이 없다. 상고논지는 모두 받아들일 수 없는 것이다.

판결평석 대법원 판결의 결론은 타당하다. 그러나 논증순서와 논증방법에서 정밀함이 아쉽다.

---

137) 대법원 1991.6.11. 선고 91도688 판결 【배임수재】; 신용석, 배임수증재죄의 부정한 청탁: 유형화의 시도, 형사판례연구 제12호, 박영사, 2004, 231－253면.

이 사건은 사회상규 다섯 가지 요건 중 정당성·상당성·균형성·긴급성·보충성이 모두 충족되지 않는다. 형법 제20조 정당행위에 해당되지 않는다.

대법원 판결을 다음 순서로 더 명확하게 논증할 수 있다. ① 행위목적과 행위동기 정당성(방송될 가요 선곡 로비 −), ② 행위수단과 행위방법 상당성(28회에 걸친 금품 제공 −), ③ 보호이익과 침해이익 법익균형성(방송법이 규정하고 있는 방송의 공적책임수행과 그 내용의 공정성 및 공공성과 재산상의 이익 −), ④ 긴급성(금품을 받아야 할 긴급상황 없음 −), ⑤ 다른 수단과 다른 방법이 없는 보충성(불가피한 수단이었다고 볼 수도 없음 −)이다.

가요담당 방송프로듀서가 직무상 알고 지내던 가수매니저들로부터 많게는 100만원 적게는 20만원 정도의 금품을 28회에 걸쳐 받은 행위는 형법 제357조 제1항 배임수재죄가 성립한다. 형법 제20조 정당행위에 해당하지 않는다. 법령 위반뿐만 아니라 사회상규에 위배되기 때문이다. 정당성·상당성·균형성·긴급성·보충성을 모두 충족하지 않는다. 법질서 전체 정신·사회윤리·사회통념 관점에서 보면, 잘못된 행위이며, 이익이 되지 않는 행위이다. 다른 위법성조각사유도 없다.

⑨ 피해자의 처와 공모 매매계약 상계충당 사건

사실관계 피고인들이 이 사건 피해자와의 사이에 이 사건 부동산에 관한 매매계약을 체결하는 과정에서 공소외 박○석을 매수인으로 내세워 매매대금을 2회의 중도금과 잔금으로 나누어 실제로 지급할 것처럼 매매계약서에 기재하였다. 피고인 1이 위 피해자의 처인 공소외 1로부터 위 피해자에게 위 매매대금 등 금3억6천만원을 위 피고인에게 대여하였다고 거짓말을 하였으니 이에 맞추어 거짓말을 하여 달라는 부탁을 받은 바 있다. 또 공소외 1로부터 위 피해자에게 담보로 잡은 것처럼 보여 주어야 하니 땅문서를 빌려달라는 부탁을 받고 피고인 1 소유의 부동산권리증과 위 매매중도금 지급일자에 발급받은

피고인 1명의 가등기용 인감증명서를 공소외 1에게 빌려준 점이 있
다. 피고인 2가 피고인 1로부터 이 사건 부동산을 그녀가 받을 돈
대신에 받은 것이라는 말을 들었고 또 피고인 1의 부탁을 받아 이
사건 부동산의 매수명의인인 위 박○석을 가장하여 위 피해자와 가
격흥정을 하였기 때문에 위 피해자가 이 사건 부동산에 관한 매매가
정상적으로 대금이 지급되는 매매로 알고 이 사건 계약을 한 것이라
는 것을 알고 있었다.

그러나 피고인 1이 공소외 1에게 많은 돈을 빌려주고 변제받지 못하
여 많은 피해를 입고 있는 사실을 알고 있었으므로 피고인 1을 도와
주려고 한 것이라고 진술하고 있다. 이 점 등에 비추어 보면 피고인
들이 1과 공모하여 위 피해자를 기망함으로써 이 사건 부동산을 편
취한 것이다.

재판진행 검사는 피고인들을 특정경제범죄가중처벌등에관한법률위반
죄(형법 제347조 사기죄)로 기소하였다. 제1심 법원과 제2심은 피고인
들에게 유죄를 선고하였다. 피고인들은 상고하였다.

판결요지 대법원은 피고인들 상고를 기각하였다.138)
피고인이 피해자의 처에 대한 채권을 회수하기 위하여 피해자의 처와 공모
하여 제3자를 매수인으로 내세워 피해자와의 사이에 피해자 소유의 부동산
에 관한 매매계약을 체결하고, 그 매매대금을 위 채권에 충당한 행위는 사
회상규상 정당한 권리행사의 범위를 벗어난 것으로서 재산상의 거래관계에
있어서 거래당사자가 지켜야 할 신의와 성실의 의무를 저버린 기망행위가
된다고 하여 사기죄의 성립을 인정한다.

판결평석 대법원 판결의 결론은 타당하다. 그러나 논증순서와 논증방
법에서 정밀함이 아쉽다.
대법원은 기망행위와 사회상규를 혼합하여 논증하고 있다. 범죄체계
상 타당하지 않다. 왜냐하면 "피고인 행위는 사회상규상 정당한 권리
행사의 범위를 벗어난 것으로서 재산상의 거래관계에 있어서 거래당

---

138) 대법원 1991.9.10. 선고 91도376 판결【특정경제범죄가중처벌등에관한법률위반, 사기】

사자가 지켜야 할 신의와 성실의 의무를 저버린 기망행위가 되는 것이다"라고 판시하고 있기 때문이다. 기망행위와 사회상규는 구성요건과 위법성조각사유로 엄격히 구분하고 있다. 따라서 대법원은 이 사건 경우 사기죄 구성요건에 해당하는 기망행위이지만, 위법성조각사유인 형법 제20조 사회상규에 위배된다고 판단해야 한다.

이 사건은 사회상규 다섯 가지 요건 중 정당성은 인정되지만, 그 외 상당성·균형성·긴급성·보충성이 모두 충족되지 않는다. 형법 제20조 정당행위에 해당되지 않는다.

대법원 판결을 다음 순서로 더 명확하게 논증할 수 있다. ① 행위목적과 행위동기 정당성(채권회수 +), ② 행위수단과 행위방법 상당성(재산상의 거래관계에 있어서 거래당사자가 지켜야 할 신의와 성실의 의무를 저버린 기망행위, 즉 피해자의 처와 공모하여 제3자를 매수인으로 내세워 피해자와의 사이에 피해자 소유의 부동산에 관한 매매계약을 체결하고, 그 매매대금을 위 채권에 충당한 행위 -), ③ 보호이익과 침해이익 법익균형성(재산상의 이익과 재산상의 이익 -), ④ 긴급성(없음 -), ⑤ 다른 수단과 다른 방법이 없는 보충성(불가피한 수단이었다고 볼 수도 없음 -)이다.

피고인이 피해자의 처에 대한 채권을 회수하기 위하여 피해자의 처와 공모하여 제3자를 매수인으로 내세워 피해자와의 사이에 피해자 소유의 부동산에 관한 매매계약을 체결하고, 그 매매대금을 위 채권에 충당한 행위는 재산상의 거래관계에 있어서 거래당사자가 지켜야 할 신의와 성실의 의무를 저버린 기망행위이며, 이 기망행위는 특정경제범죄가중처벌등에관한법률위반죄(형법 제347조 사기죄)가 성립한다. 형법 제20조 정당행위에 해당하지 않는다. 법령 위반뿐만 아니라 사회상규에 위배되기 때문이다. 상당성·균형성·긴급성·보충성을 모두 충족하지 않는다. 법질서 전체 정신·사회윤리·사회통념 관점에서 보면, 잘못된 행위이며, 이익이 되지 않는 행위이다. 다른 위법성조각사유도 없다.

⑩ 기망매수 땅 전매차익 갈취 사건

사실관계 피고인은 이○춘을 피고인의 집으로 데리고 와서는 피고인
의 형부가 부장검사이고, 또 대공분실에 아는 사람이 있는데 이○춘
을 사기꾼으로 고소하여 구속시키겠다고 말하였다. 마치 위 사람들과
전화통화를 하는 것처럼 전화기를 들고 사기꾼을 잡아 놓았으니 구
속하여야 하지 않느냐라고 말하는 등의 방법으로 이○춘을 외포하게
한 후 위 시가와 피고인이 지급한 대금과의 차액인 금82,500,000원
을 반환하라고 요구하였다.

재판진행 검사는 피고인을 형법 제360조 공갈죄로 기소하였다. 제1
심 법원과 제2심은139) 피고인에게 유죄를 선고하였다. 피고인은 상고
하였다.

판결요지 대법원은 피고인 상고를 기각하였다.140)
피고인이 비록 피해자의 기망에 의하여 판시 부동산을 비싸게 매수하였다
하더라도, 그 계약을 취소함이 없이 등기를 피고인 앞으로 둔 채 피해자의
전매차익을 받아낼 셈으로 피해자를 협박하여 재산상의 이득을 얻거나 돈
을 받았다면, 이는 정당한 권리행사의 범위를 넘은 것으로서 사회통념상 용
인될 수 없다 할 것이므로 같은 취지에서 원심이 이를 공갈죄로 의율한 것
은 정당하다. 그러므로 상고를 기각한다.

판결평석 대법원 판결의 결론은 타당하다. 그러나 논증순서와 논증방
법에서 정밀함이 아쉽다.
이 사건은 사회상규 다섯 가지 요건 중 정당성·상당성·균형성·긴
급성·보충성이 모두 충족되지 않는다. 형법 제20조 정당행위에 해
당되지 않는다.
대법원 판결을 다음 순서로 더 명확하게 논증할 수 있다. ① 행위목

---

139) 부산지방법원 1991.6.26. 선고 90노2253 판결.
140) 대법원 1991.9.24. 선고 91도1824 판결【공갈】

적과 행위동기 정당성(계약을 취소함이 없이 등기를 피고인 앞으로 둔 채 피해자의 전매차익을 받아내기 위함 -), ② 행위수단과 행위방법 상당성(협박, 정당한 권리행사가 아님 -), ③ 보호이익과 침해이익 법익균형성(재산상의 이익과 개인의 의사결정의 자유 침해 -), ④ 긴급성(없음 -), ⑤ 다른 수단과 다른 방법이 없는 보충성(불가피한 수단이었다고 볼 수도 없음 -)이다.

피해자의 기망에 의하여 부동산을 비싸게 매수한 피고인이라도 그 계약을 취소함이 없이 등기를 피고인 앞으로 둔 채 피해자의 전매차익을 받아낼 셈으로 피해자를 협박하여 재산상의 이득을 얻거나 돈을 받은 행위는 형법 제360조 공갈죄가 성립한다. 형법 제20조 정당행위에 해당하지 않는다. 법령 위반뿐만 아니라 사회상규에 위배되기 때문이다. 정당성·상당성·균형성·긴급성·보충성을 모두 충족하지 않는다. 법질서 전체 정신·사회윤리·사회통념 관점에서 보면, 잘못된 행위이며, 이익이 되지 않는 행위이다. 다른 위법성조각사유도 없다.

⑪ 회사비리 고발 협박 및 폭행 사건

〔사실관계〕 피고인들이 경영하는 ○○토건주식회사가 재단법인 대지공원묘원으로부터 처음에 그 공원묘역조성사업 중 소류지공사와 외곽도로공사를 도급받았다가 나중에 사정에 의하여 그 공사범위를 바꾸어 위 소류지공사 및 단지조성공사를 공사대금 370,000,000원에 시행하기로 하는 도급계약을 새로이 체결하였다. 이에 따라 그 공사를 시행하던 중 위 단지조성공사의 기성부분에 공사부실로 하자가 발생되어 위 ○○공원묘원 측에서 이를 이유로 그 하자보수시까지 그때까지의 기성고 잔액의 지급을 거절하자 위 회사 측에서 일방적으로 공사를 중단하게 된 상태에 이르게 된 것이다. 그렇다면 피고인들이 위 대지공원묘원에 대하여 임의로 결가계산한 기성고 잔액 금6,000여 만원과 위 외곽도로공사 포기로 인한 일실수익 상당 손해금 1억 원 등 합계 금199,000,000원의 지급결제를 요구할 권리가 있다고는 볼 수

없다. 비록 그렇지 않다 하더라도 피고인들이 권리행사에 빙자하여 위 회사 측에 대하여 회사비리를 관계기관에 고발하겠다는 내용의 협박 내지 회사 사무실의 장시간 무단점거 및 회사직원들에 대한 폭행 등의 위법 수단을 써서 기성고 공사대금 명목으로 금80,000,000원을 교부받았다.

재판진행 검사는 피고인들을 형법 제360조 공갈죄로 기소하였다. 제1심 법원과 제2심은 피고인들에게 유죄를 선고하였다. 피고인들은 상고하였다.

판결요지 대법원은 피고인들 상고를 기각하였다.[141]

가. 정당한 권리가 있다 하더라도 그 권리행사에 빙자하여 사회통념상 허용되는 범위를 넘어 협박을 수단으로 상대방을 외포시켜 재물의 교부 또는 재산상의 이익을 받는 경우와 같이 그 행위가 정당한 권리행사라고 인정되지 아니하는 경우에는 공갈죄가 성립된다고 할 것이다.

나. 공사 수급인의 공사부실로 하자가 발생되어 도급인 측에서 하자보수시까지 기성고 잔액의 지급을 거절하자 수급인이 일방적으로 공사를 중단하여 수급인에게 자신이 임의로 결가계산한 기성고 잔액 등 금199,000,000원의 지급청구권이 있다고 볼 수 없다.

다. 비록 그렇지 않다 하더라도 수급인이 권리행사에 빙자하여 도급인 측에 대하여 비리를 관계기관에 고발하겠다는 내용의 협박 내지 사무실의 장시간 무단점거 및 직원들에 대한 폭행 등의 위법수단을 써서 기성고 공사대금 명목으로 금80,000,000원을 교부받은 소위는 사회통념상 허용되는 범위를 넘는 것으로서 이는 공갈죄에 해당한다.

판결평석 대법원 판결의 결론은 타당하다. 그러나 논증순서와 논증방법에서 정밀함이 아쉽다.

이 사건은 사회상규 다섯 가지 요건 중 정당성을 제외하고 상당성·균형성·긴급성·보충성이 모두 충족되지 않는다. 형법 제20조 정당행위에 해당되지 않는다.

---

141) 대법원 1991.12.13. 선고 91도2127 판결【공갈, 공갈미수, 무고】

대법원 판결을 다음 순서로 더 명확하게 논증할 수 있다. ① 행위목적과 행위동기 정당성(부실공사로 지급을 보류한 공사대금 잔액에 대한 지급청구권 행사 +), ② 행위수단과 행위방법 상당성(수급인이 권리행사에 빙자하여 도급인 측에 대하여 비리를 관계기관에 고발하겠다는 내용의 협박 내지 사무실의 장시간 무단점거 및 직원들에 대한 폭행 등의 위법수단을 사용, 정당한 권리행사가 아님 −), ③ 보호이익과 침해이익 법익균형성(채권과 개인의 의사결정의 자유 침해), ④ 긴급성(없음 −), ⑤ 다른 수단과 다른 방법이 없는 보충성(불가피한 수단이었다고 볼 수도 없음 −)이다.

공사부실로 하자가 발생하여 공사를 중단한 수급인이 도급인으로부터 공사대금 명목의 금품을 받기 위하여, 회사 측에 회사비리를 관계기관에 고발하겠다는 내용의 협박과 회사 사무실의 장시간 무단점거 그리고 회사직원들에게 폭행 등의 위법 수단을 써서 기성고 공사대금 명목으로 금80,000,000원을 교부받은 행위는 형법 제360조 공갈죄가 성립한다. 형법 제20조 정당행위에 해당하지 않는다. 법령 위반뿐만 아니라 사회상규에 위배되기 때문이다. 정당성을 제외하고 상당성·균형성·긴급성·보충성을 모두 충족하지 않는다. 법질서 전체 정신·사회윤리·사회통념 관점에서 보면, 잘못된 행위이며, 이익이 되지 않는 행위이다. 다른 위법성조각사유도 없다.

⑫ 택시기사 시비 가정주부 파출소 끌고간 사건

사실관계 피고인이 1989.5.8. 23:35경 이○순과 피해자 손○자를 자기 택시에 태우고○○ 동구 ○○동 소재 ○○약국 앞길에 도착하여 그곳 시장골목으로 들어가자는 피해자의 요청을 거절하였다. 피해자 등이 항의하여 서로 언쟁하는 과정에서, 이○순이 손가방과 하이힐로 피고인의 머리를 1회씩 때리고 어깨를 1회 물 때, 피해자도 가세하여 피고인의 머리를 1회 물어 피고인에게 전치 약 2주의 두피부열상, 우측상지교상 등을 가한 후 도주하였다. 피고인이 도주하는 피해자의 손을 붙잡고 관할 파출소로 데리고 가기 위하여 잡아끄는 과정에서 동인이 전치 약 2주의 제 4, 5중수지절 관절염좌상을 입게 하였다.

재판진행 검사는 피고인을 폭력행위 등 처벌에 관한 법률위반죄로 기소하였다. 제1심 법원과 제2심 법원은 피고인에게 형법 제20조 사회상규를 적용하여 무죄를 선고하였다. 검사가 상고하였다.

판결요지 대법원은 원심판결을 파기하고, 사건을 다시 심리·판단하도록 광주지방법원 합의부에 환송하였다.[142]

가. 피고인이 먼저 피해자 등에게 위 진술과 같은 욕설(…운전사가 "타워클럽까지는 못 들어간다"고 하여 "다른 차는 다 들어가는데 왜 못 들어간다고 하느냐"고 말다툼을 하다가 저희들이 택시비를 주고 내리는데 김○호가 "씹 팔러다니는 주제에 말이 많다"고 하였습니다. 그래서 화가 나기에 핸드백으로 김○호의 머리를 1회 때리고 오른발 하이힐을 벗어 들고 머리를 1회 때렸습니다. 김○호가 손○자 (이○순은 오기로 보인다)의 오른손을 잡고 놓아주지 않으니까 어깨를 물어버렸고 그가 계속하여 달려들기에 파출소로 가자고 하여 함께 파출소로 갔습니다."는 것인바 … 한 잘못이 있기 때문에 피고인은 위와 같이 피해자 등으로부터 핸드백과 하이힐 등으로 얻어맞게 되었고 그 때문에 별다른 대항을 못했다고 보는 것이 도리어 사리에 맞다고 하겠다.

나. 이 사건 일련의 행위는 운전사인 피고인이 고객인 가정주부들에게 위에서 본 바와 같은 입에 담지 못할 욕설을 퍼부은 데서 비롯된 것이라 할 것이고, 그 때문에 <u>입은 상처를 고발하기 위해 파출소로 끌고 감을 빙자하여 피해자의 손목을 잡아 비튼 피고인의 행위를 가리켜 사회통념상 용인될만한 상당성이 있다고 볼 수는 없다.</u>

다. 따라서 원심판결에는 증거 없이 또는 신빙성 없는 증거로 경험칙에 반하는 사실을 인정하였거나 형법 제20조 소정의 정당행위에 관한 법리를 오해함으로써 판결결과에 영향을 미친 위법이 있다고 하지 않을 수 없다.

라. 이에 원심판결을 파기하고 사건을 다시 심리 판단케 하기 위하여 원심법원에 환송하기로 관여 법관의 의견이 일치되어 주문과 같이 판결한다.

---

142) 대법원 1991.12.27. 선고 91도1169 판결【폭력행위등처벌에관한법률위반】

판결평석 대법원 판결의 결론은 타당하다. 그러나 논증순서와 논증방법에서 정밀함이 아쉽다.

이 사건은 사회상규 다섯 가지 요건 중 정당성·균형성·긴급성을 제외하고, 상당성·보충성이 충족되지 않는다. 형법 제20조 정당행위에 해당되지 않는다.

대법원 판결을 다음 순서로 더 명확하게 논증할 수 있다. ① 행위목적과 행위동기 정당성(상처를 고발하기 위해 파출소로 끌고 감 +), ② 행위수단과 행위방법 상당성(체포를 빙자하여 피해자의 손목을 잡아 비틂 -), ③ 보호이익과 침해이익 법익균형성(신체의 기능침해 -), ④ 긴급성(체포와 연행 +), ⑤ 다른 수단과 다른 방법이 없는 보충성(불가피한 수단이었다고 볼 수도 없음 -)이다.

택시 운전사인 피고인이 고객인 가정주부들에게 입에 담지 못할 욕설을 퍼부은 데서 발단이 되어 가정주부인 피해자 등으로부터 핸드백과 하이힐 등으로 얻어맞게 되자 그 때문에 입은 상처를 고발하기 위해 파출소로 끌고 감을 빙자하여 피해자의 손목을 잡아 틀어 상해를 가한 행위는 폭력행위 등 처벌에 관한 법률위반죄가 성립한다. 형법 제20조 정당행위에 해당하지 않는다. 법령 위반뿐만 아니라 사회상규에 위배되기 때문이다. 상당성과 보충성을 충족하지 않는다. 법질서 전체 정신·사회윤리·사회통념 관점에서 보면, 잘못된 행위이며, 이익이 되지 않는 행위이다. 다른 위법성조각사유도 없다.

⑬ 새마을금고 비회원 대출 사건

사실관계 피고인은 주식회사 새마을금고의 이사장으로 재직하였다. 공소외 주식회사는 금고의 회원이 아니었다. 또한 위 금고의 정관 제72조에 의하면 금고의 회원에 대한 대출이라도 대출심사위원회의 심사결정을 얻어야 했다. 그럼에도 피고인이 그러한 절차도 밟지 아니한 채 비회원인 회사로부터 아무런 담보도 제공받지 아니하고 대출을 하여 주었다.

재판진행 검사는 피고인을 구 새마을금고법(1997. 12. 17. 법률 제
5462호로 개정되기 전의 것) 제26조, 제27조, 제66조 제1항 제1호 위
반죄로 기소하였다. 제1심 법원과 제2심은 피고인에게 유죄를 선고하
였다. 피고인은 상고하였다.

판결요지 대법원은 피고인 상고를 기각하였다.[143]

가. 형법 제20조는 "법령에 의한 행위 또는 업무로 인한 행위 기타 사회상
규에 위배되지 아니하는 행위는 벌하지 아니한다"고 규정하고 있다. 그
런데 어떠한 행위가 정당한 행위로서 위법성이 조각되는 것인지는 구
체적인 경우에 따라 합목적적, 합리적으로 가려져야 할 것이다.

나. 정당행위를 인정하려면 첫째 그 행위의 동기나 목적의 정당성, 둘째 행
위의 수단이나 방법의 상당성, 셋째 보호이익과 침해이익과의 법익균형
성, 넷째 긴급성, 다섯째 그 행위 외에 다른 수단이나 방법이 없다는
보충성 등의 요건을 갖추어야 한다고 할 것이다(대법원 1998.10.13. 선
고 97도3337 판결; 1997.6.27. 선고 95도1964 판결; 1996.11.12.
선고 96도2214 판결 등 참조).

다. 그런데 구 새마을금고법(1997. 12. 17. 법률 제5462호로 개정되기 전
의 것, 이하 같다) 제26조는 새마을금고의 사업목적으로서 새마을금고
회원들에 대한 대출만을 허용하고 있으며, 같은 법 제27조는 비회원이
새마을금고의 사업을 이용할 수 있는 경우 중 특히 허용되지 않는 것
으로서 비회원에게 대출을 하는 행위를 규정하고 있고, 새마을금고 임
직원이 위와 같은 새마을금고의 사업목적을 벗어난 행위를 하게 되면
같은 법 제66조 제1항 제1호에 의하여 형사처벌을 하도록 규정하고
있다.

라. 이 사건에서 원심이 인정한 바와 같이 피고인이 이사장으로 있던 공소
외 주식회사 새마을금고의 정관에도 새마을금고법과 같은 내용의 규정
이 있고, 공소외 주식회사는 금고의 회원이 아니며, 위 금고의 정관 제
72조에 의하면 금고의 회원에 대한 대출이라도 대출심사위원회의 심사
결정을 얻어야 함에도 불구하고, 피고인이 그러한 절차도 밟지 아니한

---

143) 대법원 1999.2.23. 선고 98도1869 판결 【새마을금고법위반】

채 비회원인 회사로부터 아무런 담보도 제공받지 아니하고 대출을 하여 주었다.

마. 그렇다면 결과적으로 위 대출금이 모두 금고의 회원인 회사근로자들에게 상여금으로 모두 입금·처분되었다고 하더라도 이는 금고의 회원이 아닌 위 회사의 일방에만 긴급하게 금고의 자금을 유용하도록 하여 주는 행위에 불과하여 피고인의 행위가 회원들의 경제적 지위 향상이라는 새마을금고의 궁극적인 목적에 반하지 아니한다고 볼 수 없다.

바. 그러므로 피고인의 대출행위는 사회상규에 반하지 아니하는 정당행위에 해당한다고 할 수 없다. 따라서 이와 같은 취지로 피고인의 정당행위 주장을 배척하고 이 사건 새마을금고법위반 공소사실을 유죄로 인정한 원심의 판단은 정당하고, 거기에 형법이 정하는 정당행위에 관한 법리를 오해한 위법이 있다고 볼 수 없으므로, 논지는 이유가 없다.

[판결평석] 대법원 판결은 결론·논증순서·논증방법에서 타당하다.
이 사건은 사회상규 다섯 가지 요건 중 정당성·상당성·균형성·긴급성·보충성이 모두 충족되지 않는다. 형법 제20조 정당행위에 해당되지 않는다.
대법원 판결을 다음 순서로 더 명확하게 논증할 수 있다. ① 행위목적과 행위동기 정당성(법규위반 영업이익 −), ② 행위수단과 행위방법 상당성(불법 대출 −), ③ 보호이익과 침해이익 법익균형성(영업이익과 재산상의 이익 −), ④ 긴급성(없음 −), ⑤ 다른 수단과 다른 방법이 없는 보충성(불가피한 수단이었다고 볼 수도 없음 −)이다.
새마을금고 이사장이 구 새마을금고법 및 정관에 반하여 비회원인 회사에게 대출해 준 경우, 그 회사가 위 대출금으로 회원인 회사근로자들의 상여금을 지급하였다 하더라도 구 새마을금고법(1997. 12. 17. 법률 제5462호로 개정되기 전의 것) 제26조, 제27조, 제66조 제1항 제1호 위반죄가 성립한다. 형법 제20조 정당행위에 해당하지 않는다. 법령 위반뿐만 아니라 사회상규에 위배되기 때문이다. 상당성·균형성·긴급성·보충성을 모두 충족하지 않는다. 법질서 전체 정신·사회윤리·사회통념 관점에서 보면, 잘못된 행위이며, 이익이 되지 않는 행위이다. 다른 위법성조각사유도 없다.

⑭ 점포임대차 개업지연 배상 과격요구 사건

<u>사실관계</u> 피고인은 1993. 11. 3. 피해자 김○광이 여러 차례에 걸쳐 임대목적의 점포를 약정한 기일에 인도할 의무를 이행치 않음으로써 위 점포에서 여행알선업을 영위하려던 당초 사업계획의 수행이 어렵게 되었다. 그러자 위 피해자에 대하여 이 사건 점포 임대차계약을 해제하고 그 원상회복 및 손해배상을 요구하기 위하여 위 점포건물의 건축공사현장 사무실에 공소외 1, 3 등 일행 2인을 대동하고 찾아가서 전화로 위 공소외 2까지 불러내었다. 그 다음 전후 3시간여에 걸쳐, 피고인은 위 피해자에게 위 점포 임대차보증금으로 이미 지급한 금3,900만원에다 자신이 임의로 위 <u>임대차계약의 해제에 따른 손해배상액으로 결가계산한 금원을 포함시켜 임대차보증금 3,900만원의 2배가 넘는 합계 금8,000만원을 즉시 지급할 것을 요구하면서 심한 욕설과 함께 사무실 내에 있던 유리탁자를 발로 차 유리를 깨뜨리는 등으로 행패를 부렸다.</u>

그 사이 일행 중 1인은 피고인의 사전 지시에 따라 미리 준비해 간 현수막에 "사기분양한 악덕 건축업자 처단하라"는 내용을 써서 이를 게시할 듯한 태도를 보였다. 또 위 현장사무실 유리창에는 붉은 락카칠로 "동방프라자 사기분양"이라고 써 놓았으며, 나머지 위 공소외 3 등 일행 2인은 피고인 옆에서 험한 인상을 짓거나 사무실 내부를 서성거리는 등으로 위세를 가하였다.

이러한 <u>분위기에 눌려</u> 위 피해자가 위 요구금액을 지급하겠다는 의사를 비치자 피고인은 이를 확실히 증빙한다는 구실을 내세워 위 피해자로 하여금 백지에다 피고인이 부르는 대로 "금8,000만원을 1993. 11. 5.까지 피고인에게 상환할 것을 약속함. 이 금액은 건물을 사기분양한데 따른 것이므로 돌려 드리는 것임"이라는 내용을 적은 <u>현금보관증을 작성하여 피고인에게 교부하게까지 하였다.</u>

재판진행 검사는 피고인을 폭력행위 등 처벌에 관한 법률 위반죄(형법 제360조 공갈죄)로 기소하였다. 제1심 법원과 제2심 법원144)은 피고인에게 무죄를 선고하였다. 검사가 상고하였다.

판결요지 대법원은 원심판결 중 이 사건 공소사실 제1항에 대한 부분을 파기하고, 이 부분 사건을 인천지방법원 합의부에 환송하였다.145)

가. 공갈죄의 수단으로서 협박은 사람의 의사결정의 자유를 제한하거나 의사실행의 자유를 방해할 정도로 겁을 먹게 할 만한 해악을 고지하는 것을 말한다. 해악의 고지는 반드시 명시의 방법에 의할 것을 요하지 않고 언어나 거동에 의하여 상대방으로 하여금 어떠한 해악에 이르게 할 것이라는 인식을 갖게 한 것이면 족한 것이다. 이러한 해악의 고지가 비록 정당한 권리의 실현 수단으로 사용된 경우라고 하여도 그 권리실현의 수단방법이 사회통념상 허용되는 정도나 범위를 넘는 것인 이상 공갈죄의 실행에 착수한 것으로 보아야 할 것이다(대법원 1991.11.26. 선고 91도2344 판결 참조).

나. 여기서 어떠한 행위가 구체적으로 사회통념상 허용되는 정도나 범위를 넘는 것이냐의 여부는 그 행위의 주관적인 측면과 객관적인 측면, 즉 추구된 목적과 선택된 수단을 전체적으로 종합하여 판단하여야 할 것이다(대법원 1990.8.14. 선고 90도114 판결 참조).

다. 이 사건은, 위에서 본 바와 같이 피고인이 장시간에 걸쳐 피해자 김○광의 건물건축공사 현장사무실 내에서 다른 일행 3인과 합세하여 과격한 언사와 함께 집기를 손괴하고 건물 창문에 위 피해자의 신용을 해치는 불온한 내용을 기재하거나 같은 취지를 담은 현수막을 건물 외벽에 게시할 듯한 태도를 보이는 등의 행위를 취하였다.

라. 그렇다면, 이는 위 피해자가 피고인의 금전지급요구에 응하지 아니하는 경우 자신의 신체나 재산 등에 <u>부당한 이익을 받을 위험이 있다는 위구심을 일으키게 한 것으로서 위 피해자로 하여금 겁을 먹게 하기에 족한 해악의 고지에 해당한다고 볼 것이다.</u>

마. 그것이 비록 피고인의 주장과 같이 위 피해자에 대하여 가지는 이 사

---

144) 인천지방법원 1994.7.21. 선고 94노528 판결.
145) 대법원 1995.3.10. 선고 94도2422 판결 【폭력행위등처벌에관한법률위반】

건 점포임대차계약의 해제에 따른 원상회복 및 손해배상청구권의 범위 내에서 그 권리실현의 목적으로 이루어진 것이라고 하더라도, 그 행사된 <u>수단방법이 구체적인 태양에 있어 사회통념상 허용될 수 있는 범위를 훨씬 넘는 것</u>이어서 피고인의 위 행위는 공갈죄를 구성한다고 보아야 옳을 것이다.

마. 결국 원심의 판단은 채증법칙을 위배하였거나 공갈죄의 위법성에 관한 법리를 오해한 위법이 있다고 아니할 수 없다. 상고이유 중 이 점을 지적하는 부분은 이유 있다.

판결평석 대법원 판결은 결론·논증순서·논증방법에서 타당하다. 이 사건은 사회상규 다섯 가지 요건 중 정당성을 제외하고, 상당성·균형성·긴급성·보충성이 모두 충족되지 않는다. 형법 제20조 정당행위에 해당되지 않는다.

대법원 판결을 다음 순서로 더 명확하게 논증할 수 있다. ① 행위목적과 행위동기 정당성(점포임대차계약의 해제에 따른 원상회복 및 손해배상청구권의 범위 내에서 그 권리실현의 목적 ＋), ② 행위수단과 행위방법 상당성(해악고지, 장시간에 걸쳐 피해자 김○광의 건물건축공사 현장사무실 내에서 다른 일행 3인과 합세하여 과격한 언사와 함께 집기를 손괴하고 건물 창문에 위 피해자의 신용을 해치는 불온한 내용을 기재하거나 같은 취지를 담은 현수막을 건물 외벽에 게시할 듯한 태도를 보이는 등의 행위 －), ③ 보호이익과 침해이익 법익균형성(재산상의 이익과 개인의 의사결정의 자유 －), ④ 긴급성(없음 －), ⑤ 다른 수단과 다른 방법이 없는 보충성(불가피한 수단이었다고 볼 수도 없음 －)이다.

점포임대차 개업지연에 대한 손해배상을 협박과 위세를 동원하여 과격하게 요구하고, <u>현금보관증을 작성하여 피고인에게 교부하게</u> 행위는 폭력행위 등 처벌에 관한 법률 위반죄(형법 제360조 공갈죄)가 성립한다. 형법 제20조 정당행위에 해당하지 않는다. 법령 위반뿐만 아니라 사회상규에 위배되기 때문이다. 상당성·균형성·긴급성·보충성을 모두 충족하지 않는다. 법질서 전체 정신·사회윤리·사회통념 관점에서 보면, 잘못된 행위이며, 이익이 되지 않는 행위이다. 다른 위법성조각사유도 없다.

⑮ 동거청산과정에서 금전채권을 빌미로 협박한 사건

사실관계　피고인은 피해자와 동거를 정산하는 과정에서 피해자에 대하여 금전채권이 있다고 하더라도 그 권리행사를 빙자하여 사회통념상 용인되기 어려운 정도를 넘는 협박을 수단으로 사용하였다.

재판진행　검사는 피고인을 형법 제350조, 제352조, 제25조 공갈미수죄로 기소하였다. 제1심 법원과 제2심은 피고인에게 유죄를 선고하였다. 피고인은 상고하였다.

판결요지　대법원은 피고인 상고를 기각하였다.[146]

가. 피고인이 피해자와의 동거를 정산하는 과정에서 피해자에 대하여 금전채권이 있다고 하더라도, 그 권리행사를 빙자하여 사회통념상 용인되기 어려운 정도를 넘는 협박을 수단으로 사용하였다면, 공갈죄가 성립한다.

나. 공갈죄의 수단으로서 한 협박은 공갈죄에 흡수될 뿐 별도로 협박죄를 구성하지 않으므로, 그 범죄사실에 대한 피해자의 고소는 결국 공갈죄에 대한 것이라 할 것이어서 그 후 고소가 취소되었다 하여 공갈죄로 처벌하는 데에 아무런 장애가 되지 아니한다.

다. 검사가 공소를 제기할 당시에는 그 범죄사실을 협박죄로 구성하여 기소하였다 하더라도, 그 후 공판 중에 기본적 사실관계가 동일하여 공소사실을 공갈미수로 공소장 변경이 허용된 이상 그 공소제기의 하자는 치유된다.

판결평석　대법원 판결의 결론은 타당하다. 그러나 논증순서와 논증방법에서 정밀함이 아쉽다.

이 사건은 사회상규 다섯 가지 요건 중 정당성·상당성·균형성·긴급성·보충성이 모두 충족되지 않는다. 형법 제20조 정당행위에 해당되지 않는다.

대법원 판결을 다음 순서로 더 명확하게 논증할 수 있다. ① 행위목

---

146) 대법원 1996.9.24. 선고 96도2151 판결 【협박(공갈미수)】

적과 행위동기 정당성(금전채권 추심 −), ② 행위수단과 행위방법 상
당성(권리행사를 빙자하여 사회통념상 용인되기 어려운 정도를 넘는 협박
을 수단으로 사용 −), ③ 보호이익과 침해이익 법익균형성(채권과 개
인의 의사결정의 자유 침해 −), ④ 긴급성(없음 −), ⑤ 다른 수단과
다른 방법이 없는 보충성(불가피한 수단이었다고 볼 수도 없음 −)이다.
피고인이 피해자와 동거를 정산하는 과정에서 피해자에게 금전채권이
있다고 하더라도, 그 권리행사를 빙자하여 사회통념상 용인되기 어려
운 정도를 넘는 협박을 수단으로 사용한 행위는 형법 제350조, 제
352조, 제25조 공갈미수죄가 성립한다. 형법 제20조 정당행위에 해당
하지 않는다. 법령 위반뿐만 아니라 사회상규에 위배되기 때문이다.
정당성·상당성·균형성·긴급성·보충성을 모두 충족하지 않는다.
법질서 전체 정신·사회윤리·사회통념 관점에서 보면, 잘못된 행위
이며, 이익이 되지 않는 행위이다. 다른 위법성조각사유도 없다.

⑯ 채권변제수단으로 협박한 사건

사실관계 1. 피고인 3이 피해자 1에게 채무변제를 추궁하자 피해자
1이 자신은 잘못한 것이 없다고 나이가 더 많은 피고인 3에게 대들
었다. 이에 화가 난 피고인 3이 피해자 1을 폭행하고, 피고인 1이 이
에 가세하여 폭행하여 피해자 1에게 우안면부찰과상 등을 입혀 피가
흐르게 하는 등 상해를 가였다.
2. 피고인 1이 1991. 7. 29. 피해자 2와의 사이에 공소외 주식회사의
인수를 위한 매매계약 체결시 인수시점일을 기준으로 금24억원을 초
과하는 추가채무 발견시 피해자 2 소유의 토지를 금5억원으로 계산
하여 상계처리하겠다는 취지의 매매계약서를 작성하였다. 그런데 약
속어음채무 총액 금882,789,000원을 초과채무라고 주장하면서 피해
자 2에게 토지소유권이전을 요구하였다. 그러나 피해자 2가 거절하자
그를 협박하여 그 토지를 갈취하기로 결심하고, 1991. 8. 20. 10:00
경 정읍휴게소 내 식당에서 주먹으로 피해자 2의 머리를 때린 후 인
상을 쓰고 주먹으로 곧 내리칠 것 같은 태도를 보이면서 이전할 것

을 협박한 것을 비롯하여 같은 해 11월 초 일자불상경까지 매일 밤, 낮으로 같은 취지로 전화 협박하여 이에 외포된 동인으로 하여금 같은 달 21일 피고인 1이 지정한 공소외인 앞으로 소유권이전등기를 경료함으로써 이를 갈취하였다.

재판진행 검사는 피고인 1과 3을 피해자 1에 대해 폭력행위등처벌에 관한법률 제2조 제2항(형법 제257조 제1항)죄로 기소하였다. 그리고 피고인 1에게 피해자 2에 대해 형법 제350조 공갈죄로 기소하였다. 제1심 법원과 제2심은 피고인들에게 유죄를 선고하였다. 피고인들은 형법 제20조 사회상규에 위배되지 않음을 이유로 상고하였다.

판결요지 대법원은 피고인들 상고를 모두 기각하였다.[147]

가. 폭력행위등처벌에관한법률 제2조 제2항의 '2인 이상이 공동하여'라고 함은 그 수인간에 소위 공범관계가 존재하는 것을 요건으로 하고, 또 수인이 동일 장소에서 동일 기회에 상호 다른 자의 범행을 인식하고 이를 이용하여 범행을 한 경우임을 요한다.

나. 상해죄에서의 상해는 피해자의 신체의 완전성을 훼손하거나 생리적 기능에 장애를 초래하는 것을 의미한다.

다. 형법 제20조는 "법령에 의한 행위 또는 업무로 인한 행위 기타 사회상규에 위배되지 아니하는 행위는 벌하지 아니한다"고 규정하고 있다. 어떠한 행위가 정당한 행위로서 위법성이 조각되는 것인지는 구체적인 경우에 따라 합목적적, 합리적으로 가려져야 할 것이다. 정당행위를 인정하려면 첫째 그 행위의 동기나 목적의 정당성, 둘째 행위의 수단이나 방법의 상당성, 셋째 보호이익과 침해이익과의 법익균형성, 넷째 긴급성, 다섯째 그 행위 외에 다른 수단이나 방법이 없다는 보충성 등의 요건을 갖추어야 한다.

라. 피고인이 피해자에 대하여 채권이 있다고 하더라도 그 권리행사를 빙자하여 사회통념상 용인되기 어려운 정도를 넘는 협박을 수단으로 상대방을 외포케 하여 재물의 교부 또는 재산상의 이익을 받았다면 공갈죄

---

147) 대법원 2000.2.25. 선고 99도4305 판결【살인미수교사·특정경제범죄가중처벌등에관한 법률위반(사기)·폭력행위등처벌에관한법률위반·사기·위증·변호사법위반·폭력행위등 처벌에관한법률위반(인정된 죄명: 공갈)】

가 되는 것이다.

마. 특정경제범죄가중처벌등에관한법률 제3조 제1항 소정의 '이득액'이란 거기에 열거된 범죄행위로 인하여 취득하거나 제3자로 하여금 취득하게 한 불법영득의 대상이 된 재물이나 재산상 이익의 가액의 합계인 것이지 궁극적으로 그와 같은 이득을 실현할 것인지, 거기에 어떠한 조건이나 부담이 붙었는지 여부는 영향이 없다.

바. 합자회사에서의 지분의 양도는 사원으로서의 지위의 양도를 가리키는 것이다. 합자회사의 지분의 양도로 인하여 취득하는 것은 지분권, 즉 사원권이므로 그 이득액은 지분권이 표창하는 객관적인 재산적 가치라고 보아야 할 것이다. 그러한 객관적인 재산적 가치는 감정 등을 통하여 객관적으로 확정할 것이다. 그러나 거래약정 당사자 사이에 양도가액이 정해져 있으면 그것이 객관적인 재산적 가치를 평가하였다고 볼 수 없는 특별한 사정이 없는 한 그 양도가액을 지분권이 갖는 객관적인 재산적 가치로 봄이 상당하다. 그러므로 특정경제범죄가중처벌등에관한 법률 제3조 제1항 소정의 '이득액'은 그 양도가액을 기준으로 삼아야 한다.

사. 형사재판에 있어서 유죄의 인정은 법관으로 하여금 합리적인 의심을 할 여지가 없을 정도로 공소사실이 진실한 것이라는 확신을 가지게 할 수 있는 증명력을 가진 증거에 의하여야 한다. 이러한 정도의 심증을 형성하는 증거가 없다면 설령 피고인에게 유죄의 의심이 간다 하더라도 피고인의 이익으로 판단할 수밖에 없다.

판결평석 대법원 판결의 결론은 타당하다. 그러나 논증순서와 논증방법에서 정밀함이 아쉽다.

대법원은 판결문에서 "1. 범행의 동기, 범행수단과 방법, 상해의 정도 등 위에서 말하는 제반 사정에 비추어 사회상규에 어긋나지 않는다고 볼 수는 없다. 2. 피고인이 피해자에 대하여 채권이 있다고 하더라도 그 권리행사를 빙자하여 사회통념상 용인되기 어려운 정도를 넘는 협박을 수단으로 상대방을 외포케 하여 재물의 교부 또는 재산상의 이익을 받았다면 공갈죄가 되는 것이다(대법원 1996.9.24. 선고 96도2151 판결; 1996.3.22. 선고 95도2801 판결; 1990.3.27. 선고 89도

2036 판결 등 참조).” 정밀한 검토가 아쉽다.

이 사건은 사회상규 다섯 가지 요건 중 정당성·상당성·균형성·긴급성·보충성이 모두 충족되지 않는다. 형법 제20조 정당행위에 해당되지 않는다.

대법원 판결을 다음 순서로 더 명확하게 논증할 수 있다. ① 행위목적과 행위동기 정당성(상해, 갈취 -), ② 행위수단과 행위방법 상당성(집단폭행, 외포 -), ③ 보호이익과 침해이익 법익균형성(신체완전성과 재산권 -), ④ 긴급성(없음 -), ⑤ 다른 수단과 다른 방법이 없는 보충성(불가피한 수단이었다고 볼 수도 없음 -)이다.

피고인 3이 피해자 1에게 채무변제를 추궁하자 피해자 1이 자신은 잘못한 것이 없다고 나이가 더 많은 피고인 3에게 대들었다고, 이에 화가 난 피고인 3이 피해자 1을 폭행하고, 피고인 1이 이에 가세하여 폭행하여 피해자 1에게 우안면부찰과상 등을 입혀 피가 흐르게 하는 등 상해를 가한 행위는 폭력행위등처벌에관한법률 제2조 제2항(형법 제257조 제1항)죄가 성립한다. 또한 피고인이 피해자에 대하여 채권이 있다고 하더라도 그 권리행사를 빙자하여 사회통념상 용인되기 어려운 정도를 넘는 협박을 수단으로 상대방을 외포케 하여 재물의 교부 또는 재산상의 이익을 받았다면, 형법 제350조 공갈죄가 성립한다. 두 사안 모두 형법 제20조 정당행위에 해당하지 않는다. 법령 위반뿐만 아니라 사회상규에 위배되기 때문이다. 정당성·상당성·균형성·긴급성·보충성을 모두 충족하지 않는다. 법질서 전체정신·사회윤리·사회통념 관점에서 보면, 잘못된 행위이며, 이익이 되지 않는 행위이다. 다른 위법성조각사유도 없다.

⑰ 가족회사 주주 회계장부 뒤진 사건

사실관계 피고인은, 피고인의 작은아버지이며 공소외 1 주식회사의 대표이사인 공소외 2와 위 회사의 주주로서 피고인의 아버지인 공소외 3, 형인 공소외 4 사이에 5건의 임대료 등의 청구소송이 계속되고 있었다.

그러던 중, 공소외 4로부터 주주권행사를 위임받아 위 회사의 1999
년도 정기주주총회에 참석해 소송에 유리한 자료를 찾기 위하여, 공
소외 4와 공모하여, ㉮ 1999. 3. 24. 12:00경 서울 ○구 ○○동에
있는 위 회사 사무실에서, 주주총회의 의장인 공소외 2로부터 피고인
과 함께 위 회사 주주의 위임장을 받지 않고 참석한 성명불상자 3명
을 상대로 '주주총회와 관계없는 사람들은 나가달라.'는 요구를 받자
이를 거절하면서 공소외 2에게 '씹할 새끼 맞아봐야 알겠냐, 아버지
도 때리는 판에 너야 못 때리겠느냐, 여기서 나가지 않으면 맞아 죽
을 줄 알아'라고 말하고, 위 성명불상자들은 '말조심 하슈'라고 고함
을 쳐, 공소외 2로 하여금 주주총회의 개최, 진행을 포기하게 하여
위 회사의 정당한 주주총회 개최업무를 위력으로 방해하였다. ㉯ 그
무렵 위와 같은 장소에서, 위 공소외 2가 주주총회 개최를 포기하고
밖으로 나가자 피고인 등이 공소외 4를 임시 주주총회 의장으로 선
임하여 회의를 진행하면서 위 회사의 경리직원인 주은영 등에게 '회
사 현금출납부 등 경리장부를 가지고 오라.'고 말하고, 위 경리직원들
이 이를 거절하자 피고인은 공소외 2의 책상과 위 회사 상무인 최○
웅의 책상을 뒤지고, 계속하여 피고인과 이○일은 위 경리직원들의
책상 위에 있는 서류철을 뒤지고, 공소외 4는 이러한 사정을 최○웅
에게 보고하기 위하여 전화를 하려는 주○영에게 전화를 하지 못하
게 하여 공소외 2가 점유하는 방실을 수색하였다.

재판진행 검사는 피고인들을 형법 제314조 업무방해죄와 형법 제321
조 방실수색죄로 기소하였다. 제1심 법원과 제2심은 피고인들에게 무
죄를 선고하였다. 검사가 상고하였다.

판결요지 대법원은 원심판결을 파기하고, 사건을 서울지방법원 본원 합의
부에 환송하였다.[148]
가. 주주의 자유로운 의결권 행사를 보장하기 위하여 주주가 의결권의 행사
   를 대리인에게 위임하는 것이 보장되어야 한다. 그럴더라도 주주의 의

---

148) 대법원 2001.9.7. 선고 2001도2917 판결【업무방해·방실수색】

결권 행사를 위한 대리인 선임이 무제한적으로 허용되는 것은 아니다. 그 의결권의 대리행사로 말미암아 주주총회의 개최가 부당하게 저해되거나 혹은 회사의 이익이 부당하게 침해될 염려가 있는 등의 특별한 사정이 있는 경우에는 회사는 이를 거절할 수 있다고 보아야 할 것이다. 주주가 자신이 가진 복수의 의결권을 불통일행사하기 위하여는 회일의 3일 전에 회사에 대하여 서면으로 그 뜻과 이유를 통지하여야 할 뿐만 아니라, 회사는 주주가 주식의 신탁을 인수하였거나 기타 타인을 위하여 주식을 가지고 있는 경우 외에는 주주의 의결권 불통일행사를 거부할 수 있는 것이다. 그러므로 주주가 위와 같은 요건을 갖추지 못한 채 의결권 불통일행사를 위하여 수인의 대리인을 선임하고자 하는 경우에는 회사는 역시 이를 거절할 수 있다.

나. 주주가 주주총회에 참석하면서 소유 주식 중 일부에 관한 <u>의결권의 대리행사를 타인들에게 나누어 위임하여 주주총회에 참석한 그 의결권 대리인들이 대표이사의 주주총회장에서의 퇴장 요구를 거절하면서 고성과 욕설 등을 사용하여 대표이사의 주주총회의 개최, 진행을 포기하게 만든 경우이다.</u> 그와 같은 의결권 대리행사의 위임은 위세를 과시하여 정상적인 주주총회의 진행을 저해할 의도이고 주주총회에서 그 의결권 대리인들이 요구한 사항은 의결권 대리행사를 위한 권한 범위에 속하지 않는다. 그러므로 대표이사는 그 대리인들이 주주총회에 참석하는 것을 적법하게 거절할 수 있었다는 이유로, 업무방해죄가 성립한다.

다. <u>주주총회에 참석한 의결권 대리인이 회사 사무실을 뒤져 원하는 장부를 찾아낸 경우, 형법 제20조 소정의 정당행위라고 볼 수 없다는 이유로 방실수색죄가 성립한다.</u>

라. 회사의 정기주주총회에 적법하게 참석한 주주라고 할지라도 주주총회장에서의 질문, 의사진행 발언, 의결권의 행사 등의 주주총회에서의 통상적인 권리행사 범위를 넘어서서 회사의 구체적인 회계장부나 서류철 등을 열람하기 위하여는 별도로 상법 제466조 등에 정해진 바에 따라 회사에 대하여 그 열람을 청구하여야 한다. 만일 회사에서 정당한 이유없이 이를 거부하는 경우에는 법원에 그 이행을 청구하여 그 결과에 따라 회계장부 등을 열람할 수 있을 뿐 주주총회 장소라고 하여 회사 측의 의사에 반하여 회사의 회계장부를 강제로 찾아 열람할 수는 없다고 할 것이다. 설사 회사 측이 회사 운영을 부실하게 하여 소수주주들

에게 손해를 입게 하였다고 하더라도 위와 같은 사정만으로 주주총회에
참석한 주주가 강제로 사무실을 뒤져 회계장부를 찾아내는 것이 사회통
념상 용인되는 정당행위로 되는 것은 아니다.

<u>판결평석</u>   대법원 판결은 결론·논증순서·논증방법에서 타당하다.
이 사건은 사회상규 다섯 가지 요건 중 정당성·상당성·균형성·긴
급성·보충성이 모두 충족되지 않는다. 형법 제20조 정당행위에 해
당되지 않는다.

대법원 판결을 다음 순서로 더 명확하게 논증할 수 있다. ① 행위목
적과 행위동기 정당성(회사 측의 의사에 반하여 회사의 회계장부를 강제
로 찾아 열람 −), ② 행위수단과 행위방법 상당성(주주총회에 참석한
주주가 강제로 사무실을 뒤져 회계장부를 찾아내는 행위 −), ③ 보호이
익과 침해이익 법익균형성(재산상의 이익과 사람의 업무 −), ④ 긴급
성(없음 −), ⑤ 다른 수단과 다른 방법이 없는 보충성(불가피한 수단
이었다고 볼 수도 없음, 회계장부나 서류철 등을 열람하기 위하여는 별도
로 상법 제466조 등에 정해진 바에 따라 회사에 대하여 그 열람을 청구하
여야 하고, 만일 회사에서 정당한 이유 없이 이를 거부하는 경우에는 법원
에 그 이행을 청구하여 그 결과에 따라 회계장부 등을 열람할 수 있을 뿐
−)이다.

주주총회에 참석한 주주가 회사 측의 의사에 반하여 회사 사무실을
뒤져 회계장부를 강제로 찾아 열람한 행위는 형법 제314조 업무방해
죄와 형법 제321조 방실수색죄가 성립한다. 형법 제20조 정당행위에
해당하지 않는다. 법령 위반뿐만 아니라 사회상규에 위배되기 때문이
다. 정당성·상당성·균형성·긴급성·보충성을 모두 충족하지 않는
다. 법질서 전체 정신·사회윤리·사회통념 관점에서 보면, 잘못된
행위이며, 이익이 되지 않는 행위이다. 다른 위법성조각사유도 없다.

⑱ 간통현장에서 증거수집의 목적으로 방실에 침입한 사건

<u>사실관계</u>   피고인들이 공동하여 2002. 1. 13. 20:30경부터 21:30경까
지 사이에 피고인 1의 남편인 공소외 1이 피해자와 사귄다는 이유로

○○시 ○○동 104−4 소재 주택(이하 '이 사건 주택'이라고 한다) 내에 있는 피해자의 방에 침입하였다.

재판진행 검사는 피고인들을 형법 제319조 주거침입죄로 기소하였다. 제1심 법원과 제2심 법원149)은 피고인들에게 형법 제20조 사회상규를 적용하여 무죄를 선고하였다. 검사가 상고하였다.

판결요지 대법원은 원심판결을 파기하고, 사건을 다시 심리·판단하도록 창원지방법원에 환송하였다.150)

가. 형법 제20조 소정의 '사회상규에 위배되지 아니하는 행위'라 함은 법질서 전체의 정신이나 그 배후에 놓여 있는 사회윤리 내지 사회통념에 비추어 용인될 수 있는 행위를 말한다. 어떠한 행위가 사회상규에 위배되지 아니하는 정당한 행위로서 위법성이 조각되는 것인지는 구체적인 사정 아래서 합목적적, 합리적으로 고찰하여 개별적으로 판단되어야 한다.

나. 그러므로 이와 같은 정당행위를 인정하려면 첫째 그 행위의 동기나 목적의 정당성, 둘째 행위의 수단이나 방법의 상당성, 셋째 보호이익과 침해이익과의 법익균형성, 넷째 긴급성, 다섯째 그 행위 외에 다른 수단이나 방법이 없다는 보충성 등의 요건을 갖추어야 한다.

다. <u>간통 현장을 직접 목격하고 그 사진을 촬영하기 위하여 상간자의 주거에 침입한 행위가 정당행위에 해당하지 않는다.</u>

라. 피고인들은 공소외 1과 피해자가 이 사건 주택 내의 피해자의 방에서

---

149) 창원지법 2003.5.13. 선고 2002노2543 판결: 피고인들이 피해자의 방에 침입하게 된 동기는 피해자 및 공소외 1의 간통 현장을 목격하기 위한 것으로서 그 동기나 목적이 정당하고, 피해자의 방에 들어간 방법도 문을 부수거나 폭력적인 방법을 사용하지 않고 피해자로 하여금 시정된 문을 열게 한 것으로서 그 수단이나 방법 역시 상당하며, 위와 같은 간통 현장에서 다른 법적 조치를 강구하여 실행할 시간적 여유가 없었던 점에 비추어 긴급성이 인정되고, 위 간통 현장을 목격하기 위하여 가음정동 파출소에 경찰의 입회를 요청하였으나 경찰이 이를 거절하였으므로 부득이 피고인들이 현장을 목격하기 위해 이 사건 범행에 이르게 된 점에 비추어 보충성도 인정된다는 이유를 들어, 피고인들의 행위는 사회통념상 허용될 만한 정도의 상당성이 있는 것으로서 형법 제20조의 정당행위에 해당하여 범죄로 되지 아니한다고 판단하였다.

150) 대법원 2003.9.26. 선고 2003도3000 판결【폭력행위등처벌에관한법률위반】; 참조판례 대법원 1986.10.28. 선고 86도1764 판결; 대법원 1994.4.15. 선고 93도2899 판결; 대법원 1997.11.14. 선고 97도2118 판결; 대법원 1999.1.26. 선고 98도3029 판결; 대법원 2000.3.10. 선고 99도4273 판결; 대법원 2000.4.25. 선고 98도2389 판결; 대법원 2001.2.23. 선고 2000도4415 판결; 대법원 2002.12.26. 선고 2002도5077 판결.

간통을 할 것이라는 추측하에 피고인 1과 공소외 1 사이의 이혼소송에 사용할 증거자료 수집을 목적으로 그들의 간통 현장을 직접 목격하고 그 사진을 촬영하기 위하여 이 사건 주택에 침입한 것으로서 그러한 목적이 피해자의 주거생활의 평온이라는 법익침해를 정당화할 만한 이유가 될 수 없다.

마. 원심이 내세운 사정들을 감안하더라도 피고인들의 위와 같은 행위가 그 수단과 방법에 있어서 상당성이 인정된다고 보기도 어렵다. 공소외 1과 피해자의 간통 또는 불륜관계에 관한 증거수집을 위하여 이와 같은 주거침입이 긴급하고 불가피한 수단이었다고 볼 수도 없다.

바. 그렇다면 피고인들의 이 사건 주거침입행위는 형법 제20조의 정당행위로 볼 수 없다고 할 것임에도 불구하고, 원심은 그 판시와 같은 이유로 이를 정당행위라고 보고 이에 대하여 무죄를 선고하였다. 원심판결에는 형법 제20조의 정당행위에 관한 법리를 오해한 위법이 있다고 할 것이고 이와 같은 위법은 판결에 영향을 미친 것이 명백하므로, 이 점을 지적하는 상고이유는 그 이유가 있다.

판결평석 대법원 판결은 결론·논증순서·논증방법에서 타당하다.

이 사건은 사회상규 다섯 가지 요건 중 정당성·상당성·균형성·긴급성·보충성이 모두 충족되지 않는다. 형법 제20조 정당행위에 해당되지 않는다.

대법원 판결을 다음 순서로 더 명확하게 논증할 수 있다. ① 행위목적과 행위동기 정당성(이혼소송에 사용할 증거자료 수집을 목적으로 그들의 간통 현장을 직접 목격하고 그 사진을 촬영하기 위함이나 그러한 목적이 법익침해를 정당화할 만한 이유가 될 수 없음 -), ② 행위수단과 행위방법 상당성(주택침입 -), ③ 보호이익과 침해이익 법익균형성(건전한 성도덕·성풍속, 배우자에 대한 성적 성실의무와 피해자의 주거생활의 평온 -), ④ 긴급성(피해자의 간통 또는 불륜관계에 관한 증거수집을 위하여 주거침입이 긴급하다고 볼 수 없음 -), ⑤ 다른 수단과 다른 방법이 없는 보충성(불가피한 수단이었다고 볼 수도 없음 -)이다.

간통현장에서 증거를 확보하기 위하여 주택의 방실을 침입한 행위는 형법 제319조 주거침입죄가 성립한다. 형법 제20조 정당행위에 해당하지 않는다. 법령 위반뿐만 아니라 사회상규에 위배되기 때문이다. 정당성·상당성·균형성·긴급성·보충성을 모두 충족하지 않는다. 법질서 전체 정신·사회윤리·사회통념 관점에서 보면, 잘못된 행위이며, 이익이 되지 않는 행위이다. 다른 위법성조각사유도 없다.

⑲ 기존통로 공사장통로 활용 방해 사건

사실관계 피해자가 피고인 등 같은 리 613-6 토지의 소유자들로부터 사용승낙을 받지 아니한 채 이 사건 통로를 이용하여 공사차량을 통행하게 함으로써 피고인이 운영하는 휴게실에 소음, 먼지 등이 발생하였다. 이로 인하여 피고인과 위 피해자 사이에 분쟁이 발생하자, 피고인이 약 4개월 동안 위 공사차량을 통행하지 못하도록 그 소유의 엑센트 승용차량을 이 사건 통로 중 피고인 등 소유 토지의 같은 리 613-6 토지 부분뿐만 아니라, 위 피해자 소유의 같은 리 613-7 토지 부분까지에 걸쳐 오전 10시경부터 자정 무렵까지 주차시켜 놓았다. 이로 인하여 이 사건 건축공사현장으로 차량은 물론 손수레의 출입마저 불가능하여 건축인부들이 손으로 자재를 운반하기도 하였고, 아침 일찍 들어갔던 차량들이 빠져나오지 못한 적도 있었던 사실 및 정면에서 바라볼 때 피고인의 휴게실의 출입문은 이 사건 통로와 반대쪽에 설치되어 있는 사실을 각 인정할 수 있다.

재판진행 검사는 피고인을 형법 제314조 제1항 업무방해죄로 기소하였다. 제1심 법원과 제2심 법원은 피고인들에게 모두 무죄를 인정하였다. 피고인이 상고하였다.

판결요지 대법원은 피고인 상고를 기각하였다.[151]

가. 형법 제20조 소정의 '사회상규에 위배되지 아니하는 행위'라 함은 법질서 전체의 정신이나 그 배후에 놓여 있는 사회윤리 내지 사회통념에 비추어 용인될 수 있는 행위를 말한다. 어떠한 행위가 사회상규에 위배되지 아니하는 정당한 행위로서 위법성이 조각되는 것인지는 구체적인 사

---

151) 대법원 2005.9.30. 선고 2005도4688 판결【업무방해】

정 아래서 합목적적, 합리적으로 고찰하여 개별적으로 판단되어야 한다.

나. 그러므로 이와 같은 정당행위를 인정하려면 첫째 그 행위의 동기나 목적의 정당성, 둘째 행위의 수단이나 방법의 상당성, 셋째 보호이익과 침해이익과의 법익균형성, 넷째 긴급성, 다섯째 그 행위 외에 다른 수단이나 방법이 없다는 보충성 등의 요건을 갖추어야 한다(대법원 1986.10.28. 선고 86도1764 판결; 2003.9.26. 선고 2003도3000 판결; 2004.5.28. 선고 2004도1497 판결 등 참조).

다. 피고인의 위와 같은 행위가 그 <u>수단과 방법에 있어서 상당하다거나, 긴급 불가피한 수단이었다고 볼 수 없으므로 이를 가리켜 사회상규에 위배되지 않는 정당한 행위에 해당한다고 할 수는 없다.</u>

라. 이와 같은 취지의 원심의 판단은 수긍이 가고 거기에 상고이유로 주장하는 바와 같은 정당행위에 관한 법리오해 등의 위법이 없다.

판결평석 대법원 판결은 결론·논증순서·논증방법에서 타당하다. 이 사건은 사회상규 다섯 가지 요건 중 정당성을 제외하고, 상당성·균형성·긴급성·보충성이 모두 충족되지 않는다. 형법 제20조 정당행위에 해당되지 않는다.

대법원 판결을 다음 순서로 더 명확하게 논증할 수 있다. ① 행위목적과 행위동기 정당성(재산권 보호 +), ② 행위수단과 행위방법 상당성(승용차를 이용하여 출입 차단 조치 -), ③ 보호이익과 침해이익 법익균형성(재산권과 이동권 -), ④ 긴급성(현장성, 이 시점에서 하지 않으면 안 될 정도 특수상황이 존재하지 않는다 -), ⑤ 다른 수단과 다른 방법이 없는 보충성(다른 수단이나 방법이 있음, 종국적인 효과적인 규제행위로 보기 어렵다 -)이다.

피해자가 불특정·다수인의 통행로로 이용되어 오던 기존통로의 일부 소유자인 피고인으로부터 사용승낙을 받지 아니한 채 통로를 활용하여 공사차량을 통행하게 함으로써 피고인의 영업에 다소 피해가 발생하자 피고인이 공사차량을 통행하지 못하도록 자신 소유의 승용차를 통로에 주차시켜 놓은 행위는 형법 제314조 제1항 업무방해죄가 성립한다. 형법 제20조 정당행위에 해당하지 않는다. 법령 위반뿐만 아니라 사회상규에 위배되기 때문이다. 상당성·균형성·긴급성·보충성을 모두 충족하지 않는다. 법질서 전체 정신·사회윤리·사회통념 관점에서 보면, 잘못된 행위이며, 이익이 되지 않는 행위이다. 다른 위법성조각사유도 없다.

【2018년 제7회 변호사시험 기출문제 9】

⑳ 아파트 케이블TV방송의 방송안테나를 절단 사건

사실관계 아파트 입주자대표회의 회장이 다수 입주민들의 민원에 따라 위성방송 수신을 방해하는 케이블TV방송의 시험방송 송출을 중단시키기 위하여 위 케이블TV방송의 방송안테나를 절단하도록 지시하였다.

재판진행 검사는 피고인을 형법 제314조 제1항 업무방해죄로 기소하였다. 제1심 법원과 제2심 법원은 피고인에게 유죄를 선고하였다.[152] 피고인이 형법 제20조 정당행위와 형법 제22조 긴급피난을 이유로 상고하였다.

판결요지 대법원은 피고인 상고를 기각하였다.[153]

가. 형법 제20조 소정의 '사회상규에 위배되지 아니하는 행위'라 함은 법질서 전체의 정신이나 그 배후에 놓여 있는 사회윤리 내지 사회통념에 비추어 용인될 수 있는 행위를 말한다.

나. 어떠한 행위가 사회상규에 위배되지 아니하는 정당한 행위로서 위법성이 조각되는 것인지는 구체적인 사정 아래서 합목적적, 합리적으로 고찰하여 개별적으로 판단되어야 하므로, 이와 같은 정당행위를 인정하려면 첫째 그 행위의 동기나 목적의 정당성, 둘째 행위의 수단이나 방법의 상당성, 셋째 보호이익과 침해이익과의 법익균형성, 넷째 긴급성, 다섯째 그 행위 외에 다른 수단이나 방법이 없다는 보충성 등의 요건을 갖추어야 한다(대법원 2005.9.30. 선고 2005도4688 판결 등 참조).

다. 형법 제22조 제1항의 긴급피난이란 자기 또는 타인의 법익에 대한 현

---

152) 수원지방법원 2005.11.21. 선고 2005노2197 판결.
153) 대법원 2006.4.13. 선고 2005도9396 판결【업무방해】원심의 설시에 다소 부족한 점이 있다고 하더라도 그 결론은 옳은 것으로 수긍이 가고, 거기에 정당행위나 긴급피난에 관한 법리오해 등의 위법이 있다고 할 수 없다. 그러므로 상고를 기각하기로 하여 관여 법관의 일치된 의견으로 주문과 같이 판결한다.

재의 위난을 피하기 위한 상당한 이유 있는 행위를 말한다. 여기서 '상당한 이유 있는 행위'에 해당하려면, 첫째 피난행위는 위난에 처한 법익을 보호하기 위한 유일한 수단이어야 하고, 둘째 피해자에게 가장 경미한 손해를 주는 방법을 택하여야 하며, 셋째 피난행위에 의하여 보전되는 이익은 이로 인하여 침해되는 이익보다 우월해야 하고, 넷째 피난행위는 그 자체가 사회윤리나 법질서 전체의 정신에 비추어 적합한 수단일 것을 요하는 등의 요건을 갖추어야 한다.[154]

라. 피고인이 경기동부방송의 시험방송 송출로 인하여 위성방송의 수신이 불가능하게 되었다는 민원을 접수한 후 경기동부방송에 시험방송 송출을 중단해달라는 요청도 해보지 아니한 채 시험방송이 송출된 지 약 1시간 30여 분 만에 곧바로 경기동부방송의 방송안테나를 절단하도록 지시한 점, 그 당시 (아파트 이름 생략)아파트 전체 815세대 중 140여 세대는 경기동부방송과 유선방송이용계약을 체결하고 있었던 점 등 그 행위의 내용이나 방법, 법익침해의 정도 등에 비추어 볼 때, 당시 피고인이 다수 입주민들의 민원에 따라 입주자대표회의 회장의 자격으로 위성방송 수신을 방해하는 경기동부방송의 시험방송 송출을 중단시키기 위하여 경기동부방송의 방송안테나를 절단하도록 지시하였다고 할지라도 피고인의 위와 같은 행위를 긴급피난 내지는 정당행위에 해당한다고 볼 수 없다.

---

154) 형법 제22조는 긴급피난을 규정하고 있다. 주요내용을 보면, ① 어떤 행위가 다음 각 호 요건을 모두 충족한 경우 정당화적 긴급피난행위로 처벌되지 않는다. 1. 자기법익·타인법익에 대한 위난, 2. 현재(임박·진행·계속·예견), 3. 피난행위, 4. 상당한 이유(보충성·균형성·적합성), 5. 제1호·제2호 자기법익·타인법익에 대한 현재 위난 인식, 6. 제3호 피난행위 의사 ② 위난을 피하지 못할 책임이 있는 사람은 제1항이 적용되지 않는다. ③ 제1항 제3호 피난행위가 상당한 이유를 초과한 경우 정황(情況)에 따라 선고형을 감경·면제할 수 있다. ④ 제1항 제3호 경우 피난행위가 야간·기타 불안상태에서 공포·경악·흥분·당황으로 이루어진 경우 처벌되지 않는다. ⑤ 긴급한 상황에서 동시에 이행해야 할 의무가 충돌할 경우 다음 각 호에 해당하는 의무를 이행하면 처벌되지 않는다. 1. 높은 법익에 대한 의무이행(위법성조각사유, 정당화적 긴급피난) 2. 동등한 법익에 대한 의무이행(책임조각사유, 면책적 긴급피난). 이 사안은 상당성 요건을 모두 갖추고 있다. 보충성(다른 수단과 다른 방법이 있음 -), 균형성(재산과 재산 이익형량 -), 적합성(법적 절차에 따른 조치라고 볼 수 없음 -) 이다. 대법원 판례는 ① 유일한 수단, ② 가장 경미한 손해를 주는 방법, ③ 보전이익 우월성, ④ 사회윤리나 법질서 전체 정신에 비추어 적합한 수단을 상당성 요건으로 제시하고 있다. 판례는 보충성(① 다른 수단과 ② 다른 방법), 법익균형성(③ 보전이익 우월성), 적합성(법적 절차에 따른 조치)로 정리하는 것이 타당하다고 생각한다.

<u>판결평석</u> 대법원의 판결에서 결론·논증순서·논증방법은 타당하다.
형법 제20조 사회상규는 정당성·상당성·균형성·긴급성·보충성의
순서로 논증하면 될 것이다. 만약 어느 하나라도 충족하지 못하면 사
회상규에 위배되는 것이다. 그러나 이 사건은 사회상규 다섯 가지 요
건 중 정당성을 제외하고, 상당성·균형성·긴급성·보충성이 모두
충족되지 않는다. 형법 제20조 정당행위에 해당되지 않는다.

대법원 판결을 다음 순서로 더 명확하게 논증할 수 있다. ① 행위목적
과 행위동기 정당성(TV 수신 장애 해소 +), ② 행위수단과 행위방법
상당성(방송안테나를 절단하도록 지시 −), ③ 보호이익과 침해이익 법
익균형성(개인 법익 대 공익 −), ④ 긴급성(없음 −), ⑤ 다른 수단과
다른 방법이 없는 보충성(불가피한 수단이었다고 볼 수 없음 −)이다.

아파트 입주자대표회의 회장이 다수 입주민들의 민원에 따라 위성방
송 수신을 방해하는 케이블TV방송의 시험방송 송출을 중단시키기 위
하여 위 케이블TV방송의 방송안테나를 절단하도록 지시한 행위는 형
법 제314조 제1항 업무방해죄가 성립한다. 형법 제20조 정당행위에
해당하지 않는다. 법령 위반뿐만 아니라 사회상규에 위배되기 때문이
다. 정당성을 제외하고, 상당성·균형성·긴급성·보충성을 모두 충
족하지 않는다. 법질서 전체 정신·사회윤리·사회통념 관점에서 보
면, 잘못된 행위이며, 이익이 되지 않는 행위이다. 형법 제22조 긴급
피난도 성립하지 않는다. 상당성 요건을 결여하고 있기 때문이다. 다
른 위법성조각사유도 없다.

㉑ 꾸물거리는 임차인에 단전조치 사건

<u>사실관계</u> 피고인과 피해자가 1999. 12.경 처음으로 임대차계약을 체
결한 후 5년 동안 1년마다 임대차계약을 갱신해 왔다. 마지막 임대차
계약의 기간은 2004. 12. 12.까지였다. 피고인은 2004. 10. 27.경 피
해자에게 임대료와 관리비를 인상하여 임대차계약을 갱신할 것인지에
관하여 2004. 11. 15.까지 답변해 달라는 취지의 통보를 하였다. 그

러나 피해자가 아무런 의사표시를 하지 않자 2004. 12. 2.경 피해자에게 2004. 12. 12. 임대차기간이 만료함과 동시에 사무실을 명도해줄 것을 요청하였다.

그러나 그때까지 피해자가 사무실을 명도해 주지 않자 피고인이 2004. 12. 13.경 다시 피해자에게 2004. 12. 20.까지 사무실을 명도해 달라는 요청을 하면서 만일 이를 이행하지 않을 때에는 단전조치를 취할 것이라는 취지의 통지를 하였다. 이에 피해자가 2004. 12. 14.경 피고인에게 임대차계약의 갱신을 2004. 12. 23.까지 유예해 줄 것을 요청하였고, 피고인은 이를 수용하여 2004. 12. 24.까지 사무실을 명도해 달라고 한 사실이 있다.

피고인이 이 사건 단전조치를 취하자 피해자 회사의 직원들이 피고인을 찾아가 항의하면서 전기를 다시 공급해 줄 것을 요구하였고, 피고인은 피해자 회사로부터 이사할 날짜를 곧 알려주겠다는 취지의 대답을 들은 후에야 비로소 단전조치를 해제하였다. 피해자가 그동안 임대료나 관리비를 연체한 적은 없는 사실, 피해자의 사무실에서는 약 20명의 직원이 근무를 한 사실을 각 인정할 수 있다.

재판진행 검사는 피고인을 형법 제314조 제1항 업무방해죄로 기소하였다. 제1심 법원과 제2심 법원은 피고인에게 유죄를 인정하였다. 피고인이 상고하였다.

판결요지 대법원은 피고인 상고를 기각하였다.[155]

---

155) 대법원 2006.4.27. 선고 2005도8074 판결【업무방해】; 서보학, 단전·단수조치와 업무방해죄의 성립 여부, 인권과 정의 제358호, 대한변호사협회, 2006, 53−70면. "(3) 임대차관계에서 임대인이 우월한 지위를 이용하여 일방적으로 행한 단전·단수조치는 그 목적이나 동기의 정당성, 수단이나 방법의 상당성을 인정하기 어려울 뿐만 아니라, 전기와 물이 현대인의 삶에서 일상생활 또는 영업활동의 필수적인 조건인 점을 감안할 때 법익균형성을 인정하기 어렵고, 다른 법적 절차를 통해 권리구제가 가능하다는 점에서 긴급성이나 보충성의 관점에서도 정당화되기 어렵다. (4) 임대인에게는 단전·단수조치의 위법성 여부에 대한 의문을 가질 수 있는 계기가 충분이 있다고 인정되고, 그 의문을 해소하기 위한 조회노력을 충분히 하지 않은 채 성급히 자신의 행위의 적법성을 신뢰한 경우 회피불가능한 착오, 즉 정당한 이유 있는 금지착오는 인정되지 않는다. (5) 전기와 물이 현대인에게 필수적인 생활의 조건인 점, 임대차관계에는 약자보호를 위해 상당부분 사적자치가 제한되고 국가의 간섭과 통제가 이루어지고 있는 점 등을 고려할 때 임대차계약에서 청구권의 보존·실행을 담보하거나 계약상의 의무이행을 강요하기 위한 수단으로

가. 어떠한 행위가 사회상규에 위배되지 아니하는 정당한 행위로서 위법성이 조각되는 것인지는 구체적인 사정 아래서 합목적적, 합리적으로 고찰하여 개별적으로 판단하여야 할 것이다.

나. 이와 같은 정당행위를 인정하려면, 첫째 그 행위의 동기나 목적의 정당성, 둘째 행위의 수단이나 방법의 상당성, 셋째 보호이익과 침해이익과의 법익균형성, 넷째 긴급성, 다섯째 그 행위 외에 다른 수단이나 방법이 없다는 보충성 등의 요건을 갖추어야 할 것이다(대법원 1986.10.28. 선고 86도1764 판결; 1994.4.15. 선고 93도2899 판결; 2000.4.25. 선고 98도2389 판결; 2001.2.23. 선고 2000도4415 판결 등 참조).

다. 차임이나 관리비를 단 1회도 연체한 적이 없는 피해자가 임대차계약의 종료 후 임대료와 관리비를 인상하는 내용의 갱신계약 여부에 관한 의사표시나 명도의무를 지체하고 있다는 이유만으로 그 종료일로부터 16일 만에 피해자의 사무실에 대하여 <u>단전조치를 취한 피고인의 행위는 그 권리를 확보하기 위하여 다른 적법한 절차를 취하는 것이 매우 곤란하였던 것으로 보이지 않아 그 동기와 목적이 정당하다거나 수단이나 방법이 상당하다고 할 수 없다. 또한 그에 관한 피고인의 이익과 피해자가 침해받은 이익 사이에 균형이 있는 것으로도 보이지 않는다.</u>

라. 그러므로 같은 취지의 원심 판단은 정당하고, 이 사건 단전조치가 사회상규에 위배되지 아니하는 정당행위로서 무죄라는 상고이유의 주장도 받아들일 수 없다.

판결평석 이 판례는 사무실 임차인이 임대차계약 종료 후 갱신계약 여부에 관한 의사표시나 명도의무를 지체하고 있다는 이유로 임대인이 단전조치를 취하여 업무방해죄로 기소된 사안이다. 피해자의 승낙, 정당행위, 법률의 착오 주장을 모두 배척한 사례이다.

대법원 판결은 결론 · 논증순서 · 논증방법에서 타당하다. 이 사건은 사회상규 다섯 가지 요건 중 정당성 · 상당성 · 균형성 · 긴급성 · 보충성이 모두 충족되지 않는다. 형법 제20조 정당행위에 해당되지 않는다.

단전 · 단수규정을 두는 것은 그 내용이 선량한 풍속 기타 사회질서에 반해 무효인 계약에 해당한다"(68-69면).

대법원 판결을 다음 순서로 더 명확하게 논증할 수 있다. ① 행위목
적과 행위동기 정당성(임차인이 임대차계약의 종료 후 임대료와 관리비
를 인상하는 내용의 갱신계약 여부에 관한 의사표시나 명도의무를 지체하
고 있다는 이유만으로 그 종료일로부터 16일 만에 피해자의 사무실에 대
하여 단전조치를 취함 −), ② 행위수단과 행위방법 상당성(업무방해가
되는 단전조치 −), ③ 보호이익과 침해이익 법익균형성(사람의 업무와
사람의 업무 −), ④ 긴급성(피고인의 행위는 그 권리를 확보하기 위하여
다른 적법한 절차를 취하는 것이 매우 곤란하였던 것으로 보이지 않음
−), ⑤ 다른 수단과 다른 방법이 없는 보충성(있음, 다른 적법한 조치
를 취하면서 기다려야 함 −)이다.

사무실 임차인이 임대차계약 종료 후 갱신계약 여부에 관한 의사표
시나 명도의무를 지체하였다고 하더라도, 임대업자가 계약서상 규정
을 근거로 임차물에 대하여 단전조치를 취한 행위는 형법 제314조
제1항 업무방해죄가 성립한다. 형법 제20조 정당행위에 해당하지 않
는다. 법령 위반뿐만 아니라 사회상규에 위배되기 때문이다. 정당
성·상당성·균형성·긴급성·보충성을 모두 충족하지 않는다. 법질
서 전체 정신·사회윤리·사회통념 관점에서 보면, 잘못된 행위이며,
이익이 되지 않는 행위이다. 다른 위법성조각사유도 없다.

㉒ 사회복지법인 보상금 사건

사실관계 사회복지법인(명칭 생략)이 그 기본재산인 대구 ○○구 ○
○동 소재 9필지의 토지 137,712㎡ 중 62,588㎡의 처분 대가로 수
령한 보상금 3,997,583,000원(이하 '이 사건 보상금'이라 한다)이 공소
외 사회복지법인(명칭 생략)의 2001. 9. 2.자 이사회 결의에 의하여
그 용도가 지원사업으로 특정된 기본재산으로 편입되었다고 판단하고
사용하였다.

재판진행 검사는 피고인을 사회복지사업법 제23조 제3항 제1호, 제
53조 제1호 위반죄로 기소하였다. 제1심 법원과 제2심 법원은 피고
인에게 유죄를 인정하였다. 피고인이 상고하였다.

236 사회상규

> **판결요지** 대법원은 피고인 상고를 기각하였다.[156]
>
> 가. 형법 제20조 소정의 '사회상규에 위배되지 아니하는 행위'라 함은 법질서 전체의 정신이나 그 배후에 놓여 있는 사회윤리 내지 사회통념에 비추어 용인될 수 있는 행위를 말한다.
>
> 나. 어떠한 행위가 사회상규에 위배되지 아니하는 정당한 행위로서 위법성이 조각되는 것인지는 구체적인 사정 아래서 합목적적, 합리적으로 고찰하여 개별적으로 판단되어야 한다.
>
> 다. 그러므로 이와 같은 정당행위를 인정하려면, 첫째 그 행위의 동기나 목적의 정당성, 둘째 행위의 수단이나 방법의 상당성, 셋째 보호이익과 침해이익과의 법익균형성, 넷째 긴급성, 다섯째 그 행위 외에 다른 수단이나 방법이 없다는 보충성 등의 요건을 갖추어야 한다(대법원 2003.9.26. 선고 2003도3000 판결; 대법원 2006.4.27. 선고 2003도4151 판결 등 참조).
>
> 라. 위 법리에 따라 사회복지법인의 기본재산을 용도변경하는 경우 감독관청의 허가를 받도록 규정한 입법취지 및 용도변경이 용이한 현금의 특성상 인정되는 그 사용 용처의 적정성 여부에 대한 사전심사의 필요성 등에 비추어 볼 때 사회복지법인의 운영이나 기본재산의 처분과 관련된 용처에 기본재산을 사용하는 경우에도 <u>감독관청의 허가를 받아야 할 필요가 있다고 할 것이다.</u>
>
> 마. 그러므로 <u>피고인이 감독관청의 허가 없이 이 사건 보상금을 사용한 행위가 사회상규에 위배되지 않는 정당한 행위라고 볼 수 없다.</u>
>
> 바. 따라서 피고인의 이 사건 보상금 사용행위가 정당행위로서 위법성이 조각된다는 주장도 받아들일 수 없다. 그러므로 상고를 기각하기로 한다.

> **판결평석** 대법원 판결은 결론·논증순서·논증방법에서 타당하다.
> 이 사건은 사회상규 다섯 가지 요건 중 정당성·상당성·균형성·긴급성·보충성이 모두 충족되지 않는다. 형법 제20조 정당행위에 해당되지 않는다.
> 대법원 판결을 다음 순서로 더 명확하게 논증할 수 있다. ① 행위목적과 행위동기 정당성(사회복지법인의 기본재산을 용도변경 −), ② 행

---

156) 대법원 2006.11.23. 선고 2005도5511 판결【사회복지사업법위반】

위수단과 행위방법 상당성(감독관청의 허가 없이 사회복지법인 보상금 사용 -), ③ 보호이익과 침해이익 법익균형성(재산상 이익과 재산상 이익 -), ④ 긴급성(없음 -), ⑤ 다른 수단과 다른 방법이 없는 보충성(감독관청의 허가를 받도록 규정한 입법취지 및 용도변경이 용이한 현금의 특성상 인정되는 그 사용 용처의 적정성 여부에 대한 사전심사의 필요성 있음 -)이다.

피고인이 감독관청의 허가 없이 사회복지법인의 기본재산을 처분한 대가로 수령한 보상금을 사용한 행위는 사회복지사업법 제23조 제3항 제1호, 제53조 제1호 위반죄가 성립한다. 형법 제20조 정당행위에 해당하지 않는다. 법령 위반뿐만 아니라 사회상규에 위배되기 때문이다. 정당성·상당성·균형성·긴급성·보충성을 모두 충족하지 않는다. 법질서 전체 정신·사회윤리·사회통념 관점에서 보면, 잘못된 행위이며, 이익이 되지 않는 행위이다. 다른 위법성조각사유도 없다.

㉓ 호텔 내 주점 단전조치 사건

사실관계 호텔 내 주점의 임대인이 임차인의 차임 연체를 이유로 계약서상 규정에 따라 위 주점에 대하여 단전·단수조치를 취하였다. 약정 기간이 만료되지 않았고 임대차보증금도 상당한 액수가 남아있는 상태에서 계약해지의 의사표시와 경고만을 한 후 단전·단수조치를 하였다.

재판진행 검사는 피고인을 형법 제314조 제1항 업무방해죄로 기소하였다. 제1심 법원과 제2심 법원157)은 피고인에게 유죄를 인정하였다. 피고인이 상고하였다.

판결요지 대법원은 원심판결의 피고인 1에 대한 부분 중 피해자 공소외 1에 대한 2004. 3. 17.자 및 2004. 5. 26.자 각 업무방해 부분과 피해자 공소외 2에 대한 업무방해 부분을 각 파기하고, 이 부분 사건을 부산지방

---

157) 부산지방법원 2006.11.24. 선고 2005노2644, 2006노211 판결.

법원 본원 합의부에 환송하였다.[158]

가. 호텔 내 주점의 임대인이 임차인의 차임 연체를 이유로 계약서상 규정에 따라 위 주점에 대하여 단전·단수조치를 취한 경우, 약정 기간이 만료되었고 임대차보증금도 차임연체 등으로 공제되어 이미 남아있지 않은 상태에서 미리 예고한 후 단전·단수조치를 하였다면 형법 제20조의 정당행위에 해당한다.

나. 하지만 약정 기간이 만료되지 않았고 임대차보증금도 상당한 액수가 남아있는 상태에서 계약해지의 의사표시와 경고만을 한 후 단전·단수조치를 하였다면 정당행위로 볼 수 없다.

[판결평석]　대법원 판결은 결론·논증순서·논증방법에서 타당하다.

이 사건은 사회상규 다섯 가지 요건 중 정당성을·상당성·균형성·긴급성·보충성이 모두 충족되지 않는다. 형법 제20조 정당행위에 해당되지 않는다.

대법원 판결을 다음 순서로 더 명확하게 논증할 수 있다. ① 행위목적과 행위동기 정당성(임차인의 차임 연체를 이유로 계약서상 규정에 따라 위 주점에 대하여 단전·단수조치 취함 −), ② 행위수단과 행위방법 상당성(업장영업방해가 되는 단전·단수조치 −), ③ 보호이익과 침해이익 법익균형성(약정 기간이 만료되지 않았고 임대차보증금도 상당한 액수가 남아있는 상태 −), ④ 긴급성(계약해지의 의사표시와 경고만을 한 후 단전·단수조치 −), ⑤ 다른 수단과 다른 방법이 없는 보충성(있음, 계약기간까지 기다려야 함 −)이다.

임대업자가 임차인의 의무이행을 강요하기 위하여 계약서상 규정을 근거로 임차물에 대하여 단전·단수조치를 취한 행위는 형법 제314조 제1항 업무방해죄가 성립한다. 형법 제20조 정당행위에 해당하지 않는다. 법령 위반뿐만 아니라 사회상규에 위배되기 때문이다. 정당성·상당성·균형성·긴급성·보충성을 모두 충족하지 않는다. 법질서 전체 정신·사회윤리·사회통념 관점에서 보면, 잘못된 행위이며, 이익이 되지 않는 행위이다. 다른 위법성조각사유도 없다.

---

158) 대법원 2007.9.20. 선고 2006도9157 판결【업무방해·여신전문금융업법위반】

㉔ 국회의원이 특정협회에 자료제공 대가로 후원금을 받은 사건

사실관계 국회의원인 피고인이 공소외인으로부터 의과병원의 비급여
율과 관련된 의료보수표(이하 '이 사건 자료'라 한다)의 제공을 부탁받
고, 공소외인과의 전화통화 내지 보좌진의 보고 등을 통하여 이 사건
자료의 제공과 관련하여 그 대가로 대한치과의사협회로부터 피고인의
후원회를 통하여 후원금 명목으로 1,000만원을 지급받았다.

재판진행 검사는 피고인을 형법 제129조 제1항 수뢰죄로 기소하였
다. 제1심 법원과 제2심 법원은 피고인에게 유죄를 인정하였다. 피고
인이 상고하였다.

판결요지 대법원은 피고인 상고를 기각하였다.[159]
가. 뇌물죄는 직무집행의 공정과 이에 대한 사회의 신뢰에 기하여 직무행위
   의 불가매수성을 그 직접의 보호법익으로 하고 있다. 직무에 관한 청탁
   이나 부정한 행위를 필요로 하지 아니하여 수수된 금품의 뇌물성을 인정
   하는 데 특별히 의무위반행위나 청탁의 유무 등을 고려할 필요가 없다.
나. 그러므로 뇌물은 직무에 관하여 수수된 것으로 족하고 개개의 직무행위
   와 대가적 관계에 있을 필요는 없으며, 그 직무행위가 특정된 것일 필
   요도 없다(대법원 1997.4.17. 선고 96도3378 판결 참조).
다. 원심은 피고인이 단순히 <u>민원인의 자료협조요청에 응하여</u> 이 사건 자료
   를 제공하는 데 그치지 않고 이 사건 <u>자료 제공의 대가로 금원을 교부
   받은 이상 이러한 피고인의 행위가 형법 제20조가 규정하는 정당행위
   에 해당하지 않는다</u>고 판단하였다.
라. 위 법리와 원심이 채택한 증거들을 기록에 비추어 검토해 보면 원심의
   위와 같은 판단은 정당하다. 거기에 형법 제20조가 정하는 정당행위에
   관한 법리오해의 위법이 없다.

판결평석 대법원 판결의 결론은 타당하다. 그러나 논증순서와 논증방
법에서 정밀함이 아쉽다.

---

159) 대법원 2009.5.14. 선고 2008도8852 판결【뇌물수수·정치자금법위반】

이 사건은 사회상규 다섯 가지 요건 중 정당성·상당성·균형성·긴급성·보충성이 모두 충족되지 않는다. 형법 제20조 정당행위에 해당되지 않는다.

대법원 판결을 다음 순서로 더 명확하게 논증할 수 있다. ① 행위목적과 행위동기 정당성(정치후원금 명목 −), ② 행위수단과 행위방법 상당성(직무와 관련하여 후원회를 통해 징수 −), ③ 보호이익과 침해이익 법익균형성(직무집행의 공정과 이에 대한 사회의 신뢰에 기하여 직무행위의 불가매수성과 정치후원 −), ④ 긴급성(특이한 상황 없음 −), ⑤ 다른 수단과 다른 방법이 없는 보충성(있음 −)이다.

국회의원이 특정 협회로부터 요청받은 자료를 제공하고 그 대가로서 후원금 명목으로 금원을 교부받은 행위는 형법 제129조 제1항 수뢰죄가 성립한다. 형법 제20조 정당행위에 해당하지 않는다. 법령 위반뿐만 아니라 사회상규에 위배되기 때문이다. 정당성·상당성·균형성·긴급성·보충성을 모두 충족하지 않는다. 법질서 전체 정신·사회윤리·사회통념 관점에서 보면, 잘못된 행위이며, 이익이 되지 않는 행위이다. 다른 위법성조각사유도 없다.

【2019년 제9회 변호사시험 예상 판례】

㉕ 우연한 비밀청취와 녹음행위 사건【시사판례】

사실관계 피고인이 ○○○신문사 빌딩에서 휴대폰의 녹음기능을 작동시킨 상태로 공소외 1 재단법인(이하 '공소외 1 법인'이라고 한다)의 이사장실에서 집무 중이던 공소외 1 법인 이사장인 공소외 2의 휴대폰으로 전화를 걸어 공소외 2와 약 8분간의 전화통화를 하였다. 전화통화를 마친 후 상대방에 대한 예우 차원에서 바로 전화통화를 끊지 않고 공소외 2가 전화를 먼저 끊기를 기다리던 중, 평소 친분이 있는 △△방송 기획홍보본부장 공소외 3이 공소외 2와 인사를 나누면서 △△방송 전략기획부장 공소외 4를 소개하는 목소리가 피고인의 휴대폰을 통해 들려왔다. 때마침 공소외 2(법인 이사장)가 실수로 휴대폰의 통화종료 버튼을 누르지 아니한 채 이를 이사장실 내의 탁자

위에 놓아두었다. 공소외 2의 휴대폰과 통화연결상태에 있는 자신의
휴대폰 수신 및 녹음기능을 이용하여 이 사건 대화를 몰래 청취하면
서 녹음하였다.

재판진행 검사는 피고인을 구 통신비밀보호법 제3조 · 제16조 제1항
제1호 통신비밀보호법위반죄로 기소하였다. 제1심 법원160)은 피고인
에게 무죄를 선고하였다. 검사가 항소하였다. 제2심 법원은 원심을
파기하고, 피고인에게 유죄를 선고하였다.161) 피고인이 상고하였다.

판결요지 대법원은 피고인 상고를 기각하였다.162)

가. 구 통신비밀보호법(2014. 1. 14. 법률 제12229호로 개정되기 전의 것,
   이하 같다)은 제3조 제1항에서 누구든지 이 법과 형사소송법 또는 군
   사법원법의 규정에 의하지 아니하고는 공개되지 아니한 타인간의 대화
   를 녹음 또는 청취하지 못하도록 규정하고 있다. 제14조 제1항에서 위
   와 같이 금지하는 청취행위를 전자장치 또는 기계적 수단을 이용한 경
   우로 제한하고 있다. 한편 제16조 제1항에서 위 제3조의 규정에 위반
   하여 공개되지 아니한 타인간의 대화를 녹음 또는 청취한 자(제1호)와
   제1호에 의하여 지득한 대화의 내용을 공개하거나 누설한 자(제2호)를
   처벌하고 있다. 위와 같은 구 통신비밀보호법의 내용 및 형식, 구 통신
   비밀보호법이 공개되지 아니한 타인간의 대화에 관한 녹음 또는 청취
   에 대하여 제3조 제1항에서 일반적으로 이를 금지하고 있음에도 제14
   조 제1항에서 구체화하여 금지되는 행위를 제한하고 있는 입법 취지와
   체계 등에 비추어 보면, 구 통신비밀보호법 제14조 제1항의 금지를 위
   반하는 행위는, 구 통신비밀보호법과 형사소송법 또는 군사법원법의 규
   정에 의한 것이라는 등의 특별한 사정이 없는 한, 같은 법 제3조 제1
   항 위반행위에 해당하여 같은 법 제16조 제1항 제1호의 처벌대상이
   된다.

나. 구 통신비밀보호법(2014. 1. 14. 법률 제12229호로 개정되기 전의

---

160) 서울중앙지방법원 2013.8.20. 선고 2013고단205 판결.
161) 서울중앙지방법원 2013.11.28. 선고 2013노2841 판결【통신비밀보호법위반】
162) 대법원 2016.5.12. 선고 2013도15616 판결【통신비밀보호법위반】; 이 판례에 대한 평석
    으로 이용식, 우연한 비밀청취 및 녹음행위의 죄책 : 대법원 2016.5.12. 선고 2013도
    15616 판결, 법조 통권 제719호, 법조협회, 2016, 650－675면.

것) 제3조 제1항이 공개되지 아니한 타인간의 대화를 녹음 또는 청취하지 못하도록 한 것은, 대화에 원래부터 참여하지 않는 제3자가 그 대화를 하는 타인간의 발언을 녹음 또는 청취해서는 아니 된다는 취지이다. 따라서 대화에 원래부터 참여하지 않는 제3자가 일반 공중이 알 수 있도록 공개되지 아니한 타인간의 발언을 녹음하거나 전자장치 또는 기계적 수단을 이용하여 청취하는 것은 특별한 사정이 없는 한 같은 법 제3조 제1항에 위반된다.

다. 형법 제20조에 정한 '사회상규에 위배되지 아니하는 행위'라 함은 법질서 전체의 정신이나 그 배후에 놓여 있는 사회윤리 내지 사회통념에 비추어 용인될 수 있는 행위를 말한다. 어떠한 행위가 사회상규에 위배되지 아니하는 정당한 행위로서 위법성이 조각되는 것인지는 구체적인 사정 아래서 합목적적, 합리적으로 고찰하여 개별적으로 판단되어야 한다. 이와 같은 정당행위를 인정하려면 첫째 그 행위의 동기나 목적의 정당성, 둘째 행위의 수단이나 방법의 상당성, 셋째 보호이익과 침해이익과의 법익균형성, 넷째 긴급성, 다섯째 그 행위 외에 다른 수단이나 방법이 없다는 보충성 등의 요건을 갖추어야 한다(대법원 2003.9.26. 선고 2003도3000 판결 참조).

라. 원심은 그 판시와 같은 이유를 들어 (1) ① 피고인이 이 사건 대화를 처음 청취·녹음할 당시 어떠한 내용을 청취·녹음하게 될지 알지 못한 채 그 내용을 탐색해보겠다는 생각으로 이 사건 대화의 청취·녹음을 진행한 것으로 보이는 점, ② 대화당사자가 이른바 공적 인물로서 통상인에 비하여 사생활의 비밀과 자유가 일정한 범위 내에서 제한된다고 하더라도 자신의 의지에 반하여 불법 녹음되고 공개될 것이라는 염려 없이 대화할 수 있는 그들의 권리까지 쉽게 제한될 수 없는 점 등을 고려하면, 청취 및 녹음 결과 이 사건 대화 내용이 공소외 1 법인이 보유하고 있던 언론사의 지분매각 문제라는 점만으로 이러한 '청취'·'녹음' 행위가 정당행위에 해당한다고 볼 수 없다.

마. (2) ① 불법 녹음된 대화 내용을 실명과 함께 그대로 공개하여야 할 만큼 위 대화 내용이 공익에 대한 중대한 침해가 발생할 가능성이 현저한 경우로서 비상한 공적 관심의 대상이 되는 경우에 해당한다고 보기는 어려운 점, ② 피고인은 이 사건 대화당사자 몰래 공개되지 아니한 타인의 대화를 청취·녹음하여 불법적인 자료를 취득한 점, ③ 피고인

은 이 사건 대화의 주요 내용을 비실명 요약 보도하는 것만으로도 공
소외 1 법인과 △△방송의 관계를 일반인에게 알릴 수 있는데도 <u>대화
당사자 등의 실명과 대화의 상세한 내용까지 그대로 공개함으로써 그
수단과 방법의 상당성을 일탈한 점</u> 등을 고려하면, **이 사건 대화 내용
의 '공개' 행위 역시 정당행위에 해당하지 아니한다**고 판단하였다.

바. 원심판결 이유를 앞서 본 법리와 적법하게 채택된 증거들에 비추어 살
펴보면, 원심의 위와 같은 판단은 정당하고, 거기에 상고이유 주장과
같이 <u>정당행위에 관한 법리를 오해하는 등의 잘못이 없다.</u>

판결평석 대법원의 판결에서 결론·논증순서·논증방법은 타당하다.
형법 제20조 사회상규는 정당성·상당성·균형성·긴급성·보충성의
순서로 논증하면 될 것이다. 만약 어느 하나라도 충족하지 못하면 사
회상규에 위배되는 것이다. 그러나 이 사건은 사회상규 다섯 가지 요
건 중 정당성·상당성·균형성·긴급성·보충성이 모두 충족되지 않
는다. 형법 제20조 정당행위에 해당되지 않는다.

대법원은 정당성·상당성·균형성에 대해 상세히 논증하고 있다. 그
러나 긴급성과 보충성에서 정밀함이 아쉽다.

대법원 판결을 다음 순서로 더 명확하게 논증할 수 있다. ① 행위목
적과 행위동기 정당성(불법 청취·녹음 −), ② 행위수단과 행위방법
상당성(실명 공개와 내용공개 −), ③ 보호이익과 침해이익 법익균형성
(개인 비밀침해 대 공익 −), ④ 긴급성(없음 −), ⑤ 다른 수단과 다
른 방법이 없는 보충성(불가피한 수단이었다고 볼 수 없음 −)이다.

대화에 참여하지 아니한 제3자인 피고인이 통화연결상태에 있는 휴
대폰을 이용하여 제3자 대화를 청취·녹음한 행위는 작위에 의한 구
통신비밀보호법 제3조·제16조 제1항 제1호 위반죄가 성립한다. 형
법 제20조 정당행위에 해당하지 않는다. 법령 위반뿐만 아니라 사회
상규에 위배되기 때문이다. 정당성·상당성·균형성·긴급성·보충
성을 모두 충족하지 않는다. 법질서 전체 정신·사회윤리·사회통념
관점에서 보면, 잘못된 행위이며, 이익이 되지 않는 행위이다. 그리고
피고인에게 적법행위에 대한 기대가능성도 있다.

㉖ 공립유치원 놀이기구 손상 사건【시사판례】

사실관계 갑 주식회사가 피고인에게 공립유치원의 놀이시설 제작 및 설치공사를 하도급 주었다. 그런데 피고인이 유치원 행정실장 등에게 공사대금의 직접 지급을 요구하였으나 거절당하자 놀이시설의 일부인 보호대를 칼로 뜯어내고 일부 놀이시설은 철거하는 방법으로 공무소에서 사용하는 물건을 손상하였다.

재판진행 검사는 피고인을 형법 제141조 공용물의 파괴죄로 기소하였다. 제1심 법원과 제2심 법원163)은 피고인에게 무죄를 선고하였다. 검사가 상고하였다.

판결요지 대법원은 원심판결을 파기하고, 사건을 춘천지방법원에 환송하였다.164)

가. 형법 제20조가 정한 '사회상규에 위배되지 아니하는 행위'란 법질서 전체의 정신이나 그 배후에 놓여 있는 사회윤리나 사회통념에 비추어 용인될 수 있는 행위를 말한다.

나. 어떠한 행위가 사회상규에 위배되지 아니하는 정당한 행위로서 위법성이 조각되는 것인지는 구체적인 사정 아래에서 합목적적, 합리적으로 고찰하여 개별적으로 판단되어야 한다.

다. 이와 같은 정당행위를 인정하려면 첫째 그 행위의 동기나 목적의 정당성, 둘째 행위의 수단이나 방법의 상당성, 셋째 보호이익과 침해이익의 법익균형성, 넷째 긴급성, 다섯째 그 행위 외에 다른 수단이나 방법이 없다는 보충성 등의 요건을 갖추어야 한다(대법원 2002.12.26. 선고 2002도5077 판결; 대법원 2014.9.4. 선고 2014도7302 판결 등 참조).

라. 유치권은 유치권자가 그 물건을 점유할 것을 요건으로 한다. 그런데 피고인은 2013. 10.경 공사를 중단한 후 이 사건 놀이시설을 점유하지

---

163) 춘천지방법원 2017.1.26. 선고 2015노424 판결.
164) 대법원 2017.5.30. 선고 2017도2758 판결【공용물건손상·공무집행방해·협박】

아니하였던 것으로 보인다. 그러므로 이 사건 놀이시설에 관한 유치권을 취득하였다고 할 수 없다. 나아가 피고인에게 ○○○유치원에 관한 공사대금 직불청구권이 있고 피고인이 이 사건 놀이시설의 정당한 유치권자로서 공사대금 채권을 확보할 필요가 있었다고 하더라도, 이 사건 **놀이시설의 보호대를 손괴하고 놀이시설의 일부를 철거하여 운동장에 옮겨 놓아 장기간 이를 사용할 수 없게 만든 피고인의 행위가 그 수단과 방법에 있어서 상당성이 인정된다고 보기 어렵다. 그리고 피고인이 공사대금 확보를 위한 유치권을 행사하는 데에 이와 같은 손상 및 철거 행위가 긴급하고 불가피한 수단이었다고 볼 수도 없다.**

마. 그런데도 원심은, 피고인이 ○○○유치원에 대한 공사대금 직불청구권을 보전하기 위하여 유치권을 행사하는 방법으로 이 사건 놀이시설의 보호대를 손괴하고 일부 시설을 철거한 것으로 볼 수 있다거나, **유치권이 성립하지 아니하였더라도 피고인은 자신에게 유치권이 있다고 믿은 데 정당한 이유가 있다는 이유로 이 사건 공소사실 중 공용물건손상 부분에 대하여 무죄를 선고하였으니,** 원심판결에는 정당행위에 관한 법리를 오해하여 판결에 영향을 미친 잘못이 있다. 이 점을 지적하는 상고이유 주장은 이유 있다.

판결평석   대법원의 판결에서 결론 · 논증순서 · 논증방법은 타당하다. 형법 제20조 사회상규는 정당성 · 상당성 · 균형성 · 긴급성 · 보충성의 순서로 논증하면 될 것이다. 만약 어느 하나라도 충족하지 못하면 사회상규에 위배되는 것이다. 이 사건은 사회상규 다섯 가지 요건 중 정당성 · 상당성 · 균형성 · 긴급성 · 보충성이 모두 충족되지 않는다. 형법 제20조 정당행위에 해당되지 않는다.

대법원 판결을 다음 순서로 더 명확하게 논증할 수 있다. ① 행위목적과 행위동기 정당성(공사대금 확보를 위한 유치권을 행사 -), ② 행위수단과 행위방법 상당성(놀이시설 보호대 손괴, 놀이시설 일부 철거, 운동장에 옮겨 놓아 장기간 사용할 수 없게 함 -), ③ 보호이익과 침해이익 법익균형성(재산권과 재산권 -), ④ 긴급성(손상행위와 철거행위에 긴급성 없음 -), ⑤ 다른 수단과 다른 방법이 없는 보충성(불가피한 수단이었다고 볼 수도 없음 -)이다.

하도급자가 공립유치원에 공사대금 직접 지급을 요구한 후, 거절당하자 공사한 놀이시설 일부인 보호대를 칼로 뜯어내고, 일부 놀이시설을 철거하는 방법으로 공무소에서 사용하는 물건을 손상한 행위는 형법 제141조 공용물의 파괴죄가 성립한다. 형법 제20조 정당행위에 해당하지 않는다. 법령 위반뿐만 아니라 사회상규에 위배되기 때문이다. 정당성·상당성·균형성·긴급성·보충성을 모두 충족하지 않는다. 법질서 전체 정신·사회윤리·사회통념 관점에서 보면, 잘못된 행위이며, 이익이 되지 않는 행위이다. 다른 위법성조각사유도 없다. 이 사안 경우 제2심은 형법 제16조 법률착오로 보아 무죄를 선고한 듯 보인다. 그러나 위법성 착오에 정당한 이유가 없어 책임도 조각되지 않는다. 대법원은 환송심에서 다시 판단하라며 원심을 파기하였다. "피고인이 ○○○유치원에 대한 공사대금 직불청구권을 보전하기 위하여 유치권을 행사하는 방법으로 이 사건 놀이시설의 보호대를 손괴하고 일부 시설을 철거한 것으로 볼 수 있다거나, 유치권이 성립하지 아니하였더라도 피고인은 자신에게 유치권이 있다고 믿은 데 정당한 이유가 있다는 이유로 이 사건 공소사실 중 공용물건손상 부분에 대하여 무죄를 선고하였으니, 원심판결에는 정당행위에 관한 법리를 오해하여 판결에 영향을 미친 잘못이 있다."

(6) 역사적으로 생성된 사회질서와 사회상규 판단방법

① 후보자 결혼축의금 답례금액 사건

사실관계 후보자가 선거구 내 거주자에 대한 결혼축의금으로서 중앙선거관리위원회 규칙이 정한 금액인 금30,000원을 초과하여 금50,000원을 지급하였다.

재판진행 검사는 피고인을 공직선거 및 선거부정방지법 제117조의2 위반죄로 기소하였다. 제1심 법원과 제2심 법원은 피고인에게 유죄를 선고하였다. 피고인이 상고하였다.

<u>판결요지</u> 대법원은 피고인 상고를 기각하였다.[165]

후보자가 선거구 내 거주자에 대한 결혼축의금으로서 중앙선거관리위원회 규칙이 정한 금액인 금30,000원을 초과하여 금50,000원을 지급한 사유가 후보자가 모친상시 그로부터 받은 같은 금액의 부의금에 대한 답례취지이 었다 하더라도 그것이 미풍양속으로서 사회상규에 위배되지 않는다고 볼 수 없다.

<u>판결평석</u> 대법원 판결의 결론은 타당하다. 그러나 논증순서와 논증방 법에서 정밀함이 아쉽다.

이 사건은 사회상규 다섯 가지 요건 중 정당성을 제외하고, 상당성·균형성·긴급성·보충성이 모두 충족되지 않는다. 형법 제20조 정당 행위에 해당되지 않는다.

대법원 판결을 다음 순서로 더 명확하게 논증할 수 있다. ① 행위목 적과 행위동기 정당성(모친상에 대한 답례표시 +), ② 행위수단과 행 위방법 상당성(중앙선거관리위원회규칙이 정한 금액인 금30,000원을 초 과하여 금50,000원을 지급 −), ③ 보호이익과 침해이익 법익균형성(공 정선거와 개인선거운동 −), ④ 긴급성(이 시점에서 법정금액을 초과하지 않으면 안 될 정도 특수상황이 없음 −), ⑤ 다른 수단과 다른 방법이 없는 보충성(다른 수단이나 방법이 있음 −)이다.

후보자가 선거구 내 거주자에 대한 결혼축의금으로서 중앙선거관리위 원회규칙이 정한 금액인 금30,000원을 초과하여 금50,000원을 지급 한 행위는 공직선거 및 선거부정방지법 제117조의2죄가 성립한다. 그 사유가 후보자가 모친상시 받은 같은 금액의 부의금에 대한 답례 행위라도 형법 제20조 정당행위에 해당하지 않는다. 법령 위반뿐만 아니라 사회상규에 위배되기 때문이다. 정당성을 제외하고 상당성·균형성·긴급성·보충성을 모두 충족하지 않는다. 법질서 전체 정신·사회윤리·사회통념 관점에서 보면, 잘못된 행위이며, 이익이 되 지 않는 행위이다. 다른 위법성조각사유도 없다.

---

165) 대법원 1999.5.25. 선고 99도983 판결 【공직선거및선거부정방지법위반】

② 당선 후 향응제공 사건

사실관계　피고인의 당선이 확정된 직후에 일반 선거구민 약 20명에게 맥주, 샴페인, 과일, 떡 등 가액 270,000원 상당을 제공하였다.

재판진행　검사는 피고인을 공직선거 및 선거부정방지법 제118조 제1호, 제256조 제3항 제11호 위반죄로 기소하였다. 제1심 법원과 제2심 법원은 피고인에게 유죄를 선고하였다. 피고인이 상고하였다.

판결요지　대법원은 피고인 상고를 기각하였다.[166)]
피고인의 당선이 확정된 직후에 향응이 제공되었고, 이에 참석한 자들 가운데 선거사무관계자가 아닌 일반 선거구민이 약 20명으로서 대부분을 차지하는 점, 위 향응에 제공된 음식물이 맥주, 샴페인, 과일, 떡 등으로 그 가액도 270,000원 상당에 이르러 즉흥적 회식 또는 일상적 접대라고 보기 어려운 점 등 기록에 나타난 모든 사정에 비추어 보면, 피고인이 당선 후 위와 같이 향응을 제공한 행위가 지극히 정상적인 생활형태의 하나로서 역사적으로 생성된 사회질서의 범위 안에 있는 것이라거나 일종의 의례적 행위나 직무상의 행위로서 사회상규에 위배되지 아니하여 위법성이 조각된다고 볼 수는 없다.

판결평석　대법원 판결은 결론·논증순서·논증방식에서 타당하다. 이 사건은 사회상규 다섯 가지 요건 중 정당성·상당성·균형성·긴급성·보충성이 모두 충족되지 않는다. 형법 제20조 정당행위에 해당되지 않는다.
대법원 판결을 다음 순서로 더 명확하게 논증할 수 있다. ① 행위목적과 행위동기 정당성(당선에 대한 답례표시 －), ② 행위수단과 행위방법 상당성(일반 선거구민 약 20명에게 맥주, 샴페인, 과일, 떡 등으로 그 가액도 270,000원 상당을 제공한 행위 －), ③ 보호이익과 침해이익 법익균형성(공정선거와 개인당선답례 －), ④ 긴급성(이 시점에서 음식

---

166) 대법원 2000.2.25. 선고 99도5466 판결【공직선거및선거부정방지법위반】

을 제공하지 않으면 안 될 정도 특수상황이 없음 −), ⑤ 다른 수단과 다른 방법이 없는 보충성(다른 수단이나 방법이 있음 −)이다.

피고인의 당선이 확정된 직후에 일반 선거구민 약 20명에게 맥주, 샴페인, 과일, 떡 등 가액 270,000원 상당을 제공한 행위(당선 확정후 향응을 제공한 행위)는 공직선거 및 선거부정방지법 제118조 제1호, 제256조 제3항 제11호 위반죄가 성립한다. 형법 제20조 정당행위에 해당하지 않는다. 법령 위반뿐만 아니라 사회상규에 위배되기 때문이다. 정당성·상당성·균형성·긴급성·보충성을 모두 충족하지 않는다. 법질서 전체 정신·사회윤리·사회통념 관점에서 보면, 잘못된 행위이며, 이익이 되지 않는 행위이다. 다른 위법성조각사유도 없다.

③ 군수후보예정자 식사제공 사건

사실관계 피고인은 민주당 ○○군당원협의회 △△면청년위원장이자 청년위원회(○○군 13개 읍면 청년위원장과 총무들의 모임)의 회장인 공소외 4와 사전에 연락하여 군수 관사 방문 일정을 정한 사실, 피고인은 현직 ○○군수로서 2010. 6. 2. 치러질 전국동시지방선거(제5회) ○○군수선거에 민주당 후보로 출마할 것이 확실시되었고, 민주당 ○○군수 선거후보자 경선(2010. 4.)이 얼마 남지 않은 시기였던 사실, 위 모임에 참석한 사람들은 선거구민일 뿐 아니라 민주당 ○○지역 읍면 청년위원회의 회장 및 총무들로서 각 읍면의 청년위원이나 지역 주민에게 영향력을 끼칠 수 있었던 사실, 피고인은 참석자들에게 "있는 대로 준비했습니다. 맛있게 드십시오."라고 말하였고, 또 "이제 후보자 신분이 되는 만큼 좀 도와달라."는 취지로 말한 사실, 참석자들에게 제공된 음식물은 단순히 재료 구입비를 참석자 수로 나누었을 때의 1인당 비용도 결코 적지 않은 사실, 경찰에서 위 모임이 있었음을 알게 되자, 피고인과 측근들은 다음날인 2010. 3. 8. 오전에 대책회의를 한 후 공소외 1, 5 등이 청년위원회 측 총무인 공소외 6을 찾아가 음식물 비용으로 30만원을 공소외 1의 계좌로 이체해 줄 것을 부탁한 사실 등을 인정하였다.

검사는 피고인을 공직선거 및 선거부정방지법 공직선거법 제113조 제1항, 제257조 제1항 제1호죄로 기소하였다. 제1심 법원과 제2심 법원은 피고인에게 유죄를 선고하였다. 피고인이 상고하였다.

> **판결요지** 대법원은 피고인 상고를 기각하였다.[167]

가. 공직선거법상 기부행위의 구성요건에 해당하는 행위라 하더라도 그것이 지극히 정상적인 생활형태의 하나로서 역사적으로 생성된 사회질서의 범위 안에 있는 것이라고 볼 수 있는 경우에는 일종의 의례적 행위나 직무상의 행위로서 사회상규에 위배되지 아니하여 위법성이 조각되는 경우가 있을 수 있지만 그와 같은 사유로 위법성의 조각을 인정할 때 에는 신중을 요한다.

나. 현직 군수로서 전국동시지방선거(제5회) 지방자치단체장 선거에 특정 정당 후보로 출마가 확실시되는 피고인이 같은 정당 지역청년위원장 등 선거구민 20명에게 약 36만원 상당의 식사를 제공하여 기부행위를 하였다는 내용의 공직선거법 위반의 공소사실에 대하여, 위 음식물 제 공행위가 선거에 관련한 기부행위가 아니라거나 사회상규에 위배되지 아니하는 정당행위로서 위법성이 조각된다는 취지의 피고인의 주장을 배척한 원심판단을 수긍한다.

> **판결평석** 대법원 판결의 결론은 타당하다. 그러나 논증순서와 논증방 법에서 정밀함이 아쉽다.

이 사건은 사회상규 다섯 가지 요건 중 정당성·상당성·균형성·긴 급성·보충성이 모두 충족되지 않는다. 형법 제20조 정당행위에 해 당되지 않는다.

대법원 판결을 다음 순서로 더 명확하게 논증할 수 있다. ① 행위목 적과 행위동기 정당성(선거목적 −), ② 행위수단과 행위방법 상당성 (식사제공행위 −), ③ 보호이익과 침해이익 법익균형성(공정선거와 선 거유세 −), ④ 긴급성(이 시점에서 식사를 제공하지 않으면 안 될 정도 특수상황이 없음 −), ⑤ 다른 수단과 다른 방법이 없는 보충성(다른 수단이나 방법이 있음 −)이다.

---

167) 대법원 2011.2.24. 선고 2010도14720 판결【공직선거법위반】

현직 군수로서 전국동시지방선거(제5회) 지방자치단체장 선거에 특정 정당 후보로 출마가 확실시되는 사람이 같은 정당 지역청년위원장 등 선거구민 20명에게 약 36만원 상당의 식사를 제공하여 기부한 행위는 공직선거 및 선거부정방지법 공직선거법 제113조 제1항, 제257조 제1항 제1호 위반죄가 성립한다. 형법 제20조 정당행위에 해당하지 않는다. 법령 위반뿐만 아니라 사회상규에 위배되기 때문이다. 정당성·상당성·균형성·긴급성·보충성을 모두 충족하지 않는다. 법질서 전체 정신·사회윤리·사회통념 관점에서 보면, 잘못된 행위이며, 이익이 되지 않는 행위이다. 다른 위법성조각사유도 없다.

(7) 의료행위와 사회상규 판단방법

① 오진 자궁적출 사건 【쟁점판례】

사실관계 피고인이 ○○대학교 의과대학 산부인과 전문의 수련과정 2년차의 의사로서 ○○적십자병원에 파견근무중 환자인 피해자(여 38세)의 복부에서 만져지는 혹을 제거하기 위한 개복수술을 하려고 하였으면 진료경험이나 산부인과적 전문지식이 비교적 부족한 상태이므로 산부인과 전문의 지도를 받는다든지 자문을 구하고, 위 환자의 진료에 필요한 모든 검사를 면밀히 실시하여 병명을 확인하고 수술에 착수하여야 한다. 개복 후에도 개복 전의 진단병명은 정확하며 혹시 다른 질환은 아닌지를 세밀히 검토하여 필요한 범위 내에서 수술을 시행하여야 할 업무상 주의의무가 있다.

그럼에도 불구하고 당초 위 환자를 진찰한 결과 복부에 혹이 만져지고 하혈을 하고 있어 자궁외 임신일 가능성도 생각하였다.

그러나 피해자가 10년 간 임신경험이 없고 경유병원에서의 진단소견이 자궁근종 또는 자궁체부암으로 되어 있자 자궁외 임신인지를 판별하기 위한 수술 전 검사법인 특수호르몬검사, 초음파검사, 복강경검사, 소변임신반응검사 등을 전혀 실시하지 않고 자궁근종을 확인하는 의미에서의 촉진 및 시진을 통하여 자궁외 임신환자인 피해자의 병명을 자궁근종으로 오진하였다.

수술단계에서도 냉동절편에 의한 조직검사 등을 거치지 아니한 상태에서 자궁근종으로 속단하고 일반외과 전문의인 공소외 이○○와 함께 병명조차 정확히 확인하지 못한 채 자궁적출술을 시행하여 현대의학상 자궁적출술을 반드시 필요로 하는 환자가 아닌 위 피해자의 자궁을 적출함으로써 동인을 상해에 이르게 하였다.

재판진행　검사는 의사를 형법 제268조 업무상과실치상죄로 기소하였다. 제1심 법원과 제2심 법원은 의사에게 유죄를 선고하였다. 피고인은 상고하였다.

판결요지　대법원은 피고인 상고를 기각하였다.[168]

가. 피고인은 자신의 시진, 촉진결과 등을 과신한 나머지 초음파검사 등 피해자의 병증이 자궁외 임신인지, 자궁근종인지를 판별하기 위한 정밀한 진단방법을 실시하지 아니한 채 위 피해자의 병명을 자궁근종으로 오진하고 이에 근거하여 의학에 대한 전문지식이 없는 위 피해자에게 자궁적출술의 불가피성만을 강조하였다. 위와 같은 진단상의 과오가 없었다면 당연히 설명 받았을 자궁외 임신에 관한 내용을 설명 받지 못한 피해자로부터 수술승낙을 받은 사실을 인정할 수 있다. 그러므로 위 승낙은 피고인의 부정확 또는 불충분한 설명을 근거로 이루어진 것으로

---

168) 대법원 1993.7.27. 선고 92도2345 판결【업무상과실치상】; 신동운, 新판례백선 형법총론, 경세원, 2009, 354−358면: "최근 의료인의 의료과오를 형법 제20조의 업무로 인한 행위의 관점에서 형법 제24조의 피해자 승낙이라는 관점에서 접근하려는 시도가 유력해지고 있다. 이 판례는 의료과오의 문제를 피해자 승낙이라는 척도를 가지고 분석한 예로서 주목된다"; 이에 대해 송희식, 형법판례정문【총론편】, 동아대학교 출판부, 2012, 123면: "다수의 학자들이 이 판례가 의사의 치료행위에 대하여 과거 업무행위로 정당화하던 것을 피해자 승낙에 의한 정당화로 대법원이 견해를 변경한 것으로 해석한다. 그러나 명확한 것은 아니다. 우선 대법원 판단은 변호인이 피해자 승낙을 주장한데 대한 판단이다. 또한 의사의 수술이 순전히 피해자 승낙에 의해서만 정당화된다면, 피해자 승낙이 무효일 때 자궁적출은 상해죄(또는 중상해죄)라는 결론이 논리적이다. 따라서 업무행위와 피해자 승낙 등 2중의 정당화라고 해야 할 것이다." 그러나 필자의 생각은 다르다. 이 사안은 무죄를 주장하기 위해 다양한 쟁점을 제기한 것이다. 객관적 구성요건 중 상해의 결과, 위법성조각사유 중 형법 제24조 피해자 승낙, 그리고 마지막으로 형법 제20조 정당행위 중 사회상규이다. 대법원 판례를 변경한 것도 아니고, 이러한 주장을 다수 학자들이 지지하고 있다는 것도 옳은 말은 아니다. 또한 업무행위와 피해자 승낙이라는 2중의 정당화도 아니다. 여기에 사회상규가 포함된 다양한 관점 변화라고 이해해야 할 것이다.

서 이 사건 수술의 위법성을 조각할 유효한 승낙이라고 볼 수 없다 할 것이다.

또 소론은 위 피해자가 난소의 제거로 이미 임신불능 상태에 있어 자궁을 적출했다 하더라도 이는 업무상과실치상죄 소정의 상해에 해당하지 않는다는 것이나, 그와 같은 사유만으로 자궁을 제거한 것이 <u>신체의 완전성을 해한 것이 아니라거나 생활기능에 아무런 장애를 주는 것이 아니라거나 건강상태를 불량하게 변경한 것이 아니라고 할 수 없고</u> 이는 업무상 과실치상죄에 있어서의 상해에 해당한다 할 것이다.

그리고 이와 같은 이 사건 의료사고가 일어난 연유, 경위, 피해의 결과 등을 놓고 볼 때 피고인의 이 사건 범행을 사회상규상 허용되는 정당행위라고 볼 수는 없다. 논지는 모두 이유 없다. 그러므로 상고를 기각하였다.

`판결평석` 대법원 판결의 결론은 타당하다. 그러나 논증순서와 논증방법에서 정밀함이 아쉽다.

이 사안의 경우 형법 제268조 업무상과실치상죄의 객관적 구성요건인 상해 인정여부와 형법 제24조 피해자 승낙 그리고 형법 제20조 사회상규가 쟁점이 되었다. 이에 대해 대법원은 첫째, 난소의 제거로 이미 임신불능 상태에 있는 피해자의 자궁을 적출했다 하더라도 그 경우 <u>자궁을 제거한 것이 신체의 완전성을 해한 것이 아니라거나 생활기능에 아무런 장애를 주는 것이 아니라거나 건강상태를 불량하게 변경한 것이 아니라고 할 수 없고</u> 이는 업무상 과실치상죄에 있어서의 상해에 해당한다고 판시하였다. 둘째, 산부인과 전문의 수련과정 2년차인 의사가 자신의 시진, 촉진결과 등을 과신한 나머지 초음파검사 등 피해자의 병증이 자궁외 임신인지, 자궁근종인지를 판별하기 위한 정밀한 진단방법을 실시하지 아니한 채 피해자의 병명을 자궁근종으로 오진하고 이에 근거하여 의학에 대한 전문지식이 없는 피해자에게 자궁적출술의 불가피성만을 강조하였을 뿐 위와 같은 진단상의 과오가 없었으면 당연히 설명 받았을 자궁외 임신에 관한 내용을 설명 받지 못한 피해자로부터 수술승낙을 받았다면 위 승낙은 <u>부정확 또는 불충분한 설명을 근거로 이루어진 것으로서 수술의 위법</u>

<u>성을 조각할 유효한 승낙이라고 볼 수 없다고 판시하였다. 셋째, 형법 제20조 사회상규에 위배된다고 판시하였다.</u>

문제는 형법 제20조 사회상규의 판단기준인데 대법원은 이에 대해 명확하게 설명하고 있지 않다. 사회상규는 정당성·상당성·균형성·긴급성·보충성의 순서로 논증하면 될 것이다. 만약 어느 하나라도 충족하지 못하면 사회상규에 위배되는 것이다. 그러나 이 사건은 사회상규 다섯 가지 요건 중 정당성을 제외하고, 상당성·균형성·긴급성·보충성이 모두 충족되지 않는다. 형법 제20조 정당행위에 해당되지 않는다.

대법원 판결을 다음 순서로 더 명확하게 논증할 수 있다. ① 행위목적과 행위동기 정당성(환자의 건강 +), ② 행위수단과 행위방법 상당성(오진과 자궁적출 -), ③ 보호이익과 침해이익 법익균형성(환자의 건강과 환자의 신체생리적 기능 -), ④ 긴급성(충분한 검사를 거친 후 수술을 할 수 있었다 -), ⑤ 다른 수단이나 방법에 대한 보충성(다른 병원으로 전원조치 또는 정밀한 진단방법 실시 가능 -)이다.

의사가 자신의 시진과 촉진결과를 과신하여 피해자의 병명을 자궁근종이라고 오진하고 수술한 행위는 형법 제268조 업무상과실치상죄가 성립한다. 형법 제20조 정당행위에 해당하지 않는다. 법령 위반뿐만 아니라 사회상규에 위배되기 때문이다. 상당성·균형성·긴급성·보충성을 모두 충족하지 않는다. 설령 행위의 목적이나 동기의 정당성이 인정되는 경우에도 그외 다른 요건들이 모두 충족되지 않으면 형법 제20조 사회상규에 위배되는 행위가 된다. 그럼에도 대법원은 "이 사건 의료사고가 일어난 연유, 경위, 피해의 결과 등을 놓고 볼 때 피고인의 이 사건 범행을 사회상규상 허용되는 정당행위라고 볼 수는 없다"고 한 문장을 언급하고 있는데 사회상규에 대한 판단기준이 전무하여 논증이라고 할 수 없다. 오진으로 자궁을 적출한 사안은 법질서 전체 정신·사회윤리·사회통념 관점에서 보면, 잘못된 행위이며, 이익이 되지 않는 행위이다. 다른 위법성조각사유도 없다.

② 성남 낙태 사건

사실관계　성남시 소재 산부인과 의사인 피고인은 1980. 6. 15. 14:00 경 성남시 소재 ○○병원에서 임산부 공소외인이 배가 아프고 출혈이 있다고 호소하자 소량의 질출혈이 있음을 확인한 후(위 피고인은 산모의 밑으로 피가 조금 비쳤다고 한다)태반조기 박리현상이 있는 것으로 진단하였다. 위 산모는 그밖에 달리 건강에 아무런 이상이 없었고 위 상태로는 산모의 생명에 직접적인 위험이 없음을 알면서도 산모로부터 경제적 사정이 있어서 낙태하여야 한다는 촉탁이 있자 즉시 낙태에 착수하여 일차 시술을 한 후 다음날 16:00경 질확장기계 및 약물을 사용하여 낙태시술을 마치고 체중 2,200그램, 신장 43센티미터의 태아를 모체 밖으로 배출시켰다. 피고인은 배출된 태아를 치우라고 간호사에게 지시하였고 간호사는 이 태아를 신문지에 싸서 야산에 내다 버렸다. 이후 태아는 아직 생명기능이 있는 상태에서 행인에게 발견되었으나 이후 생명기능이 종료되었다.

재판진행　검사는 의사와 간호사를 형법 제250조 제1항, 제254조, 제25조 살인미수죄로 기소하였다. 제1심 법원은 의사에게 살인미수죄를 인정하여 징역 3년에 집행유예 5년을 선고하였다. 그러나 제2심 법원은 의사에게 제270조 제1항 업무상낙태죄를 인정하여 징역 8월에 집행유예 1년을 선고하면서 자격정지 1년을 병과하였다. 피고인은 상고하였다.

판결요지　대법원은 피고인 상고를 기각하였다.169)

　가. 인간의 생명은 잉태된 때부터 시작되는 것이고 회임된 태아는 새로운 존재와 인격의 근원으로서 존엄과 가치를 지니므로 그 자신이 이를 인식하고 있던지 또 스스로를 방어할 수 있는지에 관계없이 침해되지 않도록 보호되어야 한다 함이 헌법 아래에서 국민일반이 지니는 건전한

---

169) 대법원 1985.6.11. 선고 84도1958 판결 【살인미수(예비적으로 업무상촉탁낙태)】; 신동운, 新판례백선 형법총론, 경세원, 2009, 371－376면.

도의적 감정과 합치되는 바이다.

나. 비록 모자보건법이 모성의 생명과 건강을 보호하고 건전한 자녀의 출산과 양육을 도모함으로써 국민의 보건향상에 기여하기 위하여 같은 법 제8조 소정의 특별한 의학적, 우생학적 또는 윤리적 적응이 인정되는 경우에 한하여 임산부와 배우자의 동의아래 인공임신중절수술을 허용하였다 하더라도 이로써 의사가 부녀의 촉탁 또는 승낙을 받으면 일체의 낙태행위가 정상적인 행위이고 형법 제270조 제1항 소정의 업무상촉탁낙태죄에 의한 처벌을 무가치하게 되었다고 할 수는 없다.

다. 임산부의 촉탁이 있으면 의사로서 낙태를 거절하는 것이 보통의 경우 도저히 기대할 수 없게 되었다고 할 수도 없다. 그러므로 이건 낙태행위가 사회상규에 반하지 아니하여 위법성이 조각된다는 상고논지는 독자적 견해로서 받아들일 수 없다. (…) 임산부에게 태반조기박리증상이 있다고 진단하는 경우라 하더라도 당시 임산부의 생명에 직접적인 위험이 없었다면 일응 임산부의 건강상태를 상당기간 세심히 관찰하면서 임산부와 태아의 건강에 지장이 없이 자연분만이 가능하도록 치료에 임하는 것이 원칙이다. 그 치료에도 불구하고 임산부의 건강이 갑자기 악화되는 등 임신의 지속이 모체의 건강을 심히 해할 우려가 있다고 판단되는 부득이한 경우에 이르렀을 때에 인공임신중절의 시술이 허용된다 할 것이다.

라. 앞서 원심이 인정한 바와 같은 임산부의 건강상태에서 바로 낙태를 시술한 피고인의 소위를 같은 법 소정의 허용사유에 해당하여 위법성이 조각되는 경우라 할 수 없다.

판결평석 대법원 판결의 결론은 타당하다. 그러나 논증순서와 논증방법에서 정밀함이 아쉽다.

형법 제20조 사회상규를 정형화하기 위해서는 정당성·상당성·균형성·긴급성·보충성의 순서로 논증하면 될 것이다. 만약 어느 하나라도 충족하지 못하면 사회상규에 위배되는 것이다. 그러나 이 사건은 사회상규 다섯 가지 요건 중 정당성·상당성·균형성·긴급성·보충성이 모두 충족되지 않는다. 형법 제20조 정당행위에 해당되지 않는다.

대법원 판결을 다음 순서로 더 명확하게 논증할 수 있다. ① 행위목적과 행위동기 정당성(생명의 보호가 아니라 생명권의 침해이기 때문에 정당성이 없다 −), ② 행위수단과 행위방법 상당성(산모의 생명보다 경제적 사정이 우선되어 상당성도 없다 −), ③ 보호이익과 침해이익 법익균형성(태아의 생명권이 산모의 자기결정권 보다 우위에 있다 −), ④ 긴급성(임산부의 생명에 직접적인 위험이 없다 −), ⑤ 다른 수단과 다른 방법이 없다는 보충성(임신의 지속이 모체의 건강을 심히 해할 우려가 있다고 판단되는 않는다 −)이다.

의사가 법령(모자보건법 제8조)에 근거하지 않고 낙태수술을 한 행위는 제270조 제1항 업무상낙태죄가 성립한다. 형법 제20조 정당행위에 해당하지 않는다. 법령 위반뿐만 아니라 사회상규에 위배되기 때문이다. 정당성·상당성·균형성·긴급성·보충성을 모두 충족하지 않는다. 법질서 전체 정신·사회윤리·사회통념 관점에서 보면, 잘못된 행위이며, 이익이 되지 않는 행위이다. 다른 위법성조각사유도 없다.

③ 남편 강제 입원 사건

사실관계 갑녀는 자신의 남편 A를 정신병이 있다는 이유로 P정신병원 원무과장 C에게 강제입원을 부탁하였다. 부탁을 받은 C는 갑녀와 함께 A를 강제로 구급차에 실어 P병원에 데려와 입원을 시켰다.

재판진행 검사는 피고인을 폭력행위 등 처벌에 관한 법률 제2조 제2항 위반죄(감금)와 형법 제350조 공갈죄로 기소하였다. 제1심 법원과 제2심 법원은 피고인에게 유죄를 선고하였다. 피고인은 자신의 행위가 사회상규에 위배되지 아니하는 정당행위라는 이유로 상고하였다.

판결요지 대법원은 피고인 상고를 기각하였다.[170]

가. 형법 제20조 소정의 '사회상규에 위배되지 아니하는 행위'라 함은 법질

---

170) 대법원 2001.2.23. 선고 2000도4415 판결 【폭력행위등처벌에관한법률위반·사인위조(인정된 죄명: 사문서위조)·위조사인행사(인정된 죄명: 위조사문서행사)·공갈】; 신동운, 新판례백선 형법총론, 경세원, 2009, 390−391면.

서 전체의 정신이나 그 배후에 놓여 있는 사회윤리 내지 사회통념에
비추어 용인될 수 있는 행위를 말한다.

나. 어떠한 행위가 사회상규에 위배되지 아니하는 정당한 행위로서 위법성
이 조각되는 것인지는 구체적인 사정 아래서 합목적적, 합리적으로 고
찰하여 개별적으로 판단하여야 할 것이다.

다. 이와 같은 정당행위를 인정하려면 첫째 그 행위의 동기나 목적의 정당
성, 둘째 행위의 수단이나 방법의 상당성, 셋째 보호이익과 침해이익과
의 법익균형성, 넷째 긴급성, 다섯째 그 행위 외에 다른 수단이나 방법
이 없다는 보충성 등의 요건을 갖추어야 한다.

라. 피해자를 정신의료기관에 강제입원시킨 조치가 사회상규에 위배되지 아
니하는 <u>정당한 행위로서 위법성이 조각된다고 보기 어렵다.</u> 피해자의
정신병원에서의 퇴원 요구를 거절해 온 피해자의 배우자가 피해자에
대하여 재산이전 요구를 한 경우, 그 배우자가 재산이전 요구에 응하지
않으면 퇴원시켜 주지 않겠다고 말한 바 없더라도 이는 암묵적 의사표
시로서 공갈죄의 수단인 해악의 고지에 해당하고 이러한 해악의 고지
가 권리의 실현수단으로 사용되었더라도 그 수단방법이 사회통념상 허
용되는 정도나 범위를 넘는 것으로서 공갈죄를 구성한다.

[판결평석] 대법원 판결의 결론은 타당하다. 그러나 논증순서와 논증방
법에서 정밀함이 아쉽다.

형법 제20조 사회상규는 정당성·상당성·균형성·긴급성·보충성의
순서로 논증하면 될 것이다. 만약 어느 하나라도 충족하지 못하면 사
회상규에 위배되는 것이다. 이 사건은 사회상규 다섯 가지 요건 중
정당성·상당성·균형성·긴급성·보충성이 모두 충족되지 않는다.
형법 제20조 정당행위에 해당되지 않는다.

대법원 판결을 다음 순서로 더 명확하게 논증할 수 있다. ① 행위목
적과 행위동기 정당성(정신과 치료목적 입원 −), ② 행위수단과 행위
방법 상당성(강제입원조치 −), ③ 보호이익과 침해이익 법익균형성
(건강보호와 신체활동의 자유 −), ④ 긴급성(강제입원 당시 피고인이 운
영하던 식품회사의 기숙사에서 기거하면서 처인 피고인과 별거상태에 있
던 피해자가 피고인 등 가족에게 위해를 가하는 구체적 행동을 하였다고

인정할 만한 자료가 없어 그들의 안전이 위협받는 급박한 상태에 있었다고 보기 어렵다 -), ⑤ 다른 수단과 다른 방법이 없다는 보충성(다른 수단이나 방법 있음 -: 강제입원에 앞서 피해자의 어머니나 여동생 등을 통하여 자발적으로 정신과 치료를 받도록 설득하여 보거나 그것이 여의치 않을 경우 정신과전문의와 상담하여 법 제25조가 정한 바에 따라 시·도지사에 의한 입원절차를 취하든지 긴급한 경우에는 경찰공무원에게 경찰관직무집행법 제4조 제1항에 기하여 정신병원에의 긴급구호조치를 취하도록 요청할 수 있었다고 여겨진다)이다.

피해자를 정신병원에 강제로 입원시킨 행위와 피해자의 정신병원에서의 퇴원 요구를 거절해 온 피해자의 배우자가 피해자에 대하여 재산이전 요구를 한 행위는 폭력행위 등 처벌에 관한 법률 제2조 제2항 위반죄(감금)와 형법 제350조 공갈죄가 성립한다. 형법 제20조 정당행위에 해당하지 않는다. 법령 위반뿐만 아니라 사회상규에 위배되기 때문이다. 정당성·상당성·균형성·긴급성·보충성을 모두 충족하지 않는다. 법질서 전체 정신·사회윤리·사회통념 관점에서 보면, 잘못된 행위이며, 이익이 되지 않는 행위이다. 다른 위법성조각사유도 없다.

④ 외국침구사자격 사건

사실관계 피고인이 인도네시아 등 외국에서 침구사자격을 취득한 자로 국내에서 침술행위를 할 수 있는 면허나 자격을 취득하지는 못하고 단순히 수지침 정도의 수준에 그치지 아니하고 환자 안○순의 허리 부위, 환자 정○주의 다리 부위에도 체침을 시술하였다.

재판진행 검사는 피고인을 의료법 제25조 제1항, 제66조 제3호의 공소사실로 기소하였다. 제1심 법원과 제2심 법원은 피고인에게 유죄를 인정하였다. 피고인은 자신의 행위가 사회상규에 위배되지 아니하는 정당행위라는 이유로 상고하였다.

판결요지 대법원은 피고인 상고를 기각하였다.[171]

가. 형법 제20조 소정의 '사회상규에 위배되지 아니하는 행위'라 함은 법질
서 전체의 정신이나 그 배후에 놓여 있는 사회윤리 내지 사회통념에
비추어 용인될 수 있는 행위를 말한다.

나. 어떠한 행위가 사회상규에 위배되지 아니하는 정당한 행위로서 위법성
이 조각되는 것인지는 구체적인 사정 아래서 합목적적, 합리적으로 고
찰하여 개별적으로 판단되어야 한다.

다. 그러므로 이와 같은 정당행위를 인정하려면 첫째 그 행위의 동기나 목
적의 정당성, 둘째 행위의 수단이나 방법의 상당성, 셋째 보호이익과
침해이익과의 법익균형성, 넷째 긴급성, 다섯째 그 행위 외에 다른 수
단이나 방법이 없다는 보충성 등의 요건을 갖추어야 한다.

라. 일반적으로 면허 또는 자격 없이 침술행위를 하는 것은 의료법 제25조
의 무면허 의료행위(한방의료행위)에 해당되어 같은 법 제66조에 의하
여 처벌되어야 하는 것이며, 그 침술행위가 광범위하고 보편화된 민간
요법이고 그 시술로 인한 위험성이 적다는 사정만으로 그것이 바로 사
회상규에 위배되지 아니하는 행위에 해당한다고 보기는 어렵다 할 것
이다.

마. 다만 개별적인 경우에 그 침술행위의 위험성의 정도, 일반인들의 시각,
시술자의 시술의 동기, 목적, 방법, 횟수, 시술에 대한 지식수준, 시술경
력, 피시술자의 나이, 체질, 건강상태, 시술행위로 인한 부작용 내지 위
험발생 가능성 등을 종합적으로 고려하여 법질서 전체의 정신이나 그
배후에 놓여 있는 사회윤리 내지 사회통념에 비추어 용인될 수 있는
행위에 해당한다고 인정되는 경우에만 사회상규에 위배되지 아니하는
행위로서 위법성이 조각된다.

바. 그러나 외국에서 침구사자격을 취득하였으나 국내에서 침술행위를 할
수 있는 면허나 자격을 취득하지 못한 자가 단순한 수지침 정도의 수
준을 넘어 체침을 시술한 경우, 사회상규에 위배되지 아니하는 무면허
의료행위로 인정될 수 없다.

판결평석 대법원 판결의 결론은 타당하다. 그러나 논증순서와 논증방

171) 대법원 2002.12.26. 선고 2002도5077 판결【보건범죄단속에관한특별조치법위반(부정의
료업자)(인정된 죄명 : 의료법위반)】; 김성천, 무면허 의료행위에 있어서 사회상규에 위배되
지 아니하는 행위의 판단기준, 법학논문집 제33집 제2호, 중앙대학교 법학연구소, 2009,
139－164면(152면).

법에서 정밀함이 아쉽다.

형법 제20조 사회상규는 정당성·상당성·균형성·긴급성·보충성의 순서로 논증하면 될 것이다. 만약 어느 하나라도 충족하지 못하면 사회상규에 위배되는 것이다. 그러나 이 사건은 사회상규 다섯 가지 요건 중 정당성·상당성·균형성·긴급성·보충성이 모두 충족되지 않는다. 형법 제20조 정당행위에 해당되지 않는다.

대법원 판결을 다음 순서로 더 명확하게 논증할 수 있다. ① 행위목적과 행위동기 정당성(무자격자 의료행위와 치료 빙자 영리행위 −), ② 행위수단과 행위방법 상당성(신체에 위해를 가할 수 있는 체침 시술 −), ③ 보호이익과 침해이익 법익균형성(건강보호와 영업이익 −), ④ 긴급성(침술을 해야 할 급박한 상태에 있었다고 보기 어렵다 −), ⑤ 다른 수단과 다른 방법이 없다는 보충성(다른 수단이나 방법: 다른 조치를 취하도록 요청할 수 있었음 −)이다. 이 사안의 경우 특히 긴급성과 보충성이 결여되어 있다.

외국에서 침구사자격을 취득하였으나 국내에서 침술행위를 할 수 있는 면허나 자격을 취득하지 못한 자가 단순한 수지침 정도의 수준을 넘어 체침을 시술한 행위는 의료법 제25조 제1항, 제66조 제3호 무면허 의료행위에 해당한다. 형법 제20조 정당행위에 해당하지 않는다. 법령 위반뿐만 아니라 사회상규에 위배되기 때문이다. 정당성·상당성·균형성·긴급성·보충성을 모두 충족하지 않는다. 법질서 전체 정신·사회윤리·사회통념 관점에서 보면, 잘못된 행위이며, 이익이 되지 않는 행위이다. 다른 위법성조각사유도 없다.

⑤ 피부관리사 크리스탈 필링 박피술시술 사건

사실관계 의사인 피고인이 의사면허가 없는 소위 피부관리사들에게 환자들을 상대로 산화알루미늄 성분의 연마제가 든 크리스탈 필링기를 사용하여 얼굴의 각질을 제거하여 주는 피부박피술을 시행하도록 하였다.

재판진행 검사는 피고인들을 보건범죄단속에 관한 특별조치법 제5조, 의료법 제25조 제1항, 의료기사 등에 관한 법률 제1조, 제2조 위반죄로 기소하였다. 제1심 법원과 제2심 법원은 피고인들에게 유죄를 인정하였다. 피고인들은 형법 제20조 정당행위를 주장하며 상고하였다.

판결요지 대법원은 피고인들 상고를 기각하였다.172)

가. 의사가 영리의 목적으로 비의료인과 공모하여 무면허의료행위를 하였다면 그 행위는 보건범죄단속에 관한 특별조치법 제5조에 해당한다고 할 것이다. 나아가 위 조문 소정의 영리의 목적이란 널리 경제적인 이익을 취득할 목적을 말하는 것으로서 무면허의료행위를 행하는 자가 반드시 그 경제적 이익의 귀속자나 경영의 주체와 일치하여야 할 필요는 없다.

나. 의료행위라 함은 질병의 예방과 치료행위뿐만 아니라 의학적 전문지식이 있는 의료인이 행하지 아니하면 사람의 생명, 신체나 공중위생에 위해를 발생시킬 우려가 있는 행위를 포함한다.

다. 의사가 의사면허가 없는 소위 피부관리사들로 하여금 환자들을 상대로 산화알루미늄 성분의 연마제가 든 크리스탈 필링기를 사용하여 얼굴의 각질을 제거하여 주는 피부박피술을 시행한 행위가 인체의 생리구조에 대한 전문지식이 없는 사람이 이를 행할 때에는 사람의 생명, 신체나 공중위생상 위해를 발생시킬 우려가 있는 것이다. 그러므로 이는 단순한 미용술이 아니라 의료행위에 해당한다.

라. 의료행위는 의료인만이 할 수 있음을 원칙으로 하되, 간호사, 간호조무사, 의료기사 등에 관한 법률에 의한 임상병리사, 방사선사, 물리치료사, 작업치료사, 치과기공사, 치과위생사의 면허를 가진 자가 의사, 치과의사의 지도하에 진료 또는 의학적 검사에 종사하는 행위는 허용된다 할 것이다. 그러나 그 외의 자는 의사, 치과의사의 지도하에서도 의료행위를 할 수 없는 것이다. 나아가 의사의 전체 시술과정 중 일부의 행위라 하더라도 그 행위만으로도 의료행위에 해당하는 한 비의료인은 이를 할 수 없다. 또한 의료행위를 할 면허 또는 자격이 없는 한 그 행위자가 실제로 그 행위에 관하여 의료인과 같은 수준의 전문지식이나

172) 대법원 2003.9.5. 선고 2003도2903 판결【보건범죄단속에관한특별조치법위반(부정의료업자)】

<u>시술능력을 갖추었다고 하더라도 마찬가지이다.</u>

마. 형법 제20조 소정의 '사회상규에 위배되지 아니하는 행위'라 함은 법질서 전체의 정신이나 그 배후에 놓여 있는 사회윤리 내지 사회통념에 비추어 용인될 수 있는 행위를 말한다. 어떠한 행위가 사회상규에 위배되지 아니하는 정당한 행위로서 위법성이 조각되는 것인지는 구체적인 사정 아래서 합목적적, 합리적으로 고찰하여 개별적으로 판단되어야 할 것이다. 이와 같은 정당행위를 인정하려면 첫째 그 행위의 동기나 목적의 정당성, 둘째 행위의 수단이나 방법의 상당성, 셋째 보호이익과 침해이익과의 법익균형성, 넷째 긴급성, 다섯째 그 행위 외에 다른 수단이나 방법이 없다는 보충성 등의 요건을 갖추어야 한다.

판결평석 대법원 판결의 결론은 타당하다. 그러나 논증순서와 논증방법에서 정밀함이 아쉽다.

형법 제20조 사회상규는 정당성·상당성·균형성·긴급성·보충성의 순서로 논증하면 될 것이다. 만약 어느 하나라도 충족하지 못하면 사회상규에 위배되는 것이다. 그러나 이 사건은 사회상규 다섯 가지 요건 중 정당성·상당성·균형성·긴급성·보충성이 모두 충족되지 않는다. 형법 제20조 정당행위에 해당되지 않는다.

대법원 판결을 다음 순서로 더 명확하게 논증할 수 있다. ① 행위목적과 행위동기 정당성(무자격자 영리목적 의료행위 -), ② 행위수단과 행위방법 상당성(무자격자 크리스탈 필링기를 사용하여 얼굴의 각질을 제거하여 주는 피부박피술 시술시행 -), ③ 보호이익과 침해이익 법익균형성(신체완전성과 생리적 기능침해 -), ④ 긴급성(무자격자가 이식수술을 할 만큼 긴급성이 없음 -), ⑤ 다른 수단과 다른 방법이 없는 보충성(다른 방법이 있음 -)이다.

의사인 피고인이 의사면허가 없는 소위 피부관리사들에게 환자들을 상대로 산화알루미늄 성분의 연마제가 든 크리스탈 필링기를 사용하여 얼굴의 각질을 제거하여 주는 피부박피술을 시행하도록 한 행위는 보건범죄단속에 관한 특별조치법 제5조, 의료법 제25조 제1항, 의료기사 등에 관한 법률 제1조, 제2조 위반죄가 성립한다. 형법 제20

조 정당행위에 해당하지 않는다. 법령 위반뿐만 아니라 사회상규에 위배되기 때문이다. 정당성·상당성·균형성·긴급성·보충성을 모두 충족하지 않는다. 법질서 전체 정신·사회윤리·사회통념 관점에서 보면, 잘못된 행위이며, 이익이 되지 않는 행위이다. 다른 위법성 조각사유도 없다.

【2016년 제5회 변호사시험 출제】

⑥ 간호조무사 모발일부이식 사건

사실관계 의사인 피고인 1이 속눈썹이식시술을 하면서 피시술자 후두부에서 채취한 모낭을 간호조무사인 공동피고인 1에게 속눈썹시술용 바늘(안과용 각침)에 일정한 각도로 끼우고 바늘을 뽑아낸 뒤 이식된 모발이 위쪽을 향하도록 모발의 방향을 수정하도록 하였다. 그리고 나머지 피고인들이 모발이식시술을 하면서 공동피고인 1에게 식모기를 피시술자 머리부위 진피층까지 찔러 넣는 방법으로 수여부에 모낭을 삽입하도록 하였다.

재판진행 검사는 피고인들을 의료법 제27조 제1항, 제87조 제1항 위반죄로 기소하였다. 제1심 법원과 제2심 법원은 피고인들이 의료행위 중 일부인 모발이식행위를 위 제1심 공동피고인 1로 하여금 하게 한 이상 무면허의료행위의 공범이 된다고 판단하여, 피고인들에 대한 이 사건 무면허의료행위의 공소사실에 대해 유죄를 인정하였다. 피고인들은 형법 제20조 정당행위를 주장하며 상고하였다.

판결요지 대법원은 피고인들 상고를 기각하였다.[173]

　가. 의료행위에 해당하는 어떠한 시술행위가 무면허로 행하여졌을 때, 그 시술행위의 위험성의 정도, 일반인들의 시각, 시술자의 시술의 동기, 목

---

173) 대법원 2007.6.28. 선고 2005도8317 판결【의료법위반】; 박길성, 의사인 피고인이 간호조무사로 하여금 모발이식수술을 행하게 한 경우, 간호조무사의 시술이 진료보조행위로서 의료법 위반죄를 구성하지 아니하는지 여부(소극), 대법원판례해설 제70호(2007 상반기), 2007, 571–586면; 김성천, 무면허 의료행위에 있어서 사회상규에 위배되지 아니하는 행위의 판단기준, 법학논문집 제33집 제2호, 중앙대학교 법학연구소, 2009, 139–164면(153면).

적, 방법, 횟수, 시술에 대한 지식수준, 시술경력, 피시술자의 나이, 체질, 건강상태, 시술행위로 인한 부작용 내지 위험 발생 가능성 등을 종합적으로 고려하여 법질서 전체의 정신이나 그 배후에 놓여 있는 사회윤리 내지 사회통념에 비추어 용인될 수 있는 행위에 해당한다고 인정되는 경우에만 사회상규에 위배되지 아니하는 행위로서 위법성이 조각된다.

나. 간호조무사에 불과한 위 제1심 공동피고인 1이 모발이식시술에 관하여 어느 정도 지식을 가지고 있다고 하여도 의료 전반에 관한 체계적인 지식과 의사 자격을 가지고 있지는 못한 사실, 피고인 5는 모발이식시술을 하면서 식모기를 환자의 머리부위 진피층까지 찔러 넣는 방법으로 수여부에 모발을 삽입하는 행위 자체 중 일정 부분에 대해서는 위 제1심 공동피고인 1에게만 맡겨둔 채 별반 관여를 하지 아니한 사실 등을 인정할 수 있다.

다. 이러한 위 피고인의 행위는 의료법을 포함한 법질서 전체의 정신이나 사회통념에 비추어 용인될 수 있는 행위에 해당한다고 볼 수 없어 위법성이 조각되지 아니한다. 위 피고인의 정당행위 주장을 배척한, 원심의 조치는 옳고 정당행위에 관한 법리오해의 위법이 없다.

판결평석 대법원 판결의 결론은 타당하다. 그러나 논증순서와 논증방법에서 정밀함이 아쉽다.

형법 제20조 사회상규는 정당성·상당성·균형성·긴급성·보충성의 순서로 논증하면 될 것이다. 만약 어느 하나라도 충족하지 못하면 사회상규에 위배되는 것이다. 그러나 이 사건은 사회상규 다섯 가지 요건 중 정당성·상당성·균형성·긴급성·보충성이 모두 충족되지 않는다. 형법 제20조 정당행위에 해당되지 않는다.

대법원 판결을 다음 순서로 더 명확하게 논증할 수 있다. ① 행위목적과 행위동기 정당성(영리목적 무자격자 모발이식시술 −), ② 행위수단과 행위방법 상당성(모발이식시술을 하면서 식모기를 환자의 머리부위 진피층까지 찔러 넣는 방법으로 수여부에 모발을 삽입하는 행위 −), ③ 보호이익과 침해이익 법익균형성(신체완전성·두발관리와 생리적 기능 침해 −), ④ 긴급성(무자격자가 이식수술을 할 만큼 긴급성이 없음 −),

⑤ 다른 수단과 다른 방법이 없는 보충성(다른 방법이 있음 −)이다. 의사가 모발이식시술을 하면서 이에 관하여 어느 정도 지식을 가지고 있는 간호조무사에게 모발이식시술행위 중 일정 부분을 직접 하도록 맡겨둔 채 별반 관여하지 않은 행위는 의료법 제27조 제1항, 제87조 제1항 무면허 의료행위죄가 성립한다. 형법 제20조 정당행위에 해당하지 않는다. 법령 위반뿐만 아니라 사회상규에 위배되기 때문이다. 정당성·상당성·균형성·긴급성·보충성을 모두 충족하지 않는다. 법질서 전체 정신·사회윤리·사회통념 관점에서 보면, 잘못된 행위이며, 이익이 되지 않는 행위이다. 다른 위법성조각사유도 없다.

⑦ 부항 영리시술 사건

사실관계 피고인이 찜질방 내에 침대·부항기·부항침 등을 갖추어 놓고 찾아오는 사람들에게 아픈 부위와 증상을 물어 본 다음 양손으로 아픈 부위의 혈을 주물러 근육을 풀어주는 한편, 그 부위에 부항을 뜬 후 그곳을 부항침으로 10회 정도 찌르고 다시 부항을 뜨는 방법으로 치료를 하여 주고 치료비 명목으로 15,000원 또는 25,000원을 받았다.

재판진행 검사는 피고인을 의료법 제25조 제1항, 보건범죄단속에관한특별조치법 제5조 위반죄로 기소하였다. 제1심 법원과 제2심 법원은 피고인에게 유죄를 인정하였다. 그러나 피고인은 사회상규에 위배되지 아니하는 정당행위를 이유로 상고하였다.

판결요지 대법원은 피고인 상고를 기각하였다.[174]

가. 피고인의 부항 시술행위는 의학적 전문지식이 있는 의료인이 행하지 아니하면 사람의 생명, 신체나 공중위생에 위해를 발생시킬 우려가 있는

---

174) 대법원 2004.10.28. 선고 2004도3405 판결【보건범죄단속에관한특별조치법위반(부정의료업자】; 김성천, 무면허 의료행위에 있어서 사회상규에 위배되지 아니하는 행위의 판단 기준, 법학논문집 제33집 제2호, 중앙대학교 법학연구소, 2009, 139−164면(154면).

것이므로 의료행위에 해당한다.

나. 부항 시술행위가 광범위하고 보편화된 민간요법이고, 그 시술로 인한 위험성이 적다는 사정만으로 그것이 바로 사회상규에 위배되지 아니하는 행위에 해당한다고 보기는 어렵다.

다. 다만 개별적인 경우에 그 부항 시술행위의 위험성의 정도, 일반인들의 시각, 시술자의 시술의 동기, 목적, 방법, 횟수, 시술에 대한 지식수준, 시술경력, 피시술자의 나이, 체질, 건강상태, 시술행위로 인한 부작용 내지 위험발생 가능성 등을 종합적으로 고려하여 법질서 전체의 정신이나 그 배후에 놓여 있는 사회윤리·사회통념에 비추어 용인될 수 있는 행위에 해당한다고 인정되는 경우에만 사회상규에 위배되지 아니하는 행위로서 위법성이 조각된다고 할 것이다(대법원 2002.12.26. 선고 2002도5077 판결 등 참조).

라. 위 법리에 비추어 기록을 살펴보면, 피고인이 행한 부항 시술행위가 보건위생상 위해가 발행할 우려가 전혀 없다고 볼 수 없는데다가, 피고인이 한의사 자격이나 이에 관한 어떠한 면허도 없이 영리를 목적으로 위와 같은 치료행위를 한 것이다. 단순히 수지침 정도의 수준에 그치지 아니하고 부항침과 부항을 이용하여 체내의 혈액을 밖으로 배출되도록 한 것이다. 그러므로 이러한 피고인의 시술행위는 의료법을 포함한 법질서 전체의 정신이나 사회통념에 비추어 용인될 수 있는 행위에 해당한다고 볼 수는 없다.

마. 따라서 사회상규에 위배되지 아니하는 행위로서 위법성이 조각되는 경우에 해당한다고 할 수 없다.

판결평석 대법원 판결은 결론·논증순서·논증방법에서 타당하다. 형법 제20조 사회상규는 정당성·상당성·균형성·긴급성·보충성의 순서로 논증하면 될 것이다. 만약 어느 하나라도 충족하지 못하면 사회상규에 위배되는 것이다. 그러나 이 사건은 사회상규 다섯 가지 요건 중 정당성을 제외하고, 상당성·균형성·긴급성·보충성이 모두 충족되지 않는다. 형법 제20조 정당행위에 해당되지 않는다.

대법원 판결을 다음 순서로 더 명확하게 논증할 수 있다. ① 행위목적과 행위동기 정당성(무자격자의 영리를 목적의 치료행위 -), ② 행위수단과 행위방법 상당성(보건위생상 위해가 발행할 우려와 부항침과 부항을 이용하여 체내의 혈액을 밖으로 배출하는 무자격자의 부항 시술행위 −), ③ 보호이익과 침해이익 법익균형성(건강보호와 생리적 기능침해 −), ④ 긴급성(당시 환자가 위험한 상황에 처했다고 할 만큼 긴급성이 없음 −), ⑤ 다른 수단과 다른 방법이 없는 보충성(다른 방법이 있음 −)이다.

무자격자의 부항 시술행위는 의료법 제25조 제1항, 보건범죄단속에 관한 특별조치법 제5조 위반죄가 성립한다. 형법 제20조 정당행위에 해당하지 않는다. 법령 위반뿐만 아니라 사회상규에 위배되기 때문이다. 정당성·상당성·균형성·긴급성·보충성을 모두 충족하지 않는다. 법질서 전체 정신·사회윤리·사회통념 관점에서 보면, 잘못된 행위이며, 이익이 되지 않는 행위이다. 다른 위법성조각사유도 없다.

⑧ 조산사 옥시토신 투여 사건

사실관계 피고인은 조산사로서, 면허된 범위를 초과하여 의료행위를 할 수 없음에도, 2002. 7. 1. 서울 ○○○구 ○○○동 (지번 생략)에 있는 피고인 운영의 '(명칭 생략) 조산원'에서, 산모인 공소외 1이 출산을 하는 과정에 공소외 1에게 옥시토신과 포도당을 투여하여 면허된 범위를 초과한 의료행위를 하였다. 또 2002. 8. 16.경 같은 장소에서 산모인 공소외 2가 출산을 하는 과정에 피해자에게 옥시토신을 주사하여, 면허된 범위를 초과한 의료행위를 하였다.

재판진행 검사는 피고인을 구 의료법(2007. 4. 11. 법률 제8366호로 전문 개정되기 전의 것) 제25조(현행 제27조 참조), 제66조 제3호(현행 제87조 제1항 제2호 참조) 위반죄로 기소하였다. 제1심 법원과 제2심 법원은 피고인에게 유죄를 인정하였다. 그러나 피고인은 조산사가 분만 과정에 있는 산모에게 포도당과 옥시토신을 주사하는 행위, 특히 분만 직후 출혈을 방지하기 위하여 옥시토신을 주사하는 행위는 사회상규에 위배되지 아니하는 정당한 행위라는 이유로 상고하였다.

판결요지   대법원은 피고인 상고를 기각하였다.175)

가. 조산원에서 산모의 분만을 돕거나 분만 후의 처치를 위하여 옥시토신과
    포도당이 일반적으로 사용되고 있고 위 약물들이 산모의 건강을 위하
    여 투여된 것이라는 사정만으로는 그것이 바로 사회상규에 위배되지
    아니하는 행위에 해당한다고 보기는 어렵다.

나. 약물투여의 개별적인 경위, 일반인들의 시각, 투약의 동기·목적·방
    법·횟수, 조산사의 경력, 약물이나 분만에 대한 지식수준, 산모의 나
    이·체질·건강상태, 그 약물투여로 인한 부작용 내지 위험발생 가능
    성 등을 종합적으로 고려하여 법질서 전체의 정신이나 그 배후에 놓여
    있는 사회윤리 내지 사회통념에 비추어 용인될 수 있는 행위에 해당한
    다고 인정되는 경우에만 사회상규에 위배되지 아니하는 행위로서 위법
    성이 조각된다고 할 것이다.

다. 의료법에 의하면 의료행위는 의료인만이 할 수 있는 것이 원칙이고, 또
    의료인도 각 면허를 받은 범위 내에서만 의료행위를 할 수 있다. 이는
    특정 분야의 의료행위가 사람의 생명이나 신체 또는 공중위생에 가할
    수 있는 위험성 등에 관한 지식과 경험을 획득함으로써 그 분야의 의
    료행위로 인한 인체의 반응을 확인하고 이상 유무를 판단하여 상황에
    대처할 수 있는 능력을 가졌다고 인정되는 자에게만 면허를 부여하고
    그들로 하여금 그 특정 분야의 의료행위를 제한적으로 행할 수 있도록
    허용한 것이라고 보아야 한다.

라. 포도당은 보통 환자에게 수분을 보충하고 전해질 균형을 맞추어 주며
    응급상황시에는 혈관 확보를 위해 사용되는 것이나 전해질 상실 또는
    혈액정맥염 등의 부작용이 발생할 수 있어 당뇨병이나 신부전증을 앓
    고 있는 환자 등에게는 신중하게 투여되어야 한다.

마. 옥시토신은 분만 후 자궁이 수축되지 아니하고 출혈이 계속될 때 주사
    하는 자궁수축제이지만 실제로는 분만촉진제로도 널리 사용되고 있고
    반이뇨작용, 저혈압, 빈맥 등의 부작용이 있다.

바. 또한 주사기의 소독상태, 주사방법과 주사량 및 산모의 나이·체질·건

---

175) 대법원 2007.9.6. 선고 2005도9670 판결【의료법위반】; 박길성, 의사인 피고인이 간호조
무사로 하여금 모발이식수술을 행하게 한 경우, 간호조무사의 시술이 진료보조행위로서
의료법 위반죄를 구성하지 아니하는지 여부(소극), 대법원판례해설 제70호(2007 상반기),
2007, 571－586면.

강상태와 태아의 상태 등에 따라 위 각 약물은 산모나 신생아에게 위해를 발생시킬 우려가 있다. 게다가 이 사건에서는 각 산모들이 응급환자로서 응급처치를 받아야 할 상태였다고 보기 어려운 점 등을 종합해 볼 때 피고인의 이 사건 각 약물투여행위를 사회상규에 위배되지 아니하는 정당한 행위로 볼 수 없다.

판결평석 대법원 판결은 결론·논증순서·논증방법에서 타당하다. 형법 제20조 사회상규는 정당성·상당성·균형성·긴급성·보충성의 순서로 논증하면 될 것이다. 만약 어느 하나라도 충족하지 못하면 사회상규에 위배되는 것이다. 그러나 이 사건은 이 사건은 사회상규 다섯 가지 요건 중 정당성·상당성·균형성을 제외하고, 긴급성·보충성이 충족되지 않는다. 형법 제20조 정당행위에 해당되지 않는다.

대법원 판결을 다음 순서로 더 명확하게 논증할 수 있다. ① 행위목적과 행위동기 정당성(산모의 건강을 위하여 투여 +), ② 행위수단과 행위방법 상당성(자궁수축제 옥시토신 약물투여행위 +), ③ 보호이익과 침해이익 법익균형성(건강보호와 생리적 기능침해 +), ④ 긴급성(산모들이 당시 위험한 상황에 처했다고 할 만큼 긴급성이 없음 -), ⑤ 다른 수단과 다른 방법이 없는 보충성(다른 방법이 있음, 위 산모들에게 각 약물을 투여할 당시 산부인과 등으로의 전원이 불가능하였다거나 또는 지도의사로부터 지시를 받지 못할 정도의 긴급상황에 있었다는 사정을 찾아볼 수 없다 -)이다.

조산사가 산모의 분만 과정 중 별다른 응급상황이 없음에도 독자적 판단으로 산모에게 포도당이나 옥시토신을 투여한 행위는 구 의료법(2007. 4. 11. 법률 제8366호로 전문 개정되기 전의 것) 제25조(현행 제27조 참조), 제66조 제3호(현행 제87조 제1항 제2호 참조) 위반죄가 성립한다. 형법 제20조 정당행위에 해당하지 않는다. 법령 위반뿐만 아니라 사회상규에 위배되기 때문이다. 긴급성·보충성을 충족하지 않는다. 법질서 전체 정신·사회윤리·사회통념 관점에서 보면, 잘못된 행위이며, 이익이 되지 않는 행위이다. 다른 위법성조각사유도 없다.

⑨ 안수기도 사건

사실관계 피고인은 정신분열증을 앓던 25세의 피해자에 대하여 2006. 8. 18.과 8. 20. 및 8. 21. 등 3회에 걸쳐 피고인 운영의 기도원에서 안수기도 명목으로 피해자를 눕혀 머리를 피고인의 무릎 사이에 끼우고 불상의 신도들에게 피해자의 팔과 다리를 붙잡아 움직이지 못하게 한 뒤, 수회에 걸쳐 손가락으로 피해자 눈 부위를 세게 누르고 뺨을 때리는 등으로 폭행하였다.

재판진행 검사는 피고인들을 형법 제260조 제1항, 제262조 폭행치상죄로 기소하였다. 제1심 법원과 제2심 법원은 피고인들에게 형법 제20조 정당행위를 인정하여 무죄를 인정하였다. 검사는 상고하였다.

판결요지 대법원은 원심을 파기하고 사건을 인천지방법원 본원 합의부로 환송하였다.[176)]

가. 종교적 기도행위의 일환으로서 기도자의 기도에 의한 염원 내지 의사가 상대방에게 심리적 또는 영적으로 전달되는 데 도움이 된다고 인정할 수 있는 한도 내에서 상대방의 신체의 일부에 가볍게 손을 얹거나 약간 누르면서 병의 치유를 간절히 기도하는 행위는 그 목적과 수단면에서 정당성이 인정된다고 볼 수 있다.

나. 하지만 그러한 종교적 기도행위를 마치 의료적으로 효과가 있는 치료행위인 양 내세워 환자를 끌어들인 다음, 통상의 일반적인 안수기도의 방식과 정도를 벗어나 환자의 신체에 비정상적이거나 과도한 유형력을 행사하고 신체의 자유를 과도하게 제압하여 환자의 신체에 상해까지 입힌 경우라면, 그러한 유형력의 행사가 비록 안수기도의 명목과 방법으로 이루어졌다 해도 사회상규상 용인되는 정당행위라고 볼 수 없다.

판결평석 대법원 판결의 결론은 타당하다. 그러나 논증순서와 논증방법에서 정밀함이 아쉽다.

---

176) 대법원 2008.8.21. 선고 2008도2695 판결 【상해·폭행】

형법 제20조 사회상규는 정당성·상당성·균형성·긴급성·보충성의 순서로 논증하면 될 것이다. 만약 어느 하나라도 충족하지 못하면 사회상규에 위배되는 것이다. 그러나 이 사건 경우 행위동기와 행위목적 정당성은 있다고 볼 수 있지만, 나머지 네 가지 요건 상당성·균형성·긴급성·보충성이 모두 충족되지 않는다. 형법 제20조 정당행위에 해당하지 않는다.

대법원 판결을 다음 순서로 더 명확하게 논증할 수 있다. ① 행위목적과 행위동기 정당성(종교적 기도행위의 일환으로서 기도자의 기도에 의한 염원 내지 의사가 상대방에게 심리적 또는 영적으로 전달되는 데 도움을 주기 위해 +), ② 행위수단과 행위방법 상당성(상대방의 신체의 일부에 가볍게 손을 얹거나 약간 누르면서 병의 치유를 간절히 기도를 넘어 장시간 환자의 신체를 강제로 제압하는 등 과도한 유형력을 행사 −), ③ 보호이익과 침해이익 법익균형성(건강보호와 생리적 기능침해 −), ④ 긴급성(통상의 일반적인 안수기도의 방식과 정도를 벗어나 환자의 신체에 비정상적이거나 과도한 유형력을 행사해야 할 만큼 긴급성이 없음 −), ⑤ 다른 수단과 다른 방법이 없는 보충성(다른 방법이 있음 −)이다.

기도원운영자가 정신분열증 환자의 치료 목적으로 안수기도를 하다가 장시간 환자의 신체를 강제로 제압하는 등 과도한 유형력을 행사하여 환자에게 상해를 입힌 행위는 형법 제260조 제1항, 제262조 폭행치상죄가 성립한다. 형법 제20조 정당행위에 해당하지 않는다. 법령위반뿐만 아니라 사회상규에 위배되기 때문이다. 정당성을 제외하고 상당성·균형성·긴급성·보충성을 모두 충족하지 않는다. 법질서 전체 정신·사회윤리·사회통념 관점에서 보면, 잘못된 행위이며, 이익이 되지 않는 행위이다. 다른 위법성조각사유도 없다.

【2016년 제5회 변호사시험 선택형 출제】

⑩ 간호사·간호조무사에게 프로포폴 투약지시 사건

사실관계 피고인들은, 자신들이 운영하는 병원의 모든 시술에서 특별한 제한 없이 프로포폴을 투여하여 준다는 소문을 듣고 찾아온 사람들에게 환자에 대한 진료 및 간호사와 간호조무사에 대한 구체적인 지시·감독 없이 간호사와 간호조무사에게 각 범죄일람표 기재와 같이 프로포폴을 제한 없이 투약하게 하였다.

재판진행 검사는 피고인들을 의료법 제27조 제1항, 형법 제30조, 제87조 제1항 제2호 위반죄로 기소하였다. 제1심 법원과 제2심 법원은 피고인들에게 유죄를 인정하였다. 피고인들은 형법 제20조 정당행위를 주장하며 상고하였다.

판결요지 대법원은 피고인들 상고를 기각하였다.[177]

가. 의사가 간호사로 하여금 의료행위에 관여하게 하는 경우에도 그 의료행위는 의사의 책임 아래 이루어지는 것이고 간호사는 그 보조자에 불과하다. 간호사가 '진료의 보조'를 하는 경우 행위 하나하나마다 항상 의사가 현장에 참여하여 지도·감독하여야 하는 것은 아니다. 경우에 따라서는 의사가 진료의 보조행위 현장에 참여할 필요 없이 일반적인 지도·감독을 하는 것으로 충분한 경우도 있다. 그러나 이는 어디까지나 의사가 주도하여 의료행위를 실시하면서 그 의료행위의 성질과 위험성 등을 고려하여 그 중 일부를 간호사로 하여금 보조하도록 지시 또는 위임할 수 있다는 것을 의미하는 것에 그친다.

나. 이와 달리 의사가 간호사에게 의료행위의 실시를 개별적으로 지시하거나 위임한 적이 없음에도 간호사가 주도하여 전반적인 의료행위의 실시 여부를 결정하고 간호사에 의한 의료행위의 실시과정에 의사가 지시·관여하지 아니한 경우라면, 이는 의료법 제27조 제1항이 금지하는 무면허 의료행위에 해당한다고 보아야 한다.

다. 그리고 의사가 이러한 방식으로 의료행위가 실시되는 데 간호사와 함께 공모하여 그 공동의사에 의한 기능적 행위지배가 있었다면, 의사도 무면허 의료행위의 공동정범으로서의 죄책을 진다(대법원 2012.5.10. 선고 2010도5964 판결 등 참조).

---

177) 대법원 2014.9.4. 선고 2012도16119 판결 【의료법위반】

판결평석 대법원 판결의 결론은 타당하다. 그러나 논증순서와 논증방법에서 정밀함이 아쉽다.

형법 제20조 사회상규는 정당성·상당성·균형성·긴급성·보충성의 순서로 논증하면 될 것이다. 만약 어느 하나라도 충족하지 못하면 사회상규에 위배되는 것이다. 그러나 이 사건은 사회상규 다섯 가지 요건 중 정당성·상당성·균형성·긴급성·보충성이 모두 충족되지 않는다. 형법 제20조 정당행위에 해당되지 않는다.

대법원 판결을 다음 순서로 더 명확하게 논증할 수 있다. ① 행위목적과 행위동기 정당성(무자격자 영리목적 의료행위 −), ② 행위수단과 행위방법 상당성(모든 시술에서 특별한 제한 없이 프로포폴을 투여 −), ③ 보호이익과 침해이익 법익균형성(신체완전성과 생리적 기능침해 −), ④ 긴급성(무자격자가 모든 시술에서 특별한 제한 없이 프로포폴을 투여할 만큼 긴급성이 없음 −), ⑤ 다른 수단과 다른 방법이 없는 보충성(다른 방법이 있음 −)이다.

피고인들은, 자신들이 운영하는 병원의 모든 시술에서 특별한 제한 없이 프로포폴을 투여하여 준다는 소문을 듣고 찾아온 사람들에게 환자에 대한 진료 및 간호사와 간호조무사에 대한 구체적인 지시·감독 없이 간호사와 간호조무사에게 각 범죄일람표 기재와 같이 프로포폴을 제한 없이 투약한 행위는 의료법 제27조 제1항, 형법 제30조, 제87조 제1항 제2호 위반죄가 성립한다. 형법 제20조 정당행위에 해당하지 않는다. 법령 위반뿐만 아니라 사회상규에 위배되기 때문이다. 정당성·상당성·균형성·긴급성·보충성을 모두 충족하지 않는다. 법질서 전체 정신·사회윤리·사회통념 관점에서 보면, 잘못된 행위이며, 이익이 되지 않는 행위이다. 다른 위법성조각사유도 없다.

(8) 종교 · 역사 · 정치적 동기로 인한 양심범과 사회상규 판단방법

① 최신부(미문화원 방화) 사건 【쟁점판례】

사실관계 1982. 3. 19(이 사건 방화가 있은 다음 날이다) 최○○신부
의 지시에 따라 제일은행 원주지점에서 금500,000원을 찾아 피고인
김현○에게 주었다. 1982. 3. 21. 11:00경 피고인 문부○으로부터 전
화로 피고인 김은○과 함께 원주에 도착하였다는 연락을 받고 피고
인 김현○에게 이야기 하였더니 김현○이 피고인 김영○를 시켜 그
들을 마중하여 교육원에 데리고 왔으며 1982. 3. 24. 13:00경 김현○
이 숨을 곳을 마련하여 달라고 하여 교육원지하실 보일러배관 비트
에다 침실을 만들어 주었다. 식사는 점심 한 끼만을 날라주고 그와의
연락방법은 배관통로를 한 번 내지 두 번 두드리는 방식으로 정하였
다. 수사기관들이 김현○을 연행하러 오자 김현○을 숨겨둔 사실을
부인하고 신병인도를 거부하였다.

재판진행 검사는 최○○신부를 형법 제151조 범인은닉죄로 기소하였
다. 제1심 법원과 제2심 법원은 피고인을 유죄를 인정하였다. 최○○
신부는 상고하였다. 상고이유는 "성소로 도피해 오는 죄인을 숨겨주
는 행위는 천주교의 신부로서 직무상 당연히 행하여야 하는 것이므
로 형법 제20조 업무로 인한 행위에 해당하며 범죄가 성립하지 않는
다"는 것이었다.

판결요지 대법원은 피고인 상고를 기각하였다.[178]

---

178) 대법원 1983.3.8. 선고 82도3248 판결 【국가보안법위반 · 현주건조물방화치상 · 현주건조
물방화예비 · 계엄법위반 · 집회및시위에관한법률위반 · 특수공무집행방해 · 범인은닉 · 범
인도피】 【피고인】 김현○외 15인 【상고인】 피고인들 【변호인】 변호사 이돈명 외 4인
【원심판결】 대구고등법원 1982.12.13. 선고 82노1399 판결 【주문】 상고를 모두 기각한
다. [판결문] 소위 위법성조각사유로서의 정당행위 즉 법령에 근거하여 행하여진 권리행
위로서의 행위와 직접적으로 법령상 근거는 없다고 하더라도 사회통념상 정당하다고 인
정되는 행위를 업무로서 행하는 행위 및 법령에 근거하거나 정당한 업무로 하는 행위에
속하지는 않으나 사회상규에 반하지 않는 행위 등은 일반적으로 정당한 행위는 적법하다
는 원칙에 따라 그 위법성이 조각되는 것이다. 그러므로 어떠한 경우에 어떠한 행위가

가. 어떠한 행위가 정당한 행위로서 위법성이 조각되는 것인가는 구체적 경우에 따라 합목적적, 합리적으로 가려져야 할 것이다.

나. 또 행위의 적법여부는 국가질서를 벗어나서 이를 가릴 수는 없는 것이다.

다. 정당행위를 인정하려면 첫째, 그 행위의 동기나 목적의 정당성 둘째, 행위의 수단이나 방법의 상당성 셋째, 보호이익과 침해이익과의 법익균형성 넷째, 긴급성 다섯째로, 그 행위 외에 다른 수단이나 방법이 없다는 보충성 등의 요건을 갖추어야 한다.

[판결평석] 이 판례는 형법 제20조 사회상규에 대한 판단기준을 명확하게 설시한 대법원의 최초의 판결이다. 대법원 판결은 결론·논증순서·논증방법에서 타당하다. 형법 제20조 사회상규는 정당성·상당성·균형성·긴급성·보충성의 순서로 논증하면 될 것이다. 만약 어느 하나라도 충족하지 못하면 사회상규에 위배되는 것이다. 그러나 이 사건은 사회상규 다섯 가지 요건 중 정당성·상당성·균형성·긴급성·보충성이 모두 충족되지 않는다. 형법 제20조 정당행위에 해당되지 않는다.

그리고 1983년 3월 최○○신부 사건 판결은 1983년 2월 광주 홍삼사건 판례에서 설시한 형법 제20조 사회상규의 판단방법을 더 발전시킨 판결이다. 광주 홍삼사건 판결은 형법 제20조 사회상규를 가장 기본적인 위법성 판단기준으로 삼아 이를 명문화한 것으로 판시하였다. 그러나 최○○신부 사건 판결은 형법 제20조를 형법 제21조·형법 제22조·형법 제23조·형법 제24조에서 규정하고 있는 다른 위법성조각사유에 대하여 보충적 지위에 있다고 판시하였다. 1983년 3

정당한 행위로서 위법성이 조각되는 것인가는 그 구체적 행위에 따라 합목적적, 합리적으로 가려져야 할 것이며 또 행위의 적법여부는 국가 생활질서를 벗어나서 이를 가릴 수는 없는 것이다. 따라서 위법성조각사유로서 정당행위를 인정하려면 첫째, 건전한 사회통념에 비추어 그 행위의 동기나 목적이 정당하여야 한다는 정당성 둘째, 그 행위의 수단이나 방법이 상당하여야 하는 상당성 셋째, 그 행위에 의하여 보호하려는 이익과 그 행위에 의하여 침해되는 법익이 서로 균형을 이루어야 한다는 법익균형성 넷째, 그 행위 당시의 정황에 비추어 그 행위가 긴급을 요하고 부득이 한 것이어야 한다는 긴급성 및 다섯째로 그 행위 이외에 다른 수단이나 방법이 없거나 또는 현저하게 곤란하여야 한다는 보충성이 있어야 한다고 풀이할 것이다.

월 최○○신부 사건 판결은 형법 제20조 사회상규에 대한 위법성조
각사유 검토순위를 명확히 하였다. 그래서 이 판결은 범죄체계론에서
상당히 의미 있는 선례가 되었다고 생각한다.179)

대법원 판결을 다음 순서로 더 명확하게 논증할 수 있다. ① 행위목
적과 행위동기 정당성(종교적 양심, 피고인이 이 세상 모든 사람을 죄인
으로 보고 그 모든 죄를 사하고 회개하도록 인도하며 그들의 심령을 구원
하는 일을 그 본분으로 하는 사제의 신분을 가진 신부이다. 그러나 피고인
의 소위는 이미 **사제로서의 정당한 직무범위를 벗어남으로써 그 동기나
목적에 있어 정당성을 인정할 수 없음** -), ② 행위수단과 행위방법 상
당성(범인은닉, 그 수단이나 방법에 있어 상당하다 할 수 없음 -), ③
보호이익과 침해이익 법익균형성(신앙의 자유와 국가의 형사사법 기능,
피고인이 보호하려는 이익과 피고인의 행위로 인하여 침해되는 법익을 서
로 교량하여 볼 때 현저하게 균형을 잃었음 -), ④ 긴급성(범인은닉의
상황, 피고인의 소위는 그 당시의 상황에 비추어 긴급 부득이한 것이라고
할 수 없음 -), ⑤ 다른 수단과 다른 방법이 없다는 보충성(범인은닉
의 불가피성, 그 행위 외에 달리 다른 길을 택하는 것이 불가능하거나 또
는 현저하게 곤란한 유일한 방법이라고 인정하기 어려움 -)이다.

수사기관들이 김현○을 연행하러 오자 김현○을 숨겨둔 사실을 부인
하고 신병인도를 거부한 최○○신부 행위(성소로 도피해 오는 죄인을
숨겨주는 행위)는 형법 제151조 범인은닉죄가 성립한다. 형법 제20조
정당행위에 해당하지 않는다. 법령 위반뿐만 아니라 사회상규에 위배
되기 때문이다. 정당성·상당성·균형성·긴급성·보충성을 모두 충
족하지 않는다. 법질서 전체 정신·사회윤리·사회통념 관점에서 보
면, 잘못된 행위이며, 이익이 되지 않는 행위이다. 다른 위법성조각사
유도 없다.

1983년 최○○신부 사건에서 대법원이 제시한 형법 제20조 사회상
규 다섯 가지 기준은 그 후 하급심과 대법원에서 정착되어 갔다. 그
러나 완전한 논증구조를 갖추기까지 상당한 시간이 걸렸다. 여전히

---

179) 같은 취지 신동운, 新판례백선 형법총론, 경세원, 2009, 366-370면(369면).

아쉬운 점은 대법원 판례마다 판례정문을 인용하고 있지만, 명확한 논증순서와 논증방법으로 모든 사건에 동일하게 적용하지 않고 있다는 것이다.

② 부적격후보 낙선운동 사건【시사판례】

사실관계 피고인들은 확성장치 사용, 연설회 개최, 불법행렬, 서명날인운동, 선거운동기간 전 집회 개최 등의 방법으로 특정 후보자에 대한 낙선운동을 하였다.

재판진행 검사는 피고인들을 구 공직선거 및 선거부정방지법(2002. 3. 7. 법률 제6663호로 개정되기 전의 것) 제58조 제2항 위반죄로 기소하였다. 제1심 법원과 제2심 법원은 피고인들에게 유죄를 선고하였다. 피고인들은 상고하였다.

판결요지 대법원은 피고인들 상고를 기각하였다.[180)]

가. 선거운동은 국민의 참정의욕을 고취하고 선거에의 관심을 높임은 물론 선거인에게 후보자의 선택에 관한 판단의 자료를 얻을 수 있는 유력한 기회가 되는 것이다. 그러므로 선거운동의 자유 혹은 선거에 있어서의 의사표현의 자유는 최대한으로 보장되는 것이 바람직하다. 하지만 만약 선거운동이 자유라는 이름하에 무제한으로 방임될 경우에는 부당한 경쟁과 금력, 권력, 폭력 등의 개입으로 오히려 선거인의 자유의사가 왜곡되고 후보자 상호간의 실질적인 기회의 균등이 무너지는 등의 폐해가 초래될 우려가 매우 크므로 그에 대한 어느 정도의 제한은 필연적

---

180) 대법원 2004.4.27. 선고 2002도315 판결【공직선거및선거부정방지법위반・집회및시위에관한법률위반】; 대법원 판결과는 다른 관점으로 박기석, 정당행위 중 사회상규의 기능과 성립범위, 한양법학, 제24권 제2집, 한양법학회, 2013, 149－166면. "특정인을 명시하여 낙선운동을 벌인다는 것이 과격하고 지나친 정치행동으로 일견 느껴진다. 하지만 정치인은 국민을 위해 일해야 하는 공인이고, 전체 정치계가 부정부패와 무능에 빠져 있었고, 지목된 정치인들이 국민들도 공감하는 구태의연한 인물들이었다는 점을 생각하면 정당행위를 인정하는 것이 옳았을 것이다. 즉 정치계를 정화할 현실제도가 딱히 마련되어 있지 않은 상황에서 시민단체들이 실정법에 약간 위반되는 행위를 통해서라도 정치개혁을 이루고자 했던 목적의 비중을 고려한다면 사회상규에 위반되지 않는 행위로 인정하는 것이 타당했다(159면)."

이라고 할 수 있다. 이에 우리 헌법은 "국민의 자유와 권리는 그 본질적인 내용을 침해하지 않는 범위 내에서 법률로써 제한할 수 있다"고 규정(헌법 제37조 제2항)함으로써 선거운동의 자유도 '선거의 공정성의 보장'이라는 공익을 위하여 필요한 경우에는 법률로써 제한할 수 있음을 명백히 하였다.

나. 구 공직선거 및 선거부정방지법(2002. 3. 7. 법률 제6663호로 개정되기 전의 것)은 "선거의 자유와 공정성을 확보하기 위하여 이 법 또는 다른 법률의 규정에 의하여 금지 또는 제한되는 경우를 제외하고는 누구든지 자유롭게 선거운동을 할 수 있다"고 규정(헌법 제58조 제2항)하는 한편, 선거운동의 주체, 기간, 방법 등에 대하여 일정한 제한을 가하고 있다.

다. 그런데 피고인들의 공직선거 및 선거부정방지법 위반의 각 행위에 적용되는 같은 법의 각 조항들에 의한 선거운동의 제한은 의사표현의 내용 그 자체에 대한 전면적인 제한이 아니라 선거운동 과정에서 예상되는 다양한 선거운동의 방법 중에서 특히 중대한 폐해를 초래함으로써 선거의 자유와 공정을 해칠 우려가 크다고 인정되는 의사표현의 특수한 수단방법에 국한하고 있다. 또 필요·최소한의 정도를 넘지 않고 있으므로, 이러한 제한으로 인하여 기본권의 본질적 내용이 침해되는 것은 아니라고 할 것이다.

라. 피고인들이 확성장치 사용, 연설회 개최, 불법행렬, 서명날인운동, 선거운동기간 전 집회 개최 등의 방법으로 특정 후보자에 대한 낙선운동을 함으로써 공직선거 및 선거부정방지법에 의한 선거운동제한 규정을 위반한 피고인들의 같은 법 위반의 각 행위는 위법한 행위로서 허용될 수 없는 것이다.

마. 피고인들의 위 각 행위가 시민불복종운동으로서 헌법상의 기본권 행사 범위 내에 속하는 정당행위이거나 형법상 사회상규에 위반되지 아니하는 정당행위 또는 긴급피난의 요건을 갖춘 행위로 볼 수는 없다.

판결평석 대법원 판결의 결론은 타당하다. 그러나 논증순서와 논증방법에서 정밀함이 아쉽다.

형법 제20조 사회상규는 정당성·상당성·균형성·긴급성·보충성의 순서로 논증하면 될 것이다. 만약 어느 하나라도 충족하지 못하면 사회상규에 위배되는 것이다. 그러나 이 사건은 사회상규 다섯 가지 요건 중 정당성·상당성·균형성·긴급성·보충성이 모두 충족되지 않는다. 형법 제20조 정당행위에 해당되지 않는다.

대법원 판결을 다음 순서로 더 명확하게 논증할 수 있다. ① 행위목적과 행위동기 정당성(특정 후보자에 대한 낙선운동 -), ② 행위수단과 행위방법 상당성(확성장치 사용, 연설회 개최, 불법행렬, 서명날인운동, 선거운동기간 전 집회 개최 -), ③ 보호이익과 침해이익 법익균형성(선거의 공정성, 시민불복종운동으로서 헌법상의 기본권 행사 -), ④ 긴급성(없음 -, 공직선거 및 선거부정방지법에 의한 선거운동제한 규정을 위반), ⑤ 다른 수단과 다른 방법이 없는 보충성(다른 수단이나 방법 존재 -)이다.

확성장치 사용, 연설회 개최, 불법행렬, 서명날인운동, 선거운동기간 전 집회 개최 등의 방법으로 특정 후보자에 대한 낙선운동은 구 공직선거 및 선거부정방지법(2002. 3. 7. 법률 제6663호로 개정되기 전의 것) 제58조 제2항 위반죄가 성립한다. 형법 제20조 정당행위에 해당하지 않는다. 법령 위반뿐만 아니라 사회상규에 위배되기 때문이다. 정당성·상당성·균형성·긴급성·보충성을 모두 충족하지 않는다. 법질서 전체 정신·사회윤리·사회통념 관점에서 보면, 잘못된 행위이며, 이익이 되지 않는 행위이다. 또한 형법 제21조 제1항 정당화적 긴급피난에 해당하지 않는다. 긴급피난의 상황과 상당성(보충성, 균형성, 적합성)이 없기 때문이다. 다른 위법성조각사유도 없다.

③ 김구 선생 암살범 응징 사건 【시사판례】

사실관계 피고인은 백범 김구 선생 암살범을 응징한다는 이유로 안○희를 살해하였다.

재판진행 검사는 피고인을 형법 제250조 제1항 살인죄로 기소하였다. 제1심 법원과 제2심 법원은 피고인에게 유죄를 인정하였다. 피고인은 상고하였다.

판결요지 대법원은 피고인 상고를 기각하였다.[181]

가. 어떠한 행위가 형법 제20조 소정의 사회상규에 위배되지 않는 행위로 판단되기 위하여서는 그 범행의 동기, 행위자의 의사, 목적과 수단의 정당성, 그로 인한 법익침해의 정도 등을 종합적으로 고려하여 사회통념상 용인될 정도의 상당성이 있다고 인정되어야 한다. 그와 같은 판단에는 법질서 전체의 정신이나 그 배후에 놓여 있는 사회윤리가 그 판단의 기준이 되어야 할 것이다.

나. 피고인이 백범 김구의 암살범인 안○희를 살해한 범행의 동기나 목적은 주관적으로는 정당성을 가진다고 하더라도 우리 법질서 전체의 관점에서는 사회적으로 용인될 수 있을 만한 <u>정당성을 가진다고 볼 수 없다.</u>

다. 나아가 피고인은 그 처단의 방법으로 살인을 선택하였으나 우리나라의 현재 상황이 위 안○희를 살해하여야 할 만큼 <u>긴박한 상황이라고 볼 수 없다.</u>

라. 민족정기를 세우기 위하여서는 위 안○희를 살해하지 아니하면 안 된다는 필연성이 있다고 받아들이기도 어렵다.

마. 그러므로 결국 피고인의 각 범행이 사회상규에 위배되지 아니하는 행위로서 정당행위에 해당한다고 볼 수 없는 것이라고 판단한 원심판결을 수긍한다.

판결평석 대법원 판결은 결론·논증순서·논증방법에서 타당하다.

형법 제20조 사회상규는 정당성·상당성·균형성·긴급성·보충성의 순서로 논증하면 될 것이다. 만약 어느 하나라도 충족하지 못하면 사회상규에 위배되는 것이다. 그러나 이 사건은 사회상규 다섯 가지 요건 중 정당성·상당성·균형성·긴급성·보충성이 모두 충족되지 않는다. 형법 제20조 정당행위에 해당되지 않는다.

대법원 판결을 다음 순서로 더 명확하게 논증할 수 있다. ① 행위목적과 행위동기 정당성(민족정기 회복, 백범 김구의 암살범인 안○희를 살해한 범행의 동기나 목적은 주관적으로는 정당성을 가진다고 하더라도

---

181) 대법원 1997.11.14. 선고 97도2118 판결 【살인·폭력행위등처벌에관한법률위반】

우리 법질서 전체의 관점에서는 사회적으로 용인될 수 있을 만한 정당성을 가진다고 볼 수 없다 -), ② 행위수단과 행위방법 상당성(살인 -), ③ 보호이익과 침해이익 법익균형성(민족정기와 생명 -), ④ 긴급성(우리나라의 현재 상황이 위 안○희를 살해하여야 할 만큼 긴박한 상황이라고 볼 수 없을 뿐만 아니라 민족정기를 세우기 위하여서는 위 안○희를 살해하지 아니하면 안 된다는 필연성이 있다고 받아들이기도 어렵다 -), ⑤ 다른 수단과 다른 방법이 없다는 보충성(다른 수단이나 방법이 있다 -)이다.

백범 김구 선생 암살범을 응징한다는 이유로 안○희를 살해한 행위는 형법 제250조 제1항 살인죄가 성립한다. 형법 제20조 정당행위에 해당하지 않는다. 법령 위반뿐만 아니라 사회상규에 위배되기 때문이다. 정당성·상당성·균형성·긴급성·보충성을 모두 충족하지 않는다. 법질서 전체 정신·사회윤리·사회통념 관점에서 보면, 잘못된 행위이며, 이익이 되지 않는 행위이다. 다른 위법성조각사유도 없다. 대법원은 민족정기 회복도 적법절차를 준수해야 한다는 점을 명백히 판시하였다.

④ 안기부 X파일 보도 사건 【시사판례】

사실관계   이 사건 도청자료는 전 국가안전기획부 내 정보수집기관인 ○○팀이 1997. 4. 9., 같은 해 9. 9. 및 같은 해 10. 7. 당시 공소외 1 ○○그룹 회장비서실장과 공소외 2 ○○일보 사장 사이에 호텔 식당 등에서 이루어진 사적 대화를 불법 녹음하여 생성한 녹음테이프와 녹취보고서이다. 1997년 제15대 대통령 선거를 앞두고 여야 후보 진영에 대한 ○○그룹 측의 정치자금 지원 문제 및 정치인과 검찰 고위관계자에 대한 이른바 추석 떡값 지원 문제 등을 논의한 대화가 담겨 있다. ○○팀장이었던 공소외 3은 이 사건 도청자료를 임의로 반출하여 자신의 집에 보관하고 있다가 1999. 9.경 당시 집권당 인사와의 친분을 내세우며 ○○그룹 관련 정보의 제공을 요구하였던 공소외 4에게 이를 넘겨주었다.

그 후 공소외 4는 2004. 12.경 주식회사 ○○방송(이하 '○○방송'이라고만 한다)의 기자인 피고인 1을 만난 자리에서 위 녹취보고서를 건네주면서 과거 국가안전기획부에서 불법 녹음한 것인데 그 무렵 주미대사로 임명된 공소외 2의 과거 비리를 폭로하기 위한 것이라고 하였다.

위 피고인은 ○○방송의 간부들과 상의한 결과 녹음테이프 없이 녹취보고서만으로는 이 사건 도청자료를 보도할 수 없다고 결론짓고 미국으로 건너가 공소외 4를 만나 취재 사례비조로 우선 1,000달러를 지급하면서 추가로 ○○방송에서 취재비 명목으로 1만 달러를 지급할 것이라고 말한 후, 그와 함께 귀국하여 그로부터 위 녹음테이프를 교부받았다.

위 피고인은 위 녹음테이프를 복사한 다음 그 녹음된 음성의 성문분석을 위하여 공소외 4와 함께 다시 미국으로 건너가 확인 작업을 마친 후 그 녹취록을 작성하였다.

그런데 2005. 2.경부터 위 피고인이 이른바 '엑스파일'을 입수하였다는 소문이 언론계에 퍼지기 시작하자, 그 무렵 ○○방송은 '안기부 엑스파일' 관련 특별취재팀을 구성하여 국가안전기획부 직원이었던 공소외 5를 찾아가는 등 이 사건 도청자료의 출처를 추적하는 한편, 그 내용의 보도에 따른 법률검토에 착수하여 ○○방송 고문변호사들로부터는 보도의 내용이 공익에 관한 것이고 국민의 알권리에 해당하는 것이어서 문제가 없다는 답변을 들었으나, 자문을 구한 다른 변호사들 기타 법조 관계인들로부터는 통신비밀보호법에 저촉될 수도 있다는 취지의 답변을 듣게 되자 그 보도를 보류하기에 이르렀다.

그러던 중 2005. 6.경 인터넷 언론매체에서 '○○○와 피고인 1 기자는 침묵을 깰 때'라는 기사를 게재하여 이 사건 도청자료와 관련한 문제를 제기하였고, 같은 해 7월경에는 ○○일보와 ○○일보 등이 각기 이 사건 도청자료의 존재와 그 내용에 관하여 비실명 요약보도의 형식으로 기사를 게재하자, ○○방송도 이 사건 도청자료를 보도하기로 결정하였다.

그런데 이 사건 불법 녹음의 피해자인 공소외 2와 공소외 1이 ○○방송을 상대로 이 사건 도청자료와 관련된 일체의 보도를 하지 말 것을 구하는 방송금지가처분을 신청하였고, 이에 서울남부지방법원은 '위 녹음테이프 원음을 직접 방송하거나 녹음테이프에 나타난 대화 내용을 그대로 인용하거나 실명을 직접 거론하는 등의 방법으로 방송 등을 하지 말 것'을 내용으로 하는 가처분결정을 하였다.

이에 따라 ○○방송은 2005. 7. 21. '9시 뉴스데스크' 프로그램을 통하여 '모 ○○일간지 사주와 대기업 고위관계자 간의 대화 내용이 담긴 녹음테이프를 입수하였다는 것, 위 녹음테이프에는 대기업이 1997년 대선 당시 여야 후보 진영에 로비를 하고 정치인과 검찰 고위관계자에게 대규모로 추석 떡값을 보낼 리스트를 검토하는 내용이 담겨 있다는 것, 가처분결정의 취지에 따라 당사자의 실명과 육성을 공개하지 않는다는 것'을 보도하는 수준에 그쳤다가, 그 다음날인 7월 22일부터 후속보도로 이 사건 도청자료를 입수하게 된 경위와 그 수록 내용을 대선자금 제공, 여야 로비, 검찰 고위인사 관리 등으로 세분하여 상세히 보도하면서 대화 당사자와 대화에 등장하는 정치인들의 실명을 공개하였다.

한편 제15대 대통령 선거 당시 기업들이 정치권에 대선자금을 제공한 것과 관련하여 위 보도 이전에 이미 수사가 이루어졌다.

재판진행 검사는 피고인을 [1] 형법 제20조, 통신비밀보호법 제3조 제1항, 제16조 제1항 제1호, 제2호, 헌법 제18조, 제21조, 제37조 제2항/ [2] 형법 제20조, 제30조, 통신비밀보호법 제3조 제1항, 제16조 제1항 제1호, 제2호 위반죄로 기소하였다. 제1심 법원은 피고인에게 무죄를 선고하였고, 제2심 법원은 피고인에게 유죄(징역 1년과 선고유예 판결)를 선고하였다. 피고인이 상고하였다. 상고이유는 "형법 제20조 업무로 인한 행위에 해당하며 범죄가 성립하지 않는다"는 것이었다.

판결요지 대법원은 피고인 상고를 기각하였다.[182]

가. 통신비밀보호법은 같은 법 및 형사소송법 또는 군사법원법의 규정에 의하지 아니한 우편물의 검열 또는 전기통신의 감청, 공개되지 아니한 타인 간의 대화의 녹음 또는 청취행위 등 통신비밀에 속하는 내용을 수집하는 행위(이하 이러한 행위들을 '불법 감청·녹음 등'이라고 한다)를 금지하고 이를 위반한 행위를 처벌하는 한편(제3조 제1항, 제16조 제1항 제1호), 불법 감청·녹음 등에 의하여 수집된 통신 또는 대화의 내용을 공개하거나 누설하는 행위를 동일한 형으로 처벌하도록 규정하고 있다(제16조 제1항 제2호).

나. 이와 같이 통신비밀보호법이 통신비밀의 공개·누설행위를 불법 감청·녹음 등의 행위와 똑같이 처벌대상으로 하고 법정형도 동일하게 규정하고 있는 것은, 통신비밀의 침해로 수집된 정보의 내용에 관계없이 정보 자체의 사용을 금지함으로써 당초 존재하지 아니하였어야 할 불법의 결과를 용인하지 않겠다는 취지이고, 이는 불법의 결과를 이용하여 이익을 얻는 것을 금지함과 아울러 그러한 행위의 유인마저 없애겠다는 정책적 고려에 기인한 것이다.

다. 불법 감청·녹음 등에 관여하지 아니한 언론기관이, 그 통신 또는 대화의 내용이 불법 감청·녹음 등에 의하여 수집된 것이라는 사정을 알면서도 이를 보도하여 공개하는 행위가 형법 제20조의 정당행위로서 위법성이 조각된다고 하기 위해서는, 첫째 보도의 목적이 불법 감청·녹음 등의 범죄가 저질러졌다는 사실 자체를 고발하기 위한 것으로 그 과정에서 불가피하게 통신 또는 대화의 내용을 공개할 수밖에 없는 경우이거나, 불법 감청·녹음 등에 의하여 수집된 통신 또는 대화의 내용이 이를 공개하지 아니하면 공중의 생명·신체·재산 기타 공익에 대한 중대한 침해가 발생할 가능성이 현저한 경우 등과 같이 비상한 공적 관심의 대상이 되는 경우에 해당하여야 하고, 둘째 언론기관이 불법 감청·녹음 등의 결과물을 취득할 때 위법한 방법을 사용하거나 적극적·주도적으로 관여하여서는 아니 되며, 셋째 보도가 불법 감청·녹음 등의 사실을 고발하거나 비상한 공적 관심사항을 알리기 위한 목적

---

182) 대법원 2011.3.17. 선고 2006도8839 전원합의체 판결 【통신비밀보호법위반】 불법 감청·녹음 사건.

을 달성하는 데 필요한 부분에 한정되는 등 통신비밀의 침해를 최소화하는 방법으로 이루어져야 하고, 넷째 언론이 그 내용을 보도함으로써 얻어지는 이익 및 가치가 통신비밀의 보호에 의하여 달성되는 이익 및 가치를 초과하여야 한다.

라. 여기서 이익의 비교·형량은, 불법 감청·녹음된 타인 간의 통신 또는 대화가 이루어진 경위와 목적, 통신 또는 대화의 내용, 통신 또는 대화 당사자의 지위 내지 공적 인물로서의 성격, 불법 감청·녹음 등의 주체와 그러한 행위의 동기 및 경위, 언론기관이 불법 감청·녹음 등의 결과물을 취득하게 된 경위와 보도의 목적, 보도의 내용 및 보도로 인하여 침해되는 이익 등 제반 사정을 종합적으로 고려하여 정하여야 한다.[183]

마. 방송사 기자인 피고인이, 구 국가안전기획부 내 정보수집팀이 대기업 고위관계자와 모 ○○일간지 사주 간의 사적 대화를 불법 녹음하여 생성한 녹음테이프와 녹취보고서로서, 1997년 제15대 대통령 선거를 앞두고 위 대기업의 여야 후보 진영에 대한 정치자금 지원 문제 및 정치

---

183) [대법관 박시환, 대법관 김지형, 대법관 이홍훈, 대법관 전수안, 대법관 이인복의 반대의견] (가) 언론의 자유는 개인이 언론활동을 통하여 자기의 인격을 형성하는 개인적 가치인 자기실현의 수단임과 동시에 사회구성원으로서 평등한 배려와 존중을 기본원리로 공생·공존관계를 유지하고 정치적 의사결정에 참여하는 사회적 가치인 자기통치를 실현하는 수단이 되는 핵심적 기본권이다. 언론기관의 통신비밀 보도행위의 위법성 여부를 둘러싸고 우열관계를 가리기 어려운 기본권인 통신의 비밀 보호와 언론의 자유가 서로 충돌하는 경우에는 추상적인 이익형량에 의하여 양자택일식으로 어느 하나의 기본권만을 쉽게 선택하고 나머지를 희생시켜서는 안 되며, 충돌하는 기본권이 모두 최대한 실현될 수 있는 조화점을 찾도록 노력하되 개별 사안에서 언론의 자유로 얻어지는 이익 및 가치와 통신의 비밀 보호에 의하여 달성되는 이익 및 가치를 형량하여 규제의 폭과 방법을 정하고 그에 따라 최종적으로 보도행위가 정당행위에 해당하는지 여부를 판단하여야 할 것이다. 그리고 이와 같은 이익형량을 함에 있어서는 통신비밀의 취득과정, 보도의 목적과 경위, 보도에 의하여 공개되는 통신비밀의 내용, 보도 방법 등을 종합적으로 고려하여야 한다. (나) 불법 감청·녹음 등에 관여하지 아니한 언론기관이 이를 보도하여 공개하는 경우에, 그 보도를 통하여 공개되는 통신비밀의 내용이 중대한 공공의 이익과 관련되어 공중의 정당한 관심과 여론의 형성을 요구할 만한 중요성을 갖고 있고, 언론기관이 범죄행위나 선량한 풍속 기타 사회질서에 반하는 위법한 방법에 의하여 통신비밀을 취득한 경우에 해당하지 아니하며, 보도의 방법에서도 공적 관심사항의 범위에 한정함으로써 그 상당성을 잃지 않는 등 그 내용을 보도하여 얻어지는 이익 및 가치가 통신비밀의 보호에 의하여 달성되는 이익 및 가치를 초과한다고 평가할 수 있는 경우에는 형법 제20조 소정의 정당행위로서 이를 처벌의 대상으로 삼을 수 없다고 할 것이다. 여기서 어떠한 경우에 통신비밀의 내용이 그 공개가 허용되어야 하는 중대한 공공의 이익과 관련된 것으로 보아야 할 것인지는 일률적으로 정할 수 없고, 그 내용이 사회에 미치는 영향력과 파급효과, 통신 또는 대화 당사자의 사회적 지위·활동 내지 공적 인물로서의 성격 여부, 그 공개로 인하여 얻게 되는 공익 등을 종합적으로 고려하여 정하여야 할 것이다.

인과 검찰 고위관계자에 대한 이른바 추석 떡값 지원 문제 등을 논의
한 대화가 담겨 있는 도청자료를 입수한 후 그 내용을 자사의 방송프
로그램을 통하여 공개한 사안이다.

바. 피고인이 국가기관의 불법 녹음을 고발하기 위하여 불가피하게 위 도청
자료에 담겨있던 대화 내용을 공개하였다고 보기 어렵고, 위 대화가 보
도 시점으로부터 약 8년 전에 이루어져 그 내용이 보도 당시의 정치질
서 전개에 직접적인 영향력을 미친다고 보기 어려운 사정 등을 고려할
때 위 대화 내용이 <u>비상한 공적 관심의 대상이 되는 경우에 해당한다
고 보기도 어렵다.</u>

사. 피고인이 위 도청자료의 취득에 <u>적극적·주도적으로 관여하였다고 보
는 것이 타당하고,</u> 이를 보도하면서 대화 당사자들의 실명과 구체적인
대화 내용을 그대로 공개함으로써 수단이나 방법의 상당성을 결여하였
다.

아. 위 보도와 관련된 모든 사정을 종합하여 볼 때 위 <u>보도에 의하여 얻어
지는 이익 및 가치가</u> 통신비밀이 유지됨으로써 얻어지는 이익 및 가치
보다 <u>우월하다고 볼 수 없다는</u> 이유로, 피고인의 위 공개행위가 형법
제20조의 정당행위에 해당하지 않는다.[184]

판결평석 이 판례는 세간에 주목을 끌었던 전원합의체 판결이다. 다
수의견 8과 소수의견 5로 나누어져 형법 제20조 사회상규에 대한 논
란이 극대화된 판례이다. 대법원의 다수의견과 소수의견은 논증순서

---

184) [대법관 박시환, 대법관 김지형, 대법관 이홍훈, 대법관 전수안, 대법관 이인복의 반대의
견] 위 사안에서, 도청자료에 담겨 있던 대화 내용은 1997년 대통령 선거 당시 여야 대
통령후보 진영에 대한 대기업의 정치자금 지원 문제와 정치인 및 검찰 고위관계자에 대
한 이른바 추석 떡값 등의 지원 문제로서 매우 중대한 공공의 이익과 관련되어 있고, 위
대화가 보도 시점으로부터 약 8년 전에 이루어졌으나 재계와 정치권 등의 유착관계를 근
절할 법적·제도적 장치가 확립되었다고 보기 어려운 정치 환경 등을 고려할 때 시의성
이 없다고 할 수 없으며, 피고인이 위 도청자료를 취득하는 과정에서 위법한 방법을 사
용하지 아니하였고, 보도 내용도 중대한 공공의 이익과 직접적으로 관련된 것만을 대상
으로 하였으며, 보도 과정에서 대화 당사자 등의 실명이 공개되기는 하였으나 대화 내용
의 중대성이나 대화 당사자 등의 공적 인물로서의 성격상 전체적으로 보도 방법이 상당
성을 결여하였다고 볼 수 없고, 위 불법 녹음의 주체 및 경위, 피고인이 위 도청자료를
취득하게 된 과정, 보도에 이르게 된 경위와 보도의 목적·방법 등 모든 사정을 종합하
여 볼 때 위 보도에 의하여 얻어지는 이익이 통신의 비밀이 유지됨으로써 얻어지는 이익
보다 우월하다는 이유로, 피고인의 위 보도행위는 형법 제20조의 사회상규에 위배되지
아니하는 정당행위에 해당하고, 이와 달리 본 원심판단에 정당행위의 의미와 한계에 관
한 법리오해의 위법이 있다고 한 사례.

와 논증방법이 명확하지만, 결론에서 소수의견이 더 타당하다고 생각한다.

형법 제20조 사회상규는 정당성·상당성·균형성·긴급성·보충성의 순서로 논증하면 될 것이다. 만약 어느 하나라도 충족하지 못하면 사회상규에 위배되는 것이다. 그러나 이 사건은 사회상규 다섯 가지 요건을 모두 충족한다고 볼 수 있기 때문에 형법 제20조 정당행위에 해당한다.

대법원 판결을 다음 순서로 더 명확하게 논증할 수 있다. ① 행위목적과 행위동기 정당성(**국민의 알권리와 언론의 자유**: 1997년 제15대 대통령 선거를 앞두고 대기업의 여야 후보 진영에 대한 정치자금 지원 문제 및 정치인과 검찰 고위관계자에 대한 이른바 추석 떡값 지원 문제 등을 논의한 대화가 담겨 있는 도청자료에 대한 언론보도 +), ② 행위수단과 행위방법 상당성(**언론기관의 통신비밀 보도행위**: 언론기관이 범죄행위나 선량한 풍속 기타 사회질서에 반하는 위법한 방법에 의하여 통신비밀을 취득한 경우에 해당하지 아니하며, 보도의 방법에서도 공적 관심사항의 범위에 한정함으로써 그 상당성을 잃지 않음 +), ③ 보호이익과 침해이익 법익균형성(**중대한 공공의 이익**과 개인의 통신비밀의 이익과 가치: 보도 내용도 중대한 공공의 이익과 직접적으로 관련된 것만을 대상으로 하였으며, 보도 과정에서 대화 당사자 등의 실명이 공개되기는 하였으나 대화 내용의 중대성이나 대화 당사자 등의 공적 인물로서의 성격상 전체적으로 보도 방법이 상당성을 결여하였다고 볼 수 없고, 위 불법 녹음의 주체 및 경위, 피고인이 위 도청자료를 취득하게 된 과정, 보도에 이르게 된 경위와 보도의 목적·방법 등 모든 사정을 종합하여 볼 때 위 보도에 의하여 얻어지는 이익이 통신의 비밀이 유지됨으로써 얻어지는 이익보다 우월하다 +), ④ 긴급성(**15대 대선에 영향을 줄 정도의 민주적 의사형성**: 위 대화가 보도 시점으로부터 약 8년 전에 이루어졌으나 재계와 정치권 등의 유착관계를 근절할 법적·제도적 장치가 확립되었다고 보기 어려운 정치 환경 등을 고려할 때 시의성이 없다고 할 수 없다), ⑤ 다른 수단과 다른 방법이 없다는 보충성(**언론으로서는 보도 외는 다른 방법이 없음** +)이다.

방송사 기자인 피고인이, 구 국가안전기획부 정보수집팀이 타인 간의 사적 대화를 불법 녹음하여 생성한 도청자료인 녹음테이프와 녹취보고서를 입수한 후 이를 자사의 방송프로그램을 통하여 공개한 행위는 형법 제20조 사회상규 다섯 가지 요건 중 정당성·상당성·균형성·긴급성·보충성을 모두 충족한다고 본다. 따라서 형법 제20조 정당행위에 해당한다. 필자는 이 판례는 오판이라고 생각한다.[185]

추가평석

가. 대법원 다수의견은 "첫째 보도의 목적이 불법 감청·녹음 등의 범죄가 저질러졌다는 사실 자체를 고발하기 위한 것으로 그 과정에서 불가피하게 통신 또는 대화의 내용을 공개할 수밖에 없는 경우이거나, 불법 감청·녹음 등에 의하여 수집된 통신 또는 대화의 내용이 이를 공개하지 아니하면 공중의 생명·신체·재산 기타 공익에 대한 중대한 침해가 발생할 가능성이 현저한 경우 등과 같이 비상한 공적 관심의 대상이 되는 경우에 해당하여야 한다"고 판시하고 있다. **그러나 이 보도의 경우 기타 공익에 해당하며 민주주의에 대한 중대한 침해가 발생할 가능성이 현저한 경우이며 비상한 공적 관심의 대상이 되는 경우에 해당한다고 볼 수 있다.**

나. "둘째 언론기관이 불법 감청·녹음 등의 결과물을 취득할 때 위법한 방법을 사용하거나 적극적·주도적으로 관여하여서는 아니된다"고 판시하고 있다. **그러나 이 보도의 경우 언론기관이 불법 감청·녹음 등의 결과물을 취득하기 위해 ○○팀과 사전 공모한 적이 없기 때문에 위법한 방법을 사용하거나 적극적·주도적으로 관여한 것으로 볼 수도 없고, 자료입수에 금품을 제공한 것은 언론사의 규정에 따른 적법한 대가 제공이라고 볼 수 있다. 그 금액 또한 사건의 특수성과 언론의 취재지원에 상응하는 금액이라고 볼 수 있다.**

---

185) 읽어 볼만한 평석논문으로 조국, '삼성 X파일'보도 및 공개사건 판결 비판, 형사법연구 제24권 제1호, 한국형사법학회, 2012, 271-295면 참조; 조국, MBC 이상호 기자의 '삼성 X파일'의 보도 사건, 법률신문 제4010호, 2012년 2월 23일자, 11면; 신동운, 비밀녹음 보도와 정당행위 주장(안기부 X파일 사건), 판례분석 신형사소송법, 제2판, 법문사, 2012, 99-105면; 박기석, 정당행위 중 사회상규의 기능과 성립범위, 한양법학, 제24권 제2집, 한양법학회, 2013, 149-166면(159-160면).

다. "셋째 보도가 불법 감청·녹음 등의 사실을 고발하거나 비상한 공적 관심사항을 알리기 위한 목적을 달성하는 데 필요한 부분에 한정되는 등 통신비밀의 침해를 최소화하는 방법으로 이루어져야 한다"고 판시하고 있다. **그러나 이 보도의 경우 법 감청·녹음 등의 사실을 고발하거나 비상한 공적 관심사항을 알리기 위한 목적을 달성하는 데 필요한 부분에 한정되는 등 통신비밀의 침해를 최소화하는 방법으로 이루어진 것으로 볼 수 있다.**

라. "넷째 언론이 그 내용을 보도함으로써 얻어지는 이익 및 가치가 통신비밀의 보호에 의하여 달성되는 이익 및 가치를 초과하여야 한다. 여기서 이익의 비교·형량은, 불법 감청·녹음된 타인 간의 통신 또는 대화가 이루어진 경위와 목적, 통신 또는 대화의 내용, 통신 또는 대화 당사자의 지위 내지 공적 인물로서의 성격, 불법 감청·녹음 등의 주체와 그러한 행위의 동기 및 경위, 언론기관이 불법 감청·녹음 등의 결과물을 취득하게 된 경위와 보도의 목적, 보도의 내용 및 보도로 인하여 침해되는 이익 등 제반 사정을 종합적으로 고려하여 정하여야 한다"고 판시하고 있다. **그러나 이 보도의 경우 불법감청의 불법성과 민주주의 파괴행위에 대한 보도이기 때문에 사적 대화보다 우선한다고 생각한다. 중대한 공익적 내용이 사소한 사적 내용보다 우위에 있기 때문이다.**

마. 따라서 대법원 다수의견의 논지인 "피고인이 국가기관의 불법 녹음을 고발하기 위하여 불가피하게 위 도청자료에 담겨있던 대화 내용을 공개하였다고 보기 어렵다. 위 대화가 보도 시점으로부터 약 8년 전에 이루어져 그 내용이 보도 당시의 정치질서 전개에 직접적인 영향력을 미친다고 보기 어려운 사정 등을 고려할 때 위 대화 내용이 비상한 공적 관심의 대상이 되는 경우에 해당한다고 보기도 어렵다. 피고인이 위 도청자료의 취득에 적극적·주도적으로 관여하였다고 보는 것이 타당하고, 이를 보도하면서 대화 당사자들의 실명과 구체적인 대화 내용을 그대로 공개함으로써 수단이나 방법의 상당성을 결여하였다. 위 보도와 관련된 모

든 사정을 종합하여 볼 때 위 보도에 의하여 얻어지는 이익 및 가치가 통신비밀이 유지됨으로써 얻어지는 이익 및 가치보다 우월하다고 볼 수 없다. 이러한 이유로, 피고인의 위 공개행위가 형법 제20조의 정당행위에 해당하지 않는다"는 설명은 설득력이 없다.

바. 도청자료를 입수하게 된 경위와 그 수록 내용을 대선자금 제공, 여야 로비, 검찰 고위인사 관리 등으로 세분하여 상세히 보도하면서 대화 당사자와 대화에 등장하는 정치인들의 실명을 공개한 행위는 정당성·상당성·균형성·긴급성·보충성을 모두 충족한다. 형법 제20조 사회상규에 위배되지 않는다. 위법성이 조각되어 무죄다. 법질서 전체 정신·사회윤리·사회통념 관점에서 보면, 옳은 행위이며, 이익이 되는 행위이다. 민주주의 가치와 언론자유의 가치를 정당하게 평가해야 한다. 구체적인 사정 아래서 합목적적·합리적으로 고찰하여 개별적으로 판단할 때 논리구조가 명확해야 한다. 중대한 공익이 사적 비밀보다 우위에 있다.

⑤ 안기부 X파일 국회의원 홈페이지 게재 사건【시사판례】

(사실관계) 이 사건 도청자료는 1997년 9월경 공소외 1과 공소외 2가 검찰 고위 관계자에 대한 이른바 추석 떡값 지원 문제 등을 논의한 대화를 담고 있다. 2005년 7월경 언론매체를 통하여 이 사건 도청자료 중 관련 검사들의 실명을 제외한 대부분의 내용이 언론매체를 통하여 공개되었다. 피고인은 2005년 8월경 신원미상자의 제보를 통하여 이 사건 도청자료를 입수한 후 국회의원으로서 검찰의 금품 수수 진위에 대한 수사 촉구 및 특별검사제 도입에 관한 사회 여론을 조성할 목적으로 이 사건 보도자료를 작성하여 2005. 8. 18. 자신의 인터넷 홈페이지에 게재하였다.

이 사건 보도자료의 주된 내용은 "○○이 명절 때마다 검사들에게 떡값을 제공하는 등 지속적으로 검사들을 관리하여 왔다"는 것이다. 구체적인 내용을 보면 이 사건 도청자료에 담겨 있던 공소외 1과 공소외 2의 대화 내용과 관련 검사들의 실명이 그대로 적시되어 있을 뿐만 아니라, 이 사건 도청자료에서 직책만 언급되었고 실명은 거론되지 아니한 '지검장'이 누구인지를 특정하여 그 실명을 적시한 사실을 알 수 있다.

재판진행 검사는 피고인 인터넷 홈페이지 게재에 의한 통신비밀 공개행위에 대해 피고인을 명예훼손죄·통신비밀보호법 제3조 제1항·제16조 제1항 제1호·제2호 위반죄로 기소하였다. 제1심 법원186)은 피고인에게 명예훼손·통신비밀보호법위반의 점에 대해 모두 유죄를 선고하였다. 그러나 제2심 법원187)은 원심판결을 파기하였다. 공소사실 중 인터넷 홈페이지 게재에 의한 명예훼손·통신비밀보호법위반의 점은 각 무죄를 선고하였고, 보도자료 배포에 의한 통신비밀보호법위반의 점에 관한 공소를 기각하였다. 검사가 상고하였다.

판결요지 대법원은 원심을 파기 환송하였다.188)

가. 피고인이 국가기관의 불법 녹음 자체를 고발하기 위하여 불가피하게 이 사건 도청자료에 담겨 있던 대화 내용을 공개한 것이 아님은 분명하다. 또한 위 대화의 시점은 이 사건 공개행위시로부터 8년 전의 일로서, 이를 공개하지 아니하면 공익에 대한 중대한 침해가 발생할 가능성이 현저한 경우로서 비상한 공적 관심의 대상이 되는 경우에 해당한다고

---

186) 서울중앙지방법원 2009.2.9. 선고 2007고단2378 판결. 원심에서 적법하게 채택·조사된 증거들에 의해, 다음과 같은 이유로 위 공소사실을 모두 유죄로 인정하고 피고인에게 징역 6월에 집행유예 2년, 자격정지 1년을 선고하였다. ① 피고인은 의견이나 추상적 판단을 단정적으로 표현한 데 불과한 것이 아니라 '사실'을 적시한 것이다. ② 피고인은 적시한 사실이 허위라는 점에 대한 인식이 있었다. ③ 이 사건 처벌법규인 통신비밀보호법 제16조 제1항 제2호는 헌법에 위반되지 않는다. ④ 피고인의 행위는 형법 제20조의 정당행위에 해당하지 않는다. ⑤ 피고인의 행위는 국회의원의 면책특권 대상에 해당하지 않는다.

187) 서울중앙지방법원 2009.12.4. 선고 2009노520 판결【통신비밀보호법위반·명예훼손】이 사건 공소사실에 나타난 피고인의 행위는 이 사건 보도자료를 기자들에게 배포한 것과 인터넷에 게재한 것 두 가지로 나눌 수 있으며, 위 두 행위는 별개의 행위로 보아야 한다. 따라서 보도자료 배포에 의한 명예훼손·통신비밀법위반의 점이 상상적 경합관계로 1죄를 구성하고, 인터넷 홈페이지 게재에 의한 명예훼손·통신비밀보호법위반의 점이 상상적 경합관계로서 별개의 1죄를 구성하며, 위 두 죄는 형법 제37조 전단의 경합범 관계에 있다.).

188) 대법원 2011.5.13. 선고 2009도14442 판결【통신비밀보호법위반·명예훼손】

보기 어렵다.

나. 한편 피고인이 검찰의 수사를 촉구할 목적으로 이 사건 보도자료를 자신의 인터넷 홈페이지에 게재하였다고는 하나, 이미 언론매체를 통하여 그 전모가 공개된 데다가 국회의원이라는 피고인의 지위에 기하여 수사기관에 대한 수사의 촉구 등을 통하여 그 취지를 전달함에 어려움이 없었음에도 굳이 전파성이 강한 인터넷 매체를 이용하여 불법 녹음된 대화의 상세한 내용과 관련 당사자의 실명을 그대로 공개한 행위는 그 방법의 상당성을 결여한 것으로 보아야 할 것이다.

다. 나아가 피고인의 이 사건 공개행위가 재계와 검찰의 유착관계를 고발하고 이에 대한 수사를 촉구한다는 점에서 공익적인 측면을 갖고 있다고 하더라도, 이러한 공익적 효과는 이미 언론의 보도를 통하여 상당 부분 달성된 바로서, 위 대화의 내용이 이를 공개하지 아니하면 공익에 중대한 침해가 발생할 가능성이 현저한 경우라고 보기 어려운 터에 굳이 인터넷 홈페이지 게재라고 하는 새로운 방식의 공개를 통하여 위 대화의 직접 당사자나 위 대화에 등장하는 관련자들에게 그로 인한 추가적인 불이익의 감수까지 요구할 수는 없다고 할 것이다.

라. 이와 같은 사정에 앞서 본 이 사건 공개행위의 목적과 방법 등 모든 사정을 종합하여 보면, 이 사건 공개행위에 의하여 얻어지는 이익 및 가치가 통신비밀이 유지됨으로써 얻어지는 이익 및 가치를 초월한다고 볼 수 없다.

마. 그렇다면 설사 피고인이 이 사건 도청자료를 취득하는 과정에 위법한 점이 없었다고 하더라도 이를 내용으로 하는 이 사건 보도자료를 인터넷 홈페이지에 게재함으로써 통신비밀을 공개한 행위는 형법 제20조의 정당행위로서 위법성이 조각되는 경우에 해당한다고 볼 수 없다.

판결평석 이 판례도 안기부 X파일 ○○방송 보도 사건과 함께 세간에 주목을 끌었던 판결이다. 대법원 판결은 논증순서와 논증방법에서 타당하다. 그러나 결론은 동의하기 어렵다. 형법 제20조 사회상규는 정당성 · 상당성 · 균형성 · 긴급성 · 보충성의 순서로 논증하면 될 것이다. 만약 어느 하나라도 충족하지 못하면 사회상규에 위배되는 것이다. 그러나 이 사건은 사회상규 다섯 가지 요건 중 정당성 · 상당성·균형성·긴급성·보충성이 모두 충족된다. 형법 제20조 정당행위에 해당한다.

대법원 판결을 다음 순서로 더 명확하게 논증할 수 있다. ① 행위목적과 행위동기 정당성(국회의원으로서 검찰의 금품 수수 진위에 대한 수사 촉구 및 특별검사제 도입에 관한 사회 여론을 조성할 목적 +), ② 행위수단과 행위방법 상당성(이 사건 보도자료를 작성하여 자신의 인터넷 홈페이지에 게재 +), ③ 보호이익과 침해이익 법익균형성(중대한 공공의 이익과 개인의 통신비밀의 이익과 가치: 인터넷 게재 내용이 중대한 공공의 이익과 직접적으로 관련된 것으로 인터넷 게재 과정에서 대화 당사자 등의 실명이 공개되기는 하였으나 대화 내용의 중대성이나 대화 당사자 등의 공적 인물로서의 성격상 전체적으로 보도 방법이 상당성을 결여하였다고 볼 수 없고, 위 불법 녹음의 주체 및 경위, 피고인이 위 도청자료를 취득하게 된 과정, 인터넷 게재에 이르게 된 경위와 보도의 목적·방법 등 모든 사정을 종합하여 볼 때 위 인터넷 게재에 의하여 얻어지는 이익이 통신의 비밀이 유지됨으로써 얻어지는 이익보다 우월하다 +), ④ 긴급성(부패청산: 위 대화가 인터넷 게재 시점으로부터 약 8년 전에 이루어졌으나 재계와 정치권 등의 유착관계를 근절할 법적·제도적 장치가 확립되었다고 보기 어려운 정치 환경 등을 고려할 때 시의성이 없다고 할 수 없다 +), ⑤ 다른 수단과 다른 방법이 없다는 보충성(국회의원의 의정활동의 일환 +)이다.

국회의원인 피고인[189]이, 구 국가안전기획부 내 정보수집팀이 대기업 고위관계자와 ○○일간지 사주 간의 사적 대화를 불법 녹음한 자료를 입수한 후 그 대화내용과, 위 대기업으로부터 이른바 떡값 명목의 금품을 수수하였다는 검사들의 실명이 게재된 보도자료를 작성하여 자신의 인터넷 홈페이지에 게재한 행위는 정당성·상당성·균형성·긴급성·보충성을 모두 충족한다. 형법 제20조 사회상규에 위배되지 않는다. 위법성이 조각되어 무죄다. 법질서 전체 정신·사회윤리·사회통념 관점에서 보면, 옳은 행위이며, 이익이 되는 행위이다. 대법원 판결은 오판이라고 생각한다.[190]

---

189) 故 노회찬(1956. 8. 31~2018. 7. 23.), 삼가 고인의 명복을 빕니다.

추가평석

가. 대법원은 판결문에서 "불법 감청·녹음 등에 의하여 수집된 통신 또는 대화 내용의 공개가 관계되는 한, 그 공개행위의 주체가 언론기관이나 그 종사자 아닌 사람인 경우에도 마찬가지로 적용된다고 보아야 한다"는 점을 분명히 밝히고 있다. 그 내용을 보면 첫째, "그 보도의 목적이 불법 감청·녹음 등의 범죄가 저질러졌다는 사실 자체를 고발하기 위한 것으로 그 과정에서 불가피하게 통신 또는 대화의 내용을 공개할 수밖에 없는 경우이거나, 불법 감청·녹음 등에 의하여 수집된 통신 또는 대화의 내용이 이를 공개하지 아니하면 공중의 생명·신체·재산 기타 공익에 대한 중대한 침해가 발생할 가능성이 현저한 경우 등과 같이 비상한 공적 관심의 대상이 되는 경우에 해당하여야 한다"고 판시하고 있다. 그러나 이 인터넷 게재 경우 그 밖에 공익에 해당하며 민주주의에 대한 중대한 침해가 발생할 가능성이 현저한 경우이며, <u>비상한 공적 관심의 대상이 되는 경우에 해당한다</u>고 볼 수 있다.

나. 둘째, "언론기관이 불법 감청·녹음 등의 결과물을 취득함에 있어 위법한 방법을 사용하거나 적극적·주도적으로 관여하여서는 아니된다"고 판시하고 있다. 그러나 이 인터넷 게재 내용 경우 국회의원이 불법 감청·녹음 등의 결과물을 취득하기 위해 ○○ 팀과 사전 공모한 적이 없고, <u>익명의 제보에 인한 정보수집이기 때문에 위법한 방법을 사용하거나 적극적·주도적으로 관여한 것으로 볼 수도 없다.</u>

다. 셋째, "그 보도가 불법 감청·녹음 등의 사실을 고발하거나 비상한 공적 관심사항을 알리기 위한 목적을 달성하는 데 필요한 부분에 한정되는 등 통신비밀의 침해를 최소화하는 방법으로 이루어져야 한다"고 판시하고 있다. 그러나 이 인터넷 게재 경우 감청·녹음 등에 나타난 검찰의 금품 수수 진위의 사실여부에 대해

---

190) 읽어 볼만한 평석논문으로 조국, '삼성 X파일'보도 및 공개사건 판결 비판, 형사법연구 제24권 제1호(2012. 봄)(통권50호), 한국형사법학회, 2012, 271-295면 참조.

수사를 촉구하거나 특별검사제 도입에 관한 사회 여론을 조성할 목적으로 이루어 진 것이다. 또한 비상한 공적 관심사항을 알리기 위한 목적을 달성함에 있어 필요한 부분에 한정되는 등 통신비밀의 침해를 최소화하는 방법으로 이루어진 것으로 볼 수 있다.

라. 넷째, "그 내용을 보도함으로써 얻어지는 이익 및 가치가 통신비밀의 보호에 의하여 달성되는 이익 및 가치를 초과하여야 한다. 이러한 법리는 불법 감청·녹음 등에 의하여 수집된 통신 또는 대화 내용의 공개가 관계되는 한, 그 공개행위의 주체가 언론기관이나 그 종사자 아닌 사람인 경우에도 마찬가지로 적용된다"고 판시하고 있다. 그러나 이 인터넷 게재 경우 불법감청으로 밝혀진 뇌물로 통한 민주주의 파괴행위에 대한 수사촉구와 특별검사제 도입이기 때문에 사적 대화보다 우선한다고 생각한다. 중대한 공익적 내용이 사소한 사적 내용보다 우위에 있기 때문이다.

마. 따라서 대법원 판결의 논지인 "피고인이 국가기관의 불법 녹음을 고발하기 위하여 불가피하게 위 도청자료에 담겨있던 대화 내용을 공개하였다고 보기 어렵다. 위 대화가 보도 시점으로부터 약 8년 전에 이루어져 그 내용이 보도 당시의 정치질서 전개에 직접적인 영향력을 미친다고 보기 어려운 사정 등을 고려할 때 위 대화 내용이 비상한 공적 관심의 대상이 되는 경우에 해당한다고 보기도 어렵다. 피고인이 위 도청자료의 취득에 적극적·주도적으로 관여하였다고 보는 것이 타당하다. 이를 보도하면서 대화 당사자들의 실명과 구체적인 대화 내용을 그대로 공개함으로써 수단이나 방법의 상당성을 결여하였다. 위 보도와 관련된 모든 사정을 종합하여 볼 때 위 보도에 의하여 얻어지는 이익 및 가치가 통신비밀이 유지됨으로써 얻어지는 이익 및 가치보다 우월하다고 볼 수 없다. 이러한 이유로, 피고인의 위 공개행위가 형법 제20조의 정당행위에 해당하지 않는다"는 판결은 설득력이 없다.

바. 왜냐하면 "피고인이 국가기관의 불법 녹음을 고발하기 위하여 불가피하게 위 도청자료에 담겨있던 대화 내용을 공개하였다고 보

기 어렵고"라고 하지만, 이것은 피해당사자가 제기할 문제이지 국회의원의 의무는 아니라고 생각한다. 국회의원이 이 사안에서 관심을 가진 것은 그 대화 내용이다.

"위 대화가 보도 시점으로부터 약 8년 전에 이루어져 그 내용이 보도 당시의 정치질서 전개에 직접적인 영향력을 미친다고 보기 어려운 사정 등을 고려할 때 위 대화 내용이 비상한 공적 관심의 대상이 되는 경우에 해당한다고 보기도 어려우며"라고 하지만, 약 8년 전 사건이 이제야 밝혀진 것이고, 이 사안은 중요한 공적 관심사에 해당한다.

"피고인이 위 도청자료의 취득에 적극적·주도적으로 관여하였다고 보는 것이 타당하고"라고 하지만, 이것은 익명에 제보에 의한 것이다.

"이를 보도하면서 대화 당사자들의 실명과 구체적인 대화 내용을 그대로 공개함으로써 수단이나 방법의 상당성을 결여하였으며"라고 하지만, 수사촉구 경우 특정인을 특성하는 것은 불가피하다.

"위 보도와 관련된 모든 사정을 종합하여 볼 때 위 보도에 의하여 얻어지는 이익 및 가치가 통신비밀이 유지됨으로써 얻어지는 이익 및 가치보다 우월하다고 볼 수 없다"고 하지만, 공익적 가치가 사적 가치보다 우위에 있다고 생각한다.

사. 따라서 국회의원의 의정활동의 일환으로 인터넷에 게재한 행위는 법질서 전체의 정신이나 그 배후에 놓여 있는 사회윤리 내지 사회통념에 비추어 볼 때 용인할 수 있는 행위이다. 또한 구체적인 사정 아래서 합목적적·합리적으로 고찰하여 개별적으로 판단해 볼 때 국회의원의 면책적 활동영역이라고 볼 수 있다. 이미 국회에서 배포한 내용을 단지 인터넷에 게재한 것에 불가하다면, 대법원의 논리는 너무 빈약하고 설득력이 없다고 생각한다. 따라서 오히려 무죄를 선고한 원심 판단이 타당하다고 본다.

아. 또 하나 중요한 논거로 대법원은 "헌법 제45조는 "국회의원은 국

회에서 직무상 행한 발언과 표결에 관하여 국회 외에서 책임을 지지 아니한다"고 규정하여 국회의원의 면책특권을 인정하고 있다. 그 취지는 국회의원이 국민의 대표자로서 국회 내에서 자유롭게 발언하고 표결할 수 있도록 보장함으로써 국회가 입법 및 국정통제 등 헌법에 의하여 부여된 권한을 적정하게 행사하고 그 기능을 원활하게 수행할 수 있도록 보장하는 데에 있다. 따라서 면책특권의 대상이 되는 행위는 국회의 직무수행에 필수적인 국회의원의 국회 내에서의 직무상 발언과 표결이라는 의사표현행위 자체에만 국한되지 아니하고 이에 통상적으로 부수하여 행하여지는 행위까지 포함하며, 그와 같은 부수행위인지 여부는 구체적인 행위의 목적·장소·태양 등을 종합하여 개별적으로 판단하여야 한다"고 판시하고 있다. 국회발언의 인터넷 게재의 경우 의정활동의 부수행위에 해당한다고 생각한다.

자. 따라서 대법원이 판시한 "국회의원인 피고인이, 구 국가안전기획부 내 정보수집팀이 대기업 고위관계자와 중앙일간지 사주 간의 사적 대화를 불법 녹음한 자료를 입수한 후 그 대화 내용과, 전직 검찰간부인 피해자가 위 대기업으로부터 이른바 떡값 명목의 금품을 수수하였다는 내용이 게재된 보도자료를 작성하여 국회 법제사법위원회 개의 당일 국회 의원회관에서 기자들에게 배포한 사안 경우, 피고인이 국회 법제사법위원회에서 발언할 내용이 담긴 위 보도자료를 사전에 배포한 행위는 국회의원 면책특권의 대상이 되는 직무부수행위에 해당하므로, 피고인에 대한 허위사실 적시 명예훼손 및 통신비밀보호법 위반의 점에 대한 공소를 기각하여야 한다"고 논리를 의정활동의 부수행위인 인터넷 게재와 달리 판단할 합리적 이유가 없다고 생각한다.

제 5 장 결 론

1. 법(法, law, Recht)은 법률과 판례로 형성된다. 입법부는 법률(法律, text, Gesetz)을 제정한다. 법원은 판례(判例, sentens, Rechtsprechung)를 창출한다. 법률은 객관적인 법이다. 판례는 주관적인 법이다.

그래서 실무가 출신 어느 형법학자는 이렇게 말한다. "법은 한 사회가 축적한 집단지성이다. 객관적 법은 법률이며, 입법부가 형성한 집단적 지성 축적물이다. 판례는 해방이후부터 오늘에 이르기까지 대법원 판사・작고한 법조인・생존 중인 법조인들・지금 활동하고 있는 판사・검사・변호사・대학교수들이 함께 참여하여 형성한 집단적 지성 축적물이다. 이것은 변론요지서・항소이유서・논문을 수용하거나 또는 대법원 판사들이 고민하여 창조한 문장일 수 있다. 다수 판례들이 공통적으로 인용하는 문장은 법의 구체적인 표현들이다".[1]

2. 대한민국 형법은 1953년 제정되었다. 형법 제20조 정당행위에 '사회상규'라는 문구가 있다. 사회상규 의미와 판단방법은 지난 65년 동안 눈부시게 진화했다. 그럼에도 아직 사회상규에 대한 판단방법은 전국 법원에서 완전히 통일되어 있지 않다. 논증순서와 논증방법에서 일관성이 없다. 그 이유 중에 하나가 '사회상규' 개념 추상성과 판단방법의 비규범화 때문이다.

대법원 판례는 한때 사회상규를 사회상당성이론으로 해석하여 왔다. 형법 제정 후 30년이 지난 1983년 미문화원사건 최○식 신부 범인은닉사건 이후 ① 행위목적과 행위동기 정당성, ② 행위수단과 행위방법 상당성, ③ 보호이익과 침해이익 법익균형성, ④ 긴급성, ⑤ 다른 수단과 다른 방법 없는 보충성으로 판례정문이 형성되었다. 1983년 이래 2018년까지 35년 동안 사회상규 판단기준은 정립되었다. 이제 명확한 규범으로 돌아와야 한다. 나는 이것이 입법부 과제이고, 죄형법정주의 정신구현이라고 생각한다. 죄형법정주의 현대적 성찰이라고 할까. 돌이켜 보면 그동안 형법

---

1) 송희식, 형법판례정문 【총론편】, 동아대학교 출판부, 2012, 서문.

총칙 규정들은 죄형법정주의원칙에서 특별대우를 받았다고 생각한다.

3. 형법 각칙은 죄형법정주의원칙에 충실하기 위해 끊임없이 노력해 왔다. 헌법재판소에서 엄격한 규범통제를 받았다. 위헌법률심사였다. 그러나 범죄구성요건을 충족한 인간행위가 위법성이 조각되려면, 논거가 명확해야 한다. 우리는 그동안 형법 총칙이라는 이유로 총칙규범의 구체성에 대해 관대했다. 그러나 형법 개정 시대를 앞두고 이 문제는 반드시 짚고 넘어가야 한다.

형법 제20조 '사회상규'가 구체적 판단기준을 가지고 전국 일선 경찰서·검찰·법원에서 동일하게 적용될 때, 죄형법정주의가 추구하는 법신뢰와 법안정성은 실현될 수 있다. 예를 들면 정형외과에서 사용하는 '척추 디스크 번호'를 생각하면 쉽게 이해될 것이다.

사회상규도 다섯 가지 판단기준으로 더욱 체계화되어야 한다. 사건을 이 기준으로 적용하면, 전국 어디에서든 같은 결론이 나와야 한다. 이렇게 되어야 법원·검찰·경찰 등 법집행기관과 피의자·피고인·변호인·일반시민들도 법조문에 행위방향을 맞출 것이다. 이것이 죄형법정주의 현대적 의미다. 사회상규도 법안정성·적극적 일반예방과 만나야 한다. 형법체계정합성이 규범강화의식을 이끈다.

4. 형법 제20조 정당행위 개정안이다.

현 행	개정안
형법 제20조(정당행위) 법령에 의한 행위 또는 업무로 인한 행위 기타 사회상규에 위배되지 아니하는 행위는 벌하지 아니한다.	형법 제20조(정당행위) ① 법령행위·업무행위·사회상규에 위배되지 않는 행위는 처벌되지 않는다(위법성조각사유). ② 제1항 사회상규에 위배되지 않는 행위는 다음 각 호 요건을 모두 충족하여야 성립한다. 1. 행위목적과 행위동기 정당성 2. 행위수단과 행위방법 상당성 3. 보호법익과 침해법익 균형성 4. 행위시점과 법익침해 긴급성 5. 행위수단과 행위방법 보충성

5. 만약 입법부가 내가 제안하는 개정안으로 형법 제20조 정당행위를 명문화한다면, 실무에서 논증순서와 논증방법은 더욱 구체화 될 것이다. 어떤 사례는 어떤 각 호에서 쟁점이 되었는지 확인할 수 있을 것이다. 우리 형법학계가 해야 할 일은 범죄체계화와 판례체계화이다. 그 중심에 입법체계화가 있다. 개정안은 내가 창안한 것이 아니고, 65년 형법 발전사에서 우리나라 형법학자들과 판사·검사·변호사가 발전시킨 정문(正文)이다. 나는 다양한 판례 평석을 통해서 이 개정안으로 결론을 얻었다.

6. 삼권이 분립된 국가에서 법전 체계 전통과 생명력은 명확한 입법에 있다. 법문 객관성은 국민 대표기관인 국회에서 확정된다. 형법 제20조 정당행위를 개정해 놓고, 형법 제20조 정당행위(사회상규) 판단기준을 더 발전시켜야 한다. 나는 이것이 형법 제20조 정당행위가 추구하는 법정신이라고 생각한다. 어느 형법학자 말처럼 "법이란 한 사회가 축적한 집단지성(集團知性)이기 때문이다. 법은 각 시대에 걸쳐 한 사회가 구체적 사건에 부딪치면서 고민하여 창조한 판례 문장 속에 있는 것이다".[2]

7. 내 생각은 가능한 형법 총칙도 명확성원칙에 충실할 필요가 있다는 것이다. 특히 형법 제20조 사회상규는 위법행위와 적법행위 경계선이 되는 정법과 불법 판단지점이다.[3] 누구나 쉽게 이해할 수 있는 객관적 판단기준이 형법 제20조 사회상규 생명력이다. 개정안이 형법 총칙 개정심의 과정에서 논의출발점이 되었으면 한다. 개정 조문으로 형법 범죄체계론이 더욱 발전되기를 기원한다.

---

2) 송희식, 형법판례정문【총론편】, 동아대학교 출판부, 2012, 서문.
3) 박기석, 정당행위 중 사회상규의 기능과 성립범위, 한양법학, 제24권 제2집, 한양법학회, 2013, 149－166면(163면): "사회상규라는 표현이 불분명하고 애매하여 삭제하는 것이 타당하다는 입장에서 대해서는 분명하게 반대입장을 표명한다. 사회상규라는 표지가 범죄화가 아니라 비범죄화의 기준이라면 이는 법의 상식화와 민주화를 이루는 매우 소중한 표지라고 보아야 한다. 단지 외국의 입법례에서 찾아보기 어렵다는 이유로 이를 폐지하자는 것은 우리나라 법의 독자적인 가치를 부인하는 것이라 할 것이다."; 신동운, "형법 제20조 사회상규 규정의 성립경위", 법학, 서울대학교 법학연구소, 2006, 189면 이하 참조.

참고문헌

1. 단행본

권오걸, 스마트 형법총론, 형설출판사, 2011.

김성돈, 형법총론, 제5판, 성균관대학교출판부, 2017.

김성천, 형법총론, 제6판, 소진출판사, 2014.

김일수 · 서보학, 형법총론, 제12판, 박영사, 2014.

박상기, 형법총론, 제9판, 박영사, 2012.

배종대, 형법총론, 제13판, 홍문사, 2017.

성낙현, 형법총론, 제2판, 동방문화사, 2011.

성낙현(역), 독일형법의 이론과 연습(Samson, Erich, Strafrecht I), 법문사, 1998.

손동권 · 김재윤, 새로운 형법총론, 율곡출판사, 2011.

송희식, 형법판례정문【총론편】, 동아대학교 출판부, 2012.

신동운, 판례분석 형사소송법, 제2판, 법문사, 2013.

신동운, 형법총론, 제9판, 법문사, 2015.

신동운, 新판례백선 형법총론, 경세원, 2009.

오영근, 형법총론, 제3판, 박영사, 2014.

이용식, 현대 형법이론 I, II, 박영사, 2008.

이인규, 형법강의, 학연, 2018.

이정원, 형법총론, 제2판, 법지사, 2001.

이재상, 형법총론, 제7판, 박영사, 2011.

이재상 · 장영민 · 강동범, 형법총론, 박영사, 2015.

이형국, 형법총론, 제4판, 법문사, 2007.

임 웅, 형법총론, 제9정판, 법문사, 2017.

정성근 · 박광민, 형법총론, 성균관대학교출판부, 2012.

정영일, 형법총론강의, 학림, 2018.

천진호, 형법총론, 준커뮤니케이션즈, 2016.

하태영, 우리들 생명윤리법, 행인출판사, 2018.
하태영, 우리들 의료법, 행인출판사, 2018.
하태훈, 사례중심 형법총론, 법원사, 2002.
하태훈, 형법사례연습, 제4판, 박영사, 2014.
허일태, 독일형법총론, 제20판, 법문사, 1991; 제27판, 세종출판사, 1998.
　　　(Wessels/Beulke, Strafrecht Allgemeiner Teil, 34 Aufl., Heidelberg,
　　　2004).

2. 논문
강구진, 輕微한 暴行이 社會常規에 위반되지 아니하는 경우, 판례회고 제7호,
　　　서울대학교, 1979, 204-205면.
김대휘, 선거법위반과 사회상규에 반하지 않는 행위, 형사판례연구 제12호, 박
　　　영사, 2004, 487-509면.
김봉수, 위법성조각사유의 체계 및 경합에 관한 연구: 특히 정당행위와 피해자
　　　승낙의 경합에서 나타나는 『사회상규』의 기능적 모순을 중심으로, 비
　　　교형사법연구 제10권 제2호, 한국비교형사법학회, 2008, 47-70면.
김성돈, 한국 형법의 사회상규조항의 계보와 그 입법적 의의, 형사법연구 제24
　　　권 제4호(통권53호), 한국형사법학회, 2012, 3-46면.
김성돈, 한국 형법의 사회상규조항의 기능과 형법학의 과제, 성균관법학 제24
　　　권 제4호, 성균관대학교 비교법연구소, 2012, 247-286면.
김성천·전대영, 무면허 의료행위에 있어서 사회상규에 위배되지 아니하는 행
　　　위의 판단기준, 법학논문집 제33집 제2호, 중앙대학교 법학연구소,
　　　2009, 139-164면.
김성천, 12·12와 5·18 사건의 책임자 처벌 관련 문제점 연구, 중앙법학 제
　　　11집 제4호, 중앙법학회, 2009, 197-224면.
김영중, 방어적 긴급피난에서의 상당한 이유, 2013년 춘계공동학술회의 신진학
　　　자 연구발표회, 한국형사형사법학회·한국비교형사법학회, 2013, 79-
　　　95면.
김영철, 연명치료중단의 형법적 의의와 그 법적 성격, 일감법학 제20호, 건국
　　　대학교 법학연구소, 2011, 587-634면.
김일수, 社會常規에 違背되지 않는 行爲, 변호사 제23집, 서울지방변호사회,

1993, 473-494면.

김일수, 위법성조각사유としての「사회상규に반しない행위」(한국형법제20조)の 의의, 법학연구 제86권 제3호, 경응의숙대학법학연구회, 2013, 1-23면 (김일수, 손여옥 공역, 태전달야 공역).

김재윤, 무면허 대체의료행위의 형사법적 책임, 비교형사법연구 제8권 제1호, 한국비교형사법학회, 2006, 355-380면.

도규엽, 무면허 의료행위의 사회상규 위배 여부 판단요소, 비교형사법연구 제 19권 제2호, 한국비교형사법학회, 2017, 71-98면.

박기석, 정당행위 중 사회상규의 기능과 성립범위, 한양법학, 제24권 제2집, 한양법학회, 2013, 149-166면.

박길성, 의사인 피고인이 간호조무사로 하여금 모발이식수술을 행하게 한 경 우, 간호조무사의 시술이 진료보조행위로서 의료법 위반죄를 구성하지 아니하는지 여부(소극), 대법원판례해설 제70호(2007 상반기), 2007, 571-586면.

박삼봉, 재판을 통하여 본 정당행위·정당방위, 재판자료 제49집 형사법에 관 한 제문제(상), 대법원 법원행정처, 1990, 303-328면.

박찬걸, 형법 제20조에 규정된 '사회상규에 위배되지 아니하는 행위'의 의미 및 다른 위법성조각사유와의 관계, 형사법연구 제28권 제1호(통권66 호), 한국형사법학회, 2016, 3-29면.

박 철, 공직선거법상 사회상규에 위배되지 않는 행위의 개념과 적용, 선거연 구 제2호, 중앙선거관리위원회, 2011, 355-384면.

배종대, 형법 제20조 正當行爲에 있어서 기타 社會常規의 의미, 월간고시 제 18권 제9호, 법지사, 1991년 8월호, 83-92면.

성낙현, 상관의 위법한 명령에 따른 행위의 형법적 평가, 판례와 이론 제1호, 영남대학교법학연구소, 1995, 55-61면.

서보학, 단전·단수조치와 업무방해죄의 성립 여부, 인권과 정의 제358호, 대 한변호사협회, 2006, 53-70면.

소재용, 형법 第20條의 "사회상규에 위배되지 아니하는 행위": 이른바 소극적 방어(저항)행위와 관련하여, 성균관법학 제21권 제1호, 성균관대학교 비교법연구소, 209-242면.

신동운, 可罰的 違法性과 社會常規, 고시연구 제21권 제11호, 고시연구사, 1994년 10월호, 206-212면.

신동운, 형법 제20조 사회상규 규정의 성립경위, 법학 제47권 제2호(제139호), 서울대학교 법학연구소, 2006, 189-219면.

신용석, 배임수증재죄의 부정한 청탁: 유형화의 시도, 형사판례연구 제12호, 박영사, 2004, 231-253면.

양화식, 형법 제20조의 사회상규에 위배되지 아니하는 행위에 관한 고찰, 형사법연구 제19호, 한국형사법학회, 2003, 175-199면.

양화식, 형법 제20조의 "사회상규에 위배되지 아니하는 행위"에 관한 고찰, 고시연구 제31권 제9호(제366호), 고시연구사, 2004년 9월호, 82-96면.

양화식, 正當化事由의 一般原理와 社會常規, 성균관법학 제18권 제1호, 성균관대학교 비교법연구소, 2006, 437-458면.

우희숙, 단체교섭거부행위와 형법 제20조의 관계, 법학논총 제31집 제1호, 한양대학교법학연구소, 2014, 1-20면.

윤용규, 체벌의 정당화에 관한 소고, 비교형사법연구 제4권 제2호, 한국비교형사법학회, 2002, 607-632면.

윤종수, 정보통신윤리위원회의 음란물 접속차단조치가 사회상규에 위배되지 아니하는 정당한 행위인지 여부, 정보법 판례백선 I, 박영사, 2006, 625-632면.

이덕인, 형법민주화의 상징으로서 형법 제20조의 사회상규, 경남법학 제21집, 경남대학교 법학연구소, 2006, 161-180면.

이동신, 방송국 시사프로그램의 출연자에 대한 모욕적 언사가 포함된 방송국 홈페이지 게시글과 사회상규에 위배되지 아니함을 이유로 한 위법성조각사유의 관계, 대법원판례해설 제48호, 법원도서관, 2004, 464-483면.

이상용, 형법 제20조의 사회상규 규정의 입법연혁과 사회상규의 의미, 형사법연구 제20호, 한국형사법학회, 2003, 162-190면.

이상용, 형법 제20조 사회상규 관련 판결사안의 유형화의 시도: 2002년부터 2007년 6월까지의 판결을 대상으로, 형사정책연구 제18권 제3호(제71호), 한국형사정책연구원, 2007, 131-164면.

이석배, 연명치료중단의 기준과 절차: 대법원 2009.5.21. 선고 2009다17417판결이 가지는 문제점을 중심으로, 형사법연구 제21권 제2호(통권39호), 한국형사법학회, 2009, 147-170면.

이영진, 헌법상 영토·통일조항의 개정논의와 남북특수관계론: 국가보안법의 위헌·폐지론과 관련하여, 통일사법정책연구 203-104, 대법원 법원행정처, 2008.

이용식, 상관의 위법한 명령에 따른 행위, 판례월보 제304호, 판례월보사, 1996, 31-39면.

이용식, 우연한 비밀청취 및 녹음행위의 죄책: 대법원 2016.5.12. 선고 2013도 15616 판결, 법조 통권 제719호, 법조협회, 2016, 650-675면.

이인영, 사회상규의 의미와 정당행위의 포섭행위: 체벌의 허용요건과 정당행위, 형사판례연구 제13호, 박영사, 2005, 169-189면.

이형국, 違法性阻却事由로서의 「社會常規에 違背되지 아니하는 行爲」에 관한 考察, 연세논총 제19집, 연세대학교 대학원, 1983, 219-234면.

이형국, 社會常規의 意味와 그 法的 性質, 사법행정 제27권 제2호, 한국사법 행정학회, 1986, 63-67면.

이효원, 남북한관계에 대한 판례 분석: 국가보안법의 최근 변화 동향과 남북교 류협력에 관한 판례를 중심으로, 법학 제52권 제3호, 서울대학교 법학 연구소, 2011, 1-36면.

이지은, 청탁금지법의 적용과 사회상규, 경희법학 제51권 제4호, 경희대학교, 2016, 177-206면.

정대관, 刑法 第20條에 있어서의 社會常規, 학술논총 제5집, 단국대학교 출판 부 1981, 185-198면.

조 국, 교사의 체벌과 정당행위, 법학 제48권 제4호(제145호), 서울대학교 법 학연구소, 2007, 314-330면.

조 국, '삼성 X파일'보도 및 공개사건 판결 비판, 형사법연구 제24권 제1호 (2012. 봄)(통권50호), 한국형사법학회, 2012, 271-295면.

진계호, 형법 제20조의 정당행위에 관한 이론과 판례, 비교법학 제6집, 전주대 학교 사회과학종합연구소 비교법학연구소, 2006, 11-50면.

천진호, 사회적 상당성 이론에 대한 재고, 법학논고 제13집, 경북대학교 출판 부, 1997, 115-151면.

최병각, 정당행위와 사회상규, 형사판례연구 제10호, 박영사, 2002, 114-136 면.

허일태, 刑法 第20條의 "社會常規에 위배되지 아니하는 행위"의 재조명, 비교 형사법연구 제4권 제1호, 한국비교형사법학회, 2002, 1-28면.

허일태, 수사절차에서 가혹행위의 예방과 억제, 동아법학 제43호, 동아대학교 법학연구소, 2009, 577-598면.

하태훈, 대법원 형사판결의 흐름과 변화 분석, 정의로운 사법: 이용훈대법원장
　　　재임기념, 사법발전재단, 2011, 114-194면.
한수웅, 헌법 제19조의 양심의 자유, 헌법논총 12집, 헌법재판소, 2001,
　　　387-442면.
황성기, 음란 표현물에 대한 새로운 판단기준과 비판 : 대법원 2017.10.26. 선
　　　고 2012도13352 판결, 언론중재 2017 겨울호, 언론중재위원회, 2017,
　　　88-93면.

3. 학위논문

강석구, 형법 제20조 정당행위에 관한 연구, 성균관대학교 대학원 박사학위논
　　　문, 2003(제4장 형법 제20조에의 적용, 제3절 기타 사회상규에 위배
　　　되지 아니하는 행위).
박광민, 정당화사유의 일반원리에 관한 연구, 성균관대학교 박사학위논문,
　　　1990. (제3장 정당화사유의 일반원리에 관한 이론적 고찰, 제3절 형법
　　　제20조의 해석 IV. 사회상규의 해석).
이상용, 형법 제20조 정당행위 규정 중 사회상규에 관한 연구, 서울대학교 대
　　　학원 박사학위논문, 2002.
이태한, 刑法 第20條 社會常規의 問題點에 관한 考察, 고려대학교 석사학위논
　　　문, 2001.

4. 기타

조　국, MBC 이상호 기자의 '삼성 X파일'의 보도 사건, 법률신문 제4010호,
　　　2012년 2월 23일자, 11면.

5. 자료집

형사정책연구원, 형법, 형사법령제정자료집(1), 형사정책연구원, 1990.

부록

형법 제20조 정당행위(사회상규)

2017년 제6회·2016년 제5회 변호사시험 문제와 해설

문 1. 다음 설명 중 甲의 행위가 위법성이 조각되는 경우를 모두 고른 것은? (다툼이 있는 경우 판례에 의함)

【2017년 제6회 변호사시험】

ㄱ. 甲이 군무기피의 목적이 있었으나 국군보안사령부의 민간인에 대한 정치사찰을 폭로한다는 명목으로 군무를 이탈한 경우

ㄴ. 甲이 乙과 말다툼을 하던 중 乙이 건초더미에 있던 낫을 들고 반항하자 乙로부터 낫을 빼앗아 그 낫으로 乙의 가슴, 배, 왼쪽 허벅지 부위 등을 수차례 찔러 乙이 사망한 경우

ㄷ. 甲은 자신의 아파트로 찾아와 소란을 피우는 친구 乙에게 출입문을 열어 주었으나, 乙이 신발을 신은 채 거실로 들어와 함께 온 아들과 합세하여 남편과의 불륜관계를 추궁하며 자신을 구타하자, 그로부터 벗어나기 위해 손을 휘저으며 발버둥을 치는 과정에서 乙에게 상해를 가한 경우

ㄹ. 변호사 甲은 참고인 조사를 받는 줄 알고 검찰청에 자진출석한 자신의 사무장 乙을 합리적 근거 없이 검사가 긴급체포하자 이를 제지하는 과정에서 검사에게 상해를 가한 경우

ㅁ. 甲이 乙의 개가 자신의 애완견을 물어뜯는 공격을 하자 소지하고 있던 기계톱으로 乙의 개를 절개하여 죽인 경우

① ㄱ, ㄴ   ② ㄴ, ㅁ
③ ㄷ, ㄹ   ④ ㄱ, ㄷ, ㄹ
⑤ ㄷ, ㄹ, ㅁ

– 309 –

| 해설 및 정답 | 정당행위 · 정당방위 · 긴급피난 |

ㄱ. (×)

가. 서면화된 인사발령 없이 국군보안사령부 서빙고분실로 배치되어 이른바 "혁노맹"사건 수사에 협력하게 된 사정만으로 군무이탈행위에 군무기피목적이 없었다고 할 수 없고, 국군보안사령부의 민간인에 대한 정치사찰을 폭로한다는 명목으로 군무를 이탈한 행위가 정당방위나 정당행위에 해당하지 아니한다.

나. 대법원 판결을 다음 순서로 더 명확하게 논증할 수 있다. ① 행위목적과 행위동기 정당성(양심의 자유, 국군보안사령부의 민간인에 대한 정치사찰을 폭로와 군무기피 +), ② 행위수단과 행위방법 상당성(군무이탈 −), ③ 보호이익과 침해이익 법익균형성(양심의 자유와 군대질서 −), ④ 긴급성(없음 −), ⑤ 다른 수단과 다른 방법이 없는 보충성(선택여지 있음 −)이다.

다. <u>서면화된 사발령 없이 군부대이탈한 행위는 군형법 제30조 군무이탈죄가 성립한다. 형법 제20조 정당행위에 해당하지 않는다.</u> 법령 위반뿐만 아니라 사회상규에 위배되기 때문이다. 그러나 정당성과 법익균형성은 인정될 수 있다. 대법원이 이 점을 명확하게 평가하지 않은 점은 매우 아쉽다. 그러나 상당성·긴급성·보충성이 충족되지 않는다. 법질서 전체 정신·사회윤리·사회통념 관점에서 보면, 잘못된 행위이며, 이익이 되지 않는 행위이다. 다른 위법성조각사유도 없다. 형법 제21조 정당방위도 성립하지 않는다. 자기 또는 타인의 법익에 대한 현재의 부당한 침해를 방위하기 위한 행위로서 사회적으로 상당한 행위로 볼 수 없기 때문이다. 여기서 상당성이란 행위수단과 행위방법으로 군무이탈이다. 위법성조각사유경합 경우 형법 제21조 정당방위를 먼저 검토하고, 마지막으로 형법 제20조 정당행위 중 사회상규에 위배여부를 검토한다(대법원 1993.6.8. 선고 93도766 판결【군무이탈】).

ㄴ. (×)

가. 피고인이 피해자와 말다툼을 하다가 건초더미에 있던 낫을 들고 반항하는 피해자로부터 낫을 빼앗아 그 낫으로 피해자의 가슴, 배, 등, 뒤통수, 목, 왼쪽 허벅지 부위 등을 10여 차례 찔러 피해자로 하여금 다발성 자상에 의한 기흉 등으로 사망하게 하였다. 피고인에게는 이 사건 범행 당시 적어도 살인의 미필적 고의는 있었다.

나. 형법 제21조 소정의 정당방위가 성립하려면 침해행위에 의하여 침해되는 법익의 종류, 정도, 침해의 방법, 침해행위의 완급과 방위행위에 의하여 침해될 법익의 종류, 정도 등 일체의 구체적 사정들을 참작하여 방위행위가 사회적으로 상당한 것이어야 한다(대법원 1992.12.22. 선고 92도2540 판결; 2005.9.30. 선고 2005도3940; 2005감도15 판결 등 참조).

다. 피고인이 피해자와 말다툼을 하다가 건초더미에 있던 낫을 들고 반항하는 피해자로부터 낫을 빼앗아 그 낫으로 피해자의 가슴, 배, 등, 뒤통수, 목, 왼쪽 허벅지 부위 등을 10여 차례 찔러 피해자로 하여금 다발성 자상에 의한 기흉 등으로 사망하게 한 행위는 살인죄가 성립한다(대법원 2007.4.26. 선고 2007도1794 판결【살인】).

라. 대법원 2007.4.26. 선고 2007도1794 판결【살인】 피해자가 피고인에게 한 가해의 수단 및 정도, 그에 비교되는 피고인의 행위의 수단, 방법과 행위의 결과 등 제반 사정에 비추어, 피고인의 이 사건 범행행위가 피해자의 피고인에 대한 현재의 부당한 침해를 방위하거나 그러한 침해를 예방하기 위한 행위로 상당한 이유가 있는 경우에 해당한다고 볼 수 없다. 또 피고인의 이 사건 범행행위는 방위행위가 그 정도를 초과한 때에 해당하거나 정도를 초과한 방위행위가 야간 기타 불안스러운 상태하에서 공포, 경악, 흥분 또는 당황으로 인한 때에 해당한다고 볼 수도 없다고 판단하였는바, 앞서 본 법리와 기록에 비추어 살펴보면, 위와 같은 원심의 조치는 옳은 것으로 수긍이 가고, 거기에 상고이유의 주장과 같은 채증법칙 위배로 인한 사실오인이나 정당방위 및 과잉방위에 관한 법리오해의 위법이 있다고 할 수 없다.

ㄷ. (○)

가. 겉으로는 서로 싸움을 하는 것처럼 보이더라도 실제로는 한쪽 당사자가 일방적으로 위법한 공격을 가하고 상대방은 이러한 공격으로부터 자신을 보호하고 이를 벗어나기 위한 저항수단으로서 유형력을 행사한 경우에는, 그 행위가 새로운 적극적 공격이라고 평가되지 아니하는 한, 이는 사회관념상 허용될 수 있는 상당성이 있는 것으로서 위법성이 조각된다.

나. 대법원 판결은 결론에서 타당하다. 그러나 논증순서와 논증방법에서 정밀함이 아쉽다. 상당성 판단만 있다. 그 외 구체적 판단 근거가 없다. 이 사건은 사회상규 다섯 가지 요건 중 정당성·상당성·균형성·긴급성·보충성을 모두 충족한다. 형법 제20조 정당행위에 해당한다.

다. 대법원 판결을 다음 순서로 더 명확하게 논증할 수 있다. ① 행위목적과 행위동기 정당성(일방적 폭행을 피하기 위함 ＋), ② 행위수단과 행위방법 상당성(소극적 저항행위, 집단구타를 벗어나기 위하여 손을 휘저으며 발버둥치는 과정에서 상해를 가함 ＋), ③ 보호이익과 침해이익 법익균형성(신체안전과 신체안전 ＋), ④ 긴급성(현장성, 최후 시점, 일방적으로 집단폭행을 당하고 상황), ⑤ 다른 수단과 다른 방법이 없는 보충성(선택여지 없음, 다른 수단과 다른 방법이 없음, 종국적 저지행위 ＋)이다.

라. 갑과 자신의 남편과의 관계를 의심하게 된 상대방이 자신의 아들 등과 함께 갑의 아파트에 찾아가 현관문을 발로 차는 등 소란을 피우다가, 출입문을 열어주자 곧바로 갑을 밀치고 신발을 신은 채로 거실로 들어가 상대방 일행이 서로 합세하여 갑을 구타하기 시작하였고, 갑은 이를 벗어나기 위하여 손을 휘저으며 발버둥치는 과정에서 상대방 등에게 상해를 가한 행위는 정당성·상당성·균형성·긴급성·보충성을 모두 충족한다. 형법 제20조 사회상규에 위배되지

않는다. 위법성이 조각되어 무죄다. 피해자가 일방적인 집단공격으로부터 벗어나기 위한 소극적 저항은 인간 본능에 속한다. 법질서 전체 정신·사회윤리·사회통념 관점에서 보면, 옳은 행위이며, 이익이 되는 행위이다(대법원 2010.2.11. 선고 2009도12958 판결【상해】).

ㄹ. (○)

가. 긴급체포는 영장주의원칙에 대한 예외인 만큼 형사소송법 제200조의3 제1항의 요건을 모두 갖춘 경우에 한하여 예외적으로 허용되어야 한다. 요건을 갖추지 못한 긴급체포는 법적 근거에 의하지 아니한 영장 없는 체포로서 위법한 체포에 해당하는 것이다. 여기서 긴급체포의 요건을 갖추었는지 여부는 사후에 밝혀진 사정을 기초로 판단하는 것이 아니라 체포 당시의 상황을 기초로 판단하여야 한다. 이에 관한 검사나 사법경찰관 등 수사주체의 판단에는 상당한 재량의 여지가 있다고 할 것이다. 그러나 긴급체포 당시의 상황으로 보아서도 그 요건의 충족 여부에 관한 검사나 사법경찰관의 판단이 경험칙에 비추어 현저히 합리성을 잃은 경우에는 그 체포는 위법한 체포라 할 것이다.

나. 형법 제136조가 규정하는 공무집행방해죄는 공무원의 직무집행이 적법한 경우에 한하여 성립한다. 여기서 적법한 공무집행은 그 행위가 공무원의 추상적 권한에 속할 뿐 아니라 구체적 직무집행에 관한 법률상 요건과 방식을 갖춘 경우를 가리킨다. 그러므로 검사나 사법경찰관이 수사기관에 자진출석한 사람을 긴급체포의 요건을 갖추지 못하였음에도 실력으로 체포하려고 하였다면 적법한 공무집행이라고 할 수 없다. 자진출석한 사람이 검사나 사법경찰관에 대하여 이를 거부하는 방법으로써 폭행을 하였다고 하여 공무집행방해죄가 성립하는 것은 아니다.

다. 검사가 참고인 조사를 받는 줄 알고 검찰청에 자진출석한 변호사사무실 사무장을 합리적 근거 없이 긴급체포하자 그 변호사가 이를 제지하는 과정에서 위 검사에게 상해를 가한 것이 정당방위에 해당한다(대법원 2006.9.8. 선고 2006도148 판결【폭력행위등처벌에관한법률위반(인정된죄명 : 상해)·공무집행방해·위증교사·위증】).

ㅁ. (×)

가. 동물보호법의 목적과 입법 취지, 동물보호법 제8조 제1항 각 호의 문언 및 체계 등을 종합하면, 동물보호법 제8조 제1항 제1호에서 규정하는 '잔인한 방법으로 죽이는 행위'는, 같은 항 제4호의 경우와는 달리 정당한 사유를 구성요건 요소로 규정하고 있지 아니하여 '잔인한 방법으로 죽이는 행위'를 하는 것 자체로 구성요건을 충족한다. 설령 행위를 정당화할 만한 사정 또는 행위자의 책임으로 돌릴 수 없는 사정이 있더라도, 위법성이나 책임이 조각될 수 있는지는 별론으로 하고 구성요건 해당성이 조각된다고 볼 수는 없다.

나. 형법 제22조 제1항의 긴급피난이란 자기 또는 타인의 법익에 대한 현재의 위

난을 피하기 위한 상당한 이유 있는 행위를 말한다. 여기서 '상당한 이유 있는 행위'에 해당하려면, 첫째 피난행위는 위난에 처한 법익을 보호하기 위한 유일한 수단이어야 하고, 둘째 피해자에게 가장 경미한 손해를 주는 방법을 택하여야 하며, 셋째 피난행위에 의하여 보전되는 이익은 이로 인하여 침해되는 이익보다 우월해야 하고, 넷째 피난행위는 그 자체가 사회윤리나 법질서 전체의 정신에 비추어 적합한 수단일 것을 요하는 등의 요건을 갖추어야 한다(대법원 2006.4.13. 선고 2005도9396 판결 등 참조).

다. 피고인으로서는 자신의 진돗개를 보호하기 위하여 몽둥이나 기계톱 등을 휘둘러 피해자의 개들을 쫓아버리는 방법으로 자신의 재물을 보호할 수 있었을 것이므로 피해견을 기계톱으로 내리쳐 등 부분을 절개한 것은 피난행위의 상당성을 넘은 행위이다. 형법 제22조 제1항에서 정한 긴급피난의 요건을 갖춘 행위로 보기 어렵다. 또한 그 당시 피해견이 피고인을 공격하지도 않았고 피해견이 평소 공격적인 성향을 가지고 있었다고 볼 자료도 없는 이상 형법 제22조 제3항에서 정한 책임조각적 과잉피난에도 해당하지 아니한다.

라. 피고인이 피해견으로부터 직접적인 공격은 받지 아니하여 피고인으로서는 진돗개의 목줄을 풀어 다른 곳으로 피하거나 주위에 있는 몽둥이나 기계톱 등을 휘둘러 피해견을 쫓아버릴 수도 있었음에도 불구하고 그 자체로 매우 위험한 물건인 기계톱의 엑셀을 잡아당겨 작동시킨 후 이를 이용하여 피해견의 척추를 포함한 등 부분에서부터 배 부분까지 절단함으로써 내장이 밖으로 다 튀어나올 정도로 죽인 사실을 알 수 있다. 위와 같이 피해견을 죽이게 된 경위, 피해견을 죽이는 데 사용한 도구 및 방법, 행위 태양 및 그 결과를 앞서 본 법리에 비추어 보면, 위와 같은 피고인의 행위는 동물보호법 제8조 제1항 제1호에 의하여 금지되는 '목을 매다는 등의 잔인한 방법으로 죽이는 행위'에 해당한다고 봄이 상당하다. 나아가 피고인의 행위에 위법성조각사유 또는 책임조각사유가 있다고 보기도 어렵다(대법원 2016.1.28. 선고 2014도2477 판결【동물보호법위반·재물손괴】).

정답 ③

문 2. 다음 설명 중 옳지 않은 것을 모두 고른 것은? (다툼이 있는 경우 판례에 의함)

[2016년 제5회 변호사시험]

ㄱ. 의사인 甲이 모발이식시술을 하기 위해서 환자 A의 뒷머리부분에서 모낭을 채취한 후 간호조무사인 乙로 하여금 식모기(植毛機)를 이용하여 A의 앞머리부위 진피층까지 찔러 넣는 방법으로 모낭삽입시술을 하도록 한 경우, 乙의 행위는 진료보조행위의 범위를 벗어나 의료행위에 해당하므로 甲은 무면허의료행위의 공범으로서의 죄책을 진다.

ㄴ. 비의료인인 丙이 실질적으로 운영하는 A의원의 원장이자 유일한 의사인 甲이, A의원의 간호조무사인 乙이 丙의 지시에 따라 환자들에 대해 미용성형수술의 재수술을 맡아 하고 있다는 사실을 알면서 월 1,000만 원의 급여를 안정적으로 지급받으며 원장으로 계속 근무한 경우, 乙, 丙의 무면허의료행위에 가담하였다고 보기는 어려우므로 甲에게는 무면허 의료행위에 대한 공동정범으로서의 죄책이 없다.

ㄷ. 의사인 甲이 자신이 운영하는 병원의 모든 시술에서 특별한 제한 없이 전신마취제인 프로포폴을 투여하여 준다는 소문을 듣고 찾아온 사람들에게 환자에 대한 진료 및 간호사와 간호조무사에 대한 구체적인 지시·감독 없이 간호사와 간호조무사로 하여금 프로포폴을 제한 없이 투약하게 한 경우, 甲은 무면허의료행위의 공동정범으로서의 죄책을 진다.

ㄹ. 뇌수술을 받고 중환자실에 입원해 있던 환자 A의 처 乙은 치료비에 상당한 부담을 느낀 나머지 A의 치료를 중단시킬 의도로 퇴원을 요구하였고, 주치의 甲이 이런 의도를 알면서도 치료중단 및 퇴원을 허용하는 조치를 취하여 A가 사망에 이른 경우, 甲에게 환자의 사망이라는 결과 발생에 대한 정범의 고의는 인정되나 A의 사망에 이르는 사태의 핵심적 경과를 계획적으로 조종하거나 저지·촉진하는 등으로 지배하고 있었다고 보기는 어려우므로 공동정범의 객관적 요건인 기능적 행위지배가 흠결되어 살인죄의 공동정범으로서의 죄책이 없다.

① ㄱ   ② ㄴ
③ ㄱ, ㄷ   ④ ㄴ, ㄹ
⑤ ㄷ, ㄹ

해설 및 정답   무면허의료행위 · 사회상규 · 공동정범 · 방조범

ㄱ. (O)

가. 형법 제20조 사회상규는 정당성 · 상당성 · 균형성 · 긴급성 · 보충성의 순서로 논증하면 될 것이다. 만약 어느 하나라도 충족하지 못하면 사회상규에 위배되는 것이다. 그러나 이 사건은 사회상규 다섯 가지 요건 중 정당성 · 상당성 · 균형성 · 긴급성 · 보충성이 모두 충족되지 않는다. 형법 제20조 정당행위에 해당되지 않는다.

나. 대법원 판결을 다음 순서로 더 명확하게 논증할 수 있다. ① 행위목적과 행위동기 정당성(영리목적 무자격자 모발이식수술 -), ② 행위수단과 행위방법 상당성(모발이식시술을 하면서 식모기를 환자의 머리부위 진피층까지 찔러 넣는 방법으로 수여부에 모발을 삽입하는 행위 -), ③ 보호이익과 침해이익 법익균형성(신체완전성 · 두발관리와 생리적 기능침해 -), ④ 긴급성(무자격자가 이식수술을 할 만큼 긴급성이 없음 -), ⑤ 다른 수단과 다른 방법이 없는 보충성(다른 방법이 있음 -)이다.

다. 의사가 모발이식시술을 하면서 이에 관하여 어느 정도 지식을 가지고 있는 간호조무사로 하여금 모발이식시술행위 중 일정 부분을 직접 하도록 맡겨둔 채 별반 관여하지 않은 행위는 **의료법 제27조 제1항, 제87조 제1항 무면허의료행위죄가 성립한다.** 형법 제20조 정당행위에 해당하지 않는다. 법령 위반뿐만 아니라 사회상규에 위배되기 때문이다. 정당성 · 상당성 · 균형성 · 긴급성 · 보충성을 모두 충족하지 않는다. 법질서 전체 정신 · 사회윤리 · 사회통념 관점에서 보면, 잘못된 행위이며, 이익이 되지 않는 행위이다. 다른 위법성조각사유도 없다(대법원 2007.6.28. 선고 2005도8317 판결【의료법위반】). <u>의사는 간호사 무면허의료행위 공범이 성립된다.</u>

ㄴ. (×)

가. 의사가 진찰 · 치료 등의 의료행위를 할 때는 사람의 생명 · 신체 · 건강을 관리하는 업무의 성질에 비추어 환자의 구체적 증상이나 상황에 따라 위험을 방지하기 위하여 요구되는 최선의 조치를 취하여야 하고, 환자에게 적절한 치료를 하거나 그러한 조치를 취하기 어려운 사정이 있다면, 신속히 전문적인 치료를 할 수 있는 다른 병원으로의 전원조치 등을 취하여야 한다(대법원 2005.10.28.

선고 2004다13045 판결; 대법원 2006.12.21. 선고 2005도9213 판결 등 참조). 특히 미용성형을 시술하는 의사로서는 고도의 전문적 지식에 입각하여 시술 여부, 시술의 시기, 방법, 범위 등을 충분히 검토한 후 그 미용성형 시술의 의뢰자에게 생리적, 기능적 장해가 남지 않도록 신중을 기하여야 할 뿐 아니라, 회복이 어려운 후유증이 발생할 개연성이 높은 경우 그 미용성형 시술을 거부 내지는 중단하여야 할 의무가 있다.

나. (이름 생략)의원의 원장이자 유일한 의사인 피고인 1가, 의사면허 없는 원심 공동피고인 중 5가 자신이 수술한 환자들에 대해 재수술을 맡아 하고 있다는 사실을 알면서도 월 1,000만원이라는 급여를 안정적으로 지급받으며 원장으로 계속 근무함으로써 위 원심 공동피고인 중 5의 무면허의료행위가 가능하도록 한 이상, 위 의원을 실질적으로 운영한 피고인 2와 원심 공동피고인 중 4 및 위 원심 공동피고인 중 5와 적어도 묵시적인 의사연결 아래 그 무면허의료행위에 가담하였다고 보아 **피고인 1에게 위 무면허의료행위에 대한 공동정범으로서의 죄책이 있다**고 판단한 조치는 옳고, 공동정범에 관한 법리를 오해하거나 채증법칙을 위반하여 사실을 오인한 위법이 없다(대법원 2007.5.31. 선고 2007도1977 판결 【의료법위반 · 업무상과실치상 · 보건범죄단속에관한특별조치법위반(부정의료업자) · 위증교사 · 위증】).

ㄷ. (○)

가. 형법 제20조 사회상규는 정당성 · 상당성 · 균형성 · 긴급성 · 보충성의 순서로 논증하면 될 것이다. 만약 어느 하나라도 충족하지 못하면 사회상규에 위배되는 것이다. 그러나 이 사건은 사회상규 다섯 가지 요건 중 정당성 · 상당성 · 균형성 · 긴급성 · 보충성이 모두 충족되지 않는다. 형법 제20조 정당행위에 해당되지 않는다.

나. 대법원 판결을 다음 순서로 더 명확하게 논증할 수 있다. ① 행위목적과 행위동기 정당성(무자격자 영리목적 의료행위 -), ② 행위수단과 행위방법 상당성(모든 시술에서 특별한 제한 없이 프로포폴을 투여 -), ③ 보호이익과 침해이익 법익균형성(신체완전성과 생리적 기능침해 -), ④ 긴급성(무자격자가 모든 시술에서 특별한 제한 없이 프로포폴을 투여할 만큼 긴급성이 없음 -), ⑤ 다른 수단과 다른 방법이 없는 보충성(다른 방법이 있음 -)이다.

다. 피고인들은, 자신들이 운영하는 병원의 모든 시술에서 특별한 제한 없이 프로포폴을 투여하여 준다는 소문을 듣고 찾아온 사람들에게 환자에 대한 진료 및 간호사와 간호조무사에 대한 구체적인 지시 · 감독 없이 간호사와 간호조무사로 하여금 각 범죄일람표 기재와 같이 프로포폴을 제한 없이 투약한 행위는 **의료법 제27조 제1항, 형법 제30조, 제87조 제1항 제2호 무면허의료행위 공동정범이 성립한다.** 형법 제20조 정당행위에 해당하지 않는다. 법령 위반뿐만 아니라 사회상규에 위배되기 때문이다. 정당성 · 상당성 · 균형성 · 긴급성 · 보충성을 모두 충족하지 않는다. 법질서 전체 정신 · 사회윤리 · 사회통념 관점에서 보면, 잘못된 행위이며, 이익이 되지 않는 행위이다. 다른 위법성조각사유도 없다

(대법원 2014.9.4. 선고 2012도16119 판결【의료법위반】).

ㄹ. (O)

가. 형법 제30조의 공동정범이 성립하기 위하여는 주관적 요건인 공동가공의 의사
와 객관적 요건으로서 그 공동의사에 기한 기능적 행위지배를 통하여 범죄를
실행하였을 것이 필요하고, 여기서 공동가공의 의사란 타인의 범행을 인식하면
서도 이를 제지함이 없이 용인하는 것만으로는 부족하고 공동의 의사로 특정한
범죄행위를 하기 위하여 일체가 되어 서로 다른 사람의 행위를 이용하여 자기
의 의사를 실행에 옮기는 것을 내용으로 하는 것이어야 한다.

나. 보호자가 의학적 권고에도 불구하고 치료를 요하는 환자의 퇴원을 간청하여 담
당 전문의와 주치의가 치료중단 및 퇴원을 허용하는 조치를 취함으로써 환자를
사망에 이르게 한 행위에 대하여 보호자, 담당 전문의 및 주치의가 부작위에
의한 살인죄의 공동정범으로 기소된 사안이다.

다. 담당 전문의와 주치의에게 환자의 사망이라는 결과 발생에 대한 정범의 고의는
인정되나 환자의 사망이라는 결과나 그에 이르는 사태의 핵심적 경과를 계획적
으로 조종하거나 저지·촉진하는 등으로 지배하고 있었다고 보기는 어려워 **공
동정범의 객관적 요건인 이른바 기능적 행위지배가 흠결되어 있다는 이유로 작
위에 의한 살인방조죄만 성립한다**(대법원 2004.6.24. 선고 2002도995 판결【살
인(인정된 죄명: 살인방조)·살인】).

정답 ②

판례색인

사항색인

■ 저자 소개

　　1962년 부산에서 태어났다. 독일 유학 후 22년 동안 대학·대학원에서 형법·형사소송법·특별형법·생명윤리와 의료형법을 강의하고 있다. 1996년 9월《피고인에게 불리한 판례변경과 적극적 일반예방》으로 독일 할레대학교(Halle Universität) 법과대학에서 법학박사학위(Dr. jur)를 받았고, 1997년 경남대 법대에서 교수 생활을 시작했다.

　　대표 저서는《Belastende Rechtsprechungsänderungen und die positive Generalprävention》(Carl Heymanns Verlag KG, 2000),《독일통일 현장 12년》(경남대학교출판부, 2004),《형사철학과 형사정책》(법문사, 2007),《형법각칙 개정 연구─환경범죄》(형사정책연구원, 2008),《하마의 下品 1·2》(법문사, 2009·2016),《의료법》(행인출판사, 2018),《생명윤리법》(행인출판사, 2018) 등이 있다. 그 외 형사법 관련 논문 80여 편이 있다. 특히《형사철학과 형사정책》은 2008년 문화체육관광부 우수학술 도서로 선정되었다.

　　현재 모교인 동아대학교 법학전문대학원(로스쿨) 교수로 근무하고 있으며, 법무부 인권 강사·형사법연구 편집위원·한국비교형사법학회 부회장으로 활동하고 있다. 법무부 형사소송법개정특별분과위원회 위원·남북법령연구특별분과위원회 위원으로 활동하였으며, 법무부 변호사시험 문제은행 출제위원·행정고시 출제위원·채점위원(형법)·입법고시 출제위원·채점위원(형사소송법)·5급 승진시험 출제위원·7급 국가시험 출제위원을 역임하였다. 약한 자에게 용기와 희망을 주는 세상보기를 통해 사회와 소통하고 있다. 국제신문·경남도민일보 칼럼진으로 활동하였다. 시사칼럼 150여 편이 있다.

사회상규

2018년 8월 10일　초판 인쇄
2018년 8월 20일　초판 1쇄 발행

저　자　하　　태　　영
발행인　배　　효　　선

발행처　도서출판　法　文　社

주　소　10881 경기도 파주시 회동길 37-29
등　록　1957년 12월 12일/제2-76호(윤)
전　화　(031)955-6500~6 FAX (031)955-6525
E-mail (영업) bms@bobmunsa.co.kr
　　　　(편집) edit66@bobmunsa.co.kr
홈페이지 http://www.bobmunsa.co.kr
조　판　법　문　사　전　산　실

정가　20,000원　　　　ISBN 978-89-18-09042-9